唐代编辑出版史

TANGDAI BIANJICHUBANSHI

◇ 肖占鹏 李广欣 著

南開大學出版社

图书在版编目(CIP)数据

唐代编辑出版史 / 肖占鹏，李广欣著. —天津：南开大学出版社，2009.1

ISBN 978-7-310-03011-8

Ⅰ.唐… Ⅱ.①肖…②李… Ⅲ.①编辑工作—文化史—研究—中国—唐代②出版工作—文化史—研究—中国—唐代 Ⅳ.G239.294.2

中国版本图书馆 CIP 数据核字(2008)第 142390 号

南开大学出版社出版发行

出版人:肖占鹏

地址:天津市南开区卫津路 94 号　　邮政编码:300071

营销部电话:(022)23508339　23500755

营销部传真:(022)23508542　　邮购部电话:(022)23502200

*

河北昌黎太阳红彩色印刷有限责任公司印刷

全国各地新华书店经销

*

2009 年 1 月第 1 版　　2009 年 1 月第 1 次印刷

787×1092 毫米　16 开本　25.125 印张　4 插页　369 千字

定价:68.00 元

如遇图书印装质量问题,请与本社营销部联系调换,电话:(022)23507125

目录

第一章 绪论

一、20世纪90年代以来的古代编辑出版史研究

无论是编辑学研究还是出版学研究，其理论体系都必然要包含“史”这一基本内容。[1]20世纪90年代以来[2]，随着学术规范的逐渐确立，编辑史、出版史的研究迅速发展，正如《中国编辑学研究述评》一书所评价的那样，“研究队伍不断壮大，研究的内容和范围不断拓展，论著的编撰形式丰富多样，学术水平和质量不断提高，编辑出版史料的整理发表进一步得到重视”[3]。这一时期，有关中国古代编辑活动[4]、出版活动的研究论著亦大量涌现。其主要表现为：

1．产生了不少通史性专著，系统地展示了中国编辑出版事业的历史发展脉络。如姚福申《中国编辑史》[5]第一次全面梳理了我国从上古到解放前的各种形式的编辑活动，具有极其重要的开创性意义；宋原放、李白坚《中国出版史》[6]以印刷术的发展为线索，描述了唐代至清代的书籍出版历史；方厚枢《中国出版史话》[7]将图书出版事业放在文化史的视角下观照，涉及了文字起源和书籍创作、整理等多方面的内容；肖东发主编的《中国编辑出版史》[8]则是第一部融合编辑史与出版史的专著，得到了较高的评价。

在研究方法上，学者们也积极创新。如阎现章《中国古代编辑家评传》以纪传体的形式集中考察了数位古代知名编辑家的编辑成就与思想，给我们提供了审视古代编辑活动的新视角，而其在个案研究方面所达到的深度，也是其他通史性著作所难以企及的。又如李瑞良《中国出版编年史》采用编

年系事的方法，弥补了研究性专著难免要割裂历史进程的缺憾，将古代出版活动的发展轨迹清晰地展现出来。[9]

此外，吉少甫主编的《中国出版简史》、靳青万《中国古代编辑史论稿》、张煜明《中国出版史》、申非《编辑史概要》、许尔兵《中国古代书籍编纂与出版》以及黄镇伟《中国编辑出版史》等，都是这一时期的重要作品。[10]

2. 图书史、印刷史、发行史等相关领域的研究成果丰富。这方面的专著主要有来新夏等《中国古代图书事业史》，肖东发《中国图书》，施金炎《中国书文化要览》，吉少甫《书林初探》，曹之《中国古籍编撰史》，肖东发、杨虎《中国图书史》，张秀民《中国印刷史》，罗树宝《中国古代印刷史》，曹之《中国印刷术的起源》，张绍勋《中国印刷史话》，肖东发《中国图书出版印刷史》，钱存训《中国古代书籍纸墨及印刷术》，张树栋、庞多益、郑如斯《简明中华印刷通史》，郑士德《中国图书发行史》，高信成《中国图书发行史》，彭斐章主编《中外图书交流史》，方汉奇主编《中国新闻事业通史》，倪延年《中国古代报刊法制发展史》，等等。[11]

3. 学术论文为数众多，涉及了古代编辑出版活动的方方面面。如王海刚《宋代出版管理述略》和《元代出版管理述略》[12]、刘孝平《明代出版管理述略》[13]等论述了古代的编辑出版管理体制；于翠玲《论官修类书的编辑传统及其终结》[14]、曹之《唐代别集编撰的特点》[15]、温显贵《出版史上子类丛书的编辑与刊刻》[16] 等特别关注了与特定种类的典籍相联系的具体编辑出版行为；叶树声《徽州历代私人刻书概述》[17]、吴怿《宋代九江刻书简论》[18]等从地域的角度研究了古代的出版刊刻活动；王毅《事出于沉思　义归乎翰藻——试论萧统的编辑思想》[19]、戢斗勇《朱熹的编辑思想及其价值》[20]、王朝客《论冯梦龙的出版思想》[21]等探讨了古代的编辑出版思想；王波《魏晋南北朝时期图书的国际流通》[22]、范军《元代的书业广告》[23]等研究了与图书传播相关的各种问题；而曹之的《章学诚与图书编撰学》和《朱熹与出版》[24]等一系列文章，则是编辑史、出版史个案研究的代表。凡此等等，不胜枚举。这些成果发现、解决了不少古代编辑史和出版史上的问题，拓展了研究视野，有一定的学术意义。

4. 基本史料的积累工作也取得不小的进展。其代表便是宋原放等主编的《中国出版史料(古代部分)》两卷本[25]的出版;此外,一些省市在编纂各地方志的时候,也都不同程度地重视了有关出版活动的历史,如2005年出版的《北京志·出版志》,便“记录了从西周到中华人民共和国3000多年北京地区出版业的发展状况”[26]。

考察近二十年来编辑史、出版史研究的发展,有两个非常重要的趋势值得关注:

第一,文化研究转向。在出版史的研究中,始终存在着两种思路:一种是技术决定论[27],即认为“出版”是伴随着印刷术的发展而产生的,大约起源于隋唐时代;另一种则是“文化出版史观”,把出版看做一种将文字、图形等具有特定意义的符号通过某种载体加以传播的文化现象。

而后者在20世纪90年代以来,尤其是新世纪的出版史理论研究中受到越来越多的重视。如宋原放先生在《关于中国编辑出版史的几个问题》一文中,认可了“抄书”作为出版史研究内容的地位[28];林穗芳先生则通过考察中西方“出版”一词的词源,指出“没有理由认为在古代用非印刷手段——抄写——复制书籍向公众发行不是出版”[29];肖东发先生认为,现代意义上的“出版”是经由相当长时期的发展演变才最终形成的,原始出版与现代出版虽然在形式上差异很大,但是其本质却是统一的,因而可以认为“中国出版源于商周时期”[30];王振铎先生更是高屋建瓴地指出,“离开文化整体,仅仅着眼于出版的物质技术,这种历史观缺乏活的灵魂”[31]。在这种研究思路的指导下,出版史的研究范畴被大大拓展了。

与此同时,学者还积极主张在文化史的视阈下来研究编辑史和出版史,注重考察特定的社会政治经济环境对编辑出版活动的影响。如刘杲先生说:“出版事业不仅是一种文化事业,两者之间还有更深的关系。研究编辑史、出版史的时候要关照一下文化史。”[32]肖东发、袁逸认为,出版史研究必须包括“出版事业与社会政治、经济、文化等方面的相互联系与影响”[33]。蔡学俭先生也总结指出:“研究中有一种现象应当引起关注,那就是较多地就编辑研究编辑,就出版研究出版,自觉地或不自觉地限制了研究视野,较少从出版与政治、经济、科技、文化诸方面的关系来观照和考察出版。研究者感到难以深入,研究成果难以创新。”[34]这一倾向也反映在海外的中国出版史研究中。如张志强介绍说:“2000 年以后,西方的中国出版史研究进入了一个新的阶段。一是借用其他学科的概念,如‘文化权利’、‘公共领域’等概念,对中国出版史进行研究,强调中国出版史与社会经济文化之间的关联,及其对社会的促进作用;二是对个案研究特别重视。”[35]

在这种理念的指导下,“出版文化”成为出版史研究的热点之一。章宏伟的《出版文化史论》一书便是相关成果的代表。对此,吴道弘先生指出:“出版史研究中提出‘出版文化’的概念,把出版史看成是文化史的组成部分,是有积极意义的。表明出版不仅与政治、经济、社会有紧密关联,而且出版就是一种文化现象,从而突显出出版史研究中必须探索出版与文化发展的脉络。”[36]

第二,编辑史研究和出版史研究趋于合流。

在理论体系形成之初,编辑史、出版史的研究工作显得泾渭分明。不过自 20 世纪 90 年代以来,研究者们开始注意两者之间的联系性。比如针对编辑史和出版史的关系这一问题,刘杲先生说:“我认为两者关系密切,不是全部重合,有一部分重合。不是所有的编辑活动都是出版活动,也不是所有的出版活动都是编辑活动。考虑到古代的编辑和编纂、编撰难以分清,部分重合的说法留有余地,较为稳妥。从学术研究来讲,编辑史研究和出版史研究互相推动,不可分离。”[37]汪家熔则进一步认为:“出版史应该是编辑学不可分的一部分”,“是为编辑学研究服务的,或说是编辑学研究的两翼”。[38]

因而,更多的学者接受并开始使用“编辑出版史”这一说法。[39]如王振铎先生说:“编辑出版史的研究是编辑出版学学科建设不可或缺的第三个支柱。”[40]范军先生提出:“编辑出版史本身就是思想文化史的一部分,只有把它置于更宏阔的历史背景、更深厚的文化土壤,才会更有生机、更有前景。”[41]

而在实践中,肖东发先生主编的《中国编辑出版史》首次将编辑史研究和出版史研究融合为一,直接开创了“编辑出版史研究”的先例,在研究框架、方法等领域具有重要的奠基意义。对此,有论者指出:“这是一种新的大胆的构思,却又是一种早该有了的必然趋势。”[42]其言信然。

总而言之,20 世纪 90 年代以来编辑史、出版史领域的诸多成果,为相关研究的深化、创新打下了基础,更提供了思路和方法。

二、关于唐代编辑出版史的研究

(一)研究意义

回顾近二十年的古代编辑史、出版史研究,其成绩斐然,不过难免也存在一些遗憾。一方面,“对隋唐五代编辑史的研究,相对来说比较薄弱”[43];另一方面,与不断涌现的编辑通史、出版通史和大量的学术论文相比,中观研究显得少之又少。

如前文所述,20 世纪 90 年代以来, 大量的通代性专著宏观地描述了古代编辑出版活动的发展历程,而众多论文则解决了不少具体问题,但是介乎二者之间的研究, 即对于某一特定历史时期内的编辑出版活动及其相关问题的考察,却是十分冷清。目前,尚未见有断代性的编辑史专著。研究断代出版史的成果有顾志兴《浙江出版史研究——中唐五代两宋时期》、缪咏禾《明代出版史稿》、田建平《元代出版史》和周宝荣《宋代出版史研究》。[44]不过这些作品,尤其是前三种,往往有侧重于版本学研究的倾向。而诚如林穗芳先生所指出的那样,“出版学”和“出版史”中的“出版”概念应当保持一致,“编辑学”和“编辑史”中的“编辑”概念亦当保持一致。[45]在这个意义上,真正建立于编辑学、出版学理论体系上的历史研究仍然是任重而道远。

开展断代性编辑史、出版史的研究具有重要的意义:

首先,其有利于深化对于古代编辑出版活动的认识。凡一代有一代之文学,一朝有一朝之风尚,作为社会文化重要组成部分的编辑出版活动,也就必然要呈现出阶段性发展的特征。对其中的某一特定阶段加以细致的研究,既能够获得有关当时编辑出版活动的详尽信息, 扩充通史性专著中浮光掠影式的介绍,又可以集中而具体地考察“出版事业与社会政治、经济、文化等方面的相互联系与影响”,有助于发掘古代编辑出版活动的内在规律。

其次,其有利于史料的搜集和整理。编辑史、出版史领域的史料搜集工作有待进一步提高,如戴文葆先生便认为,研究中“对出版资料收集整理不够,这是很大的不足”[46]。这一问题或与研究的思路、框架有关,即通史本身便具有“文质而事该”的特点,且出于体例统一、行文流畅等方面的考虑,忽略某些史料在所难免;而论文则囿于课题的具体性而往往难以展开研究。中观研究的缺乏,限制了史料搜集整理工作的深入。

再次，其有利于学科体系的建设。诚如邵益文先生所言:“研究历史课题,要大中小并举。”[47]中观研究的发展,有利于古代编辑史、出版史研究格局的平衡与完善。

以上论述便是开展唐代编辑出版史研究的意义之所在。此外,我们选择这一课题还出于以下考虑:

第一,唐代是中国古代文化发展的高峰之一,创造了文化融合与文化传播方面的诸多成就。而编辑活动和书籍出版作为社会文化的组成部分和推动力量,在此过程中必然要发挥重要的作用。对其进行深入发掘,有利于总结历史、以史为鉴,进而实现观照现实的目的。

第二,从出版的角度来看,唐代是中国古代手抄书籍发展的最高峰,同时又是印刷术的肇始,在出版发展史上具有承上启下的重要意义。

第三,就唐代编辑史、出版史的研究现状来看,大多数专著对此着墨不多,且略显雷同、缺乏新意;学术论文中虽有一些优秀作品,如曹之先生的《刘禹锡与图书编撰》、《唐代禁书考略》[48]等,但总体上显得零碎,不成体系,且数量有限。因此,系统地研究唐代编辑出版史,对于丰富这一领域的学术成果可能会有所裨益。

(二)研究对象

宋原放先生说:“编辑出版史是指书刊的编辑出版事业史。自有书籍出版业以后,编辑就和出版相互依托,密不可分。”[49]肖东发先生则更进一步指出:“中国编辑出版史以我国历史上的编辑出版活动为研究对象，是研究编辑工作和出版事业的产生、发展及其规律的学科。”[50]不过,诚如林穗芳先生所言:“研究和撰写出版史最要紧的是明确出版概念，向读者表明作者依据什么样的出版概念来写出版史。”[51]因而,在展开本书的研究之前,有必要对“编辑出版”的概念加以限定。

1. 关于“编辑”

靳青万先生指出:“古代的编辑,由于当时的客观历史条件,从其工作的性质到工作的对象、程序、结果等方面均与现当代的编辑有着很大的差异,这是客观存在的历史事实。因而绝不能拿我们今天的编辑特征与要素去套古代的编辑。”[52]这一理念，对于编辑史研究至关重要。

在古代，编辑活动的独立地位和价值往往被忽略，人们大多只是重视创作的过程及其意义。如《四库全书总目提要》称《孟浩然集》为“唐孟浩然撰”[53]，然而实际上孟浩然生前“凡所属缀，就辄毁弃，无复编录”，大约没有留下什么像样的文集；直到王士源“敷求四方”、“为之传次”，才使后人有机会得以一睹其风采。[54]但关于王士源所做的工作和贡献，却少有关注。又如陈振孙《直斋书录解题》记曰“《太平御览》一千卷，翰林学士李昉、扈蒙等撰”，而其书在内容上却是“引录古书整篇整段，皆注明引书书名”[55]，更多地体现为资料汇编的性质，称其为“撰”似乎不妥。这种情况在中国古代是一种普遍现象，许多具有编辑性质的活动往往被排除在史籍之外，或是被划归为其他工作的范畴之中。因而，仅仅根据古代文献资料的书面文字来判断何为编辑活动，显然是远远不够的，也是不符合历史真相的。我们更有必要通过考察相关历史活动的实际性质，去认识古代的“编辑”。

综合考察近年来有关“编辑”概念的讨论以及各种研究实践所涉及的内容，我们认为以下两个要素应成为界定古代编辑活动的关键依据：

（1）以传播为目的

姚福申先生认为：“凡是因广泛传播的需要，而对作品与资料进行搜集、选择、整理、加工的原则、标准、设计和方法，如编辑思想、书籍体例、校勘和文字加工的准则、编纂特色、校书与编书的制度等等，无疑都属于编辑史的研究范图。”[56]杨焕章先生也认为，把编辑的目的定位于“流传”是比较合适的。[57]可以说，编辑活动产生于分享精神产品的动机，是为了使作品更加适合传播而做的工作。也只有在这个意义上，编辑活动才能真正实现其“缔构社会文化”的价值。

不过在具体的编辑史研究中，必须注意这样两点：

第一，以传播为目的不等于传播的实现。如唐人经常出于“传世”的意图而编次个人别集，希望通过作品的流传来实现个人的“不朽”。然而由于客观条件的限制，许多唐人文集早早便亡佚散失了。但我们不能因此而否定这一过程中的相关活动不属于编辑史研究的范畴。

第二，正确理解传播的内涵。古代的传播不同于现代意义上的大众传播，往往难以实现大范围的影响，其更多地体现为“分享”的形式，即超越个人赏玩的范围。如白居易编纂《刘白唱和集》时只有两个抄本，一本留予侄儿，一本送给刘禹锡之子，仅有区区两个接受者。但考虑到具体的社会历史环境，我们仍然认为白居易的行为具有编辑活动的性质。

（2）再创造性

编辑活动是一个再创造的过程。这种“二次性”是编辑区别于撰著的最为显著的特征，亦即编辑活动必须建立于一定的成形的精神产品基础之上。不少论者使用这一特征来限定“编辑”的内涵。如叶向荣提出：“当以‘再创性著作活动’作为编辑定义的属。”[58]杨焕章先生认为：“编辑是策划审理作品使之适合流传的再创造活动。”[59]朱燕萍认为，编辑是“使精神成果适于制作传贮载体的再创造性智力劳动”[60]。这些关于“编辑”定义的理论探讨，也为编辑史的研究提供了坐标，促使我们在研究中尽量区别编与著的界限，集中考察建立于“已有”作品、资料基础上的编辑活动的特点和规律。

不过，以“再创造性”为准则来审视古代编辑史的时候，“编著合一”的现象的确难以回避，而且年代越早越是如此。对于这一问题，应通过仔细考察历史来辩证地认识：

一方面，撰著和编辑统一于古代典籍的成书过程，但亦有所区别，至少在唐代是如此。比如白居易编排自己的作品，“前后所著文大小合二千九百六十四首，勒成六十卷”[61]。这些诗文的确是其创作的，但绝不可能是一次性完成的；在此六十卷文集的形成过程中，必然要有选择取舍、排序定位之类的工作，也就必然会有编辑活动。因此，以典籍的形成过程为切入点来辨别编辑活动，不失为一个有效的途径。

另一方面，由于认识上的局限，有关古代编辑活动的历史记载在文献中往往被省略了。也正是由于资料记载的简略，许多典籍的成书过程我们不得而知。如武则天圣历中诏修《三教珠英》，有近三十位学者参与。如此大的编纂群体共同工作，组稿、审定等工作是在所难免的，而这方面的史料却少之又少。但如果说因为没有史料而否定相关活动存在，则略显有悖常理，也是缺乏科学精神的表现。

所以，我们认为不能由于缺乏文字记载而否定古代编辑活动的存在，进而回避有关的课题。如有的学者认为古代的“修史”不能写进编辑史，但若仔细研究隋唐以后的修史制度便不难发现：史官编纂国史要依据“起居注”的记录，有时还需要宰相所撰的“时政记”，而至于其如何利用，目前尚无清晰的结论；即便认为这个过程属于一种著作方式，那还有担任监修的宰辅，他们的审核工作不算是编辑活动吗？其实，“今天看来，编述和抄纂都带有大量的编辑成份”[62]。

正如靳青万先生所言：“事实上，在我国古代人的心目中，编辑、编次、编校、编修、编述、编削、编著、编订、编撰、编纂等概念的主要内涵都是相近或相同的。如《辞源》这一重在‘溯源’的工具书，就将‘编辑’释为‘收集材料，整理成书’，若按照今天的理解，这个释义只能是‘编纂’或‘编撰’、‘编著’的意思，而绝不能是‘编辑’，这说明古人是将其视为一类的；而台湾的《中文大辞典》对于‘编纂’条的释义也恰恰正是‘编辑也’。我们研究古代编辑史，一定不能忽视这种特殊的现象。”[63]在古代文化语境下，编辑、编纂、编次等活动都具有再创造性的特征，而且在实践中又往往联系得相当紧密，难以确切地加以区分。用宏观的编辑史视野对它们进行综合的观照，既利于展现古代编辑活动的全貌，也有助于深入研究，以真正发现编辑活动的独特性。

基于以上考虑，我们认为唐代编辑出版史视阈下的“编辑活动”应该包括两个部分：一是对于已有作品和资料的加工整理；二是具有再创造性特征的典籍形成过程，包括编纂活动与集体性的修撰活动。

2. 关于“出版”

如前所述，技术和文化两个层面的出版史观已经逐渐为学界所普遍接受，并且在各种研究实践中得到了较为统一的体现。在如何看待“出版”这一问题上，“公之于众”的观念得到了越来越多的认同。如肖东发先生指出：“把‘出版’理解为‘公之于众’是有一定道理的。”[64]刘辰则明确主张“采用‘公之于众’的概念对‘出版’作整体概括”，认为：“所谓公之于众，即(将信息或知识)向大众传播。……它可以包含各种各样用意在于将信息或知识传播给大众的社会现象。”[65]于翠玲认为：“出版的基本含义就是将‘书版’公布于众或复制发行的活动，其本质上是将精神文化产品向公众传播的活动。”[66]

这些观念无疑极大地扩充了出版史所涵盖的内容，这种“大出版观”不仅促使“古代出版史的时间段大大延伸”[67]，更拓展了研究的视野。如唐天宝五年有玄宗撰“广济方”，且“令郡县长官选其切要者，录于大版上，就村坊要路榜示”一事[68]，从公之于众的角度看，这样的活动也可以被纳入到出版史的研究体系当中。

我们认为，采用“大出版观”或曰“文化出版观”的研究思路有利于深化对中国古代编辑出版活动的理解，有利于探寻出版与社会文化之间的互动关系。不过也应当看到，概念的高度抽象可能造成外延的过分扩张，从而不利于具体研究的进行，因此有必要对其加以限定：

第一，出版须经由物质载体而实现，民谣、讲经、说唱等现象不是出版活动。

第二，出版须与其内容的制作过程直接联系。也就是说，出版反映的是文化产品（或文化内容）由生产制作向传播的转化过程，与制作环节不发生关系的“公之于众”不属于出版活动。如日本遣唐使从中国购买图书，回国后将原籍加以传播，便不属于出版活动。

第三，出版应具有一定的外向性。如唐人编订个人文集后，由于种种原因而只于家庭内部传给了后嗣，也不能被看做出版活动。

第四，出版所涉及的内容应具有一定的规模，至少在唐代应当如此。因而，题壁诗、题壁画等不能算做出版；同时，以诗歌一首、文章一篇的形式所进行的投谒、唱和活动，亦不应被视为出版。[69]

本书以后所涉及的“出版”，便是指在以上限定条件下，精神产品“公之于众”的过程。

综上所述，所谓编辑出版，反映的是个人性精神产品向有形的社会性文化产品转化的全部过程。而编辑出版史研究的对象，就是这种转化过程在不同历史时期的具体表现和发展规律——具体而言，就是上文所界定的编辑活动和出版活动，以及与之相关的制度、思想和技术等。其不可避免地要与目录学、版本学、图书史、编纂史的研究有所交叉；不过相比之下，编辑出版史的研究更加侧重于过程研究，即关注已有创作或资料形成典籍或其他形式的出版物，进而实现传播的历史过程，以及其中所体现的规律、特点等。

（三）研究方法

学界的理论探讨和研究实践，为科学地考察编辑出版史提供了方法论上的指导。概括而言，我们认为在研究中应当坚持以下的方法：

1. 编辑学、出版学的方法

编辑出版史研究立足于编辑学、出版学的理论体系，正如刘杲先生所指出的那样，“史”与“学”两者“都以编辑活动、出版活动的实践为基础，具有历史和逻辑的内在统一性。历史研究为理论研究提供经过梳理的历史的实践经验。理论研究为历史研究提供理论观点的支持。对两者的研究是互相推动的”[70]。因此，运用编辑学、出版学的概念、研究视野和分析方法，既是明确学科属性、丰富学科理论的必然要求，同时也有利于推进相关研究的顺利进行。

2. 历史的方法

“编辑出版史是编辑学、出版学及历史学的交叉学科”[71]，其必然要以历史的方法作为研究基础，尤其是要注重文化史方法的应用。需要特别指出的是，我们认为文化史不应该仅仅是作为编辑出版史研究的参照系而存在，其更应该成为一种具体的研究工具——即应紧密结合政治、经济、宗教等领域的研究成果，来加深对于古代编辑出版活动的认识。如目前大多数研究者认为，唐代的图书价格为千钱一卷[72]，但是，如果考虑到唐代“每月旬别三等估”[73]的市场管理制度以及这方面的相关研究，再联系罗衮“每卷不过百钱，率不费千缗，可获万卷”[74]的说法，那么我们就不难发现，“千钱一卷”或许仅仅反映了当时市场价格的一种，而非全部。这样得出的结论可能更为科学。

3. 历史文献学的方法

从实践上看，准确地考察古代典籍及其成书过程，是研究编辑出版史的重要前提。因此，有必要运用历史文献学的方法，借鉴目录学、校勘学、版本学等相关研究的成果，以获取关于历代典籍文献的全面信息，从而为进一步的研究奠定科学的基础。而且，正如肖东发先生所言，从学科属性上看，编辑出版史研究本身便与目录学、版本学、辑佚学、校勘学、文献学以及图书史有着紧密的联系。[75]

4. 传播学的方法

20 世纪 90 年代以来，传播学理论越来越多地被编辑学、出版学所接纳，媒介文化、传播控制、受众等理念也被应用于相关的历史研究。我们认为，编辑出版史的方法论体系应该是开放性的，吸收传播学的理论观点有利于推进研究的进一步深入；尤其在当今学界普遍倾向于文化出版史观的背景下，传播学方法的价值和适用性显得尤为突出。

三、唐代编辑出版史概说

从宏观上来考察，唐代的编辑出版活动呈现出这样几个显著的特点：

第一，在唐代编辑出版事业的总体格局中，政府占据着绝对主导的地位；士人、坊间的编辑出版活动相对处于次要位置，但也获得了不同程度的发展。

一般认为，"私人、官方和书坊三者构成了中国古代编辑出版事业的基本格局。'士'阶层是编辑著述的主体，以追求'不朽'作为编辑出版的理念；官方以编纂大型图书作为实施'文治'的标志；书坊出版物与市场需求有密切关系。三者相互补充，又从不同角度反映了中国传统文化的特征"[76]。不过在唐代，三者的发展是非常不平衡的。

当时，政府在社会编辑出版活动中发挥着主导作用，这主要表现在：

1. 凭借政权的组织能力和执行能力，获取了丰富的图书资源，也传播了不少文化典籍。

2. 掌控着为社会编辑出版事业设定准则的权力。

3. 编纂了众多卷帙浩大、影响深远的典籍。如《艺文类聚》、《文思博要》、《三教珠英》、《文馆词林》等大型类书、总集等，这些都是凭普通士人的力量所难以完成的；至于唐代政府组织编定的儒家经典、史书等，更是对社会文化的发展进程产生了深刻的影响。

4. 成为士人开展撰著、编辑活动的组织者、促动者以及赞助者，并吸引着士人将自己的各种成果献上，进而成为社会编辑出版事业的重要枢纽。

5. 官方的许多政治活动、文化政策，以及帝王的好尚等，往往也会在客观上促进编辑出版活动的产生。

与之相应，普通士人由于学术研究、文学创作的需要以及强烈的生命意识，也开展了不少编辑出版活动，其主要集中于诗文总集、选集和个人别集的编订与传播领域。唐代坊间出版也有初步的发展，其时开铺写经售书的现象相对繁荣，而且雕版印刷技术开始在坊间出版活动中得到了应用。不过相比之下，私人和坊间的编辑出版活动略显零散，社会影响也小得多。[77]

第二，在编辑出版史上，唐代是一个颇多创新的时代。

唐代继承了魏晋南北朝以来编辑出版事业发展的诸多成就，并且将其中许多新的因素在实践中加以发挥、拓展。如类书、总集、别集等著作形式虽萌芽于魏晋时代，但其编纂活动是直到唐代才真正进入快车道的。

而且，丰富的编辑出版实践更直接催生了富于“原创性”的成果。中国古代典籍中的“会典体”、通代性政书、断代性政书（“会要”）等都直接发轫于唐代；虽然有时还略显稚嫩，但是相关的编辑思想和编辑出版活动，却为后世提供了极大的启发，深刻地影响了编辑出版史的发展进程。此外，唐代还是中国古代新闻事业萌生的时代，新闻传播的思想已现端倪，而“进奏院状”的出现更是标志着古代报纸的发展实现了一个巨大的飞跃。

第三，在古代编辑出版史上，唐代是一个极其重要的过渡时代。

这种过渡性首先反映在典籍的生产方式上。于翠玲将出版史的发展划分为抄本出版、刻石出版、印本出版、机械印刷出版四个发展阶段[78]，而唐代正是抄本出版、刻石出版全面转向印本出版的重要转折时期。中国古代的抄书、佣书活动在唐代达到了鼎盛，不仅政府有专职的书手，普通士人、寺院等也频繁、大量地参与图书抄写活动；而且唐代又是刻石活动发展的高峰，不仅石刻的数量遥遥领先于其他朝代，技术也达到了炉火纯青的地步。[79]

与此同时，雕版印刷技术也悄然登上了历史的舞台。目前考古发现已经表明，雕版印刷大约在初唐便开始应用于复制佛教经籍、符咒；至于中晚唐时期，与典籍、历日相关的商业活动频繁地涉及雕版印刷；而当历史的脚步进入唐末五代之交时，社会已经逐渐普遍认可了这种新的复制方式。可以说，唐代几乎用自己的全部历史进程来孕育了雕版印刷这一足以改变世界历史的技术。

唐代在出版史上的过渡意义还表现在图书形制上。传统卷轴制书籍的制作工艺在唐代达到了顶峰，其精美程度异乎寻常，如开元中集贤殿书院的藏书，“经库书钿白牙轴、黄带、红牙签，史库书钿青牙轴、缥带、绿牙签，子库书雕紫檀轴、紫带、碧牙签，集库书皆绿牙轴、朱带、白牙签，以分别之”[80]，可谓精美非凡。然而，凡物盛极必变，传统的图书形制中积累着越来越多的变化因素——“经折装”、“旋风装”这些基于卷轴的变革，初现了册页制的端倪，也预示着一个新时代即将到来。

总而言之，在编辑出版史上，唐代是一个承上启下的时代，是一个充满创造性的时代，更是一个具有独特个性的时代。如果将其放在波澜壮阔的整幅历史画卷上来加以审视的话，我们不禁会发现，唐代的编辑出版活动作为唐文化的有机组成部分，深刻地影响了古代中国，乃至东亚的社会历史发展进程。

注　释

［1］编辑学和出版学的理论体系都是由历史研究（史）、理论研究（论）和实践研究（略，即业务、对策等）三个部分组成的，有学者提出，还应当增加方法论的部分。这是编辑学和出版学研究的普遍共识。可参见杨焕章：《论编辑学的理论研究》，《山西师范大学学报》（社会科学版），2001 年第 2 期；阙道隆：《编辑学理论纲要（上）》，《出版科学》，2001 年第 3 期；余敏：《出版学》，中国书籍出版社，2002 年，第 5 ~ 6 页；以及其他相关文献。

［2］20 世纪 90 年代以前的编辑史、出版史研究情况，可参见肖东发、袁逸：《二十世纪中国出版史研究鸟瞰》，《北京大学学报》（哲学社会科学版），1999 年第 2 期。

［3］丛林主编：《中国编辑学研究述评》，齐鲁书社，2004 年，第 344 页。

［4］关于“编辑活动”一词，任定华、杨忠民二位先生在《编辑学理论的构建应具有科学的、严密的知识体系》一文中提出了质疑，并通过哲学层面上的分析，认为所谓“编辑活动”不能够作为编辑学理论研究的对象（详见任定华、杨忠民：《编辑学理论的构建应具有科学的、严密的知识体系——评阙道隆先生的〈编辑学理论纲要〉》，《中国编辑》，2005 年第 2 期）。就此问题，阙道隆先生撰文论述指出：“编辑活动又称编辑劳动或编辑工作，是一种社会文化现象和社会实践活动。”这种活动是普遍存在于各时期的各种媒介当中的，具有“客观性、普遍性和发展变化的历史性、规律性”，是可以作为独立的具有特殊性的研究对象的（见阙道隆：《需要建立一个什么样的编辑学》，《中国编辑》，2006 年第 1 期）。本书在这个问题上认同阙道隆先生的意见，认为所谓编辑活动其实是对于编辑工作的约定俗成的称谓，其内涵实际指向的是区别于其他活动的具有自身特殊性与规律性的编辑劳动。本书以后提及“编辑活动”时，不再特殊说明。

［5］姚福申：《中国编辑史》，复旦大学出版社，1990 年（第一版）。

［6］宋原放、李白坚：《中国出版史》，中国书籍出版社，1991 年。

［7］方厚枢：《中国出版史话》，东方出版社，1996 年。

［8］肖东发主编：《中国编辑出版史》，辽宁教育出版社，1996 年（第一版）。

[9] 阎现章:《中国古代编辑家评传》,河南大学出版社,1996 年。

李瑞良:《中国出版编年史》(上、下),福建人民出版社,2004 年。

[10] 吉少甫主编:《中国出版简史》,学林出版社,1991 年;

靳青万:《中国古代编辑史论稿》,河南大学出版社,1992 年;

张煜明:《中国出版史》,武汉出版社,1994 年;

申非:《编辑史概要》,中国农业出版社,1994 年;

许尔兵:《中国古代书籍编纂与出版》,江苏古籍出版社,1998 年;

黄镇伟:《中国编辑出版史》,苏州大学出版社,2003 年。

[11] 来新夏等:《中国古代图书事业史》,上海人民出版社,1990 年;

肖东发:《中国图书》,新华出版社,1991 年;

施金炎:《中国书文化要览》,湖南教育出版社,1992 年;

吉少甫:《书林初探》,上海三联书店,1995 年;

曹之:《中国古籍编撰史》,武汉大学出版社,1999 年;

肖东发、杨虎:《中国图书史》,广西师范大学出版社,2005 年;

张秀民:《中国印刷史》,上海人民出版社,1989 年;

罗树宝:《中国古代印刷史》,印刷工业出版社,1993 年;

曹之:《中国印刷术的起源》,武汉大学出版社,1994 年;

张绍勋:《中国印刷史话》,商务印书馆,1997 年;

肖东发:《中国图书出版印刷史论》,北京大学出版社,2001 年;

钱存训:《中国古代书籍纸墨及印刷术》,北京图书馆出版社,2002 年;

张树栋、庞多益、郑如斯:《简明中华印刷通史》,广西师范大学出版社,2004 年;

郑士德:《中国图书发行史》,高等教育出版社,2000 年;

高信成:《中国图书发行史》,复旦大学出版社,2005 年;

彭斐彰主编:《中外图书交流史》,湖南教育出版社,1998 年;

方汉奇主编:《中国新闻事业通史》,中国人民大学出版社,1992、1996、1999 年;

倪延年:《中国古代报刊法制发展史》,南京师范大学出版社,2005 年。

[12] 王海刚:《宋代出版管理述略》,《中国出版》,2007 年第 8 期;《元代出版管理述略》,《图书馆杂志》,2005 年第 1 期。

[13] 刘孝平:《明代出版管理述略》,《图书情报知识》,2004 年第 6 期。

[14] 于翠玲:《论官修类书的编辑传统及其终结》,《北京师范大学学报》(人文社会科学版),2002 年第 6 期。

[15] 曹之:《唐代别集编撰的特点》,《图书馆论坛》,2004 年第 6 期。

［16］温显贵:《出版史上子类丛书的编辑与刊刻》,《出版科学》,2006 年第 4 期。

［17］叶树声:《徽州历代私人刻书概述》,《徽州师专学报》(哲学社会科学版),1996 年第 4 期。

［18］吴怿:《宋代九江刻书简论》,《江西图书馆学刊》,2005 年第 1 期。

［19］王毅:《事出于沉思　义归乎翰藻——试论萧统的编辑思想》,《湖南师范大学社会科学学报》,1995 年第 1 期。

［20］戢斗勇:《朱熹的编辑思想及其价值》,《编辑学刊》,2001 年第 2 期。

［21］王朝客:《论冯梦龙的出版思想》,《江西财经大学学报》,2003 年第 4 期。

［22］王波:《魏晋南北朝时期图书的国际流通》,《新世纪图书馆》,2003 年第 5 期。

［23］范军:《元代的书业广告》,《湖北民族学院学报》(哲学社会科学版),2003 年第 6 期。

［24］曹之:《章学诚与图书编撰学》,《中国图书馆学报》,1998 年;《朱熹与出版》,《出版史料》,2002 年第 4 辑。

［25］宋原放主编:《中国出版史料(古代部分)》,湖北教育出版社,2004 年。

［26］吴永贵:《2000—2005 年中国出版史研究综述》,《出版科学》,2006 年第 6 期。

［27］王振铎先生称这种研究思路为"商品出版史观"(《"出版"史论》,《出版发行研究》,2006 年第 10 期)。

［28］宋原放:《关于中国编辑出版史的几个问题》,《出版科学》,1994 年第 2 期。

［29］林穗芳:《有关出版史研究的几个问题》,《出版史料》,2003 年第 2 期。

［30］肖东发、仝冠军:《论中国出版的起源》,《出版史料》,2003 年第 2 期。

［31］王振铎:《"出版"史论》,《出版发行研究》,2006 年第 10 期。

［32］刘杲:《对编辑史出版史研究的一点想法》,《中国出版》,1999 年第 6 期。

［33］肖东发、袁逸:《二十世纪中国出版史研究鸟瞰》,《北京大学学报》(哲学社会科学版),1999 年第 2 期。

［34］蔡学俭:《出版研究的文化视野》,《出版科学》,2004 年第 4 期。

［35］张志强:《海外中国出版史研究概述》,《中国出版》,2006 年第 12 期。

［36］吴道弘:《编辑史、出版史研究述评》,《出版科学》,2002 年增刊。

［37］刘杲:《对编辑史出版史研究的一点想法》,《中国出版》,1999 年第 6 期。

［38］分别见汪家熔:《编辑学和出版史结合大有可为》,《中国出版》,2003 年第 5 期;《出版史研究二十年印象》,《编辑之友》,2000 年第 3 期。

［39］当然,反对的声音仍然存在,如孔正毅《关于编辑出版学科名称的若干思考》(《中国出版》,2006 年第 12 期)对"编辑出版"的说法提出了异议,认为应当用"出版学"的

名称来替代之。不可否认,在实践中,许多研究文章虽然使用着“编辑出版史”的名称,而讨论的却是“出版史”的内容。因而,在确定、统一术语的内涵以促进学术规范的形成方面,学界仍任重而道远。

[40] 王振铎:《编辑出版学的历史支柱——读叶再生〈中国近代现代出版通史〉与章宏伟〈出版文化史论〉》,《出版科学》,2003 年第 1 期。

[41] 范军:《编辑出版研究断想》,《编辑之友》,2002 年第 5 期。

[42] 袁逸:《避易就难 推陈出新——评〈中国编辑出版史〉》,《中国图书评论》,1997 年第 8 期。

[43] 丛林主编:《中国编辑学研究述评》,齐鲁书社,2004 年,第 351 页。

[44] 顾志兴:《浙江出版史研究——中唐五代两宋时期》,浙江人民出版社,1991 年;
缪咏禾:《明代出版史稿》,江苏人民出版社,2000 年;
田建平:《元代出版史》,河北人民出版社,2003 年;
周宝荣:《宋代出版史研究》,中州古籍出版社,2003 年。

[45] 林穗芳:《编辑学和编辑史中的“编辑”概念应当保持一致——兼论开展编辑模式历史比较研究的必要性》,《编辑学刊》,1997 年第 6 期。

[46] 王蕾、智强:《百年出版回眸——中国编辑学会 2000 年“编辑史、出版史研讨会”综述》,《中国出版》,2000 年第 7 期。

[47] 邵益文:《持之以恒必有所获——论中国编辑史出版史研究》,《河南大学学报》(社会科学版),2001 年第 1 期。

[48] 曹之:《刘禹锡与图书编撰》,《出版科学》,2004 年第 4 期;《唐代禁书考略》,《图书情报知识》,2004 年第 5 期。

[49] 宋原放:《关于中国编辑出版史的几个问题》,《出版科学》,1994 年第 2 期。

[50] 肖东发主编:《中国编辑出版史》,辽海出版社,2002 年,第 6 页。

[51] 林穗芳:《有关出版史研究的几个问题》,《出版史料》,2003 年第 2 期。

[52] 靳青万:《论编辑史研究首先应解决的几个问题》,《黄淮学刊》(社会科学版),1992 年第 2 期。

[53]《四库全书总目提要》卷一百四十九。

[54]《全唐文》卷三百七十八。

[55] 熊笃、许廷桂:《古典文献学》,重庆出版社,2000 年,第 82 页。

[56] 姚福申:《中国编辑史(修订本)·绪论》,复旦大学出版社,2004 年,第 6 页。

[57] 杨焕章:《论编辑的定义和编辑学的理论框架》,《河北师范大学学报》(哲学社会科学版),2001 年第 3 期。

[58] 叶向荣:《关于编辑定义的讨论——当以“再创性著作活动”作为编辑定义的属》,《出版发行研究》,2000 年第 10 期。

[59] 杨焕章:《论编辑的定义和编辑学的理论框架》,《河北师范大学学报》(哲学社会科学版),2001 年第 3 期。

[60] 朱燕萍:《什么是编辑定义本质的属》,《编辑之友》,2001 年第 5 期。

[61]《东林寺白氏文集记》,《白氏长庆集》卷七十。

[62] 李瑞良:《中国出版编年史·前言》,福建人民出版社,2004 年,第 3 页。

[63] 靳青万:《论编辑史研究首先应解决的几个问题》,《黄淮学刊》(社会科学版),1992 年第 2 期。

[64] 肖东发主编:《中国编辑出版史》,辽海出版社,2002 年,第 4 页。

[65] 刘辰:《“出版”概念与出版史》,《中国出版》,1997 年第 3 期。

[66] 于翠玲:《“出版”溯源与中国出版活动的演变》,《延安大学学报》(哲学社会科学版),2008 年第 1 期。

[67] 刘兰肖:《2004 年出版史研究概述》,《出版发行研究》,2005 年第 3 期。

[68]《唐会要》卷八十二。

[69] 如投谒、唱和的作品数量达到一定程度,如一卷或更多,亦即在某种程度上构成了书卷的形式,则可被看做出版活动。

[70] 刘杲:《对编辑史出版史研究的一点想法》,《中国出版》,1999 年第 6 期。

[71] 冯季昌、张万杰:《畅游书海觅新舟——评〈中国编辑出版史〉》,《编辑学刊》,1998 年第 3 期;肖东发主编:《中国编辑出版史》,辽海出版社,2002 年,第 10 页。

[72] 袁逸:《唐宋元书籍价格考——中国历代书价考之一》,《编辑之友》,1993 年第 2 期;曹之:《中国印刷术的起源》,武汉大学出版社,1994 年,第 93 页;肖东发主编:《中国编辑出版史》,辽海出版社,2002 年,第 223 页。

[73]《唐律疏议》卷四。

[74]《请置官买书疏》,《文苑英华》卷六百九十四。

[75] 肖东发主编:《中国编辑出版史》,辽海出版社,2002 年,第 11 页。

[76] 于翠玲:《古代图书出版格局与传统文化》,《图书与情报》,2005 年第 6 期。

[77] 不过这或许与古代文献记载的取舍标准有关。

[78] 于翠玲:《“出版”溯源与中国出版活动的演变》,《延安大学学报》(哲学社会科学版),2008 年第 1 期。

[79] 曹之:《中国印刷术的起源》,武汉大学出版社,1994 年,第 230 页。

[80]《唐六典》卷九。

第二章

唐代国家编辑出版管理制度

编辑出版活动发生在具体的社会文化环境之中，必然要受到政治、经济、文化等因素的制约。在古代皇权社会，编辑出版事业的发展无论如何都无法回避来自政权的干预和影响。有唐一代，政权体系中的部分机构[1]，以及宫廷的一些文化政策、法令规章，与典籍的形成、流传有密切联系，客观上构成了关于社会编辑出版活动的管理制度。较之于其他王朝，唐代的文化政策相对宽容，其编辑出版管理制度也更多地表现为建设性，而非限制性。

第一节　国家编辑出版机构

一、秘书省

秘书省是唐代政府开展编纂活动的主要机构之一，尤其是在唐初中央大规模进行图书整理和修纂工作的高潮时期发挥了重要的作用。

秘书省的设置，在中国古代中央政府由来已久。东汉桓帝时，始设秘书监一官，掌图书秘籍。晋代有秘书寺，梁武帝时改为省，设监、丞等官。隋代沿袭南北朝时体制，至于炀帝，对秘书省进行了一系列的改革，改秘书监为秘书令，官阶品级由正三品提为从二品，整个机构的人员编制也由隋初的四十八人增至一百二十多人。

秘书省为唐代所沿设，位居中央六省之一，“掌经籍图书之事”。根据《新唐书·百官志》和《旧唐书·职官志》的记载，秘书省下辖太史、著作二局。其人员编制为：秘书监一人，从三品；秘书少监二人，为秘书监副职，从四品上；秘书丞一人，从五品上；秘书郎四员，“掌四部图籍”[2]，从六品上；校书郎八人[3]，正九品上，正字四人，正九品下，“掌雠校典籍，刊正文章”[4]；主事一人，从九品上。此外还有若干技术人员：令史四人，书令史九人，典书八人，楷书手八十人[5]，亭长六人，掌固八人，熟纸匠十人，装潢匠十人，笔匠六人。

在唐代历史的发展中，秘书省并非是一成不变的机构，其往往要根据政局的形势、实际工作的需要以及上层统治者的意志而相应地发生变动。首先是称谓的变动：高宗龙朔二年（662），秘书省改称兰台，其监、少监、丞也随之改称太史、侍郎、大夫，秘书郎称兰台郎。武周垂拱元年（685），秘书省再次更名麟台，后来直至睿宗太极元年（712），才又改回秘书省的称号。其二是结构的变动，其主要表现在：

1. 太史局的归属问题。其变动情况我们可以通过下表来了解。太史局在唐代政府编辑活动中的作用主要体现在历日的制定与发布上。

时　　间	名　称	与秘书省的关系
高祖武德四年（621）	太史局	隶秘书省
武周久视元年（700）	浑天监	不隶秘书省
武周久视元年七月	浑仪监	不隶秘书省
武周长安二年（702）	太史局	隶秘书省
中宗景龙二年（706）	太史监	不隶秘书省
睿宗景云元年（710）七月	太史局	隶秘书省
睿宗景云元年八月	太史监	隶秘书省
睿宗景云元年（710）十一月	太史局	隶秘书省
睿宗景云二年（711）闰九月	浑仪监	隶秘书省
玄宗开元二年（714）	太史监	隶秘书省
玄宗开元十五年（727）	太史局	隶秘书省
玄宗天宝元年（742）	太史监	从此以后不隶属秘书省[6]

2. 人员编制的变动。从各种文献分析，秘书省人员编制的变动，一种是由于工作的需要而发生的临时性变动，如“武德五年，秘书监令狐德棻奏，今乘丧乱之余，经籍亡逸，请购募遗书，重加钱帛，增置楷书”[7]。另一种是制度性的变动，如《旧唐书·玄宗本纪》载开元二十六年三月，“减秘书省校书、正字官员”；《唐会要》卷六十四载贞元八年（792）秘书省减校书四人，正字二人，元和二年（807）又加以恢复。

一般认为，秘书省在唐代是国家重要的图书管理和藏书机构之一。在政府的编辑出版活动中发挥了重要的作用：

第一，秘书省在唐代一直是校理勘定图册典籍的主要场所之一，《旧唐书·魏徵传》就记载，魏徵负责秘书省工作时，“奏引学者校定四部书，数年之间，秘府图籍，灿然毕备”。这种整理图书的功能在有唐一代一直为秘书省所继承，即使后来馆阁制度形成后，白居易的诗中仍有“厌从薄宦校青简”[8]的秘书省工作描述。

西安市唐秘书省遗址标志碑

第二，在唐代前期，秘书省是政府主要的图书编辑机构。如唐代的经典编校曾在秘书省进行，《旧唐书·颜师古传》载：“（太宗）令师古于秘书省考定《五经》，师古多所厘正，既成，奏之。”在史馆尚未独立之前，唐代的史书编纂工作实际上也是由秘书省参与的，令狐德棻、魏徵等人都曾在秘书省任过职，且与他们编纂史书的时间多有重叠。

第三，搜集、典藏图书。《旧唐书·经籍志》曰："贞观中，令狐德棻、魏徵相次为秘书监，上言经籍亡逸，请行购募，并奏引学士校定，群书大备。"由此可见秘书省掌书籍搜募之一斑。且综览新旧二唐书，凡言及购募天下遗书事者，大都与秘书省及其人员相关。而且秘书省还负责对所搜集的图书进行保藏编目，如《旧唐书·文宗本纪》载："秘书省管新旧书五万六千四百七十六卷，长庆二年已前，并无文案。大和五年已后，并不纳新书。今请创立簿籍，据阙添写卷数，逐月申台。"又如《新唐书·刑法志》说："天下疑狱谳大理寺不能决，尚书省众议之，录可为法者送秘书省。"可见，秘书省也在发挥档案中心的职能。

第四，秘书省在唐代的政府活动中已经具有了鲜明的出版职能。秘书省具有极强的图书抄写能力，从其人员编制上就已明显地表现出来。如《旧唐书·吐蕃传》记载："时吐蕃使奏云：'公主请《毛诗》、《礼记》、《左传》、《文选》各一部。'制令秘书省写与之。"又《唐会要》卷十记唐代凡敕赐人书，而"秘书无本"，则秘书省负责"别写给之"。很明显，这种抄写形式的复制工作以传播为主要目的，因而也就使秘书省的工作具有了明显的出版性质。

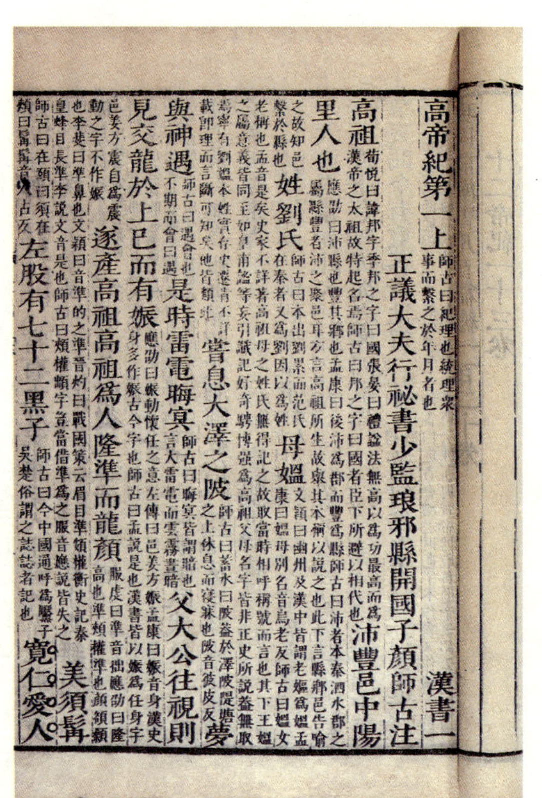

高帝紀第一上 師古曰紀理也統理衆事而繫之於年月者也 漢書一

正議大夫行祕書少監琅邪縣開國子顏師古注

高祖 荀悦曰諱邦字季邦之字曰國張晏曰禮謚法無高以爲功最高而爲漢帝之太祖故特起名焉師古曰邦之字曰國者臣下所避以相代也 沛豐邑中陽里人也 應劭曰沛縣也豐其鄉也孟康曰後沛爲郡而豐爲縣師古曰沛者本秦泗水郡之屬縣豐者沛之聚邑耳方言高祖所生故舉其本稱以說之也此下言縣鄉邑告喻之故知邑繫於縣也 姓劉氏 師古曰本出劉累而范氏在秦者又爲劉因以爲姓 母媼 文穎曰幽州及漢中皆謂老嫗爲媼孟康曰媼母別名音烏老反師古曰媼女老稱也孟音是矣史家不詳著高祖母之姓氏無得記之故取當時相呼稱號而言也其下王媼之屬意義皆同至如皇甫謐等妄引讖記好奇騁博强爲高祖父母名字皆非正史所說蓋無取焉寧有劉媼本姓實存史遷肯不詳載即理而言斷可知矣他皆類此 嘗息大澤之陂 師古曰蓄水曰陂蓋於澤陂隄塘之上休息而寢寐也陂音彼皮反 夢與神遇 師古曰遇會也不期而會曰遇 是時雷電晦冥 師古曰晦冥皆謂暗也言大雷電而雲霧晝暗 父大公往視則見交龍於上已而有娠 應劭曰娠動懷任之意左傳曰邑姜方娠孟康曰娠音身漢史身多作娠古今字也師古曰孟說是也漢書皆以娠爲任身字邑姜方震自爲震動之字不作娠 遂產高祖高祖爲人隆準而龍顏 服虔曰準音拙應劭曰隆高也準頰權準也顏額顙也李斐曰準鼻也文穎曰音準的之準晉灼曰戰國策云眉目準頞權衡史記秦皇蜂目長準李說文音是也師古曰頰權顴字豈當借準爲之服音應說皆失之 美須髯 師古曰在頤曰須在頰曰髯髯音人占反 左股有七十二黑子 師古曰今中國通呼爲黶子吳楚俗謂之誌誌者記也 寬仁愛人

(唐)颜师古注《汉书》明崇祯刻本

在唐初，秘书省极受重视，唐太宗《授颜师古秘书监制》云："秘书望华，史官任重。选众而举，历代攸难。守秘书监颜师古体业淹和，器用详敏，学资流略，词兼典丽。职司图书，亟经岁序。朱紫既辨，著述有成。宜正名器，允兹望实，可秘书监。”可见对于秘书省官员的任命有多么高的要求，这也从侧面说明了唐代政府对于国家编撰活动的重视。

但是从高祖时开始，政府就仿效南北朝的做法，陆续设立了一些文馆，如弘文馆等，以解决国家编纂活动繁多的问题。随这些机构的发展，秘书省的图书编辑职能被逐渐削弱。尤其是在集贤殿书院（乾元院、丽正修书院）形成后，秘书省的编纂职能基本上被完全取代，其职责主要是“主书写校勘而已”[9]。

二、史馆

“史馆”一词最早见于北齐[10]，唐前有史阁、史馆之称，为国家编修史书之机构。唐初因沿前代旧制，史馆仍隶属于秘书省著作局。太宗贞观三年（629）[11]，将史馆移到禁中，置于门下省北[12]。从此以后，史馆成为一个独立的专门修史机构，不再隶属于著作局。这种独立史馆的制度一直延续至清代。

自史馆独立之后，便逐渐形成了宰相监修国史的惯例，这也体现了唐代政府对于历史纪录编纂工作的重视。此外，作为编纂机构的史馆还有如下的特点：

第一，以政府要员和有才能之士充任史馆官员，负责史书的编辑工作。唐代政府中有许多重要的官员和有名的文人入史馆任职。《唐六典》卷九记：“贞观初，别置史馆于禁中，专掌国史，以他官兼领；或卑品有才，亦以直馆焉。”玄宗以前，史馆修撰一职统称为“修国史”，自玄宗至德宗时期，此称谓渐为宰相修国史所专用。天宝以后，一般称以他官兼职史馆者为史馆修撰，而称初入者为直馆[13]。宪宗元和六年（811）建议：“登朝官领史职者为修撰”，而“未登朝官皆为直馆”[14]。亦即史馆负责史料编辑工作的史官由史馆修撰与直馆（直史馆）组成。当然这种制度也出现了一些弊端，如修史官员众多，有时互相推诿，效率不高，刘知几对此曾给予过批评。[15]

第二，史官无常员而史馆渐有常制。《旧唐书·职官志》说：“史官无常员，如有修撰大事,则用他官兼之,事毕日停。”仅以国史监修一职为例,一般只有宰相兼任,可是景龙二年(708)却有侍中韦巨源和纪处讷、中书令杨再思、兵部侍郎宗楚客以及中书侍郎萧至中五人共任监修。

虽则史馆独立初期,其机构体制较为松散,但随着历史的发展,各项规定开始严格起来。根据《唐会要》的记载,贞元九年(793)规定“领史职者不宜为谏官”;元和六年,裴垍奏请“修撰中以一人官高者判馆事,其余名目,并请不置,仍永为常式”,这条建议得到了批准。而史馆修撰一职,按惯例不会超过三人,一般只有二人。太和六年(832),史馆修撰扩充为四人,这种人员编制在大中八年(866)时最终得到了确认。[16]

第三,服务于史书编辑工作的技术工种齐备。《旧唐书·职官志》说史馆“楷书手二十五人,典书四人,亭长二人,掌固六人,装潢直一人,熟纸匠六人”,服务体系完备。而且史馆工作条件优越,待遇很高。刘知几在《史通·史官建置》中曾描述:“西京则与鸾渚为邻,东都则与凤池相接。而馆宇华丽,酒馔丰厚,得厕其流者,实一时之美事。”

第四,唐代史馆的编辑修纂工作是以系统化的信息报送体制为基础的。唐代政府制定了“诸司应送史馆事例”,保证史馆的资料收集工作。据《唐会要》卷六十三的资料可知,唐代政府各部门都有向史馆汇报重要事件和信息的义务:礼部每季录送祥瑞事件;太史每季呈报天文祥异以及占验结果;鸿胪寺报告蕃国的朝贡情况,以及蕃邦的风俗地理;中书省和兵部报告蕃夷侵略与臣服情况,以及部队征战的战果;太常寺报告音律的改动和各种新造的曲调;户部连同地方政府报告州县的废置、各种自然灾害及相关的抚恤情况,以及各地的孝义事迹;刑部报告法令变更和讼狱情况;司府勘报诸色封建;吏部报告各地刺史、都护等重要官员的任免情况(武职官员由兵部报);宗正寺报告诸侯王的朝觐以及“公主百官定谥”。此外,各地重要长官的死亡、官吏的优异政绩以及有名的贤人等都需要由地方政府汇报。

对于帝王在朝廷的情况,起居郎要抄送“起居注”,武周长寿年间,姚璹认为帝王与臣辅所议论的许多军国大事都没有公布,史官无法得知,遂“请仗下所言军国政要,宰相一人专知撰录,号为时政记,每月封送史馆”,后来宰相(或中书门下省[17])录送起居注也渐成惯例。

而且,在唐代“诸司应送史馆事例”有严格的程式,规定了明确的时间要求、明确的格式等。比如《唐会要》卷六十三载,对于各种报告,“外州县及诸军诸使,每年一度,附考送纳。在京即每季申,便为恒例”,规定了资料的报送时间。同卷又有:“史馆奏:前件事条,虽标格式,因循不举,日月已深,伏请申明旧制。”这就从侧面表明了唐代信息报送史馆的格式化要求,不过在实践中似乎贯彻得不力,需要经常申诫。

唐代史馆的职能主要是编修国史。[18]所谓国史,即有唐一代的历史。《唐六典》卷九“史馆史官”条记载:

> 史官掌修国史;不虚美,不隐恶,直书其事。凡天地日月之祥,山川封域之分,昭穆继代之序,礼乐师旅之事,诛赏废兴之政;皆本于起居注以为实录,然后立编年之体,为褒贬焉。既终藏之于府。

从中我们可以了解史馆的职能——“掌修国史”,原则宗旨——“直书其事”,具体的工作——编辑现实资料,以最终形成实录与规范的国史,并进行保藏。

从实际的历史情况看,史馆的编辑活动主要有三:一是审核校订各种资料,如《唐会要》卷六十三:“史臣所有修撰,皆于私家纪录,其本不在馆中,褒贬之间,恐伤独见,编纪之际,或虑遗文,从前已来,有此乖阙,自今已后,伏望令修撰官,各撰日历,凡至月终,即于馆中都会详定是非。”所谓“详定是非”,体现的就是一种审校的工作。

二是编修本朝史书。史馆所编史书可大致分为两类——实录与国史。新旧两唐书中有大量史馆官员编撰历代实录的记载,比如《旧唐书·独孤郁传》:“迁郁考功员外郎,充史馆修撰、判馆事,预修《德宗实录》。”各朝实录修成后,大多都要提及进献者的史馆职官身份。

而如《文献通考》卷一九二所记载的“(《唐书》)唐韦述撰。初,吴兢撰唐史,自创业讫于开元,凡一百一十卷。述因兢旧本,更加笔削,刊去《酷吏传》,为纪、志、列传一百一十二卷。至德、乾元以后,史官于休烈又增《肃宗纪》二卷,而史官令狐峘等复于纪、志、传后随篇增缉,而不知卷帙。今书一百三

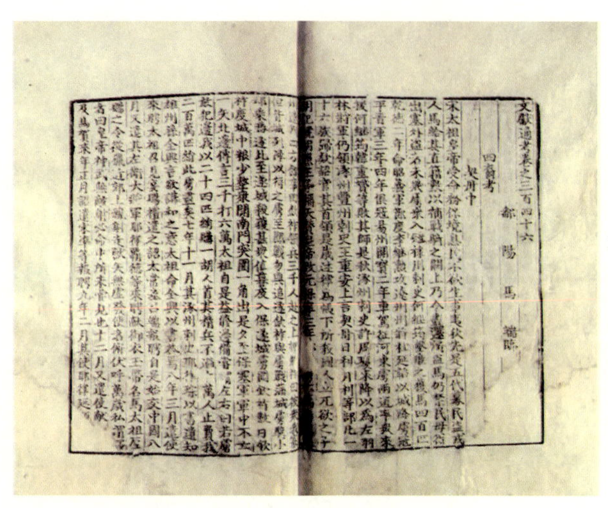
文獻通考卷之三百四十六

四裔考

鄱陽馬端臨

(元)马端临《文献通考》元刻本

十卷，其十六卷未详撰人名氏”，反映的则是历朝史官编修国史的努力工作。

三是对于馆外所修的史书进行审核与删改加工。如《唐会要》卷六十三就记载，中书侍郎平章事监修国史杜元颖上奏，希望允许沈传师在湖南完成《宪宗实录》的编修工作，并表示完成后“先送史馆，与诸史官参详，然后闻奏”。而上文所谓“因兢旧本，更加笔削，刊去《酷吏传》”也大致体现了这种工作——吴兢本因“不得志，私撰《唐书》、《唐春秋》”[19]，然而未成，后来为史馆所继续，并加以删削修改。

三、弘文馆

文馆形成于魏晋时代，是封建帝王汇集文学才士，为了进行顾问咨询、促进国家文献建设以及开展宫廷教育而设置的机构。如曹魏时的崇文馆，刘宋时的玄、史二馆，宋齐时的总明馆，萧梁的士林馆，北齐的文林馆，等等。《唐六典》卷八说这些文馆的职能是“典校理”、“司撰著”以及“兼训生徒”，因而文馆具有明显的官方编辑机构的特点。

唐代也设立了众多的文馆，其中作为编辑机构特征最明显的就是弘文馆。[20]弘文馆设立于高祖武德四年(621)，初名修文馆，置于门下省，武德九年(626)改名为弘文馆。其名称在唐代前期由于避讳等原因多有变更，详情见下表。

弘文馆设学士、直学士以及文学直馆等职官，负责图书的编辑校理工作，以及进行宫廷教育。《唐六典》卷八载：“弘文馆学士掌详正图籍，教授生

时　间	名　称
高祖武德四年（621）	修文馆
高祖武德九年（626）	弘文馆
中宗神龙元年（705）	昭文馆
中宗神龙二年（706）	修文馆
睿宗景云二年（711）	昭文馆
玄宗开元七年（719）	弘文馆

徒。"《唐六典》与《旧唐书·职官志》均称弘文馆学士无定员，"皆以他官兼之"，五品以上官员为学士，六品以下官员称直学士，"未登朝"者曰直馆。高宗仪凤年间，由于弘文馆藏书丰富，设置了详正学士，专门负责整理图籍，武周垂拱时期以后也多是"大臣兼领"[21]。

但是从《唐会要》卷六十三、《旧唐书·中宗本纪》以及《新唐书·百官志》的记载来看，弘文馆的学士职位至少在中宗景龙年间就已经开始了制度化。如《唐会要》卷六十三："至景龙二年四月二十二日，修文馆增置大学士四员，学士八员，直学士十二员。征攻文之士以充之。"而且从同卷关于弘文馆学士的任命情况来看，也是符合这个人员编制的。

弘文馆的事务由"馆主"主持。《唐六典》载："贞观初，褚亮检校馆务，学士号为馆主，因为故事。"[22]垂拱以后，多由宰相兼理馆务，担任"馆主"。中宗景龙元年（707）后，由给事中一人实际主持馆务。此外，弘文馆还有校书郎、校理、雠校错误、令史、楷书手、典书、拓书手、笔匠、熟纸装潢匠、亭长、掌固、讲经博士若干人等，配合辅助学士、直学士的编校工作。这些职务及其人员数量多有变化，如穆宗长庆三年（823）讲经博士、校理、校雠错误以及详正学士等职皆被罢；而由《唐会要》的记载看，典书、拓书手以及楷书手等职位的人数也或有增减。

弘文馆在建立初期主要是一个顾问和教育机构，但从实际情况看，其在唐皇室和政府的编辑出版活动中也发挥了较为重要的作用。唐太宗即位后，将弘文馆设于殿侧，在其中聚集四部图书二十余万卷，在此基础上，

《贞观十八学士图屏·书图》(明代)

弘文馆的编辑机构职能逐渐得到加强。从史料看，弘文馆的编辑职能主要有二：一方面是图书的校勘整理，如《唐会要》卷六十三说："仪凤中，以馆中多图籍，置详正学士校理之。"在校雠考订的基础上，弘文馆还负有进行抄写复制的责任，这点从弘文馆的人员配置上就可以感受到，而且《旧唐书·职官志》更在记述门下省给事中一职时，明确提及"若弘文馆图书之缮写、雠校，亦课而察之"。另一方面，弘文馆有明确的文献编撰职能，《旧唐书·方伎传》："时左侍极贺兰敏之受诏于东台修撰，奏嗣真弘文馆参预其事。"《新唐书·李嗣真传》也有"贺兰敏之修撰东台，表嗣真直弘文馆"的说法，即明白地表明了这种工作职能。此外，藏书与教育在某种程度上也可以被看做弘文馆编辑工作的具体应用或目的。

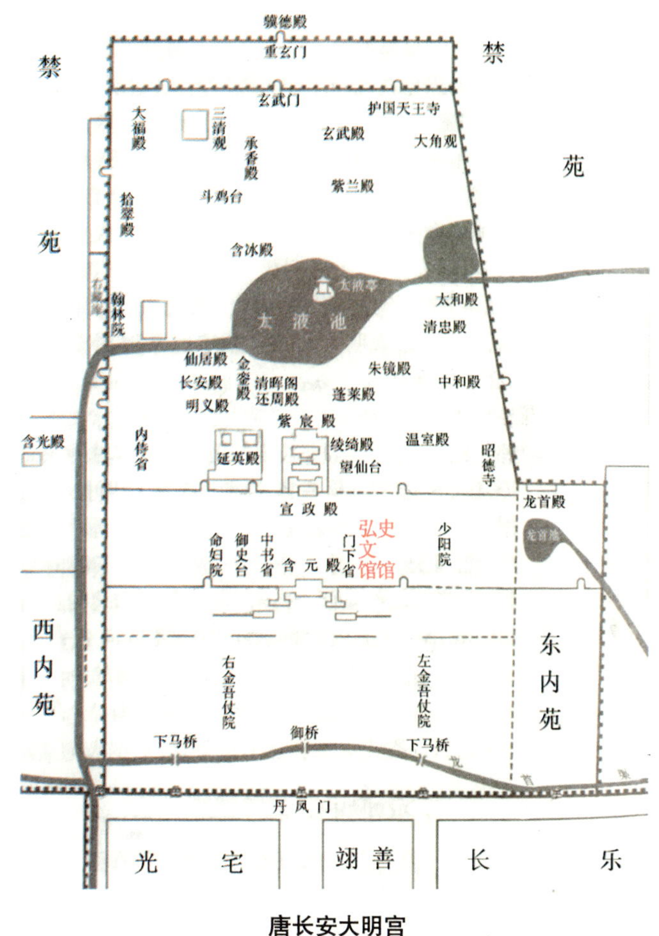

唐长安大明宫

但如果将弘文馆学士、直学士等人的编辑出版活动与这个机构相联系的话，那么弘文馆所具有的编辑出版功能则要更为广泛了。首先是国家图书的整理与勘定，《文献通考·经籍考》载，贞观时期大规模地搜集天下图书后，“元(玄)宗命左散骑常侍、昭文馆学士马怀素为修图书使，与右散骑常侍、崇文馆学士褚无量整比”。其次是参与修史。唐史资料中有很多加弘文馆学士、直学士衔修史的例子，如《旧唐书·文苑传》载：“永徽初，(刘胤之)累转著作郎、弘文馆学士，与国子祭酒令狐德棻、著作郎杨仁卿等，撰成国史及实录。”《新唐书·裴行俭传附光庭传》载：“光庭又引寿安丞李融、拾遗张琪、著作佐郎司马利宾直弘文馆，撰《续春秋经传》，自战国讫隋。”可见弘文馆学士、直学士大量地参与了唐代史书的编纂工作，涉及前代史、国史等各个方面。第三，弘文馆学士、直学士等以服务于皇室的文化需要为目的进行编辑活动。《旧唐书·良吏传》载：“(高智周)寻授秘书郎、弘文馆直学士，预撰瑶山玉彩、文馆辞林等。”《瑶山玉彩》本是高宗的皇太子李弘命许敬宗、上官仪等人“博采古今文集，摘其英词丽句，以类相从”[23]而辑纂的文学类书，文馆辞林也大体是这种性质。高智周作为直学士的这种编纂活动其实是直接服务于唐皇室的。

综上所述，弘文馆实质上是唐代统治阶级网罗优秀文化人才的一种渠道。考察其对于唐代官方编辑活动的意义，我们应该这样理解：弘文馆在唐代编辑出版活动中的作用主要体现在其人员(主要是学士、直学士)的编纂活动中，而不是反映在这个机构的运作机制中；作为机构，其作用在于为优秀人才开展编辑活动提供了名义上和后勤上的保障。

四、集贤殿书院

玄宗开元时期以后，集贤殿书院逐渐成为了唐代宫廷与政府开展编纂活动的最主要机构。

集贤殿书院的建立可追溯至玄宗初年的大规模图书整理和抄写工作。《旧唐书·褚无量传》载：“无量以内库旧书，自高宗代即藏在宫中，渐致遗逸，奏请缮写刊校，以弘经籍之道。玄宗令于东都乾元殿前施架排次，大加搜写，广采天下异本。”开元五年(717)开始的于乾元殿东廊下缮写四部书的活动规模较大，初步形成了一定的组织。《唐六典》卷九说，此时由散骑常侍褚无量与秘书监马怀素"总其事",此外"置刊定官四人,以一人判事";据《新唐书·百官志》,还有"押院中使一人,掌出入宣奏,领中官监守院门;知书官八人,分掌四库书",从而形成了"乾元院"[24]。开元六年(718),乾元院更名为"丽正修书院",后来又设置了修书史、检校官、校理等人员。开元十三年(725),因编撰封禅礼仪之事[25],玄宗皇帝于集仙殿赐宴诸学士礼官,他认为"朕今与贤者乐于此,当遂为集贤殿",于是"下制改丽正书院为集贤殿书院"[26]。唐代的西京长安和东都洛阳都建立了集贤书院。[27]

集贤殿书院建制完备,规模庞大。据《唐六典》与两唐书的记载,集贤殿书院设学士与直学士,五品官以上称学士,六品官以下称直学士。可见,集贤殿学士同弘文馆学士一样,均无常员。一般以宰相兼学士者主持院事,常侍等"近密官"为之副职。[28]还有侍讲学士、侍读直学士、待制、修撰官、校理官、留院官、检讨官,均以他官兼任,无常员。

据《旧唐书·百官志》,集贤殿书院还有:

> 孔目官一人,专知御书典四人,知书官八人,书直写御书一百人,拓书六人,书直八人,装书直十四人,造笔直四人。

集贤殿书院的机构设置在后来也有所变动,如"(贞元)八年(792)六月十三日,置集贤殿校书四员,正字两员"[29],这样的变动是偶有发生的。

开元年间,集贤殿书院逐渐成为了唐代政府组织典籍编纂活动的主要机构。开元八年(720)元行冲任丽正修书院修书史,广泛招纳编纂人才,大量的秘书省编修人员被调整到丽正修书院。正如《新唐书·儒学传》所载,"行冲知丽正院,又奏绍伯、利征、彦直、践猷、行果、子钊、直、璵、述、湾、玄默、钦、良金与朝邑丞冯朝隐、冠氏尉权寅献、秘书省校书郎孟晓、扬州兵曹参军韩覃、王嗣琳、福昌令张悱、进士崔藏之入校丽正书。由是秘书省罢撰缉,而学士皆在丽正矣"。自此,秘书省悄悄地退出了图书编辑这一领域,只是负责掌管书籍的典藏和复制出版工作。

《唐六典》卷九载:"集贤院学士掌刊辑古今之经籍,以辨明经邦之大典，而备顾问应对。凡天下图书之遗逸，贤才之隐滞，则承旨而征求焉。有其筹策之可施于时，著述之可行于代者，较其才艺，考其学术，而申表之。凡承旨撰集文章，校理经籍，月终则进课于内，岁终则考最于外。”由此可知，集贤殿书院在唐代政府编辑活动中，具有这样的作用：

第一，根据决策者（主要指封建帝王）的指示，校订典籍，编纂新作，即所谓“承旨撰集文章，校理经籍”，以服务于唐政府的编辑出版活动。第二，对来自非官方的书籍、作品进行审核、鉴定，发掘其中有益于时政者。此外，“承旨而征求焉”也反映出集贤殿书院还承担着以丰富国家图书资源为目的的书籍征募责任。第三，对于国家藏书进行编辑、校对整理，即“掌刊辑古今之经籍，以辨明经邦之大典”。在这方面，集贤殿书院做出了重要的贡献。《玉海》中所引的《徐坚碑》称：“时秘阁群籍讹谬，敕令学士详定，公为之刊辑，卷盈二万。”徐坚一人便刊辑图书二万卷，那么整个集贤殿书院的工作量也就可想而知了。此外，《唐会要》卷六十三载：“中书侍郎李元纮奏曰：国史者，记人君善恶，国政损益，一字褒贬，千载称之。今张说在家修史，吴兢又在集贤院撰录，令国之大典，散在数所。”可见集贤殿书院也曾参与过史书的修撰。

集贤殿书院的工作得到了唐政府的大力支持。曾有人认为“集贤院学士多非其人，所司供膳太厚”[30]，建议罢除之。针对这种意见，张说指出：“自古帝王功成，则有奢纵之失，或兴池台，或玩声色。今圣上崇儒重道，亲自讲论，刊正图书，详延学者。今丽正书院，天子礼乐之司，永代规模，不易之道也。所费者细，所益者大。”[31]玄宗采纳了张说的主张，更加重视其工作与建设。

集贤殿书院有完善的后勤保障，太府为其输送文房四宝等书写工具，并有国家的资金支持。[32]在政府的支持下，集贤殿书院在唐代国家的文化建设以及编纂活动中发挥了重要的作用，仅乾元殿时期的成果，便有史载：“百官入乾元殿东廊观书，无不惊骇。”[33]其对唐代内库藏书的整理与编目也做出了极大贡献。而且，与弘文馆一样，集贤院也网罗了大批优秀的人才，充实了政府开展编辑修撰活动的力量。

自唐代中叶以后，史馆、弘文馆和集贤院合称三馆。

唐代含元殿外观复原图

五、崇文馆、司经局

崇文馆与司经局为隶属于太子东宫的机构，也是唐代进行图书编校活动的机构之一。

崇文馆设立于太宗贞观十三年(639),初名崇贤馆。高宗上元二年(675),因避章怀太子李贤讳,改名为崇文馆。崇文馆亦设置学士与直学士[34],但不常有。肃宗乾元初年,曾一度以宰相兼崇文馆学士,主持馆务。德宗贞元八年(792)后,崇文馆隶属于太子左春坊。

崇文馆也是唐代藏书机构之一，唐平定王世充后所获得的隋代图书，“秘府、弘文、史馆、司经、崇文皆有之”[35]。据《唐六典》载,崇文馆学士“掌刊正经籍图书,以教授诸生”,校书“掌校理四库书籍,正其讹谬”。此外,《新唐书·百官志》还介绍崇文馆有“书直一人,令史二人,书令史二人,典书二人,拓书手二人,楷书手十人,熟纸匠一人,装潢匠二人,笔匠一人”。从机构编成和职责要求看,崇文馆与弘文馆颇为类似。

司经局是沿袭隋代制度而设的，本隶属于门下坊。[36] 高宗龙朔三年(663),司经局改为桂坊,“管崇贤馆,而罢隶左春坊,兼置文学四员、司直二员”[37]。高宗咸亨元年(670),又复称司经局,仍然归左春坊管辖。

司经局也是唐代重要的图书编辑缮写机构，有洗马二人,“掌经史子集四库图书刊辑之事,并立正本副本,贮本以备供进,凡天下之图书上于东宫者,皆受而藏之”;文学三人,“掌分知经籍,侍奉文章,总辑经籍,缮写装染之功,笔札给用之数,皆料度之”;校书四人、正字二人,同“掌校理刊正经史子集四库之书”。[38]从史料看,这些人都是专职从事图书的编校、缮写以及装帧等工作的。另外,《新唐书·百官志》说还有“书令史二人,书吏二人,典书四人,楷书二十五人,掌固六人,装潢匠二人,熟纸匠、笔匠各一人”。

从上述文字看,司经局的编辑出版工作体系已较为完备,有了较为明确的分工。图书的编辑审定、校对整理、复制装帧乃至运作管理(“缮写装染之功,笔札给用之数,皆料度之”)等工作都已经成为专门的环节。而且,司经局复制副本、“以备供进”的做法,以及对于“缮写装染”的单独提及,反映出其工作已初步具备了出版的性质，因此可以将其看做唐代一个较为专业的编辑出版机构。

总体上看,司经局是服务于唐皇室,尤其是太子东宫的编辑出版与书籍收藏机构,如《旧唐书·儒林传》记载,许叔牙撰《毛诗纂义》十卷进献皇太子,太子“令写本付司经局”。

第二节　图书搜集与典藏体制

唐代政府在图书的搜集整理与典藏工作上做出了很大努力，这些工作为唐代编辑出版活动的兴盛奠定了坚实的基础。

一、唐代政府的图书搜集活动

搜求图书在唐代并没有成文的制度规定，但是有唐一代以政府为主导的图书搜集和购募工作却一直在进行着,从唐代立国初期直到唐末,历朝均有规模或大或小的搜书募书活动。因此,我们完全可以将其作为一种惯例来加以考察。

唐王朝统一全国后，立即开展了大规模的图书搜集工作。高祖武德四年(621)王世充割据政权被平定，仅仅一年后，令狐德棻便上奏："今乘丧乱之余，经籍亡逸，请购募遗书，重加钱帛，增置楷书，专令缮写。"[39]他的建议得到了李渊的采纳，付诸实践后，"数年间，群书略备"。武德五年(622)发起的这次购募行动，为唐代后来的图书搜集与整理工作开了先例。

此后，唐代政府发起的较大规模的图书搜集活动还有：

1. 太宗贞观年间的购募活动。《旧唐书·经籍志》载："贞观中，令狐德棻、魏徵相次为秘书监，上言经籍亡逸，请行购募，并奏引学士校定，群书大备。"此次搜集活动不仅仅以完善国家藏书为唯一目的，同时也服务于帝王自身的文化需求。《旧唐书·王方庆传》记载，王方庆家藏书颇多，武则天曾向他访求王羲之的遗迹，王方庆上奏说："臣十代从伯祖羲之书，先有四十余纸，贞观十二年，太宗购求，先臣并已进之。"对于唐太宗的搜书活动，我们从中可以间接地有所了解。《旧唐书·褚遂良传》也记有："太宗尝出御府金帛购求王羲之书迹，天下争赍古书诣阙以献。"

唐太宗 像

2. 中宗景龙三年(709)的搜检图籍。[40]对于此次活动，《唐会要》卷三十五载，"以经籍多缺，令京官有学行者，分行天下，搜检图籍"。

3. 玄宗开元年间的搜募活动。开元三年(715)，玄宗认为："内库皆是太宗、高宗先代旧书，常令宫人主掌，所有残缺，未遑补缉，篇卷错乱，难于检阅。"[41]于是令褚无量与马怀素等人"试为朕整比之"。如前文所述，为完成此敕令，乾元院和其后身丽正修书院"大加搜写，广采天下异本"。那么很明显，伴随着此次图书整理活动，唐代政府又一次进行了大规模的搜集工作。《旧唐书·经籍志》载："诏公卿士庶之家，所有异书，官借缮写。"《唐会要》的记载更为明确："至七年(719)五月，降敕于秘书省、昭文馆、礼部、国子监、太常寺及诸司，并官及百姓等，就借缮写之。"可见，这次搜集并不仅仅是一次国家藏书机构间的互通有无，而且也广泛地深入到了民间。

4. 文宗大和开成年间的搜采活动。安史之乱中，唐代政府藏书损失极大。肃宗、代宗、德宗几朝相继开展图书搜募与整理活动，意图重振国家图书事业。太和中，郑覃任翰林侍讲学士，"以经籍道丧，屡以为言"，大力主张开展图书搜集。文宗采纳了郑覃的主张，"诏令秘阁搜访遗文，日令添写"。[42]国家藏书得到了一定的恢复，开成初年，已有四部书五万六千四百七十六卷。

即使唐代后期饱受战乱之时，这种搜检图书的活动依然得以坚持，《新唐书·逆臣传》载："僖宗始还京师，(董)昌取越民裴氏藏书献之，补秘书之亡，授兼诸道采访图籍使。"《新唐书·艺文志》记载："昭宗播迁，京城制置使孙惟晟敛书本军，寓教坊于秘阁，有诏还其书，命监察御史韦昌范等诸道求购。"此即明证，不过那时的唐政府已经是有心无力了。

综观唐代政府所开展的求募图书活动，其原因大体可以归结为主客观两个方面：

一是主观方面的原因，即唐代统治者的文治思想及其文化建设的需要。唐太宗曾说道："朕虽以武功定天下，终当以文德绥海内。文武之道，各随其时。"[43]当唐王朝安定隋末乱世后，如何通过文德教化稳固江山自然成为了一个主要的问题。唐代政府重视文化建设，意图使自身在社会文化中成为绝对的中心与主导。《旧唐书·颜师古传》载：

> 太宗以经籍去圣久远，文字讹谬，令师古于秘书省考定五经，师古多所厘正，既成，奏之。太宗复遣诸儒重加详议，于时诸儒传习已久，皆共非之。师古辄引晋、宋已来古今本，随言晓答，援据详明，皆出其意表，诸儒莫不叹服。于是兼通直郎、散骑常侍，颁其所定之书于天下，令学者习焉。

这里有几个问题值得注意：第一，颜师古考定五经，带有政府行为，乃至御用的意味；第二，其效果是诸儒叹服，并且五经文字由此有了统一的标准而通行天下；第三，颜师古于秘书省考校，且掌握了众多“古今本”作为论证依据；第四，如前所述，秘书省乃唐政府搜集典藏书籍之处，那么很显然，搜集图书的活动促进了政府社会文化主导权的发挥。这在历朝都有所反映，如《旧唐书·经籍志》载：“肃宗、代宗崇重儒术，屡诏购募。”

有时，搜书活动是为了巩固国家的文化建设成果。这在安史之乱后尤为明显。《旧唐书·于休烈传》载安史之乱中，中原荡覆，典章殆尽，无史籍检寻，于休烈上奏：

> 《国史》一百六卷，《开元实录》四十七卷，起居注并余书三千六百八十二卷，并在兴庆宫史馆。京城陷贼后，皆被焚烧。且《国史》、《实录》，圣朝大典，修撰多时，今并无本。伏望下御史台推勘史馆所由，令府县招访，有人别收得《国史》、《实录》，如送官司，重加购赏。若是史官收得，仍赦其罪，得一部超授官资，得一卷赏绢十匹。

其目的就在于保存前代的典籍成果，以有助于日后的文化建设，从而保证国朝的文化系统得以延续与传承。肃宗以后到文宗朝的搜集工作都带有这样的意图，就算是唐末昭宗时还仍试图坚持。

唐长安城兴庆宫图(刻石拓片)

此外，帝王个人的爱好也是图书搜集活动的推动力之一。前文唐太宗贞观年间的搜募活动就是一例。

另一个原因来自客观方面，即各种原因所导致的图书散佚与残缺，迫使唐政府通过征集、购募残存书籍的方式，完善国家的图书收藏事业。比如唐初图书搜募的现实原因是“丧乱之余，经籍亡逸”。其情况是这样的，自隋初牛弘上《请开献书之路表》后，大规模的图书搜集征求工作持续开展，嘉则殿藏书多达三十七万卷，《通志·图谱略》评其为“隋家藏书，富于古今”。然而隋唐易代之际，“隋书籍三十七万，悉焚于广陵”[44]。典籍流失破坏严重，新立国的唐朝不得不去努力搜索。此后，玄宗朝的搜书有典籍保藏不利的缘故，而安史之乱以及其他或大或小的兵燹之祸，则是肃宗以后历朝搜集典册的现实诱因了。

二、唐代图书的典藏及其体制

典藏包括图书的整理与收藏，是图书搜集工作与文化产品生产的延伸与结果。

唐代自立国始，政府的历次搜募征集工作都直接促进了图书事业的建设，再加之学士文人的努力编纂撰述，国家藏书很快丰富起来。据《唐会要》记载，太宗即位后，在宏文殿汇聚了多达二十多万卷的图书。唐初时期虽然藏书卷帙浩繁，但是问题也是颇多的。我们从毋煚等所撰《古今书录》的序言中可窥其一斑：

> 于时秘书省经书，实多亡阙，诸司坟籍，不暇讨论。此则事有未周，一也。其后周览人间，颇睹阙文，新集记贞观之前，永徽已来不取；近书采长安之上，神龙已来未录。此则理有未弘，二也。书阅不遍，事复未周，或不详名代，或未知部伍。此则体有未通，三也。书多阙目，空张第数，既无篇题，实乖标榜。此则例有所亏，四也。所用书序，咸取魏文贞；所分书类，皆据《隋经籍志》。理有未允，体有不通。此则事实未安，五也。[45]

此后，尤其是在玄宗朝，对于藏书的校订整理工作逐渐得到重视与加强。马怀素曾上书：“南齐已前坟籍，旧编王俭《七志》。已后著述，其数盈多，《隋志》所书，亦未详悉。或古书近出，前志阙而未编。或近人相传，浮词鄙而犹记。若无编录，难辩淄、渑。望括检近书篇目，并前志所遗者，续王俭《七志》，藏之秘府。”[46]建议得到了采纳。开元时期，乾元殿及后来丽正院、集贤院的工作，“纰缪咸正，混杂必刊”，极大地提升了国家藏书的质量。开元九年(721)后，根据毋煚《古今书录》的记载，唐代政府藏书有三千零六十部，五万一千八百五十二卷；另有佛道经卷两千五百余部，九千五百多卷。《唐会要》载，开元十九年（731）集贤殿书院藏书，“经库一万三千七百五十二卷，史库二万六千八百二十卷，子库二万一千五百四十八卷，集库一万七千九百六十卷，其中杂有梁陈齐周，及隋代古书，贞观、永徽、麟德、乾封、总章、咸亨年，奉诏缮写”。那么，此时藏书多达八万余卷。[47]

虽然隋代嘉则殿藏书达三十七万卷，然而经过删削重复芜杂、详加校订后而成的“正御本”却不过三万多卷，而《隋大业正御书目录》也才区区九卷。相比之下，唐代开元盛世的藏书事业是极为辉煌的。

安史之乱后，“乾元旧籍，亡散殆尽”，唐政府的藏书损失巨大。如前文所述，经过此后历代的图书搜募整理，至文宗开成初年，已有四部书五万六千四百七十六卷。而据《旧唐书·经籍志》载，昭宗即位后，“秘书省奏曰：‘当省元掌四部御书十二库，共七万余卷。广明之乱，一时散失。后来省司购募，尚及二万余卷。及先朝再幸山南，尚存一万八千卷。’”可知，僖宗初年，政府的藏书已经恢复到了七万余卷；后来由于黄巢起义，秘府典籍大量散失，僖宗中和后期光启初年时，只剩下一万八千多卷。昭宗迁都后，国家藏书再受重创，损失过半，从此以后“平时载籍，世莫得闻”。

在将近有唐一代的管理实践中，唐政府的图书典藏管理逐渐形成了一套具有自身特色的制度。

唐代初期的藏书管理工作，是出现了一定问题的。一个是“宫人”管理藏书，以致“所有残缺，未能补缉，篇卷错乱，检阅甚难”；另一个是“书籍缺亡，及多错乱，良由簿历不明，纲维失错，或须披阅，难可校寻”[48]，即缺乏必要的编目和登记工作。在总结经验教训、借鉴前代制度的基础上，唐代的图书典藏制度逐渐完善。

第一，图书的收藏建立在精编细校的基础上。秘书省、弘文馆、史馆、集贤殿书院、崇文馆以及司经局都是唐政府的藏书机构，从其人员设置与职能安排来看，它们都是以一套“编校勘定—缮写—收藏”程序为原则的。而玄宗要求马怀素、褚无量等“试为朕整比之”的态度，更直接体现了这种程序。

第二，缮写抄录制度。唐政府藏书机构中设置了大量的楷书手，在进行

(唐)虞世南《孔子庙堂碑》(局部)

图书典藏的过程中,经过仔细的编校后,一定要进行精心的缮写誊抄工作。《新唐书·艺文志》载:"贞观中,魏徵、虞世南、颜师古继为秘书监,请购天下书,选五品以上子孙工书者为书手,缮写藏于内库。"《唐六典》记载了对于集贤殿书院的书直及御书手的要求,"于秘书省、昭文馆兼广召诸色能书者充,皆亲经御简,后又取前资、常选、三卫、散官五品已上子孙,各有年限,依资甄叙"[49]。可见,藏书活动是非常注意抄写质量的。缮写抄录后,又有装潢匠等人对图书进行装帧处理。

第三,分类典藏,专人管理。《旧唐书·经籍志》载:"开元时,甲乙丙丁四部书各为一库,置知书官八人分掌之。"而《唐六典》对于这种制度的说明则更为详细,其描述了集贤殿书院藏书的情况:

虞世南 像

> 书有四部:一曰甲,为经;二曰乙,为史;三曰景(丙),为子;四曰丁,为集。故分为四库,每库二人,知写书、出纳、明目、次序,以备检讨焉。……其经库书钿白牙轴、黄带、红牙签;史库书钿青牙轴、缥带、绿牙签;子库书雕紫檀轴、紫带、碧牙签;集库书皆绿牙轴、朱带、白牙签,以分别之。[50]

这里有两个特点是值得注意的:首先,藏书分为四库保存,且有明显的装帧区别,说明其一定经过了细致的校定与精心的制作，这样不仅提高了藏书的质量，也为保藏以及查阅提供了极大的方便。其次，唐代国家藏书工作开始由专业人员负责，并且有完整的管理程序，出纳、明目以及次序都明确记录在案，“以备检讨”，藏书管理上了一个台阶。

第四，藏书的编目与登记工作。玄宗认为国家藏书的亡佚很大程度上缘于缺乏明确的“簿历”，因此要求在图书的整理中“各于本库每部为目录，其有与四库书名目不类者，依刘歆《七略》，排为七志，其经史子集，及人文集，以时代为先后，以品秩为次第”。至于开元九年（721），殷践猷、王惬、韦述、余钦、毋煚、刘彦真、王湾、刘仲等编成《群书四部录》（即《开元群书四部录》）二百卷，后来毋煚又进一步加以勘定，并增加新书六千多卷，撰成《古今书录》。此外，韦述的《集贤书目》也记录了集贤殿藏书的情况。

这种为府库藏书编目立档的做法在后来得到了继承。安史之乱后，国家重新整理藏书，《旧唐书·文宗本纪》载，文宗开成元年（836），御史台奏：“秘书省管新旧书五万六千四百七十六卷，长庆二年已前，并无文案。大和五年已后，并不纳新书。今请创立簿籍，据阙添写卷数，逐月申台。”此时，不仅继续为国家藏书编立档案，而且以外部考察的方式来加以督促，使之进一步制度化了。据《唐会要》，对于这种建立簿籍、登录书籍情况的工作，要“随月申台，并外察使每岁末计课申数”[51]。

第五，各藏书机构之间互通有无，共同促进国家图书事业的发展。唐代国家藏书机构众多，东西两京都有藏书之处。它们常为实现某一图书编校整理目标而相互协作，以执行国家的文化决策。如玄宗时期丽正修书院的图书编校刊定工作就得到了秘书省、昭文馆、国子监、太常寺等众多机构的支持，促进了四部群书的整理缮写工作，前文已有提及。再比如，天宝十一年（752）“敕秘书省检覆四库书，与集贤院计会填写”，这种图书交流活动，也促进了各藏书机构自身的建设与发展。

三、唐代图书搜募、典藏活动与政府编辑事业的关系

图书搜募与典藏是唐代国家文化建设的重要组成部分，更与国家的编辑出版活动联系密切。它们往往是互为条件、互为目的的，从某种意义

上说，我们完全可以将图书的搜集与典藏作为唐代政府编辑出版体系的一部分。

首先，图书的搜募与典藏积累了丰富的资料与文化成果，为编纂活动的开展奠定了坚实的基础。如前所述，颜师古校订五经显然借助了秘书省的藏书资源；褚无量"雠定"宫中丛书，"秘书省、司经局、昭文、崇文二馆更相检雠，采天下遗书以益阙文"；而安史之乱后，韦述"以其家藏国史一百一十三卷送于官"，保证了唐政府的国史编辑活动得以继承与延续。此等事例不胜枚举。纵观有唐一代，太宗、玄宗以及文宗等朝大规模进行图书搜集与典藏工作的时候，往往也是唐代政府开展编辑活动的高潮。

第二，一大批编辑人才在藏书机构中得到培养，从而间接地支持了国家的编辑事业。唐代藏书机构是孕育博学之士的良好场所，《新唐书·窦威传》说其任秘书郎后，"当迁不肯调者十年，故其学益博"。考察唐代颇有成就的编辑家，其中大多都有着馆阁秘府的任职经历，如魏徵、颜师古曾为秘书监，刘知几曾任秘书少监并多年任职史馆，韦述做过集贤学士，白居易曾任秘书省校书郎，编纂《宪宗实录》的路随曾为史馆修撰，如此等等。

第三，唐代图书的搜募、典藏与图书的编辑活动是联系紧密的统一体，尤其是后两者，往往是相辅相成，你中有我、我中有你的。主要有三种情况：(1)唐代政府的图书搜集往往是以扩充或完善典藏为目的的，佚书遗文搜募上来后，必须要经过仔细的编辑校对整理，最后归于典藏机构，唐代的几次大规模搜集书籍的活动都是此种模式。(2)由于图书数量的增加、管理不当以及战乱灾祸等原因，政府藏书常会遇到篇卷残缺、错乱等问题，这就需要以编辑工作来加以维护。如《旧唐书·蒋乂传》载："(蒋乂)弱冠博通群籍，而史才尤长。其父在集贤时，以兵乱之后，图籍溷杂，乃白执政，请携乂入院，令整比之。……乂编次逾年，于乱中勒成部帙，得二万余卷。"(3)唐代的编纂活动往往最终总要归于典藏，无论是帝王诏令所撰之书，还是知识分子独立编纂后所进献宫廷的。如贞观十年(636)，梁、陈、齐、周、隋五代史修成，"诏藏于秘阁"，《旧唐书·李延寿传》载："调露中，高宗尝观其所撰《政典》，叹美久之，令藏于秘阁。"这种编藏一体的工作，可以看做唐代政府编辑出版活动的一个特点。

第四，有时图书的典藏工作就是编辑工作。这一点主要体现在图书目录的编辑上，这种在收藏过程中“每部为目录”、“创立簿籍”的活动，使开展藏书工作本身便具备了一种编辑活动的性质。唐代政府因藏书而主持编制的目录主要有《群书四部录》(《古今书录》及《开元内外经录》)、《开元四库书目》、《唐秘阁四部书目》、《贞元御府群书新录》、《四库搜访图书目》，等等。这些书目大多是按四部分类，今已全部散佚。

第三节　编辑出版管制制度

唐代是中国封建社会发展的高峰时期，对于各种文化采取兼容并包的态度。相比于历史上的其他时代，其在思想文化领域的政策也较为宽松。然而，唐政府仍然制定了一些关于社会图书事业以及编辑出版活动的控制政策，以保证其在思想内容以及运作方式上有利于社会稳定，从而巩固自身的统治地位。

总体来看，唐代的编辑出版管制制度是律法与敕令并行制，即一方面以明确的成文法典为社会的编辑出版活动设定守则，进行法制化、经常性的管理，其规定收录于《唐律疏议》[52]中；而另一方面，也采用皇帝敕令、诏令的形式，应对突发事件或新生现象，以实现国家控制的目的。唐代政府对于编辑出版活动的管制主要体现在：禁书、编辑权限制以及原始的出版权管制三个方面。

一、禁书

唐代真正意义上的禁书活动相对较少，值得一提的一次禁书活动发生在太宗贞观二十年(646)。[53]起因是，吉州的一名司法参军吉辩，在搜查犯人刘绍略妻子的“衣笼”时，发现了一本只有十四张纸的小册子——《三皇经》，其上有这样的文字：“凡诸侯有此文者，必为国王；大夫有此文者，为人父母；庶人有此文者，钱财自聚；妇人有此文者，必为皇后。”这些文字有鼓动臣民造反之嫌。吉辩不敢怠慢，审讯犯人得知经文得自道士，准备献给州官做图谶之用。此后，吉辩将证物封存，急忙上报。这件事引起了朝廷的极大重视。经查，《三皇经》并非近人伪作，实乃晋代道士鲍静所作。太宗皇帝于是下令销毁《三皇经》，其敕文曰：

> 《三皇经》文字既不可传，又语涉妖妄宜并除之，即以老子《道德经》替处。有诸道观及以百姓人间有此文者，并勒送省除毁。[54]

后来全国各地搜集上来的《三皇经》，被送到礼部尚书厅前付之一炬。

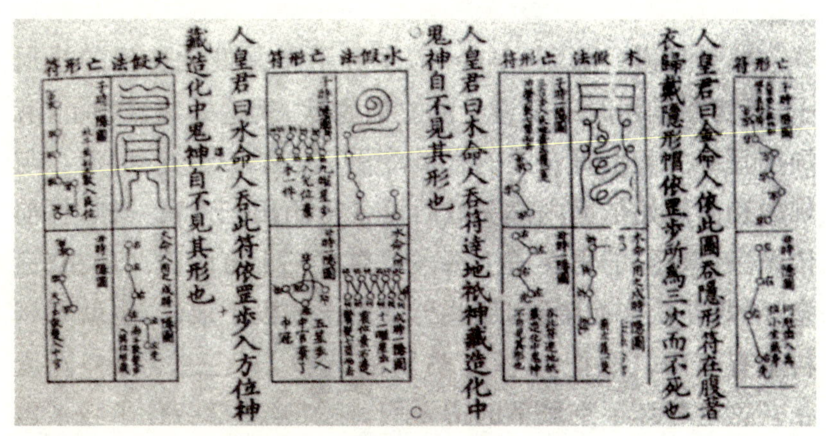

亡形符
人皇君曰金命人依此圖吞隱形符在腹著
衣歸戴隱形帽依罡步所為三次而不死也
木假法　亡形符
人皇君曰木命人吞符達地祇神藏造化中
鬼神自不見其形也
水假法　亡形符
人皇君曰水命人吞此符依罡步入方位神
藏造化中鬼神自不見其形也
火假法　亡形符

《三皇内文遗秘》(即《三皇经》)涵芬楼影印本

此次禁书活动有两个特点，一是没有任何人因持有、阅读此书而有刑狱之灾；二是对于曾经研习此经的道士阶层的利益仍然给予保护。原来，如同僧尼皈依佛教后可得荫田三十亩一样，道士获得荫田也需要有皈依的程序，而皈依的对象便是《三皇经》。追查《三皇经》事件发生后，京城的道士们便请求以《道德经》替代《三皇经》，以保住自己的饭碗。这个请求得到了太宗的认可。从中我们也可以看到唐代禁书的一个特点，即不实行恐怖政策，而是以引导大于惩办为原则，注重考察图书传播在接受方面的情况。既然《三皇经》没有成为谁作乱犯上的导火索，而且道士们又主动地放弃它，可见这部经文实在是没有产生多大的恶劣影响，在人们的思想中也没有多么的根深蒂固，何必大兴牢狱呢？以《道德经》代替《三皇经》，而不触动道士利益的做法，实际上是在禁的同时又开辟了一条新的渠道，发挥了疏导社会思想的作用，从而使禁书工作的开展能够更为顺利，以免受到抵制。

敕文称《三皇经》“语涉妖妄”，这代表了唐代禁书的主要方向。在原则上，唐代政府要求禁绝的图书主要有：

第一，妖书。《唐律疏议》卷十八“盗贼”第八款规定：“诸造妖书及妖言者，绞。”所谓“造”即“谓自造休咎及鬼神之言，妄说吉凶，涉于不顺者”；“造妖书”，即“构成怪力之书”。虽然“律”与“疏”都没有明确界定“妖”的含义，但是从其表达上可知，所谓妖书，即假借鬼神或超自然表征的方式，对未来进行描述或预测的图籍。创作编写这样的图书要被处以极刑。

《唐律疏议》卷十八还规定：

> 传用以惑众者，亦如之（传，谓传言；用，谓用书）；其不满众者，流三千里；言理无害者，杖一百。即私有妖书，虽不行用，徒二年；言理无害者，杖六十。

唐律开始重视图书的传播效果。用妖书蛊惑了三个人以上的，与造书者一样，判处绞刑；没有影响那么多人的，要流放三千里之外；而持有妖书，则意味着有传播的可能，也得服刑两年。但是此条规定有一条明显的界限——书籍内容的“害”与“无害”，即“妖书”会不会影响国家政权和社会稳定。上述的惩罚是针对妖书“言理有害”而言的。对于“言理无害者”，只不过是仗刑罢了。

第二，“天文，图书，谶书，兵书，七曜历，太一、雷公式”。

《唐律疏议》卷九“职制”第二十款规定：

> 诸玄象器物，天文，图书，谶书，兵书，七曜历，太一、雷公式，私家不得有，违者徒二年。(私习天文者亦同)其纬、候及论语谶，不在禁限。

归纳起来，这些被禁的图书主要是：

1. 谶纬之书，即托名神意、预言未来的具有神秘色彩的图书。所谓“图书”指《河图》、《洛书》，本质上也是推导休咎的谶纬。但是《五经纬》、《尚书中候》和《论语谶》并不被禁止。

2. 占卜术数书籍，即《太一》、《雷公式》。其同样具有预测吉凶祸福的功能。对于这些占卜格式、术数图书，唐政府逐渐加大了打击的力度。

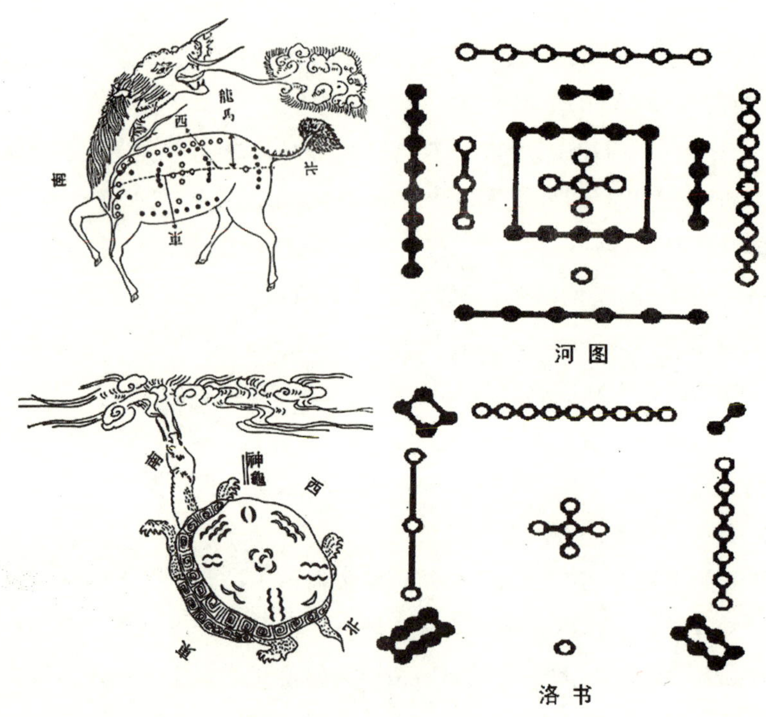

河图 洛书(局部)

武周载初元年(690)敕令:“相书及朔计家书,多妄论祸福,并宜禁断。”[55]而玄宗开元二十七年(739)又颁布敕令:“诸阴阳术数,自非婚丧卜择,皆禁之。”[56]进一步将除婚娶丧葬所需之外的所有占卜术数图籍都列入禁书之类。

3. 象历之书。“天文”是记载日月星辰等天文情况及其变化的图书。这些内容在古代可能成为预言将来变故的依据与佐证,因此对“天文”的限制在实质上是查禁妖书、谶纬的延续。此外,其也是唐代政府垄断天文观测与解释权的一部分。古代社会信奉“天人感应”、“天人合一”,所谓“天垂象,圣人则之”。天具有一种绝对权威性,这种权威只能与王朝的中央集权政府相对应,怎么可以让其轻易旁落于百姓?所以《唐律疏议》要连带着把“私习天文”也一并禁了。

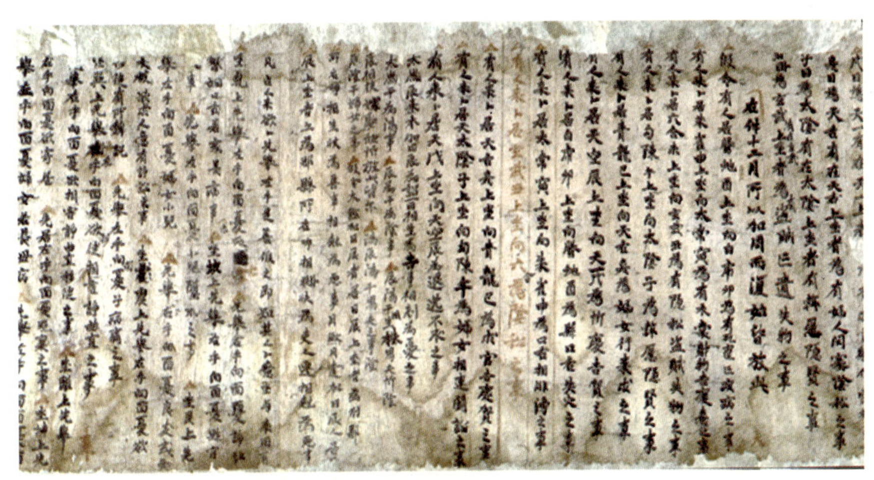

敦煌藏经洞阴阳占卜书

七曜历法是以七曜占候术（随佛教而传入）为基础而形成的一种不同于官历的历书，以日、月、火、水、木、金、土七曜记日，且常在历日中标准吉凶。与“天文”一样，其一则挑战了官历的统治地位，不利于政府对于民间生活与农事的指导，二来也犯了妄言休咎的忌讳，所以被禁也就在所难免了。

4．兵法战策。按《唐律疏议》解释，即“《太公六韬》、《黄石公三略》之类”，这一类图书是对政权稳固有潜在威胁的。

对于上述图书的查禁工作，唐政府一直是比较重视的。如代宗于大历二年（767）就下诏再次重申：“玄象器局、天文图书、七曜历、太一、雷公式等，私家不合辄有。今后天下诸州府，切宜禁断，本处分明榜示，严加捉搦。先藏蓄此等书者，敕到十日内送官，本处长吏集众焚毁。限外隐藏为人所告者，先决一百，留禁奏闻。”[57]擅自私藏者不仅要面对律法中所规定的两年徒刑，还少不了受一百板子的皮肉之苦。

第三，《三皇文》与《化胡经》。《三皇文》事件前文已有提及，就在其发生后不到六十年，《化胡经》又被唐政府禁止。《化胡经》本为西晋道士王浮所作，是一部崇道抑佛的作品，大致是说老子西出阳关后到天竺化身为佛祖，进而促进佛教形成。后来，佛道两教对于《化胡经》多有辩论。北周时《化胡经》就曾被禁毁。到了神龙元年（705），中宗颁布《禁

〈化胡经〉敕》,其文曰:

如闻天下诸道观，皆画化胡成佛变相，僧寺亦画元元之形，两教尊容，二俱不可。敕到后，限十日内，并须除毁。若故留，仰当处官吏科违敕罪。其《化胡经》，累朝明敕禁断。近知在外仍颇流行，自今后，其诸部《化胡经》，及诸记录有化胡事，并宜除削。若有蓄者，准敕科罪。

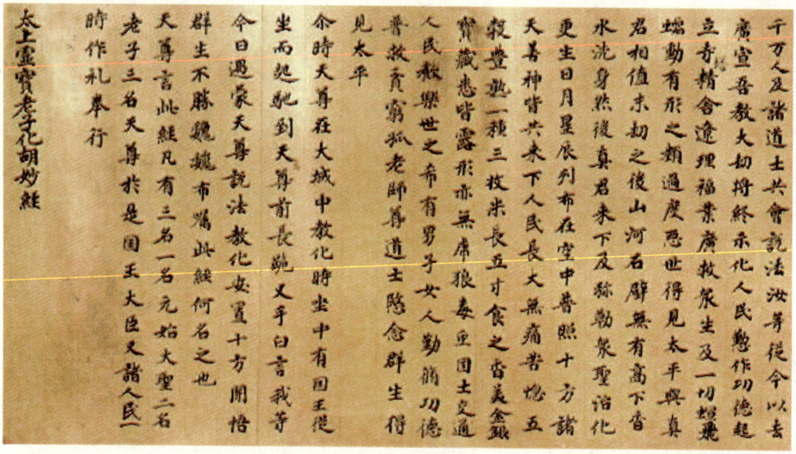
千万人及諸道士共會說法汝等從今以去
廣宣吾教大劫將終赤化人民慇作功德起
立寺精舍崇理福業廣救衆生及一切蠉飛
蠕動有形之類過度悉世得見太平與真
君相值未劫之後山河石壁無有高下沓
水洗身然後真君來下及弥勒衆聖治化
更生日月星辰列布在空中普照十方諸
天善神皆共來下人民長大無痛若惱五
穀豊熟一種三枚米長五寸食之香美金銀
寶藏悉皆露形亦無虎狼毒虫國土交通
人民敬樂世之希有男子女人勤脩功德
普救貧窮孤老師尊道士慇念群生得
見太平
尒時天尊在大城中教化時坐中有國王從
坐而起䟦到天尊前長跪叉手白言我等
今日遇蒙天尊說法教化安置十方開悟
群生不勝歡喜布嘱此經何名之也
天尊言此經凡有三名一名元始大聖二名
老子三名天尊於是國王大臣及諸人民一
時作礼奉行
太上靈寶老子化胡妙經

《太上灵宝老子化胡妙经》(局部)

此又是唐代一次有明确对象的禁书活动,而且所谓“其诸部《化胡经》,及诸记录有化胡事,并宜除削”,反映了其已经涉及了思想控制的领域——不仅经书要禁,此类思想内容也要禁。但是,此次禁书活动并不是很彻底,《化胡经》仍然流传于社会,其被完全禁毁,则要等到元代至元年间了。

唐代禁书基本上就是上述的情况。[58]综观之,我们可以发现,其实唐代政府的禁书活动所真正关注的,只是那些预知休咎、言及运数的图书,即那些可能让人们产生非分之想的图式经籍。

二、对史书编辑权的管制

对于编辑权的限制是唐代编辑出版管制政策的一部分，主要就是禁止私人辑纂编定史书,即不允许私人修史。

关于禁止私人修史,唐代没有十分明确的律令规定。但是从以下两则记录中我们可以了解到，这项制度在唐代历史上的存在及其所发挥的规定性作用。

《唐会要》卷六十三载，顺宗永贞元年(805)，监修国史韦执谊奏：

> 令修撰官，各撰日历，凡至月终，即于馆中都会详定是非，使置姓名，同共封锁。除已成实录撰进宣下者，其余见修日历，并不得私家置本。仍请永为例程。

韦执谊之所以有这样的主张，其原因在于其时的国史修撰中，“史臣所有修撰，皆于私家纪录，其本不在馆中，褒贬之间，恐伤独见，编纪之际，或虑遗文”。对于专职的史官尚且要求“不得私家置本”，更何况普通人呢？他们以“独见”进行“褒贬”、有所“遗文”的问题不是会更大更严重吗？

《新唐书·文艺传》载：

> 郑虔，郑州荥阳人。天宝初，为协律郎，集掇当世事，著书八十余篇。有窥其稿者，上书告虔私撰国史，虔苍黄焚之，坐谪十年。[59]

从中我们可以获得这样的信息：第一，严禁私撰国史作为一种观念，已经为社会所普遍地知晓和公认。否则就不会有“窥稿”者的上书控告，郑虔也不会因撰史之事暴露而仓皇销毁证据，显然他们对于“私撰国史”这种行为的性质及后果都有着清晰的认识。第二，严禁私撰国史作为一项规定，其推行有国家强制力的保障。即使在没有证物的情况下，郑虔仍“坐谪十年”，可见政府对于编纂史书的管制有多么严厉。

唐代禁止私人编修史书的规定，当是作为一种惯例从隋代继承而来。隋文帝开皇十三年(583)，“诏人间有撰集国史、臧否人物者，皆令禁绝”[60]。其对于后世的影响十分巨大，至于唐代，便已确立了修史的一整套规范程序。

但是有唐一代，绝非没有私纂史籍的现象。“‘五代史’中，只有《隋书》是真正意义上的官修前代史。”[61]而吴兢亦坦承，自己在武三思等当权时，“别撰唐书九十八卷，唐春秋三十卷，用藏于私室”[62]。他的做法较于郑虔是有过之而无不及的。再比如，《通志·艺文略》记有“《五代新记》二卷，唐张绚古撰”，《郡斋读书志》录为“《五代新记》二卷，唐张询古撰”，亦当为私史。

为何这些现象能够为唐政府所容忍？其原因可能在于，国家限制史书编辑权的制度主要是针对国史编纂，对于私修前代史书大概会网开一面。这在隋代就有先例，《隋书·王劭传》说王劭“以母忧去职，在家著齐书，时制禁私撰史，为内史侍郎李元操所奏。上怒，遣使收其书，览而悦之。于是起为员外散骑侍郎，修起居注”。隋唐时代在史书编撰权上的管制，是为了实现国家对于舆论与文化发展的监控与主导，故而私编前代史或可幸免。

而另一个重要原因在于：唐代禁止私人修史并不意味着史书的编纂一定要由政府组织、在集中的时间地点开展，其根本目的是在史书的编辑纂述中强调来自政府的认可。梁、陈、齐、周四代史书是在高祖、太宗允诺下编纂的，而吴兢免于被谪罚惩办的结局，其关键是吴兢有“左拾遗起居郎兼修国史”的身份头衔。这里反映出，在唐代编辑权的思想已经有所萌芽，而禁止私人编修史书的制度实际上体现了一种编辑权和修撰权的国家特许原则。

三、出版权管制

唐政府对图书的编纂管理，不仅限于思想内容方面；往往还要涉及图书的复制和传播领域，即对于作为物质产品意义上的图书的生产流通活动加以管制。

唐代政府对于书籍经卷的复制权与传播权进行管制。至少在玄宗时这种管制便已付诸实践。开元二年(714)七月，玄宗颁布《禁坊市铸佛写经诏》，其文如下：

> 佛教者，在于清净，存乎利益。今两京城内，寺宇相望，凡欲归依，足申礼敬。下人浅近，不悟精微，睹菜希金，逐焰思水，浸以流荡，颇成蠹弊。如闻坊巷之内，开铺写经，公然铸佛。口食酒肉，手漫膻腥，尊敬之道既亏，慢狎之心斯起。百姓等或缘求福，因致饥寒，言念愚蒙，深用嗟悼。殊不知佛非在外，法本居心，近取诸身，道则不远。溺於积习，实藉申明。自今已后，禁坊市等不得辄更铸佛写经为业。须瞻仰尊容者，任就寺拜礼。须经典读诵者，勒於寺取读。如经本少，僧为写供。诸州寺观并准此。[63]

虽然玄宗的诏令是以宗教目的为出发点的，但是在客观上起到的却是对佛经出版权的管制作用。坊市“开铺写经”的目的在于贩卖取值，因此“禁坊市等不得辄更铸佛写经为业”的命令取消了世俗商业渠道的佛经复制权与传播权。相反，寺院通过政府授权的形式获得了写经传经的专有权。

文宗大和九年(835),东川节度使冯宿又上奏请求禁止民间印制出售历日,其奏文称:

> 准敕禁断印历日版。剑南两川及淮南道,皆以版印历日鬻于市,每岁司天台未奏颁下新历,其印历已满天下,有乖敬授之道。[64]

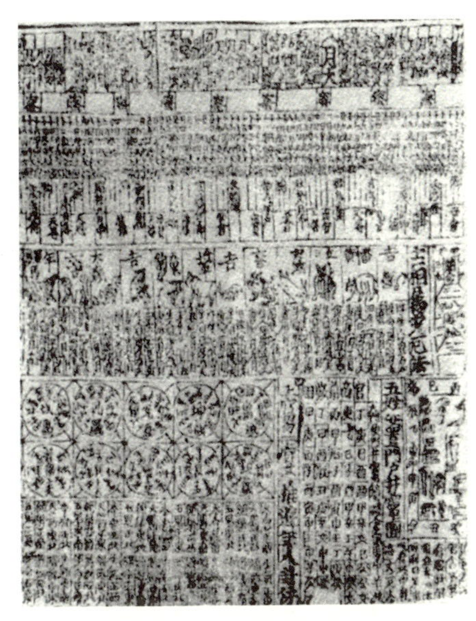

唐僖宗乾符四年(877)刻印历书 1900年于敦煌出土

此建议得到了采纳,文宗皇帝于同年末"敕诸道府不得私置历日板"[65]。此项政策或有保证历日质量的意向,但冯道"禁断历日版"的建议以民间"以版印历日鬻于市"为对象,这里已明确涉及了历日的复制("版印")与传播("鬻于市"),在这个意义上,唐代政府"不得私置历日版"的决定显然具有了一种出版权管制的性质,即对于历日的物化及传播过程加以控制。

如果考虑到此时的"以版印历日"似乎已暗示了雕版印刷的应用,而"其印历已满天下"则又进一步反映了由于商业的促进,历日得以在大范围内流通并产生了一定的影响,那么文宗时代的"禁断历日版"已经与现代意义的出版管制相当接近了。我们完全可以将出版权管制看做唐代政府的编辑出版政策之一。

四、唐代编辑出版管制制度的特点

唐代政府对于书籍图册的编辑出版的管理具有如下一些特点:

第一,唐代在编辑出版活动中的管制政策,基本上都是对于前代的继承;且相较于此前历代的图书禁毁政策,也略显宽容。

谶纬、兵书、天文图书、占卜书在唐前都曾被列为禁书,严禁私人修史也是隋代形成的传统。七曜历算是唐代在禁书上的创新,但其本质上也不过是谶纬占卜的新形式罢了。

纵观秦代以来历朝的禁书活动，唐代的管制政策应该说还是相对宽松的。如北魏太和九年(485)下令:“又诸巫觋假称神鬼,妄说吉凶,及委巷诸卜非坟典所载者,严加禁断。”[66]相比之下,唐律仅仅要求私家不得拥有《太一》和《雷公式》,就算到了玄宗时加大力度查禁“阴阳术数书”,也还是允许民间持有为婚丧择卜服务的图书,显得较为人性化。再比如说兵书,唐代政府管制的基本上也就是唐律所载的《太公六韬》、《黄石公三略》。其他很多兵书在社会上是有流传的,如《旧唐书·崔圆传》载:“圆少孤贫,志尚闳博,好读兵书。”《新唐书·马燧传》云:“(燧)更学兵书战策,沉勇多算。”高宗皇帝甚至还以兵书策问诸州举人。[67]

第二,唐代的编辑出版管制政策实行律法敕令并行制,显示了管理法制化与灵活性的统一。

唐代以敕令形式进行的出版管制都是直接针对现实现象的。比如唐代查禁《三皇经》事件,与贞观末期的社会形势是有一定联系的。据《资治通鉴》载:贞观二十年(646),“陕人常德玄告刑部尚书张亮养假子五百人,与术士公孙常语,云‘名应图’,又问术士程公颖曰:‘吾臂有龙鳞起,欲举大事,可乎?’”[68]显然,图谶已经潜在地威胁着唐政权的稳固。至如禁断历日版、禁《化胡经》等,大多都有直接的客观诱因。虽则编辑出版管制确为思想控制的方式，但是从唐政府的实践看，其第一目的还是为了解决实实在在的现实问题。

第三,在编辑出版管制中,唐政府注重对于图书内容与传播影响情况的考察,注意区别对待,打击面不过于宽泛。

唐政府管制图书编辑出版主要就是两个方面,一是内容,二是传播。从前文《唐律疏议》在解释“诸造妖书及妖言者绞”时,对于“言理无害者”的区分就可以充分体会到。值得注意的是,此时的管制更加明确地关注了图书的传播。相比于此前历代强调禁止“持有”、“言及”的做法,唐政府清楚地认识到了图书传播及其接受的重要作用。私有妖书要受两年的牢狱之苦,可一旦传播了妖书的思想,那么最少也得处以流放。

此外,还有一段疏文值得注意:

> “其不满众者”，谓被传惑者不满三人。若是同居，不入众人之

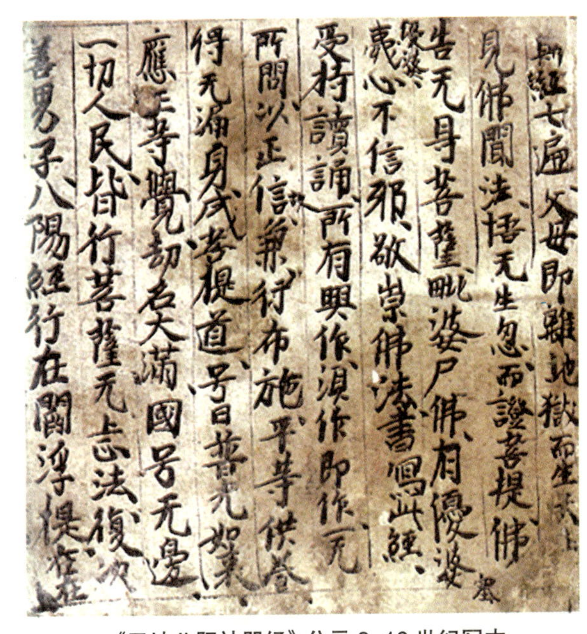
即經七遍父母即離地獄而生天上
見佛聞法悟无生忍而證菩提佛
告无导菩薩毗婆尸佛有優婆塞
優婆夷心不信邪敬崇佛法書寫此經
受持讀誦所有興作須作即作无
所問以正信兼行布施平等供養
得无漏身成菩提道号曰普光如來
應正等覺劫名大滿國号无邊
一切人民皆行菩薩无忘法復次
善男子八陽經行在閻浮提在在

《天地八阳神咒经》公元 9–10 世纪写本

限；此外一人以上，虽不满众，合流三千里。

同住之人并不算在受妖书影响的人之内，那么显然，唐律所关注的实际上是图书及其思想的社会传播效果。

又如《唐律疏议》在规定“诸玄象器物，天文，图书，谶书，兵书，七曜历，太一、雷公式，私家不得有，违者徒二年”后，疏文中又进一步说，拥有上述禁书的，“若将传用，言涉不顺者，自从‘造妖’之法”。由此可知，区别内容、重视社会传播效应已经是唐代编辑出版控制管理中的一个普遍原则了。当然，这样也会使后来的惩处更为实事求是一些。

第四，如前文所述，唐代编辑出版管制是疏导与禁止并用的模式，往往会留有一些余地，以促进查禁工作的开展。故而，会有以《道德经》替代《三皇经》、禁绝阴阳术数而排除婚丧占卜的现象。

第五，唐代出版权意识已开始有所萌发。

其原因有两个：一是，图书复制技术的创新与商业的发展促使一种新现象产生——历日的版印以及大规模贩卖，在应对这个问题的过程中，唐代政府的出版权管理思想初步形成。二是，出版权的意识是唐代政府重视图书社会传播及其效果的必然产物，一旦这种观念与对于抄写印刷等复制权的控制结合在一起，自然便形成了原始的出版权管理。

此外，对于史籍编纂权的控制也可以看做一种广义上的出版权意识。

第六，唐代的编辑出版管制政策对于后世产生了极大的影响。

唐律中关于严禁传造妖书、私有“玄象器物、天文、图书、谶书、兵书、七曜历、太一雷公式”的诸般规定，在此后的《宋刑统》、《大明律》中都被全部地继承，“成为七世纪以来中国禁书的两个不息的基调”[69]。

第四节　唐代政府编辑出版制度述评

唐代政府建立了众多负责图书编纂和管理工作的专职机构，网罗、集中了大量的学者人才，作为国家编辑出版活动的组织者与执行者，并以之为主要载体，进行了大量的图书编纂校订和搜集整理工作，促进了国家的文化建设，而且在实践中逐步形成了一套较为系统的编辑出版制度。

第一，编辑出版活动程序化，有较为明确的分工体系。

分工明确、各司其职是唐代政府开展编辑出版工作的一个重要特色，其主要反映在以下几个方面：

1. 唐代政府图书编纂机构各有分工侧重，共同促进国家图书事业发展。随着实践工作的发展，尤其是到了玄宗时期以后，秘书省、集贤殿书院等逐渐确定了各自在国家编辑出版体系中的功能：集贤殿书院成为国家主要的图书编纂和校订机构；秘书省主要负责图书的搜集、典藏管理，根据国家要求承担图书复制工作，出版机构的性质略有显露；史馆专职负责国史的编纂修订；弘文馆的编辑工作更多地侧重于教育功能；崇文馆与司经局主要为太子东宫服务。

2. 各图书编纂机构内部也形成了明确的分工体系和工作流程。秘书省、集贤殿书院、弘文馆、司经局等有着相似的人事配置，基本上形成了一套“主持者或负责人(学士、监)—主要编校人员(郎、修撰、洗马、文学等)—辅助工作人员(正字、典书等)—复制人员(楷书手、拓书手等)—装帧工作人员(熟纸匠、装潢匠等)”的体系，并且有负责日常行政管理的丞、亭长等，以及造笔直等后勤供应人员以维护机构活动的顺利运行。在具体的编纂工作中，各分工人员专司其职，互相协作，促进了编纂质量的提升。

3．岗位分工的职能明确，并且受到严格的监督。《唐会要》载贞元二年（786）七月，秘书监刘太真上奏请求征集儒士学者，到秘书省详校九经，而“议者谓秘书省有校书正字官十六员，职在校理，今授非其人，乃别求儒者详定，费于供应，烦于官寮，太真之请，失之甚矣”，此项建议终不得实施。由此可见，秘书省校书郎及正字岗位的职能，至少在观念上已经具有制度化的性质了，政府要求其在职责分工中发挥应有的作用，不能尸位素餐。不仅具体岗位如此，政府对于各编纂机构的职能亦有明确要求，并实施监督，如前文所述门下省给事中就负责“察弘文馆缮写、雠校之课”。

分工确定的结果是提高了工作的效率，也促进了图书编纂的流程化、程序化。其最有代表性的便是唐代国家修史制度的形成及完善。在南北朝，监修、史馆及起居注等事物都有存在，但它们有机结合为一个体系还是唐代的事情。正如前文所介绍，在唐代的国史编纂中，形成了一套宰相统筹、各部门报送史料、史馆集中编撰审定而最后归于保藏的系统化流程，对于后世的史书编纂工作产生了巨大的影响。此外，唐代“搜集—编校整理—立档编目”的图书典藏工作所反映的也是这种程序化的制度。

第二，唐代政府的图书编辑出版活动建立于充足的物质供应与后勤保障之上。

唐代的图书编纂校订工作浩大，《旧唐书·经籍志》说：“凡四部库书，两京各一本，共一十二万五千九百六十卷，皆以益州麻纸写。”这样的规模没有坚实的物质基础是无论如何也难以达到的。唐政府以国家力量保证编辑出版活动的顺利进行，如对于集贤殿书院的工作，“太府月给蜀郡麻纸五千番，季给上谷墨三百三十六丸，岁给河间、景城、清河、博平四郡兔千五百皮为笔材”[70]，物资供应充足，且都是上等的材料。又如，宪宗时为保证集贤殿书院的编校活动，拨给本钱一千贯文，使之“收利充用”。

唐政府对于图书编辑事业投入巨大，不惜成本。从前述集贤院四库藏书的形制上，便可看出其耗费必然不菲。又如，“元载为相，奏以千钱购书一卷”[71]；肃宗时为搜集战乱中散佚的国史、起居注，提出“一书进官一资，一篇绢十匹”[72] 的条件，这些都或直接或间接地支持并促进了编纂工作的进行。唐代政府能够在中国编辑出版史上留下厚重的一笔，与这种后顾无忧、底气充足关系是很大的。

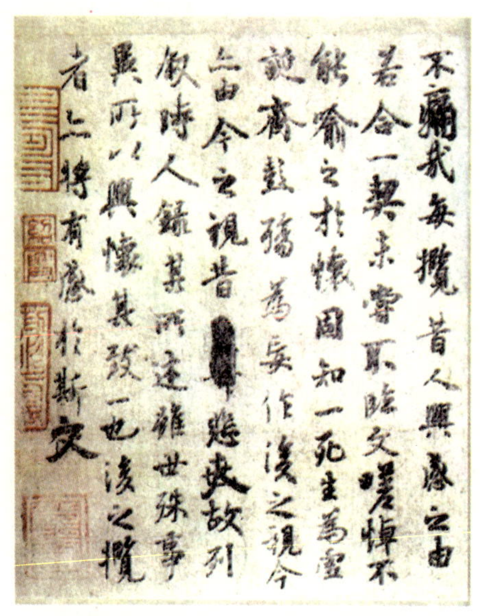
不痛哉每攬昔人興感之由
若合一契未嘗不臨文嗟悼不
能喻之於懷固知一死生為虛
誕齊彭殤為妄作後之視今
亦由今之視昔悲夫故列
敘時人錄其所述雖世殊事
異所以興懷其致一也後之攬
者亦將有感於斯文

唐代勾摹本《兰亭序》其纸为白麻纸

第三，运作模式由“集中编纂缮写”逐渐向“集中编辑—分散缮写—再集中审定”的方向发展。

唐初的图书编纂整理工作中，高祖时“重加钱帛，增置楷书，令缮写”[73]，太宗时或置“书工百员”，体现的是一种中央集中包办编辑与复制工作的态度。而到了高宗时期，“显庆中，罢雠正员，听书工写于家，送官取直，使散官随番刊正”[74]，文宗朝也曾“敕秘书省，集贤院应欠书四万五千二百六十一卷，配诸道缮写”[75]。

当然唐代政府始终没有放弃中央集中主持缮写的做法，但是上述现象确实反映了唐代编辑出版制度中的一个发展趋向，即唐政府对于图书编辑工作如何体现国家控制的问题有了进一步的认识。图书编辑过程中的精神生产与物质生产在此已有所区分，政府对于作为物化过程的复制权有所放松，国家主要关注对于编辑权与审定权的掌握，并以此来保证图书编辑工作符合国家意志。

第四，在编辑过程中，注意保证图书质量。

唐代政府主持的图书编纂活动对于图书的质量是十分重视的。在内容质量方面，一方面由政府要员进行组织，并选拔优秀人才进行实际编校；另一方面，广采异本，精编细校，注意校勘整理。在物化方面，精选文房四宝，召“善书”者精心缮写，装潢精致。前文多有提及，此不赘述。

第五，广泛搜罗各种优秀文化成果，对其加以编辑整理，付诸典藏。

对于社会上图书编纂的诸般成果，唐政府往往会通过各种方式进行搜集整理，充实国家的藏书。如《旧唐书·刘子玄传》载，刘知几卒后数年，“玄宗敕河南府就家写《史通》以进，读而善之，追赠汲郡太守”；又《全唐诗·诗人小传·皎然》：“贞元中，敕写其文集，入于秘阁。”诸如此类，唐代优秀的文化成果由于进入到了政府的编辑和藏书体系之中，从而得以被完好地整理、保藏。

第六，广抄副本是唐代政府编辑出版活动中的又一个重要特色。

唐代政府的图书事业中，缮写抄录是一项重要的工作，因此政府藏书有大量的副本存在。如《唐六典》载：“四库之书，东西京各二本。”《新唐书·百官志》载：“秘书郎三人，从六品上。掌四部图籍。以甲乙丙丁为部，皆有三本，一曰正，二曰副，三曰贮。”

这些副本除了典藏的功能之外，还有这样一些功能：

1. 用于外交活动，如吐蕃使臣请求赐予《毛诗》等书，则“制令秘书省写与之”[76]。

2. 赠与臣下，显示帝王的恩典。《唐六典》卷十载：“凡四部之书，必立三本，曰正本、副本、贮本，以供进内及赐人。凡敕赐人书，秘书无本，皆别写给之。”

3. 作为行政依据，由地方典藏查阅。如《新唐书·奸臣传》：“贞观中，高士廉、韦挺、岑文本、令狐德棻修《氏族志》，凡升降，天下允其议，于是州藏副本以为长式。”

4. 依据国家文化政策，推动古籍的流传。《唐会要》卷三十五载：“天宝三年(744)敕，先王令范，莫越于唐虞，上古遗书，并称于训诰，虽百篇奥义，前代或亡，而六体奇文，旧规尤在。其尚书应古体文字，并依今字缮写施行。其旧本仍藏书府。”

这些广为副本的工作，在客观上促进了图书的传播，因此在一定程度上也就具备了一定的出版意义。

质言之，唐代的国家编辑出版体制无法摆脱御用的性质，但是其从客观上促进了唐代图书编纂和传播活动的发展，在保存、发扬中国古代的优秀文化方面功不可没，也为后世的图书编辑与出版活动积累了宝贵的经验。当然，唐代编辑管理体制上还是存在着不少问题的。如《新唐书·惠文太子范传》载:“初,隋亡,禁内图书湮放,唐兴募访,稍稍复出,藏秘府。长安初,张易之奏天下善工潢治,乃密使摹肖,殆不可辨,窃其真藏于家。既诛,悉为薛稷取去,稷又败,范得之,后卒为火所焚。”权臣利用职权在图书整理活动中窃取秘府藏书,从一个侧面反映了制度的缺陷。而“宫人”掌藏书、禁毁私人修史的政策也或多或少地影响了图书事业的发展。这些都根源于封建制度。

注　释

[1]当然，唐代并没有明确的、专职的编辑出版机构。以下所述的各部门，除了从事编辑出版活动外，同时多还兼具其他职能。这里为了考察研究和行文的方便，姑且称之为“编辑出版机构”，特此说明。

[2]《新唐书·百官志》。

[3]《新唐书·百官志》云:“校书郎十人,正九品上。”此说有误。按,《旧唐书·职官志》与《唐六典》均记秘书省有“校书郎八人,正九品上”;且《唐会要》卷六十五“秘书省校书郎条”云:“议者谓秘书省有校书、正字官十六员,职要校理。”又有:“校书郎,本八员。”《唐会要》与《旧唐书》所记同。不过,唐代秘书省校书郎的人数的确时有变动。黄镇伟先生在《中国编辑出版史》(苏州大学出版社,2003)一书中认为,校书郎“8人为常数,另可视校书规模随时增员”(第158页)。

[4]《新唐书·百官志》。

[5]《新唐书·百官志》记秘书省有“典书四人,楷书十人”,但《旧唐书·职官志》和《唐六典》卷十的记载是完全一致的,因而采用《旧唐书·职官志》的说法:“典书八人,楷书手八十人。”盖此类技术工种的人数或随中央政府机构的调整而有所变动。

[6]此后太史监的名称仍有变动,如肃宗乾元元年更名司天台等,但此后的变迁与本书的论述内容关系不大,故不再列出。

[7]《唐会要》卷三十五。

[8]白居易《秘书省中忆旧山》。

[9]肖东发主编:《中国编辑出版史》,辽海出版社,2002年,第187页。

[10]北齐刑劭有《冬夜酬魏少傅直史馆》一诗。有学者认为应是北齐天保二年至五年(551~554)的作品。

[11]《唐会要》卷六十五载:“贞观二十三年闰十二月,置史馆于门下省。”此说误。可参见赵冈:《唐代史馆考》,《文化先锋》,1948年5月8卷10期。

[12]后史馆又移于门下省之南。玄宗开元十五年(727),“宰臣李林甫监史馆,以中书地切枢密,记事者宜其附近。史官谏议大夫尹愔,遂奏移于中书省北”(《唐会要》卷六十三)。

[13]《新唐书·百官志》:“天宝后,他官兼史职者曰史馆修撰,初入为直馆。”

[14]《新唐书·百官志》。此外,《旧唐书·职官志》云:“登朝官领史职者,并为修撰,未登朝官入馆者,并为直馆。”此外,《旧唐书·裴垍传》也有类似的记载。另,对于所谓“登朝官”,史学界尚有不同见解,但一般认为,登朝官的地位较非登朝官要高。

[15]详见《旧唐书·刘知几传》。

[16]《新唐书·百官志》:“大中八年,废史馆直馆二员,增修撰四人,分掌四季。”

[17]如《旧唐书·文宗本纪》:“丁亥诏:‘史官记事,用戒时常,先朝旧制,并得随仗。其后宰臣撰时政记,因循斯久,废坠实多。自今后宰臣奏事,有关献替及临时处分稍涉政刑者,委中书门下丞一人随时撰录,每季送史馆,庶警朕阙,且复官常。’”

[18]很多学者在著作中说史馆的职责在于编修前代史和本朝国史典志,如肖东发、黄镇伟等,此说当商榷。关于史馆的职能,史书语焉不详。《唐六典》卷九“史馆史官”条说:“史官掌修国史……皆本于起居注以为实录,然后立编年之体,为褒贬焉。”《旧唐书·职官志》之“史馆”条:“史官掌修国史。不虚美,不隐恶,直书其事。”又《唐会要》卷六十三载:“至贞观三年,于中书置秘书内省,以修五代史。”《新唐书·百官志》:“贞观三年,置史馆于门下省,以他官兼领,或卑位有才者亦以直馆称,以宰相莅修撰。又于中书省置秘书内省,修五代史。”史馆与秘书内省均于贞观三年(629)设于禁中,史馆位于门下省,而秘书内省置于中书省,且贞观十年(636)正月“废秘书内省”(谢保成主编:《中国史学史》(一),商务印书馆,2006年,第473页)。二者显然并非一处,则史馆修国史而秘书内省修五代史明矣。

但是,《旧唐书·职官志》载:“贞观年修五代史,移史馆于禁中。”《唐大诏令集》卷八十一:“宜令修国史所更撰《晋书》。”此又生疑义。“修国史所”是否为史馆?值得注意的是,魏徵初以秘书监的身份参与修五代史,又为《隋书》作序,为《梁书》、《齐书》、

《陈书》、《周书》作总论。且五代史书从修撰到成书，各史料中基本不提史馆。既然史馆已为独立机构多年，那为什么却在贞观年间修前代史的记述中绝少提及？这里的疑问很多。盖《旧唐书》因史馆与秘书内省同为修史机构，且于同年移入禁中，故统称之“史馆”，非为特指。而《唐大诏令集》中所言“修国史所”所指不详，且为孤证。即使所言就是史馆，那么其也先在地承认了史馆的职能——“修国史”。或许由于贞观后期独修《晋书》，主修前代史的秘书内省已经解散，故而权由修国史所代行，以满足帝王之要求。而且从“宜令修国史所更撰《晋书》”的文字表达上，也约略可以感觉到修前史非其本分。

从目前的材料看，我们没有充分的论据认为史馆有修前代史的职责。或许修唐前五代史的工作及编纂工作借助了史馆的力量，所以有《旧唐书》以及《唐大诏令集》的记述。当然此仅为推测。由于证据不足，故笔者不能采纳史馆负责编修前代史的结论。

[19]《新唐书·吴兢传》。

[20]《唐会要》作“宏文馆”。

[21]《唐六典》卷八。

[22] 肖东发先生《中国编辑出版史》作“令褚遂良检校馆务，号称‘馆主’”，此当本《唐会要》：“令褚遂良检校馆务，号为馆主，因为故事。”此说误。可参见李林甫等撰、陈仲夫点校：《唐六典》，中华书局，1992 年，第 296 页校勘记。

[23]《旧唐书·孝敬皇帝弘传》。

[24] 很多编辑史、出版史和文献史的作者称其为“乾元殿书院”。按，新旧二唐书、《唐会要》、唐六典和《资治通鉴》等史书中均无此说法，只有“乾元院”的称呼。

[25]《唐会要》卷六十四称：“因奏封禅仪注。”有研究者认为是“修成《封禅仪注》”，此当存疑。《旧唐书》中《张说传》和《徐坚传》均称“东封仪注”，而《新唐书·张说传》仅作“与诸儒草仪”。《新唐书·艺文志》也不见有此书。盖所谓封禅仪注，不过是指张说、徐坚等人编辑整理相关的古礼，为玄宗封禅制定现实可行的礼仪制度而已，故泛称其为“封禅仪注”或“东封仪注”，可能并非有此一部仪注著作。

[26]《新唐书·张说传》。

[27]《唐会要》卷六十四的“集贤院”条：“西京在光顺门大衢之西。……东都在明福门外大街之西。”《新唐书·艺文志》：“大明宫光顺门外、东都明福门外，皆

创集贤书院。”

［28］《唐六典》卷九。

［29］《唐会要》卷六十四。

［30］《旧唐书·张说传》。

［31］《旧唐书·张说传》。

［32］《唐会要》卷六十四：“（元和二年）集贤殿大学士中书侍郎平章事武元衡奏，以厨料欠少，更请本钱一千贯文，收利充用，置捉钱四人，其所置，请用直官，及写御书各两员，每员捉钱二百五十贯文，为定额，即免额外置人。敕旨，已配捉钱人，宜至年满准旧例处分，其阙便停，不得更补，余依奏。”

［33］《玉海》卷五十二引《集贤注记》。

［34］崇文馆学士与直学士的品级情况不详。有研究者认为可能要比弘文馆低，因《唐六典》卷二十六载，崇文馆校书从九品下，而卷九记弘文馆校书郎从九品上，显然崇文馆的级别比弘文馆稍低。当存疑。根据两唐书，崇文馆学士亦参修国史，且常有“集贤崇文馆学士”、“集贤殿崇文馆学士”的称法，也常有一人同时领崇文馆学士和弘文馆学士的例子。

［35］《唐六典》卷九。

［36］门下坊于高宗龙朔二年（662）改为左春坊。

［37］《通典·职官典》。

［38］本段引文均出自《唐六典》卷二十六。

［39］《唐会要》卷三十五。

［40］《唐会要》卷三十五记为“景云三年六月十七日”，误。《旧唐书·中宗本纪》载：“六月癸丑，太白昼见于东井。庚子，以经籍多缺，使天下搜括。”按《旧唐书·天文志》：“景龙三年六月八日，太白昼见于东井。”且睿宗景云三年正月改元太极，不可能有“景云三年六月”云云。

［41］《旧唐书·经籍志》。

［42］本段引文引自《旧唐书·经籍志》。

［43］《旧唐书·音乐志》。

［44］《少室山房笔丛》引《大业江都记》。

[45]《旧唐书·经籍志》。

[46]《旧唐书·马怀素传》。

[47]《旧唐书·经籍志》:"凡四部库书,两京各一本,共一十二万五千九百六十卷,皆以益州麻纸写。"此数字与《古今书录》所载群书卷数大致相符。盖《旧唐书·经籍志》对《古今书录》多所参照。《唐会要》卷三十五载:"(开元)二十四年十月,车驾从东都还京,有敕,百司从官,皆令减省集贤书籍,三分留一,贮在东都。至天宝三载六月,四库更造见在库书目,经库七千七百七十六卷,史库一万四千八百五十九卷,子库一万六千二百八十七卷,集库一万五千七百二十卷。"此处数字与八万卷"三分留一"较为接近。

[48]本段引文出自《唐会要》卷三十五。

[49]《唐六典》卷九。

[50]《唐六典》卷九。

[51]《唐会要》卷三十五。

[52]唐初以隋《开皇律》为蓝本制定《武德律》,高祖武德七年(624)颁行,太宗贞观元年(627),对《武德律》加以修订,贞观十一年(637)颁行《贞观律》,基本上奠定了唐律的内容、风格。高宗永徽元年(650)修《永徽律》,永徽三年(652),长孙无忌等对《永徽律》逐句疏证注解,撰成《律疏》。"疏"与"律"都具备法律效力,二者合称《永徽律疏》。永徽四年(653)颁行后,"断狱者皆引疏分析之",此后改动也非常微小。明清时称《永徽律疏》为《唐律疏议》。《贞观律》等也有关于图书编辑出版的规定,但与《唐律疏议》在卷次等方面有所不同。此处为综览唐代的法律规范,故以《唐律疏议》为标准。

[53]《乾隆大藏经·此土著述·集古今佛道论衡实录四卷》载为:"贞观二十二年十月,有吉州上表云,有事天尊者行三皇斋法,依检其经。"而《法苑珠林》卷五十五载为:"大唐贞观二十年,有吉州囚人刘绍略妻王氏有《五岳真仙图》及旧道士鲍静所造《三皇经》合一十四纸……其年五月十五日出敕,侍郎崔仁师宣……"按《资治通鉴·唐纪》,中书侍郎崔仁师于贞观二十二年二月即被"除名,流连州"。故《乾隆大藏经·此土著述·集古今佛道论衡实录四卷》说法有问题。

[54]以上事及引文均出自《法苑珠林》卷五十五。

[55]《唐会要》卷四十四。

[56]《资治通鉴》卷二百一十四。

[57]《旧唐书·代宗本纪》。也可参见《全唐文》卷四百一十“禁藏天文图谶制”，二者文字略有不同。

[58]曹之先生《唐代禁书考略》(《图书情报知识》，2004年第5期)收边归说《请禁无名文书疏》，误。《册府元龟》卷四百七十六“台省部奏议第七”：“边归说，初仕晋为给事中……又至隐帝时为刑部侍郎，乾祐三年上言：臣伏见诸处有人抛无名文书，及言风闻访闻之事，不委根苗……”又《全唐文》卷八百六十一：“归说，字安正，幽州蓟人。仕晋，累迁右散骑常侍。汉初历礼部、刑部二侍郎。周广顺初迁兵部、户部二侍郎，擢尚书右丞枢密直学士，转左丞，寻为御史中丞。入宋，乾德二年卒。”故此乃五代后汉时事。边归说，《宋史》有传。

[59]此事亦见《唐语林》：“郑虔，天宝初协律，采集异闻，著书八十余卷，人有窃窥其稿草，上书告虔私修国史，虔遽焚之，由是贬谪十余年。”

[60]《隋书·高祖本纪》。

[61]谢保成主编：《中国史学史》(一)，商务印书馆，2006年，第473页。

[62]《唐会要》卷六十三。

[63]《全唐文》卷二十六。

[64]冯宿《禁版印时宪书奏》，见《全唐文》卷六百二十四。《册府元龟》卷一百六十亦有。

[65]《旧唐书·文宗本纪》。

[66]《魏书·高祖孝文帝纪》。

[67]《旧唐书·文苑传》：“高宗御武成殿，召诸州举人，亲问曰：‘兵书所云天阵、地阵、人阵，各何谓也？’”

[68]《资治通鉴·唐纪》。

[69]陈正宏、谈蓓芳：《中国禁书简史》，学林出版社，2004年，第55页。

[70]《新唐书·艺文志》。

[71]《新唐书·艺文志》。

[72]《新唐书·于志宁传附休烈传》。

[73]《旧唐书·令狐德棻传》。

[74]《新唐书·文艺传上》。

[75]《旧唐书·文宗本纪》。

[76]《旧唐书·吐蕃传》。

第三章

唐代政府编辑活动（上）

官、私、坊是中国古代编辑出版事业格局的最基本组成部分，但是在不同的历史时期，三者的发展是极不平衡的。就唐代而言，政府的编辑出版活动独领风骚，这主要表现在：其生产的典籍卷帙浩繁，涉及经史子集各个种类；编纂质量上乘，积累了丰富的编辑出版经验；社会影响巨大，对于古代文化的发展具有极其深远的影响。由于在组织动员能力、财力物力保障、文化资源占有等方面具有不可比拟的优势，唐代政府在社会编辑出版事业中占据了主导地位。

第一节　经典校注

一、《五经》定本与《五经正义》

自从汉武帝独尊儒术后，儒家思想就一直是中国古代社会意识形态与价值观的主流，得到历代统治者的重视。唐代立国后，继承了隋代弥合南北经学分裂、复兴儒教礼乐的思想，努力促成经学学术的统一，推广儒家教育。

武德二年(619)，仍处在战争余绪中的李氏政权便宣称要“兴化崇儒”，以促进“儒教聿兴”。[1]太宗即位后，进一步落实崇兴儒学思想的文化政策，他曾自言：“朕今所好者，惟在尧舜之道、周孔之教。”[2]他诏令儒家学者入内殿讲论经义，设立文馆、国子监等教授儒家学说，以儒家经典作为考核科目，并将其与官职的授予委任联系起来，极大地促进了儒学的推广以及儒家学术研究的兴盛。而儒家经典编校工作也随之繁荣发展起来。

唐代以儒家经典为对象的编校工作主要包括两个方面：第一，勘校整理文字，以促进儒学经典文本规范化；第二，经典注释，即在搜集、征引相关资料的基础上，对儒家经典的文字章句加以说明阐释。这些都是在广泛获取、选择材料的基础上，对已有文字进行的加工工作，其目的在于促进儒家经典的完善与传播，因而具有较强的编辑活动性质。

对于儒家学术的研究，唐代有着广泛的士人基础。在此过程中，唐政府则通过开展儒家经典编校活动的方式，在宏观上发挥导向与调控的作用。

政府组织开展儒家经典校注工作的高峰，出现在贞观时期，其主要表现为《五经》定本的形成与《五经正义》的编撰。

贞观四年(630)，太宗皇帝令颜师古考定《周易》、《尚书》、《礼记》、《诗经》和《春秋》文字。《贞观政要》对此有所记载：

> 太宗以经籍去圣久远，文字讹谬，诏前中书侍郎颜师古于秘书省考定《五经》。及功毕，复诏尚书左仆射房玄龄集诸儒重加详议。时诸儒传习师说，舛谬已久，皆共非之，异端蜂起。而师古辄引晋、宋以来古本，随方晓答，援据详明，皆出其意表，诸儒莫不叹服。[3]

这是一次以国家力量为后盾的《五经》文本统一活动。首先，它由皇帝号召发起，服务于国家的文化政策。伴随着地域与政治的统一，文化的统一是必然的发展趋势。其次，颜师古考定《五经》的工作在秘书省进行，极大地借

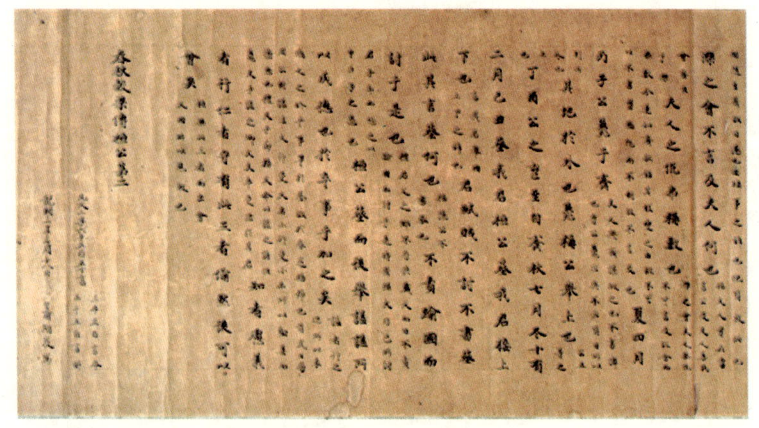

唐龙朔三年(663)写本《春秋穀梁传》敦煌藏经洞出土

助了国家掌握的资源。再次,“集诸儒重加详议”的活动,在很大程度上是政府策划的一次舆论宣传。借助于颜师古的学术功底、广泛的古籍资源以及讨论争鸣的形式,新定《五经》的权威性得以最终确立。

在政府的推动下,贞观七年(633)十一月,统一的《五经》定本颁行天下,“命学者习焉”[4]。

贞观十二年(638)左右,太宗又令孔颖达、颜师古、司马才章、王恭、王琰等人整理儒家经典注解,为《五经》编撰义训。[5]义训,又作“义疏”,是“疏”的一种形式,用来解释阐发经文的原文与前代注解。在孔颖达的主持下,编撰工作发扬了重视词语和名物训诂的汉学传统,征引丰富,阐发精详,最终编成“《五经》义训凡百余篇”。书成时初名“五经义赞”,后太宗诏令改称“五经正义”。

《五经正义》的编撰是具有国家行为性质的儒家学术研究活动,因此政府对于其颁行与推广显得格外审慎。孔颖达等修成《五经正义》后不久,两次大规模的复核审校工作相继开展起来。

第一次复核活动起因于《五经正义》书成后,以马嘉运为代表的儒学博士们提出了很多异议,并指出了书中的部分错误。因此,贞观十六年(642)太宗皇帝以赵弘智等人为敕使,会同先前修撰诸人以及其他儒学学者,开展“覆更详正”的工作。[6]但此次复审并没有最终完成《五经正义》的刊定。

第二次审核始于高宗永徽二年(651),长孙无忌受诏率“中书门下,及国子三馆博士、宏文学士”[7]再次修订《五经正义》。永徽四年(653)三月功成,高宗诏令“颁孔颖达《五经正义》于天下,每年明经令依此考试”[8]。

根据《新唐书·艺文志》的记载,我们可以更加具体地认识《五经正义》及其成书过程。《五经正义》共一百八十二卷[9],包括:

1.《周易正义》十六卷,孔颖达、颜师古、司马才章、王恭、马嘉运、赵乾叶、王谈、于志宁等奉诏撰,苏德融、赵弘智覆审。[10]

2.《尚书正义》二十卷,孔颖达、王德韶、李子云等奉诏撰。朱长才、苏德融、隋德素、王士雄、赵弘智覆审。长孙无忌、李勣、于志宁、张行成、高季辅、褚遂良、柳奭、谷那律、刘伯庄、贾公彦、范义頵、齐威、柳士宣、孔志约、赵君赞、薛伯珍、史士弘、郑祖玄、周玄达、李玄植、王真儒、王德韶、隋德素等刊定。

3.《毛诗正义》四十卷，孔颖达、王德韶、齐威等奉诏撰，赵乾叶、贾普曜、赵弘智等覆正。

4.《礼记正义》七十卷，孔颖达、朱子奢、李善信、贾公彦、柳士宣、范义頵、张权等奉诏撰，周玄达、赵君赞、王士雄、赵弘智覆审。

5.《春秋左传正义》三十六卷，孔颖达、杨士勋、朱长才奉诏撰。马嘉运、王德韶、苏德融、隋德素覆审。

在编撰上，其有如下三个特点：

第一，专主一家之注。义训是建立于注文基础上的进一步阐释工作，然而汉代以来为《五经》作注者众多，如何取舍首先成了《五经正义》编撰的一个首要问题。孔颖达等人采用了专取一家、不杂他说的原则：《周易正义》本王弼注，《尚书正义》本伪孔安国传，《礼记正义》用郑玄注，《春秋左传正义》用杜预注；《毛诗正义》兼采毛传与郑笺，为一个例外。

为各书确定注本，可以看做一种编辑选择活动，即面对众多相关资料，如何取舍裁定以更好地服务于编辑目的。太宗诏修《五经正义》是为了矫正当时"文学多门，章句繁杂"[11]的现象，以统一关于儒家经义的社会认识。专主一家之注的原则显然适应了这一目的。通过选择手段服务于编辑目的的思想，在此已经有所体现。

但是《五经正义》在各注本的具体选择上，多为后世所非议。如清代经学家皮锡瑞曾批评其"既失刊定之规，殊乖统一之义。即如谶纬之说，经疏并引；而《诗》、《礼》从郑，则以为是；《书》不从郑，又以为非；究竟谶纬为是为非"[12]，这主要是对于注本学术风格的协调缺乏应有的重视。此外，清代学者还多批评其选择"朱紫无别，真赝莫分"[13]，《周易》、《尚书》不取郑玄所注，《春秋左传》不用服虔之解。这种评价中，古今文经学之争的成分更多些。《五经正义》选取这些注本显然受到了陆德明《经典释文》的影响，反映的是当时的学术风尚，恰恰说明了编辑选择活动与社会思潮、时代风尚之间密不可分的关系。

第二，"疏不破注"。即对于原注不驳难，不创新，只是在其基础上进一步地加以补充、阐发。即使有时涉及了原文的阐释，也要紧密地围绕原注展开。

在某种程度上，这一原则增强了《五经正义》成书过程中的编辑活动属性。

若从编辑学角度而言，这种做法体现了对于编辑选择活动的尊重与充分肯定。既然原注是根据编辑宗旨通过认真拣选而最终确定的，那么就应该对其给予充分的信任。在某种程度上，这也体现了《五经正义》修撰过程中的编辑思想。

在实质上，“疏不破注”的原则也是服务于统一经学理解这个目的的，唐政府通过自身的编辑实践表达了其反对各出己说、凭空妄议的态度，促进了稳重扎实的汉学传统的回归。当然，疏不破注的狭隘性也是显而易见的，其不取异义、曲循注文等问题往往为后世学者所诟病。

第三，文出众手，互为审校。为编撰《五经正义》，唐政府汇聚了当时著名的儒家学者。孔颖达、颜师古、贾公彦、马嘉运、朱子奢、谷那律等都是两唐书儒学传上有名的鸿儒。每个人的所长也得到了较好的发挥。如贾公彦精于三礼，杨士勋是治《春秋》的名家，因而他们分别被安排参与《礼记正义》和《春秋左传正义》的编撰。

而且从上述《五经正义》各书的编撰与审核情况看，其采用了撰者互审的方式加以复核。如马嘉运既是《周易正义》的编撰者，同时又承担了《春秋左传正义》的“覆审”工作。让《五经正义》的编撰者通过相互交叉的方式，参与到复核工作中来，其好处是显而易见的：在保证学术质量的同时，这种做法不仅表达了对于编撰者的信任与尊重，有利于发挥他们的积极性，而且更为关键的是，保证了复核工作能够符合《五经正义》的编撰宗旨、原则，不至于过分地影响《五经正义》的统一体例。其对于各书学术风格的统一也是具有积极意义的。当然，作为集体编撰的成果，《五经正义》杂出众手，学识、思想以及文字风格上的参差是难以克服的。

孔颖达 像

从《五经》定本到《五经正义》，在中国经

学发展史和编辑史上都具有非常重要的意义：

首先，其结束了南北朝以来经学发展的分裂局面，使儒家经典从文字到意义都有了一套统一的标准。自汉代以后，经学研究严守家法师说，秉持己见且自成源流。南北朝地域的分裂导致了南北方经学学术走上了不同的发展道路，分裂为"南学"与"北学"。所谓"南人约简，得其英华；北学深芜，穷其枝叶"[14]。一般而言，南学受玄学影响较深，对于义理多有阐发；而北学则更多继承了汉学传统。加之战火毁坏、伪书频出等其他原因，儒家经典文字混乱，各家各派自为言说，学者莫衷一是，这种情况极大地阻碍了经学研究的交流与发展，使儒家学说的影响难以扩大。

唐代的经典校注工作，具有明确的统一经典的目的。太宗刊定《五经》，命天下学者习之，又以之为基础编撰《五经正义》，开唐代义疏之学的先河。高宗时《五经正义》颁行天下，并以之作为科举考试，尤其是明经科的标准依据。唐代政府以国家力量为依靠，通过大规模的校注、编撰、造势活动，以及将《五经正义》与士人仕途相联系的办法，最终推动了南北经学的统一，"以经学论，未有统一若此之大且久者"。后世多称唐代为经学统一的时代，其最主要的依据便是《五经正义》与《五经定本》。

其次，《五经正义》的编撰成为有唐一代义疏学研究与书籍编撰的范本，其体例亦得到后世继承。受唐代政府编定《五经正义》示范作用的影响，又有贾公彦编撰成《周礼义疏》和《仪礼义疏》，杨士勋撰成《春秋穀梁传疏》，徐彦撰成《春秋公羊传疏》，这些经学义疏同样遵循了《五经正义》的编撰原则与体例。至于北宋，邢昺奉诏编撰《论语正义》、《孝经正义》和《尔雅正义》，仍然沿用了相同的做法。从这个意义上讲，唐代政府校注儒家经典的编辑活动，发挥了其应有的宣传与标示作用，切实地引导了相关学术研究与书籍编撰活动的发展。

同时，《五经正义》从实践上完善、发展了南北朝以来形成的"义疏"，促进了"正义"这种经典注释形式的初步形成，在文献发展史上具有重要的意义。

如果从宏观上考虑，"唐学重在疏注"[15] 现象的形成与唐代初始便通过国家力量编撰、推广《五经》疏解的措施是有密切关系的。有唐一代，从帝王贵胄到普通学者都热衷于为古籍典册撰注作疏。《五经正义》编定之前，孔颖达便奉当时的太子李承乾之命，编撰《孝经义疏》。《五经正义》编定颁行后，不仅推动了经学义疏的发展，注疏文史诸子之书的风气也大为繁盛起来，许多作品都在训诂学的发展历史上留下了重要的一笔。具有官方背景的如高宗咸亨上元时期，太子李贤令张大安、刘讷言等编撰的《后汉书注》，房玄龄、敬播等刊定的《汉书注》；出于私撰的则更为丰富，较为重要的有司马贞的《史记索隐》、张守节的《史记正义》、杨倞的《荀子注》、成玄英的《庄子疏》、李善的《文选注》、吕向等人的《文选》五臣注、道世的《金刚经集注》等。

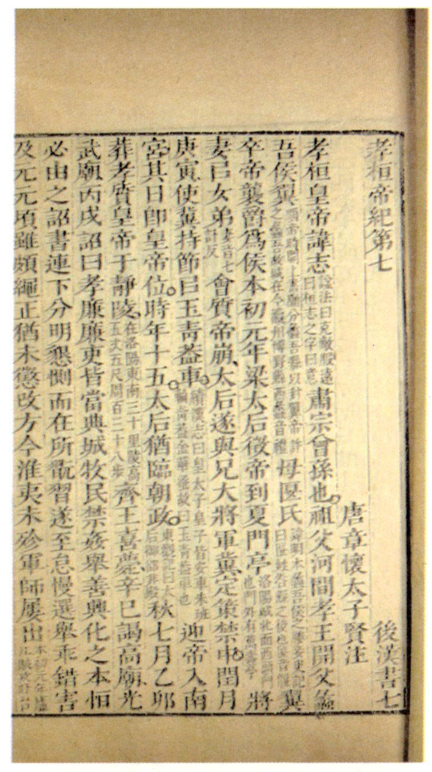
孝桓帝紀第七　　後漢書七
唐章懷太子賢注
孝桓皇帝諱志　肅宗曾孫也。祖父河閒孝王開，父蠡
吾侯翼　母匽氏　翼
卒，帝襲爵為侯。本初元年，梁太后徵帝到夏門亭　將
妻以女弟　會質帝崩，太后遂與兄大將軍冀定策禁中。閏月
庚寅，使冀持節以王青蓋車。　迎帝入南
宮，其日即皇帝位。時年十五。太后猶臨朝政。　秋七月乙卯，
葬孝質皇帝于靜陵。　齊王喜薨。辛巳，謁高廟、光
武廟。丙戌，詔曰：孝廉廉吏皆當典城牧民，禁姦舉善，興化之本，恒
必由之。詔書連下，分明懇惻，而在所翫習，遂至怠慢，選舉乖錯，害
及元元。頃雖頗繩正，猶未懲改。方今淮夷未殄，軍師屢出

(唐)李贤注《后汉书》明汲古阁刻本

再者，《五经》定本及《五经正义》对于儒家经典的传播与接受产生了深刻的影响。一方面，国家在编撰与推广过程中的主导，增强了《五经》定本及正义的权威性，使之能够较为容易地获得广大士人学者的认可与接受；另一方面，文字与注解的统一推动了学术认识的统一，固执己说与辩难的风气在国家树立的经典范本前渐渐失去了生命力，因而作为唯一标准的定本与《五经正义》也就没有了传播上的障碍。对此，皮锡瑞曾指出：“自《正义》、《定本》颁之国胄，用以取士，天下奉为圭臬。唐至宋初数百年，士子皆谨守官书，莫敢异议矣。”[16]

《五经》定本与《五经正义》颁行后，至少到北宋庆历时期，其学说都一直占据着经学研究的主流。孔颖达等所选定的《五经》旧注，如王弼注、伪孔安国传等，虽非议颇多，但仍然借《五经正义》的传播力量而成为流传最广的经典注释。当然，这种绝对的统一很大程度上也反映出了唐代经学研究的保守性，正如陆游所评：“唐及国初，学者不敢议孔安国、郑康成，况圣人乎。”[17]

此外，在《五经》定本的形成过程中，出现了经书的规范化字样。如颜元孙《干禄字书序》称：“元孙伯祖故秘书监（颜师古）贞观中刊正经籍，因录字体数纸，以示雠校楷书。当代共传，号为‘颜氏字样’。”这种文字形式上的统一，不仅进一步保障了官定《五经》的顺利传播，更开启了唐代楷书字体规范化工作的先河，为雕版印刷的出现奠定了基础。

二、其他编校活动

唐代政府积极推动经学的统一与发展，组织开展了一系列的儒家经典整理活动。从现有资料看，相关的编校活动主要集中于三个高峰时期：

第一个高峰便是太宗贞观年间到高宗永徽初期，其标志便是《五经》定本的颁布与《五经正义》的编定。魏徵的《类礼》，亦称《次礼记》，也是此时的重要成果之一。据《唐会要》卷三十六，魏徵认为“礼经遭秦灭学，戴圣编之，条流不次”，于是重新编排《小戴礼》，“删其所说，以类相从”，成《类礼》五十篇，合二十卷。

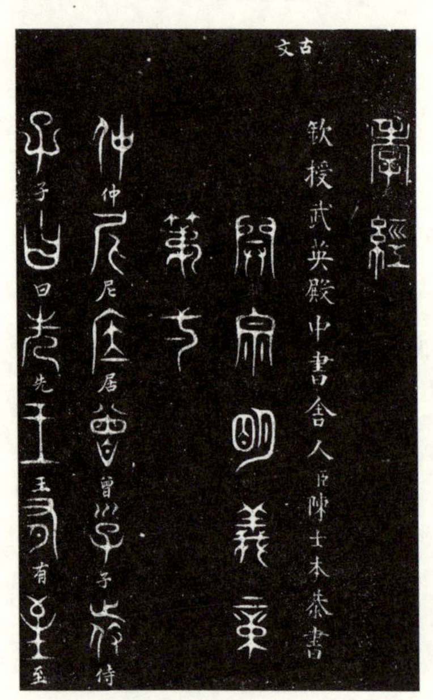

明内府刻《孝经》明崇祯拓本

第二个高峰出现在玄宗统治时期。玄宗皇帝非常热衷于注释典籍，其本人便于开元十年（722）和天宝二年（743）两次为孝经作注，并“颁于天下及国子学”[18]；天宝三年（744）更敕令“自今已后，宜令天下家藏《孝经》一本，精勤教习，学校之中，倍加传授，州县官长，明申劝課焉”[19]，以国家强制力推动了《孝经》的传播。

玄宗一朝，政府组织开展的与儒家经典相关的编校活动可以概括为这样几个方面：

第一，刊定经典。《御刊定礼记月令》一卷的颁行是这方面的代表。大约于天宝二年（743），玄宗令李林甫等刊定、校注《礼记·月令》，并重新编次，将《月令》篇冠于《礼记》诸篇之首，向社会推行，是为《御刊定礼记月令》；天宝五年（746）正月，又将《月令》篇改称《时令》。这显然是对《五经》刊定的继承，以国家力量确定经典文字的规范。不过玄宗时刊定经典的活动较于贞观时期又有所发展，其不仅仅着眼于儒家经学本身，更服务于现实的政治目的。《御刊定月令进书表》曰："陛下悬法授人，顺时设教。"实质上，刊定《月令》的活动是应当时推行新的礼制、时制的需要而产生的。

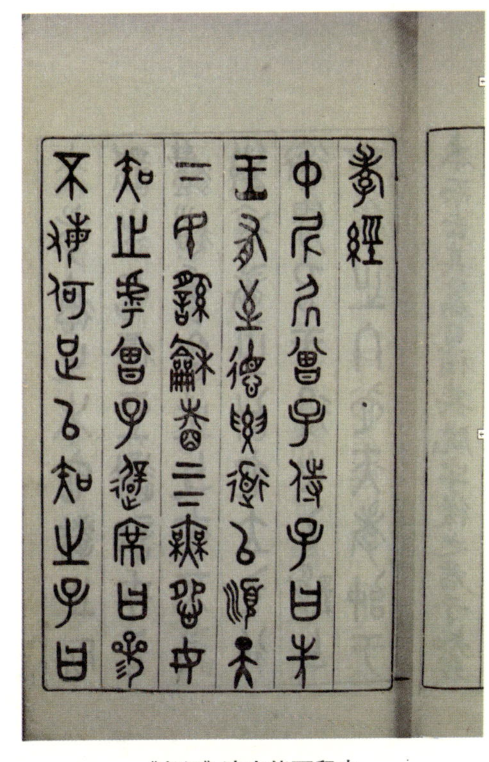

《孝经》清光绪石印本

另外值得一提的是，开元十四年（726），玄宗诏改《尚书·洪范》"无偏无颇"一句为"无偏无陂"，并指出："每读尚书洪范，至遵王之义，三复兹句，常有所疑。据其下文，并皆协韵，惟'颇'一字，实即不伦。又周易泰卦中，无平不陂；释文云：陂有颇音。陂之与颇，训诂无别，为陂则文亦会意，为颇则声不成文……洪范无颇字，宜改为陂。"[20]虽然有据有理，但更反映出皇权在经典编校活动中的绝对支配地位，以及政府所掌握的编辑权对于儒家经典的深刻影响。

第二，解释、阐发经典。玄宗时具有官方背景的经典注释作品有《今上孝经制旨》一卷，题名"玄宗"的《周易大衍论》三卷，元行冲《御注孝经疏》二卷、《类礼义疏》五十卷，等等。此外张九龄等还奉诏组织为《毛诗》、《春秋》撰著音义。在注疏活动中，此时的唐政府更加注重完备性，力图囊括与作品相关的所有材料。尤其是对于《孝经》，尽管有包括玄宗自己的各种注解，朝野又多为义疏之作，元行冲的疏解更早已立于学官，然而天宝五年（746），玄宗仍敕令:“孝经书疏,虽粗发明,幽赜无遗,未能该备,今更敷畅,以广阙文,仍令集贤院具写,送付所司,颁示中外。”[21]

两唐书详细记载了元行冲《类礼义疏》的编撰过程。开元时,左卫率府长史魏光乘奏请将魏徵所注《类礼》列为儒家之“经”,并推行天下。玄宗肯定了这个请求,命元行冲组织学者撰《义疏》,以便立于学官,“行冲于是引国子博士范行恭、四门助教施敬本检讨刊削,勒成五十卷,(开元)十四年八月奏上之”。然而,张说等人强烈反对列《类礼》于经的做法,并指出《义疏》“与先儒第乖,章句隔绝,若欲行用,窃恐未可”。结果玄宗决定“留其书贮于内府,竟不得立于学官”,元行冲则“恚诸儒排己,退而著论以自释,名曰《释疑》”。[22] 其中,有这样几个问题需要注意:(1)注疏工作直接地、有目的地服务于经典的推广,服务于政府的文化政策。(2)元行冲的态度多少反映出唐人的传播意识。对于自己的作品,“藏诸名山”的观念早已让位于“行于天下”。某种意义上,这可以看做一种出版意识。(3)图书的广泛传播完全取决于政府的态度与决策,政府掌握着唯一有效的出版权。

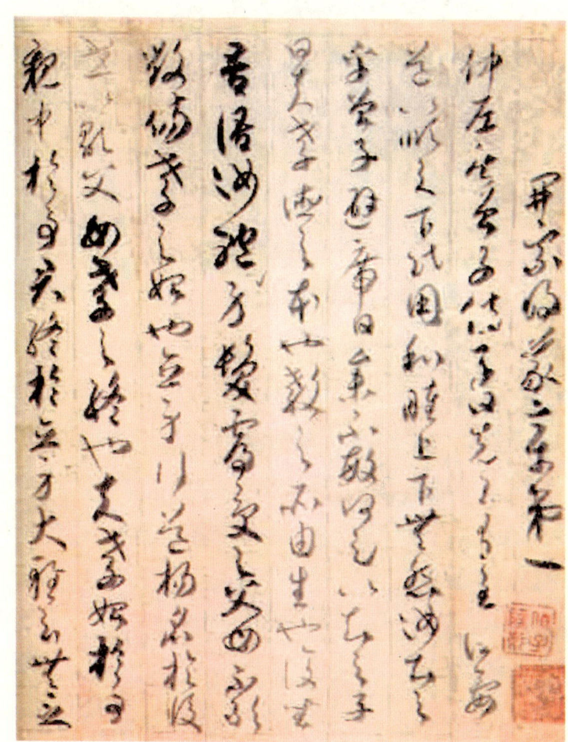

(唐) 贺知章书《孝经》

第三,推广今文(楷书)《尚书》。改革《尚书》传统文本,“依今字缮写施行”[23],是唐代经典编辑史上的一件大事。天宝三年(744),玄宗提出“《尚书》,古先所制,有异于当今,抄写渐讹,转疑于后学,永言刊革,必在从宜”[24],因而命集贤学士卫包等将《尚书》古文改为其时通行的楷书文字，刊定后诏令颁行天下。从此，楷书形式的《尚书》占据了经典主流，而古文旧本仅于秘府收藏，正所谓“今文从此始，古文从此绝”[25]。《新唐书·艺文志》录有此次改革的成果《今文尚书》十三卷。

其与上文所述的“令天下家藏《孝经》一本”，增广《孝经》注疏以“令集贤院具写，送付所司，颁示中外”等活动一起，都可以看做是建立在政府编辑工作基础上的儒家经典推广活动。

安史之乱后，唐代国力受到极大打击。虽然肃宗、代宗等君主“尤重儒术”，然而中央政府已无力开展大规模的经典校注活动了。此后时期，有明确史料记载的编校活动有：贞元七年（791），秘书监组织儒家学者详定开元《时令》之音及义疏；元和十三年（818），国子监修定的《春秋加减》一卷等。

至于文宗时，随着国力的恢复，与儒家经典相关的编校活动出现了第三个高峰。此时的成果包括：高重应文宗要求，按国别重新编排《左传》，纂成《春秋纂要》四十卷；文宗自纂《春秋左氏列国经传》三十卷[26]；开成时，文宗又命集贤院绘制《毛诗》中各种物象，杨嗣复、张次宗领衔编撰成《毛诗草木虫鱼图》二十卷，等等。

而此时开成石经的刊刻，更是经学史上的一次大事。大和七年（833），文宗“敕于国子监讲论堂两廊创立石壁九经”[27]，将《周易》、《尚书》、《毛诗》、《周礼》、《仪礼》、《礼记》以及春秋三传刊碑立石，经注合刻；后又加入《孝经》、《论语》和《尔雅》。在整个过程中，郑覃发挥了重要的发起与组织作用。开成二年（837），石经勒成，共一百一十四石，成为当时经典抄录校对的重要依据，后世称其为“开成石经”。

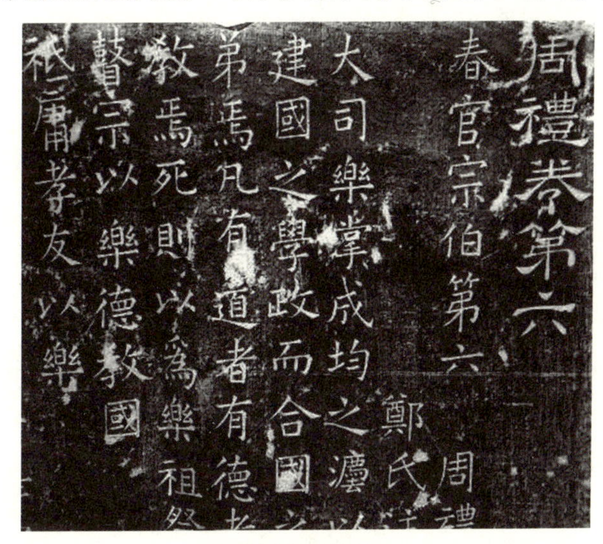

开成石经拓片

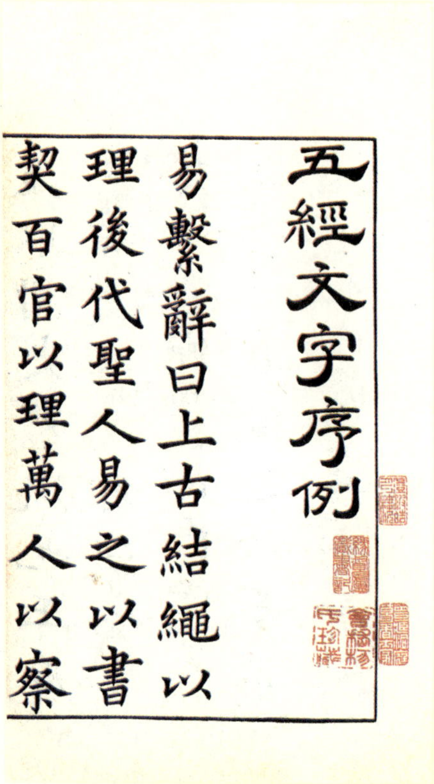

(唐)张参《五经文字》清乾隆刻本

开成石经并不仅仅是经文的镌刻，其更带动起了颇为庞大的经典校勘活动。首先，石经刊刻的前提是“诸儒校正讹谬”[28]。为保证石经质量，郑覃等主持开展了安史之乱后规模最大、组织性最强的一次校勘活动，周墀、崔球、张次宗、温业等能于修撰之士都参与其中。其次，经文的规范化工作在此过程中得以进一步推进。校勘文字的同时，文宗又命唐玄度等“覆定九经字体”。唐玄度以大历时期张参勘校经文谬误的成果《五经文字》为基础，“删补冗漏，一以正之，又于五经文字本部之中，采其疑误旧未载者”[29]，编撰成《新加九经字样》一卷。他认为，经典文字的校订，“如总据《说文》，即古体惊俗；若依近代文字，或传写乖讹”，于是采取了“取其适中”的原则[30]；音韵上则“依《开元文字》，避以反言，但纽四声”[31]。《新加九经字样》与《五经文字》一起被刊刻上石，列于经文之后，它们对于儒家经典文字形体的规范和统一产生了重要影响。再次，开成石经对于儒家经典的保存与传播做出了贡献。虽则《旧唐书》称“石经立后数十年，名儒皆不窥之，以为芜累甚矣”[32]，然其时开成石经很快便凭借国家的力量，成为政府开展儒学教育、士人抄录经文的重要依据与标准。此外，它对于后世的经典校勘与补缺也多有帮助。皮锡瑞对此有公允的评论：“而自熹平《石经》散亡之后，惟开成《石经》为完备，以视两宋刻本，尤为近古，虽校刊不尽善，岂无佳处足证今本之讹脱者？”[33]

此后，政府主导的经典编校工作便同唐代的国势一样，逐渐走向黯淡了。

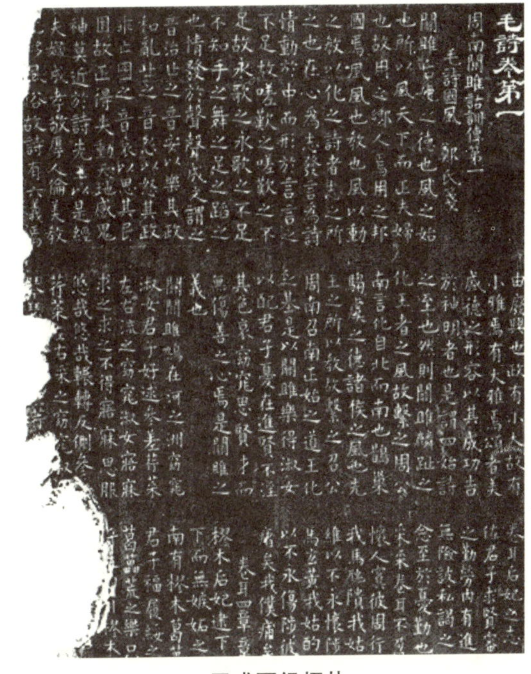
开成石经拓片

综观有唐一代的儒家经典校注活动，我们可以发现，除了作为具体编校工作的组织者、执行者外，唐代政府还扮演了这样的几个角色：

1. 经典校注的立法者。唐代政府凭借所掌握的资源与权力，树立了自身在经典校注活动中的权威地位。如前文所述，皇帝的诏令以及政府组织的编校活动中所形成的原则，往往成为一种统一的规范，影响着社会对于儒家经典的认识与理解。尤其是《五经》定本与《五经正义》等，通过高质量的校注实践与有效的舆论宣传，示范性地引导社会编撰活动的做法，是值得肯定与借鉴的。

2. 经典书籍的有效出版者。唐代政府促进经典及相关注疏传播的方式有：诏令、立于学官（作为科考标准）、组织缮写、刊刻碑文等。在社会信息传播条件相对落后的时代，这些活动或有国家力量的保证，或与士人利益息息相关，因而促进了相关经注的流传与接受。相反，享受不到这些待遇的经注则被置诸高阁，甚至逐渐亡佚。《尚书》今古文的嬗变即是明证。

3. 经典校注活动的审评者。唐代保持了个人著述进献朝廷的传统，士人亦希望借助国家的力量使自己的学说广为传布，因而政府在面对来自朝野的各种图籍时，常常要扮演审核与评定者的角色。如《新唐书·崔仁师传》载："时校书郎王玄度注《尚书》、《毛诗》，抵孔、郑旧学，请遂废。诏诸儒大议，博士以下不能诘。河间王孝恭请与孔、郑并行，仁师以玄度不经，条不合大义者奏之。玄度报罢。"其反映的就是政府审评经典注疏的过程。

4．经典校注研究工作的赞助者。如《旧唐书·王元感传》载，长安三年，王元感“表上其所撰《尚书纠谬》十卷、《春秋振滞》二十卷、《礼记绳愆》三十卷，并所注《孝经》、《史记》稿草，请官给纸笔，写上秘书阁”，于是诸儒聚集评议，魏知古、徐坚、刘知几、张思敬等“连表荐之”。此过程中，“请官给纸笔”的现象反映的就是唐代政府对于其所认可的经典校注活动的资助与扶持。

第二节　韵书、字书

音韵与文字是中国古代“小学”的重要内容，作为读经与解经的工具而得到广泛传习，因之而产生的韵书和字书也往往被归为经部。韵书将文字按韵编排，以分辨韵调、确定读音为主，字书则侧重辨析字形字体。然而值得一提的是，两者在内容上多互相交叉，且常常兼及字义的解说。

唐代产生了不少的韵书和字书，尤其是孙愐的《唐韵》乘南北朝“音韵锋出”[34]之势，上承隋陆法言《切韵》，下启宋《广韵》的编撰，在音韵学发展史上具有重要的过渡意义。后世虽多称《唐韵》为官韵，然其实乃私人独立修撰而后进于朝廷，非为官修的成果。

有唐一代，带有较为明显的政府主持编纂性质的韵书主要有这样两部：

1．《韵英》五卷，题为玄宗御撰，天宝十四年(755)成书，“诏集贤院写付诸道采访使，传布天下”[35]。这个过程体现了编撰、复制、传播的紧密结合，集中反映了唐代官修韵书的特点，即实用目的性、统一标准性以及由政府力量保证的推广。

2．《韵海镜源》三百六十卷，颜真卿主持所撰。该书编撰过程颇为漫长，大致可以分为四个阶段：第一阶段是颜真卿早年举进士后，以陆法言《切韵》为基础，“引《说文》、《苍雅》诸字书，穷其训解，次以经史子集中两字已上成句者，广而编之”[36]；第二阶段是颜真卿出为平原太守时，与颜浑等一起纂成二百卷，因安史乱起而止；第三阶段发生在抚州任上，颜真卿与左辅元、姜加璧等继续广为增益，成五百卷；而其任湖州刺史后，《韵海镜源》便进入了最关键的成书阶段，颜真卿延江东文士，“笔削旧章，核搜群籍”[37]，终于编定成三百六十卷，大历十二年（777）献于朝廷，“诏付集贤院”[38]。

颜真卿 像

《韵海镜源》的编撰前后经历近四十年，朝野士人、名僧参与其中者达五十多人。[39]其过程表现为陆续增辑、集中删定的形式：在较长的一段时间内以颜真卿为主，辅以正字殷佐明、起居郎裴郁等众人之力，历三十多年纂集整理成规模庞大的草稿；至于湖州任所，颜真卿先行组织褚冲、陆士修、萧存、裴循以及陆羽、沙门法海等“于州学及放生池日相讨论”，确定原则标准，然后集中加以删削核定，不到一年时间便定稿成书。因而，虽则“编同贯鱼，学比成鳞”[40]，但亦有条不紊。殷亮描述《韵海镜源》为：“据法言《切韵》次其字，按经史及诸子语，据音韵次字成句者刊成，文裁以类编，又按《仓雅》及《说文》、《玉篇》等，其义各注其下，谓之字脚。”[41]

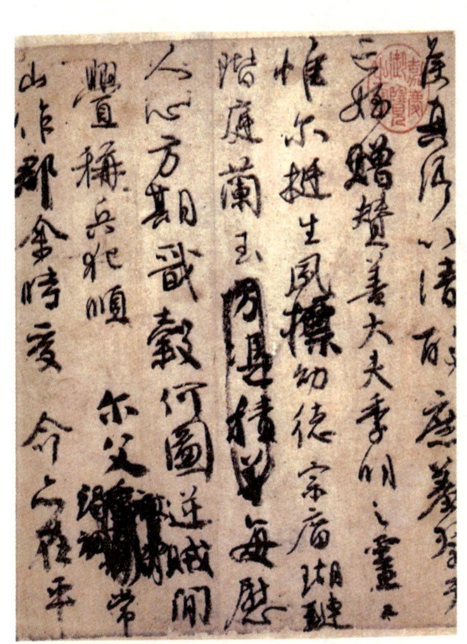
（唐）颜真卿《祭侄稿》

需要指出的是，《韵海镜源》的编撰以颜真卿为核心，中央政府在整个成书过程中是没有作为的。但是，一则《韵海镜源》的编成更多地体现出了组织性与集体性，二来颜真卿在编撰《韵海镜源》的大部分时间内都担任着地方政府的最高长官，考虑到安史之乱中央政权受到极大削弱的实际，我们将《韵海镜源》看做一部由地方政府组织编撰的韵书。

所谓字书，源于《说文》，以记录、

（唐）颜真卿《多宝塔碑》（局部）

讨论、刊正汉字的形体样式及其流变为主要内容，并常常通过辨析字形来解释含义与读音，常析分部首，并以之为据对文字加以编排分类。唐时官修的字书主要有：

1.《字海》一百卷。题为武后所撰，实则由元万顷、范履冰、苗神客、周思茂、胡楚宾、卫业等所谓“北门学士”集体编纂。

2.《开元文字音义》三十卷。按《唐会要》，《开元文字音义》于开元二十三年颁行，题为玄宗所撰。《中兴馆阁书目》称该书以《说文》、《字林》为本，“备所遗缺，首定隶书，次存篆字，凡三百二十部”。其颁布后，成为唐代政府校理儒家典籍的重要依据，玄宗曾敕令“依《文字音义》改撰《春秋》、《毛诗》、《庄子》音”，于是有张九龄“奏校理官吕证撰《春秋音义》，郑钦说撰《毛诗音义》，甘晖、卫包撰《庄子音义》”。[42]

《开元文字音义》宋代后逐渐亡佚，不过从其名称与相关记载看，当为一部形、音、义并重的文字学作品。

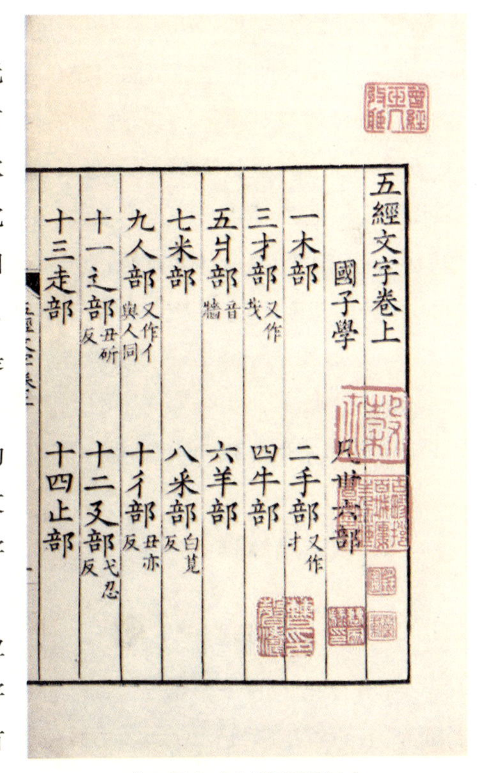

《五经文字》清康熙刻本

3.《说文字源》一卷。德宗贞元年间，李腾编撰。《文献通考》卷一百八十九引《崇文总目》：“初，李阳冰为滑州节度使李勉篆《新驿记》，贾耽镇滑州，见阳冰书，叹其精绝，因命阳冰侄腾集许慎《说文》目录五百余字，刊于石以为世法云。”[43]显然，这也是一部由地方势力发起编撰的作品。

4.《九经字样》一卷。文宗勒《石壁九经》，唐玄度受命“覆定”文字，于开成二年(837)撰成《九经字样》，前文已有详述。

从颜师古《颜氏字样》到杜延业《群书新定字样》，到颜元孙《干禄字书》，再到张参《五经文字》，虽没有明确的资料表明它们是由政府发起或组织修撰的，然而其服务于唐代文化政策的目的却是显而易见的。这些字书适应了中古文字的变革趋势，有继承有变通，王夫之曾就此评价道："唐人《干禄字书》、《五经文字》实能祖述许书，折衷至当。"[44]具有官修背景的《九经字样》选择以《五经文字》为底本，一方面扩大了《五经文字》的影响，另一方面也继承了这种"折衷"的传统，主张"取其适中"，因而与《五经文字》等书一起，为唐代文字的因变发展和规范化做出了重要的贡献。

此外需要指出的是，唐代是中国书法发展史上的辉煌一页，皇室臣僚多喜好书法，收藏书法名家的文字篇章成为一种风尚。太宗、玄宗等君王都收集了大量的名家真迹，将它们或直接装帧，或临摹影写后编订成册，制成书卷。这种类似于字帖的书籍，反映了"书经五变"[45]的具体过程，往往成为研究文字形体流变的基础，同时又是时人模仿学习的范本，对于当时字形字体的变革发展影响很大。《新唐书·艺文志》也将它们归入经部小学类，这里姑且从之，视之为一种特殊的字书。

太宗贞观时期是这种书法字书的编订的高峰时期。贞观六年(632)，太宗命整理国家藏书中钟繇、王羲之等名家的真迹，成一千五百一十卷。贞观十二年(639)，宫廷出重金购募王羲之真迹，献书颇多，"人间古本毕集"，太宗于是"令魏徵、虞世南、褚遂良等定其真迹，及小王、张芝等，亦各随多少，勒为卷帙，以'贞观'字为印，印缝及卷之首尾；其章迹又令遂良真书小字贴纸，影其古本"。[46]

张怀《二王书录》对相关图书的编辑情况有详细记载：

> 敕购求右军书，并贵价酬值，四方妙迹，靡不毕至。敕起居郎褚遂良、校书郎王知敬等，于元武门西长波门外料简，内出右军书，共相忝校，令典仪王行真装之。梁朝旧装纸见在者，但裁翦而已。右军书大凡二千二百九十纸，装为十三帙一百二十八卷：真书五十纸，一帙八卷，随木长短为度；行书二百四十纸，四帙四十卷，四尺为度；草书二千纸，八帙八十卷，以一丈二尺为度。并金娄杂宝装轴织成帙，其书每缝皆用小印印之，其文曰"贞观"。[47]

由于有充足的资金保证，加之政府专业人员的鉴定检校和装帧整理，因而图书的质量颇高。

武周神功元年（697）时又以王方庆家多藏书，而向其征募王羲之

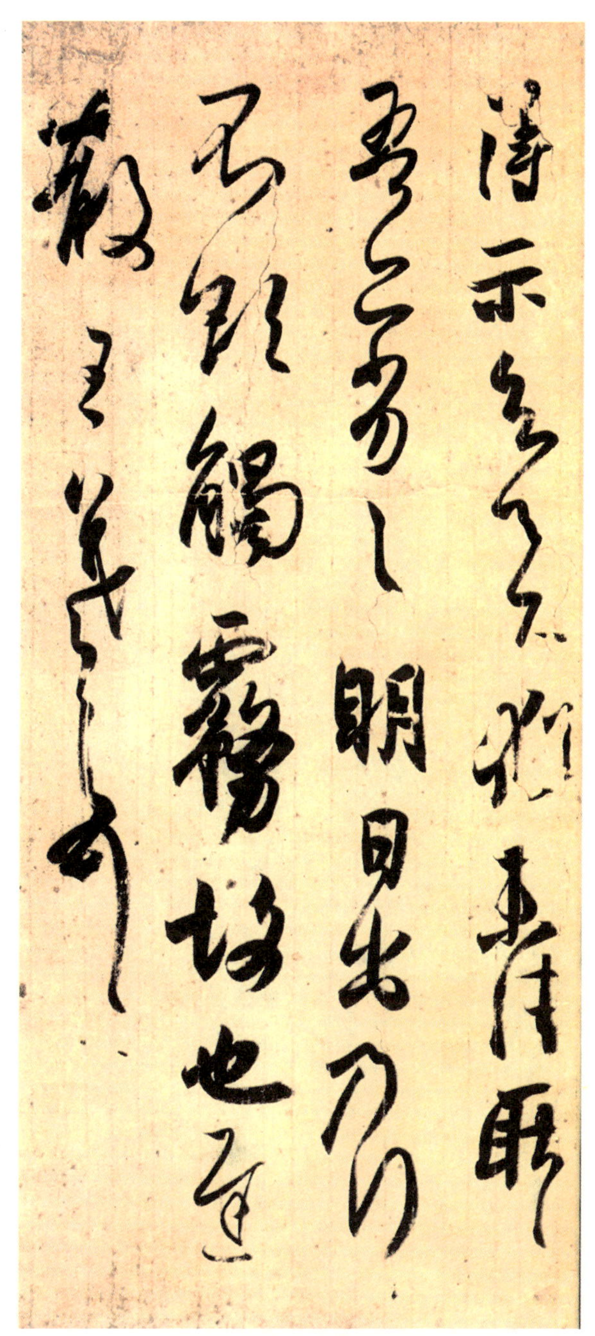

（晋）王羲之《得示帖》

遗迹。王方庆献王羲之书法一卷,又进其“十一代祖导,十代祖洽,九代祖珣,八代祖昙首,七代祖僧绰,六代祖仲宝,五代祖骞,高祖规,曾祖褒,并九代三从伯祖晋中书令献之已下二十八人书,共十卷”[48]。武则天命崔融等将其编为《宝章集》十卷。

至于开元初,玄宗再次敕令陆玄悌、魏哲、刘怀信等整理宫廷所藏的先代真迹,“分益卷秩”,玄宗更“自书‘开元’字为印”。[49]然而此时,贞观时期编订的图籍已亡佚许多了。

第三节　史书编纂

唐代统治者自立国始便认识到“多识前古,贻鉴将来”[50]的重要性,因此十分重视修史工作。而史馆制度的完善,以及官修史书惯例的形成,保障并促进了史书编纂活动的顺利开展。唐代政府主持编纂的史书主要包括两大类:一是前代史;二是本朝史,即国史。

一、前代史编纂

在中国古代历史上,唐代前期是编修前代史的高峰时期,“二十四史”中有八部成书于此时。这与唐代统治者对于前代史价值的认识密切相关。高祖武德五年(622)诏令编修魏、周、隋、梁、齐、陈六代史,其文曰:

司典序言,史官记事,考论得失,究尽变通,所以裁成义类,惩恶劝善,多识前古,贻鉴将来。伏牺以降,周、秦斯及,两汉传绪,三国受命,迄于晋、宋,载籍备焉。自有魏南徙,乘机抚运,周、隋禅代,历世相仍,梁氏称邦,跨据淮海,齐迁龟鼎,陈建皇宗,莫不自命正朔,绵历岁祀,各殊徽号,删定礼仪。至于发迹开基,受终告代,嘉谋善政,名臣奇士,立言著绩,无乏于时。然而简牍未编,纪传咸阙,炎凉已积,谣俗迁讹,余烈遗风,倏焉将坠。朕握图驭宇,长世字人,方立典谟,永垂宪则。顾彼湮落,用深轸悼,有怀撰次,实资良直。[51]

这里反映了唐政府编纂前代史书的三个主要目的：

第一，以史为鉴，即"多识前古，贻鉴将来"。从历代的兴衰更替中总结得失经验，是唐代治国方针之一。贞观时期尤为重视这点，如太宗皇帝常常强调要"远鉴前代败事，以为元龟"[52]，"览前王之得失，为在身之龟镜"[53]。

第二，为李氏祖先立传，记录唐代继承周、隋，统一宇内的业绩。高祖认为，史籍对刘宋以前的历史已有完备的述录，然而此后事迹"简牍未编，纪传咸阙"，没有统一而规范的记载。而实际上，这段所谓历史缺失的时期正是李渊的祖父李虎、父李昞"建功立业"之时，因此，修前代史书有赞颂唐皇室祖先、反映李氏政权开国功业的目的。令狐德棻对此有过直接的表述："陛下（高祖李渊）既受禅于隋，复承周氏历数，国家二祖功业，并在周时，如文史不存，何以贻鉴今古。"[54]

第三，记录"嘉谋善政，名臣奇士"，宣扬唐代政府所推崇的价值观。表面上唐政府要为前代未载于史册的政事、君臣留名立传，但其实质目的还是在于"惩恶劝善"，即通过史书对前代的人与事加以褒贬，传达出其在道德行为上的立场，进而树立并推广有利于自身统治的价值观和意识形态。

正是基于这样的观念，前代史的编修工作很快得以展开。不过，其结果却是"历数年，竟不能就而罢"。

唐代政府主持的大规模的前代史书编纂工作，实质上始于太宗贞观三年（629），至高宗显庆四年（659）基本结束[55]，历时三十余年。其大致可以分为两个阶段：

第一阶段，从贞观三年到贞观十年（636），组织集中编纂梁、陈、齐、周、隋五代史。据《旧唐书·令狐德棻传》载：

> 贞观三年，太宗复敕修撰，乃令德棻与秘书郎岑文本修周史，中书舍人李百药修齐史，著作郎姚思廉修梁、陈史，秘书监魏徵修隋史，与尚书左仆射房玄龄总监诸代史。众议以魏史既有魏收、魏澹二家，已为详备，遂不复修。德棻又奏引殿中侍御史崔仁师佐修周史，德棻仍总知类会梁、陈、齐、隋诸史。

其意图在于，将武德时期的修史规划进一步付诸实施，不过此时决定不再编纂魏史。至于贞观十年(636)正月二十日[56]，唐前五代史书编纂完成：

1. 《梁书》，纪六卷、传五十卷，由姚思廉主持编纂完成。姚思廉修史具有深厚的家学渊源。其父姚察历仕梁、陈、隋三代，仕陈时便参与国家的史书编修活动，隋文帝开皇九年(589)以秘书丞修史，炀帝大业初“踵成梁陈二代史”。据《陈书》载，姚察修史未毕，“临亡之时，仍以体例诫约子思廉，博访撰续”[57]。姚思廉在其父所撰史书基础上，综合其他相关史籍，开展《梁书》的编纂工作。《旧唐书·姚思廉传》载其“受诏与秘书监魏徵同撰梁、陈二史”，“采谢炅等诸家梁史续成父书，并推究陈事，删益傅縡、顾野王所修旧史，撰成《梁书》五十卷，《陈书》三十卷”。《梁书》各卷后附有传论，其中标以“陈吏部尚书姚察曰(云)”或“史臣陈吏部尚书姚察曰”的基本是出于姚思廉之父姚察的手笔，其他的则题为“史臣曰”。

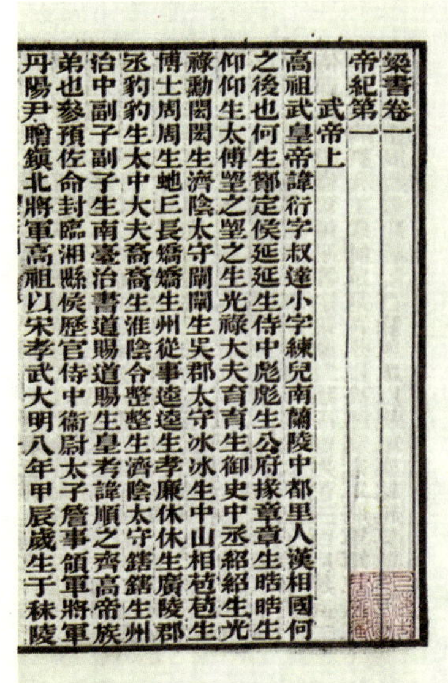
梁書卷一
帝紀第一
武帝上
高祖武皇帝諱衍字叔達小字練兒南蘭陵中都里人漢相國何之後也何生酇定侯延延生侍中彪彪生公府掾章章生皓皓生仰仰生太傅望之望之生光祿大夫育育生御史中丞紹紹生光祿勳閎閎生濟陰太守闡闡生吳郡太守冰冰生中山相苞苞生博士周周生蛇丘長矯矯生州從事逵逵生孝廉休休生廣陵郡丞豹豹生太中大夫裔裔生淮陰令整整生濟陰太守鎋鎋生州治中副子副子生南臺治書道賜道賜生皇考諱順之齊高帝族弟也參預佐命封臨湘縣侯歷官侍中衛尉太子詹事領軍將軍丹陽尹贈鎮北將軍高祖以宋孝武大明八年甲辰歲生于秣陵

《梁书》清同治刻本

《梁书》的记载涉及萧梁时期社会的诸多方面，内容丰富；且行文畅晓简练，“多以古文行之”，相比于其时盛行的骈俪文风，显得颇有特色。然而，《梁书》继承了南朝修撰国史的笔法，坚持“有美必书，有恶必为之讳”的原则，为后世多所诟病。[58]

赵翼在《廿二史札记》中还指出了其内容编排上存在的问题，归纳起来有两方面：一是“编传失检”，即《梁史》在确立大纲、决定为哪些人立传时考虑不周，如有“知足传”而无“方伎传”；又如《梁书》立“太祖五王传”，以太祖为枢纽联系传主，然太祖九子只有五人有传，而另四人却只为其子立“嗣王传”，显得标准不一，十分勉强。而且更为严重的是，萧督、萧栋这样深刻影响历史进程的人竟然无传。[59]二是材料拣选失宜，主要是《梁书》列传里多附有传主死后朝廷的“加恩饰终之诏”，这种文字对于史书而言实在没有意义。

2.《陈书》，纪六卷、传三十卷，亦是姚思廉在其父姚察所撰史书基础上编纂而成。各篇后亦有传论，其中两卷后标以“陈吏部尚书姚察曰”[60]。其余题为“史臣曰”的各卷，当为姚思廉等人纂成。《陈书》中对于皇室给予了很大关注，有十一卷都是记述帝王后妃、诸王宗室的，这也成了其一大特色。

《陈书》常被指责其多所讳饰，如陈霸先夺位之形迹、刘师知弑梁敬帝事都绝口不提。《陈书》另一个为人批评的问题在于，其为人物立传时有“失于限断”之处。邵晋涵指出：“（姚）察以陈亡入隋，为秘书丞、北绛郡开国公，与同时江总、袁宪诸人，并由陈入隋，跻显秩，而仍列于《陈书》，揆以史例，未免失于限断矣。”[61]此外，赵翼还对姚思廉在《陈书》中为其父姚察立传、并多有赞美的做法颇有微词，他指出“司马迁、班固、沈约作史，皆以其父入自序中，未尝另立父传”，暗示姚思廉有违史家精神。

虽然梁、陈二史的编纂多有不当，但它们的价值是不容抹煞的，梁陈时代的历史记录主要是保存在这两部史书中。而且从编辑学角度看，由于《梁书》、《陈书》基本上由姚思廉一人在家学传统上确定框架、编排材料，因而其结构清晰，体例统一完备。对此，邵晋涵有较为公允的评断，认为《梁书》“排整故事，叙次明晰，议论亦多平允，分卷次第，犹具汉晋以来相传之史法，异乎取成众手，编次失伦者”，而《陈书》也是“首尾完善，叙次如出一手，信思廉之善承家学也。虽其纪传年月间有抵牾，要不得微疵而掩其全体耳”。[62]当然这里也有负责“总加撰定”的魏徵之功，我们在后文将有阐释。[63]

3.《北齐书》原名“齐书”，为与《南齐书》相区分而改称“北齐书”。全书纪八卷、传四十二卷，中书舍人李百药编撰。《北齐书》的修成亦得益于家学渊源：李百药之父李德林，《隋书》本传载其于武平三年（572），“除中书侍郎，仍诏修国史”。李百药继承其父遗作，补充增益，撰成齐史。《史通》对此过程有详细的记载：“李（德林）在齐预修国史，创纪传书二十七卷。自开皇初，奉诏续撰，增多齐史三十八篇，以上送官，藏之秘府。皇家贞观初，敕其子中书

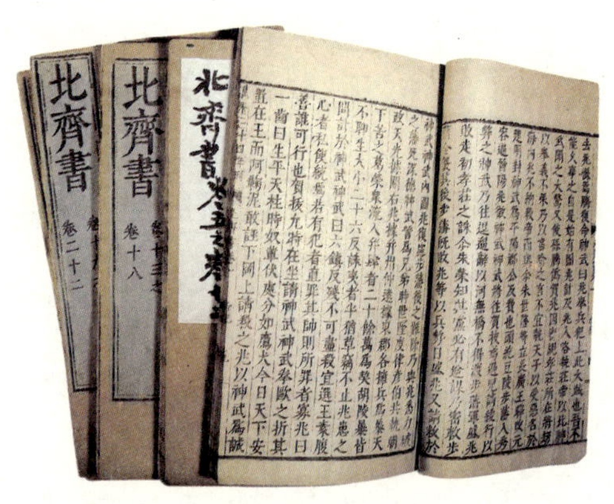

《北齐书》(书影)

舍人百药仍其旧录,杂采它书,演为五十卷。”[64]

《北齐书》于北宋初便亡佚大半,仅存十七卷,今见五十卷乃据《北史》及唐代其他史料所添补,因而《北齐书》在内容上颇显凌乱拼凑,不过其结构当为原貌。结构上,《北齐书》的重要特点在于,其将帝纪上溯至高祖、世宗,即从东魏记起,这样一则扩大了史书的容量,二来更符合高齐建国的实际过程,有利于反映北齐取代东魏的因果联系及历史经验。[65]但是,《北齐书》的编纂也存在着问题,刘知几批评其“于诸帝篇,或杂载臣下,或兼言他事,巨细毕书,洪纤备录”[66]是有道理的。这反映了其编辑过程中在材料拣选、利用以及配置方面的不成熟。

4.《周书》,纪八卷、传四十二卷,为集体编纂的成果,《四库全书总目提要》载“(令狐)德棻专领《周书》,与岑文本、崔仁师、陈叔达、唐俭同修”。各卷末有论[67],标以“史臣曰”的字样,《旧唐书》称这些史论多为岑文本所作。[68]与《北齐书》一样,北宋时《周书》便已有所残缺[69],后人以《北史》及其他史钞加以补全。

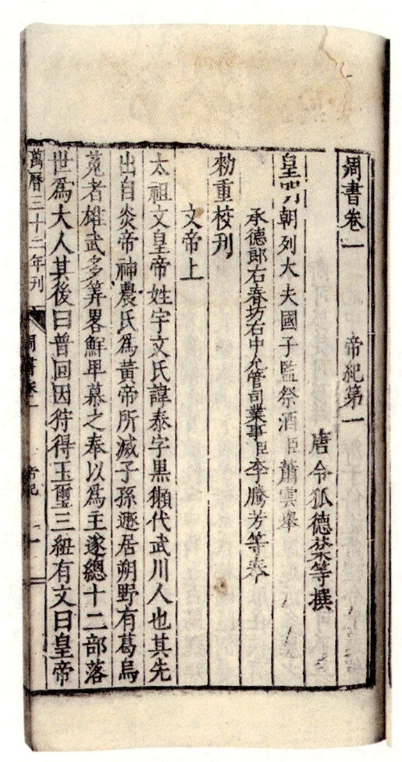

周書卷一　帝紀第一

唐令狐德棻等撰

皇明朝列大夫國子監祭酒臣蕭雲舉

承德郎右春坊右中允管司業事臣李騰芳等奉

勅重校刊

文帝上

太祖文皇帝姓宇文氏諱泰字黑獺代武川人也其先出自炎帝神農氏為黄帝所滅子孫遯居朔野有葛烏菟者雄武多筭畧鮮卑慕之奉以為主遂總十二部落世為大人其後曰普回因狩得玉璽三紐有文曰皇帝

萬曆三十二年刊

《周书》明万历刻本

在史料编辑上,《周书》有两个特点值得注意:第一,与《北齐书》一样,《周书》在帝纪部分扩大了记述范围,竟然上溯至北魏正光时期。这同样是为了反映历史发展的因果关系，不过其中也有记述李唐皇室兴起、彪炳功业的意图。第二，《周书》在素材拣选上非常谨慎。刘知几曾批评《周书》“文而不实，雅而无检，真迹甚寡，客气尤繁”，指责其文字古奥，且只以牛弘《周史》为本，不广采王劭、蔡允恭等人的史记。[70]后世对刘知几的看法多有非议，纪昀等人就指出：“周代既文章尔雅，仿古制言，载笔者势不能易彼妍辞，改从俚语。至于敌国诋谤，里巷诌谣，削而不书，史之正体。”[71]认为《周书》基本反映出了北周一代特有的文化风貌，而其对于那些非官方的史籍记录，以及来自敌对国北齐的某些描述采取谨慎的态度，是有利于保证史书真实性与客观性的，值得肯定。

5．《隋书》，纪五卷、传五十卷，由魏徵主持，颜师古、孔颖达、许敬宗、敬播等人共同编纂。[72]本书各卷末亦有由“史臣曰”领起的“论”，类传之前有“序”，皆为魏徵所撰。

相较于其他史书，《隋书》的编纂过程显得较为特殊。战乱中隋代官修史料大多散佚而不可得，其时又无隋史家学，因此《隋书》的史料很多都是采访而来的。对此，魏徵有过如下的描述：“隋家旧史，遗落甚多，比其撰录，皆是采访，或是其子孙自通家传参校，三人所传者，从二人为实。”[73]《旧唐书·方伎传》也记载，魏徵修史“恐有遗漏”，而访问孙思邈，“思邈口以传授，有如目睹”。这样就形成了一个“采—校—定—编”的编辑流程，从而弥补了史料积累不足的问题，保证了史书编纂的质量，也丰富了我国古代编辑史的内容。

《隋书》直笔不讳，书法严谨，有据而不妄下断论，非常注重总结隋亡教训，常揭露暴君行径给国家带来的灾难与动乱，其史论也往往从隋事中引申出识人治世之道。虽则全书“不出一手，间有异同”[74]，内容上不免有前后牴牾之处，且偶有“史失其事”之憾[75]，但《隋书》仍不失为一个成功的史书编纂范例。

第二阶段，贞观十五年（641）到显庆四年（659），陆续修成《晋书》、《五代史志》以及《南史》、《北史》。

1．《五代史志》。上述完成于贞观十年（636）的五代史书均是有传纪而无志。鉴于这种情况，贞观十五年（641）太宗又诏令编纂《五代史志》，以补充完善梁、陈、齐、周、隋五代史书的典志部分。因此，《五代史志》可以看做上一阶段五代史编纂工作的延伸。至于高宗显庆元年(656)五月,《五代史志》修成,凡十志三十卷——礼仪七卷、音乐三卷、律历三卷、天文三卷、五行两卷、食货一卷、刑法一卷、百官三卷、地理三卷、经籍四卷。

《五代史志》亦是集体编纂的结晶,《史通》载"左仆射于志宁、太史令李淳风、著作郎韦安仁、符玺郎李延寿"以及令狐德棻都参与了编纂工作[76],另据《新唐书·艺文志》,敬播、赵弘智、魏徵也是编纂者之一。[77]一般认为《经籍志》为魏徵所作,天文、律历、五行三志出于李淳风之手。[78]《五代史志》的修撰是唐政府前朝五代史编纂计划的一部分,因此书成后与五代史合编,按次序列于《隋书》之后。初时,《五代史志》是作为单独的典籍而存在、流传的,后来五代史各自独立行世,《五代史志》便与《隋书》合为一书,成为《隋书》十志。

《五代史志》按梁、陈、齐、周、隋的次序较详细地叙述了五代的各种典章制度,有时上溯至东晋或更早。后世对其评价极高,《通志》赞其"极有伦类,而本末兼明";《文献通考》称:"晋、隋二志高于古今,而《隋志》尤详明。"从图书编辑方面看,其中《经籍志》的成就最为突出。一方面,其确立了经史子集的四部分类方法以及先后次序;另一方面,其有意识地通过分类与编排的方法来反映图书的发展流变,《经籍志》将内容体例近似的典籍归纳在一起,按时间顺序加以排列,以此来展示相关学术的承袭与沿革。这些方法在编辑史与文献史上都具有重要的价值。

2.《晋书》。贞观二十年(646)闰三月四日,太宗皇帝诏修《晋书》。此次编纂,参与者众多,《唐会要》载,房玄龄、褚遂良、许敬宗"掌其事";来济、陆元仕、刘子翼、卢承基、李淳风、李义府、薛元超、上官仪、崔行功、辛邱驭、刘允之、杨仁卿、李延寿、张文恭等"分功撰录";又有令狐德棻、敬播、李安期、李怀俨,"详其条例,量加考正"。[79]

《晋书》的编纂以臧荣绪的《晋书》为本,"捃摭诸家及晋代文集"[80],"采正典与杂说数十余部,兼引伪史十六国书"[81],凡帝纪十卷、列传七十卷、载记三十卷、十志二十卷,又有叙例、目录各一卷。[82]帝纪列传各卷之后亦有史论和赞语,题为"史臣曰"或"赞曰"。其中,太宗皇帝亲自为宣、武二帝本纪和陆机、王羲之二人之传作论,称为"制曰"。贞观二十二年(648)书成,房玄龄领衔奏进，由于太宗参与编纂，故《晋书》题为“御撰”。[83]

在《晋书》的编纂中，有两个特点值得注意。一是分工有序，虽参与人数众多，但统筹领导、分别撰述、考订类例各司其职，形成了编、校、统相结合的编辑制度；而且安排编纂人员的任务时，“随其学术所长者而授之，未尝夺人之所能而强人之所不及”[84]，量才分工。二是采用“载记”的形式记述十六国历史。[85]载记最早见于《东观汉记》，当时用以记录各割据势力。《晋书》以此来归纳那些不受晋封、自立为王的政权，反映了其编排类分思想的进步以及实事求是的态度，《史通》赞其“择善而行，巧师于古”[86]。不过，后世也多批评其“史官多是文咏之士，好采诡谬碎事，以广异闻；又所评论，竞为绮艳，不求笃实”[87]，说明《晋书》在编辑人才的选择上还是有问题的。

3. 《南史》、《北史》。《南史》纪十卷、传七十卷，《北史》纪十二卷、传八十八卷，其编纂大约始于贞观十七年（643），是李延寿继承其家学渊源，为“追终先志”所修撰；显庆四年（659）书成，进献高宗，《唐会要》载高宗曾为其作序。[88]

虽然李延寿称南北二史“撰自私门”，但从编纂过程来看，其官修性质更重。首先，李延寿修史多取材于官修五代史、志过程中的成果。李延寿是贞观修史活动的重要参与者，在其中获得了大量的资料。其亦坦言，修《晋书》时得以“勘究宋、齐、魏三代之事所未得者”，撰《五代史志》时又“编得披寻”，因此从实质结果上看，南北二史在拣选史料的宗旨、态度上，与政府是无甚异趣的。其次，李延寿借鉴、引用了官修五代史的很多内容。其在进书表中说，南北二史载八代事，其中“梁、陈、齐、周、隋五书，是贞观中敕撰……然其书及志，始末是臣所修。臣既夙怀慕尚，又备得寻闻，私为抄录……连缀改定，止资一手，故淹时序，迄今方就。唯鸠聚遗逸，以广异闻，编次别代，共为部秩。除其冗长，捃其菁华”。即此二史以官修五代史为底本，不过换了一种跨越朝代的眼光，对其加以增补损益而成。后人以其补《北齐书》、《周书》之佚，也多少能说明这种抄录、借鉴的存在。再次，李延寿有意识地在编纂中贯彻官方的原则、态度，对于所引用的五代史，“若文之所安，则因而不改，不敢苟以下愚，自申管见”。最后，《南史》、《北史》成书后，由在唐初历次修史中担任统筹工作的令狐德棻予以审定，“乖失者亦为改正”，最终确定了它们官修史书的性质。[89]

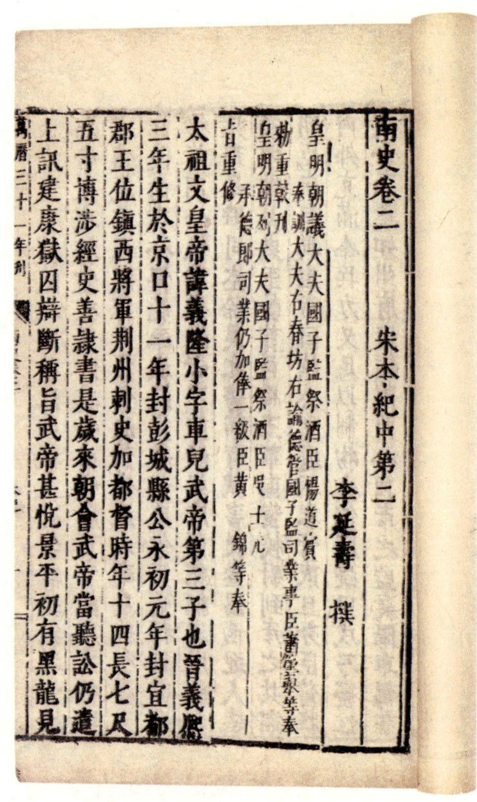
南史卷二　宋本紀中第二　李延壽　撰
皇明朝議大夫國子監祭酒臣楊道賓
奉訓大夫右春坊右諭德管國子監司業事臣蕭雲舉等奉
敕重校刊
皇明朝列大夫國子監祭酒臣吳士元
承德郎司業仍加俸一級臣黃錦等奉
旨重修
太祖文皇帝諱義隆小字車兒武帝第三子也晉義熙
三年生於京口十一年封彭城縣公永初元年封宜都
郡王位鎮西將軍荆州刺史加都督時年十四長七尺
五寸博涉經史善隸書是歲來朝會武帝當聽訟仍遣
上訊建康獄囚辯斷稱旨武帝甚悅景平初有黑龍見
萬曆二十一年刊

《南史》明万历刻本

《南史》与《北史》二书是以南北一统的目光审视历史的结果，记述了自北魏登国元年（386）直至隋义宁二年(618)长达二百三十多年的历史进程[90]，其编纂方式也很有特色：第一，以世系、血缘联系为立传标准，突破朝代的局限。这样既符合南北朝世族门阀政治的现实，又符合其南北一统的编辑思想。第二，内容互见。如《南史·东夷传》中关于高句丽、新罗、倭国起源发展之事，都“事详《北史》”，《北史·王肃传》中言其父王奂，“齐雍州刺史，《南史》有传”……故有“南、北史虽分记南北，实为一书”之说。[91]第三，以记事为主。南北二史省略了许多诏文、表奏之类的言辞，着重于历史事件的记录，即所谓“删去芜词，专叙实事”[92]。且不论恰当与否，这种做法符合当时的传播条件，以及人们的接受要求，因而流传很广。赵翼曾这样描述：“南北史卷帙稍简，抄写易成，故天下多有其书，世人所见八朝事迹，惟恃此耳。”[93]

《南史》、《北史》的完成宣告了唐代政府主持的前代史编纂工作基本结束。但是需要指出的是，修成于唐代的前朝史书颇多，如吕才有《隋纪》二十卷，敬播有《隋略》二十卷，张大素“撰《后魏书》一百卷、《隋书》三十卷”[94]，吴兢“别撰《梁》、《齐》、《周史》各十卷、《陈史》五卷、《隋史》二十卷”[95]，还有姚康复《统史》三百卷[96]，凡此等等。按唐代编辑出版制度，这些史籍也当是官修性质。不过本质上，它们都是个人通过职官、职事而获得史书编辑权后，私自修撰而获得的成果。编纂过程，乃至编纂目的大多体现的是个人意愿而不是国家意志。

其实，真正意义上由唐政府主持的史书编纂活动，是贞观三年开始的五代史修撰工作（即上述第一阶段）。这一时期，“于中书置秘书内省”[97]，专门负责前代史书的编修，政府的意志与组织功能表现得最为显著、典型，以至于太宗再次诏修《晋书》时，会强调“其所须可依修五代史故事，若少学士，量事追取”[98]。《五代史志》、《晋书》以及南北二史的编纂，实质上都可以看做第一阶段的余波与延伸。

二、前代史编纂活动的特点

《梁书》、《陈书》、《北齐书》、《周书》、《隋书》、《晋书》以及《南史》、《北史》，后世习称为“唐八史”。它们的编纂过程，典型地反映了唐代政府编修前代史工作的特点：

第一，唐代政府主持的前代史编纂活动有明确的编辑方针，而且这些方针在实际的编纂工作中得到了较好的贯彻。

“以史为鉴”是唐代统治者发起前代史编纂工作的初衷，同时也是实际编纂活动中最为基本的指导方针。修史过程中所有的编辑工作都是以考察社会历史变革、探求总结治乱之道为最终目的而展开的，即使是《五代史志》，也十分注重通过典章制度的变迁来“总结五代特别是隋亡的原因”[99]。这种“以史为鉴”的方针对于前代史编辑思想的影响是十分深刻的。

首先，各部史书非常注重史论，力图突破现象描述的局限而发掘出历史发展的规律。唐修八史在纪传之后安排了大量的史论、赞语，对相关的历史进行客观详正的总结与品评，甚至在志书中也多有议论人事之处，如《隋书·五行志》就曾借“议者”之口指出：“古先哲王之驭天下也，明四目，达四聪，悬敢谏之鼓，立书谤之木，以开言者之路，犹恐忠言之不至。由是泽敷四海，庆流子孙。而帝（隋炀帝）恶直言，雠谏士，其能久乎？”这实为当世之君所言。

其次，“以史为鉴”的方针促使编纂人员调动各种手段，在各书中反映

魏徵 像

“人事”而谨言“天意”。如李百药在《北齐书·后主幼主本纪》中多有“乱亡之数盖有兆”、“知命任天道”之类的论断，为此魏徵在最后的总论中加以拨乱反正：“武成即位，雅道陵迟，昭、襄之风，濯焉已坠。洎乎后主，外内崩离，众溃于平阳，身禽于青土。天道深远，或未易谈，吉凶由人，抑可扬榷”，“齐氏之败亡，盖亦由人，匪唯天道也”。

再次，《北齐书》、《周书》、《晋书》等突破朝代时空、上溯远源，以反映历史发展因果的做法，本质上也是服务于“以史为鉴”方针的。

而另一个编辑方针便是偏重于前朝国史纪录，注重史料的客观性。从唐代政府主持修撰前代史所依据的史料来看，其较为重视依据各代的国史纪录开展编纂工作。赵翼曾指出“《梁史》悉据国史立传”[100]；姚思廉、李百药所承之家学就是前朝的国史；《周书》本牛弘《周史》，而据《隋书·牛弘传》载，其于北周武帝时就已经参与起居注的修撰工作了。《隋书》没有太多的隋代国史可依，但采取了征集校对各家家传及访问史事亲身经历者的方法弥补。

不过，偏重于国史不等于唯国史是用，唐代政府编纂前代史书征采了大量的历史记录，不过其态度都较为谨慎，注重发掘那些客观、公允的材料，这从上述《周书》的编纂过程中便可见一斑。从本质上看，这种征实的方针也是为了能更好地服务于借鉴、总结历史之目的，是“以史为鉴”方针的延续。

当然，据历代国史编纂的方针也是有问题的，如《梁书》、《陈书》的很多缺陷——立传不当、讳饰等，都是由此而生，而且许多史实也因此而疏于记载。

第二，通过政府主导的体例预设与终审校订，保证史书的编纂体现国家意志。

唐代政府主持前代史编纂，非常注重对其进行统筹安排。其突出的表现便是，设定统一的体例，协调各书的内容安排。贞观三年开始修史时，便确定由令狐德棻“总知类会梁、陈、齐、隋诸史”[101]，《晋书》修撰时更是有专人“详其条例，量加考正”。

从实际编排上看，唐政府是将梁、陈、齐、周、隋五史以及十志视为一部史书的，或者说五代史及志是被作为一部丛书来进行编纂的。如虽然后世评价《陈书》为江总、姚察等立传“失于限断”，然《隋书》却也相应地不设他们的传记；虽《梁史》不立萧詧之传，然《周书》设之，这实际上反映的就是统筹安排各书分工立传的结果。又如《隋书·百官志》述北周体制时，仅概述了“内命”、“外命”及其禄秩，之后便言“制度既毕，太祖以魏恭帝三年，始命行之。所设官名，讫于周末，多有改更。并具《卢传》（指《周书·卢辩传》），不复重序云”。

如前所述，《梁书》、《陈书》、《北齐书》和《南史》、《北史》基本上都是继承家学，个人修撰的成果。然而，在这些史书的编辑过程中，政府扮演了最终审核者的角色，通过这种审查改定的工作，国家的作用以及意志得到了突出的体现。《旧唐书·魏徵传》载其在五代史编纂中“受诏总加撰定”，所谓“总加撰定”反映的就是这种终审活动。

在梁、陈、北齐三史中，其“总论”均出于魏徵之手。通过“总论”，魏徵订正了各书中的某些失误，对一些与编辑方针、编辑宗旨不符的结论给予纠正，以此反映出政府对于相关历史事件、人物的态度与认识。

如《陈书·张贵妃传》不过二百余字，而魏徵在其传之末却附加了一段七百余字的“考览记书”，详细描述了陈后主后宫的奢侈腐靡，以及张贵妃干预朝政的情况，诸如“后主怠于政事，百司启奏，并因宦者蔡脱儿、李善度进请，后主置张贵妃于膝上共决之”、“后宫之家，不遵法度，有挂于理者，但求哀于贵妃，贵妃则令李、蔡先启其事，而后从容为言之。大臣有不从者，亦因而谮之”此类种种。既补充了一些重要的史事，又是对《陈书》多所讳饰的一种纠正，而且更进一步突出了相关历史的借鉴意义。这也反映出唐代政府在史书编纂工作中并非仅仅是一个发起者与资助者，相反其以终审这种形式来积极地干预相关的编辑活动，从而保证最终的成果能够体现政府的意志，符合政府的要求。

魏徵多以总论的形式，强调历史的“人事”作用，反对历数、天意之说，上文所述其在《北齐书·后主幼主本纪》中所作的总论便是一例。通过这样的方式，“以史为鉴”的编辑方针得以落实。

不过应该看到，魏徵的审核工作是较为温和的。其充分地尊重了作者，不随意删削变动原文。如李百药《北齐书》中对于朝代更替之际种种异象的描写，以及“乱亡有数”的结论，虽与“重人事”的主导思想不尽相符，但是仍被保留了下来。魏徵仅仅是在编纂者所述史实的基础上或加以补充，或得出另一番结论，与原文并列而置，表明国家对于相关历史的态度。至于孰是孰非，则由读者自己判定。

第三，以编辑手段反映编者思想的现象已经出现。这是从宏观角度而言的，即通过设定各卷顺序、位置以及与其他各卷的联系，来反映编纂者对于传主的评价与认识。

如《梁书》于“诸夷”传后，为萧综、萧纪、萧正德、萧誉以及侯景、王伟立传，以表示对于这些拥兵自立、叛乱梁朝之人的不齿与贬斥。其对于一朝宗室的不肖子孙如此立传，这是其他各史所没有的。《周书》于儒林、艺术诸类传之后，《异域传》之前立《萧詧传》，以此来说明萧詧附庸政权既非周臣，又有别于周边少数民族政权的特殊性质。《晋书》列传之末，在《四夷传》后，立王敦、桓温、桓玄等“窥觎周鼎”者以及王弥等起义割据首领的传记，也反映了唐代政权对于如此行径的憎恨与厌恶。

第四，唐政府注意从制度上保证前代史编纂活动的顺利进行。

为了编修梁、陈、齐、周、隋五代史，太宗皇帝于贞观三年(629)设立“秘书内省”，专门负责前代史的编纂工作，直至贞观十年(636)五代史成，方才解散。在修史过程中，宰相负责监修，大量的才学之士被吸纳进编纂活动中来，发挥各自所长，协同工作。前文论述中对此已分别提及，不再赘述。

三、国史编纂

国史记录的是唐代自己的历史，即本朝史，其成书过程反映了建立于“当代”史料积累与整理基础之上的编辑与撰述活动。唐代史馆及其相关制度的建立，保障并促进了国史编纂工作的进行。

唐代政府主导的国史编纂活动包括史料辑录与史书编修两个具体环节。

注记制度的完善是史料的辑录、积累工作的保证。唐代注记制度以记述帝王及相关臣僚的言语行动为中心，包括起居注、时政记以及日历等。

其中，起居注“记录人君动止之事”[102]，是最重要的当代史料来源。唐代于门下省设起居郎二人，“掌录天子之动作法度”；又于中书省设起居舍人二人，“录天子之制诰德音”[103]，从行动、言辞两个方面详细记录帝王活动以及与之相关的人事，并注明日期“以纪历数”[104]。因此，刘知几指出：“凡欲撰帝纪者，皆因之以成功。”[105]

太宗时，起居注对于临朝对仗、仗下密议无所不记，而高宗永徽后，“仗下后谋议皆不得闻，其记注唯编制敕”[106]。鉴于这种情况，武周长寿二年（693），宰相姚璹上表，“请仗下所言军国政要，宰相一人专知撰录，号为时政记”，开时政记撰录之先河。自此以后，德宗、穆宗、文宗、武宗、宣宗历朝都曾明确诏修时政记。这样，起居注与时政记互为补充，成为唐代国史编纂的重要依据，《旧唐书·职官志》载史官“皆本于起居注、时政记，以为实录，然后立编年之体，为褒贬焉”。它们与唐代史馆的信息报送制度结合起来，为国史修撰工作积累了丰富的材料。

此外，日历也是编纂国史的资料来源之一，《新唐书·艺文志》载：“大顺中，诏修宣、懿、僖实录，以日历注记亡缺，因摭宣宗政事奏记于监修国史杜让能。”日历是以日记事的档案材料，也是由史馆史官负责修撰。

值得一提的是，起居注、时政记、日历既是重要的史料档案，同时其本身也可以作为史籍的一种体裁而独立存在。《新唐书·艺文志》就收录有《开元起居注》三千六百八十二卷和姚璹《时政记》四十卷。[107]

基于注记制度所积累的史料，国史编纂工作得以顺利实施。唐代政府编纂的正式国史典籍主要有两种形式：

一种是记录一朝帝王事迹以及相关人物活动、社会情况的“实录”。除太宗、玄宗、中宗等朝外，一般是在一朝帝王死亡或逊位后，由后世加以编订。唐代历朝实录的编纂情况，可以总结如下：

1.《高祖实录》二十卷。《唐会要》卷六十三载:“贞观十七年(643)七月十六日,司空房元(玄)龄,给事中许敬宗,著作郎敬播等,上所撰高祖、太宗实录各二十卷。”

2.《贞观实录》四十卷。贞观十七年后,敬播等“又撰《太宗实录》,从贞观十五年至二十三年,为二十卷”[108]。据《唐会要》,永徽元年(650)书成,长孙无忌领衔上奏。其与贞观十七年时编纂成的二十卷《太宗实录》合并,便是《新唐书·艺文志》所载的《贞观实录》四十卷。[109]此外,顾胤、孙处约亦为《贞观实录》编纂者之一。

唐高祖 像

3. 高宗朝实录四部。据《新唐书·艺文志》,高宗朝实录有许敬宗所纂《皇帝实录》三十卷,韦述所纂《高宗实录》三十卷,武后所纂《高宗实录》一百卷,以及令狐德棻、吴兢、刘知几等所纂《高宗后修实录》三十卷。

4. 武后朝实录两部。《旧唐书·魏元忠传》载:“神龙二年,元忠与武三思、祝钦明、徐彦伯、柳冲、韦承庆、崔融、岑羲、徐坚等撰《则天皇后实录》二十卷。”开元四年(716),刘知几、吴兢等在此基础上加以“删正”、修订,编纂成《则天皇后实录》三十卷。另一部武后朝的实录是题名宗秦客的《圣母神皇实录》十八卷。

5.《中宗实录》二十卷。岑羲监修,吴兢、刘知几等所撰,最终成书于开元四年。

6. 睿宗朝实录两部。据《新唐书·艺文志》载,有刘知几所撰《太上皇实录》十卷,吴兢所撰《睿宗实录》五卷。[110]

7. 玄宗朝实录三部。包括张说《今上实录》二十卷,《开元实录》四十七卷(失撰人名),以及大历三年(768)令狐峘编纂的《玄宗实录》一百卷。《唐会要》载,令狐峘时,"起居注亡失,纂开元天宝间事,唯得诸家文集"[111],因而《玄宗实录》主要以诏策表文为主,对于君臣事迹或语焉不详。

8.《肃宗实录》三十卷。元载监修。

9.《代宗实录》四十卷。《旧唐书·宪宗本纪》载,元和二年(807)"太仆寺丞令狐丕,进亡父峘所撰《代宗实录》四十卷"[112]。

10. 德宗朝实录两部。先有沈既济《建中实录》十卷;后有裴垍领衔,蒋乂、独孤郁与韦处厚等同修的《德宗实录》五十卷。

韩愈 像

11. 顺宗朝实录两部。一部为韩愈、宇文籍所撰《顺宗实录》五卷,然而因其"说禁中事颇切直","内官恶之,往往于上前言其不实,累朝有诏改修"[113]。而鉴于韩愈所撰实录"繁简不当,叙事拙于取舍","议者哄然不息"等问题,韦处厚"竟别撰《顺宗实录》三卷",成为另一部顺宗朝的实录。[114]

12.《宪宗实录》四十卷。《宪宗实录》的编纂过程相当复杂、曲折:穆宗长庆中,敕路随、韦处厚、蒋係、沈传师、郑澣、陈夷行、李汉、宇文籍等修撰《宪宗实录》,而"统例取舍,皆出处厚焉"[115]。文宗大和四年(830)书成。

至于武宗会昌元年(841),宰相李德裕因《宪宗实录》"书其父不善之事",而奏请改撰。武宗皇帝批准,但要求"旧本不得注破,候(新本)撰成同进"。同年,唐政府重新确定了实录编纂的体例,其大体可归纳为两方面的规定:第一,强调实录所记言行的公开性与公认性,"君上与宰臣、公卿言事,皆须众所闻见,方可书于史册",而禁中密议,不得载录;第二,实录所记之奏闻表章,必须要有案可查,"或取舍存于堂案,或与夺形于诏敕",而所谓"密疏”则不得载录，要求“实录所载章奏，并须朝廷共知者，方得纪述”。借此时机，李德裕会同郑亚等人，对《宪宗实录》载录其父李吉甫的“不善之迹”加以删削，至于会昌三年（843）完成改撰。[116]李德裕的做法引起了朝野上下的非议，其罢相后，宣宗大中二年(848)敕令：“《宪宗实录》宜施行旧本。其新本委天下诸州府察访，如有写得者，并送馆，不得隐藏。”[117]又把李德裕、郑亚的新撰本没收查禁，继续推行路随等的旧本了。

13.《穆宗实录》二十卷。据《新唐书·艺文志》，路随监修，苏景胤、王彦威、杨汉公、苏涤、裴休等编纂，据晁公武《郡斋读书志》，其书后有题为“史官云”的史论。

14.《敬宗实录》十卷。据《新唐书·艺文志》，李让夷监修，陈商、郑亚等编纂。

15.《文宗实录》四十卷。《旧唐书·宣宗本纪》载，大中八年(854)“宰相监修国史魏谟修成《文宗实录》四十卷，上之”。而实际参与编纂的有卢耽、蒋偕、王沨、卢告等。

16.《武宗实录》三十卷。《新唐书·艺文志》称其由韦保衡监修，其他情况不详。

以上就是有唐一代编纂的十六朝“实录”，共二十五部。武宗以后，由于国力的凋敝以及战乱等因素，原始的注记材料缺乏，实录的编纂实际上陷于停顿。据《唐会要》载，昭宗大顺二年时，曾敕修宣宗、懿宗、僖宗三朝实录，然而“逾年竟不能编录一字”，唯有右补阙裴庭裕“采宣宗朝耳目闻睹”，编纂成《东观奏记》三卷，为唐代的实录编纂工作草草地结了一个尾。但是其已不能算是实录，而被《新唐书·艺文志》归为杂史类了。

唐武宗 像

唐代十六朝实录大多已亡佚，

只有《顺宗实录》还残存五卷。从中我们可以略为窥探到“实录”的编纂特点，即编年与纪传相结合。实录的主体结构采用编年体的形式，以时间为线索串联起历史事件，并记录相关的诏文敕令和奏议策对。而当某个人物要退出历史舞台，需要为他作总结的时候，则插入此人的传记；传记部分只是记述事件，而不录相关的言论、文章。

另一种本朝史记则从唐代立国开始叙述，跨越各朝，直至修史之时为止，以下我们用“国史”一词特指这种形式的史书。[118]国史这种贯通性的特征，决定了其编纂过程必然是开放性的，因而呈现为一个继承与延续前后相因的系统。

唐代国史基本上都已亡佚，但是据各种资料记录，其时政府主持编纂的国史大致上有这样几个系统：

1. 《武德贞观两朝史》系统。贞观初，姚思廉撰纪传体国史，“粗成三十卷”[119]。以之为基础，长孙无忌、于志宁、崔敦礼、令狐德棻、李义府、刘允之、杨仁卿、李延寿、张文恭、顾胤等人在高宗显庆元年(656)时，“因其旧作，缀以后事”[120]，成书八十卷[121]，所记史事“起义宁、尽贞观末”[122]，即为《新唐书·艺文志》所录之《武德贞观两朝史》。

显庆四年(659)，又诏令许敬宗、许圉师、李淳风等“撰贞观二十三年已后，至显庆三年实录，成二十卷，添成一百卷”[123]。不过，高宗皇帝对于许敬宗等的成果很不满意，认为其“或曲希时旨，或猥饰私憾，凡有毁誉，多非实录”，因而又令李仁实等加以修订，可惜“功业未终”。[124]

2. 牛凤及《唐书》一百一十卷。《史通·古今正史》载：“长寿中，春官侍郎牛凤及又断自武德，终于弘道，撰为《唐书》百有十卷。”不过该书的编纂质量却相当成问题，“或言皆比兴，全类咏歌，或语多鄙朴，实同文案，而总入编次，了无釐革”[125]。为使其“独行”，牛凤及等又力主全面禁行《武德贞观两朝史》及许敬宗等的续作，给唐代国史的保存与流传造成了一定的损失。

3. 武三思等《唐史》八十卷。武周长安三年(703)，武三思、李峤、朱敬则、徐彦伯、魏知古、崔融、徐坚、刘知几、吴兢等奉诏“采四方之志，成一家之言”[126]，再编唐史，最终成书八十卷。其编纂、删改工作，因武则天的逊位而终止。

4.《唐书》一百三十卷系统。这是流传时间最长的唐代国史，至少在南宋绍兴年间时仍有留存。[127]《崇文总目·正史类》对其编纂过程有较为详细的记述："《唐书》一百三十卷，唐韦述撰。初，吴兢撰唐史，自创业讫于开元，凡一百一十卷。述因兢旧本，更加笔削，刊去酷吏传，为纪、志、列传一百一十二卷。至德、乾元以后，史官于休烈又增肃宗纪二卷，而史官令狐峘等复于纪、志、传后随篇增缉(辑)，而不加卷帙。今书一百三十卷，其十六卷未详撰人名氏。"[128]

其源于武周后期，武三思等监修国史，其时"阿贵朋佞，酿泽浮辞，事多不实"，吴兢不得志而"私撰《唐书》"。[129]开元十八年(730)，韦述知史官事，在吴兢《唐书》及令狐德棻所修国史的基础上，"始定类例，补遗续阙，勒成《国史》一百一十三卷，并《史例》一卷"[130]，最终确定了《唐书》体例，扩展了它的记录范围。《玉海》卷四十六所引的韦述《集贤注记》也曾描述此事："吴长垣(兢)在史职，又别撰《唐书》一百一十卷，下至开元之初。韦述缀集二部，益以垂拱后事，别欲勒成纪传之书。"柳芳也参与了韦述"添修"唐书的工作。后来，于休烈以及令狐峘又相继在韦述、柳芳等成果的基础上进一步补充、完善。大约至于德宗贞元时期，《唐书》一百三十卷最终完成。[131]

5.《国史》一百零六卷系统。《新唐书·艺文志》录有"《国史》一百零六卷，又一百一十三卷"，其与《旧唐书·于休烈传》的记载是完全相符合的：

> 休烈奏曰："《国史》一百六卷，《开元实录》四十七卷，起居注并余书三千六百八十二卷，并在兴庆宫史馆。京城陷贼后，皆被焚烧。……令府县招访，有人别收得《国史》、《实录》，如送官司，重加购赏。若是史官收得，仍赦其罪，得一部超授官资，得一卷赏绢十匹。"数月之内，唯得一两卷。前修史官工部侍郎韦述陷贼，入东京，至是以其家藏《国史》一百一十三卷送于官。

一百一十三卷的《国史》当为上述《唐书》编纂过程中韦述的阶段性成果。然而，所谓"《国史》一百六卷"可能与韦述所献之书有较大差异：第一，韦述所献《国史》比兴庆宫所藏的多出七卷。私人家藏竟比宫廷藏书完善，这在玄宗时代大规模开展图书搜集、典藏活动的背景下显得颇为不合理。第二，肃宗征书之际承认了“史官收得，仍赦其罪”的许诺，然而韦述献书之后，依然被贬渝州。此或许因为其献并非于休烈所言之“国史”。

《集贤注记》载：“史馆旧有令狐德棻所撰《国史》及《唐书》，皆为纪传之体。令狐断至贞观，牛凤及迄于永淳。”[132]《唐书》即上述牛凤及所纂。而令狐德棻《国史》显然并非《武德贞观两朝史》，一则后者乃长孙无忌领衔，二来牛凤及《唐书》出，“悉收姚、许诸本，欲使其书独行，由是皇家旧事，残缺殆尽”[133]，然《集贤注记》载录开元时藏书，此时《武德贞观两朝史》或已不存。《旧唐书·经籍志》乃“据开元经籍为之”，却不录此书，当为确证。

因此我们有理由推测，唐代的《国史》编纂始终有一条很少为史书记录的系统。由于其始终保持着一种开放性，没有所谓书成之时，因而也就难入史册。它作为唐政府国史编纂的一项惯例，为普通史官集体编纂并历代相承，因此也不会留有撰述者名氏。其或为令狐德棻《国史》的延续，至于安史之乱时已有一百零六卷，不过终于无可挽回地在战火中无声无息地消失了。

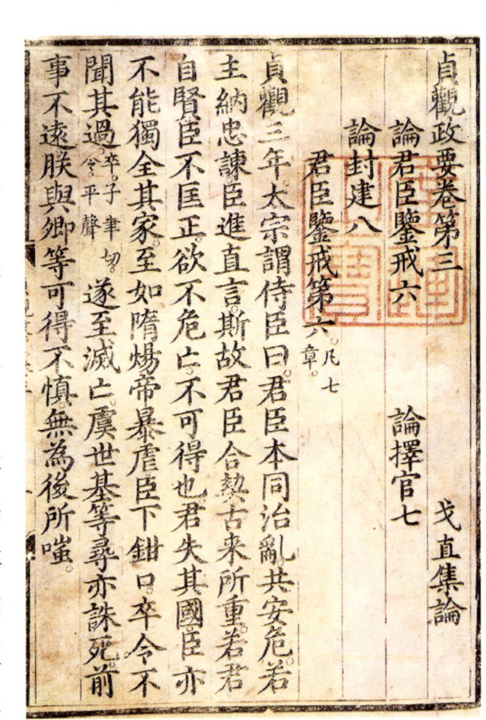
貞觀政要卷第三　戈直集論
論君臣鑒戒六　論擇官七
論封建八
君臣鑒戒第六 凡七章
貞觀三年太宗謂侍臣曰君臣本同治亂共安危若主納忠諫臣進直言斯故君臣合契古来所重若君自賢臣不匡正欲不危亡不可得也君失其國臣亦不能獨全其家至如隋煬帝暴虐臣下鉗口卒令不聞其過 卒子聿切 令平聲 遂至滅亡虞世基等尋亦誅死前事不遠朕與卿等可得不慎無為後所嗤

《贞观政要》（书影）

6. 编年《唐历》系统。柳芳参与《唐书》编纂后，因安史之乱中变节贬谪巫州，恰高力士亦贬于此。于是柳芳“因从力士质开元、天宝及禁中事，具识本末”，但其已不能参与国史编纂，于是“仿编年法，为《唐历》四十篇”[134]，然其基本为私修性质。柳芳《唐历》四十卷，叙事尽于代宗大历年间。至于大中时期，宣宗皇帝诏宰相崔龟从，以及韦澳、李荀、张彦远、蒋偕、崔瑄等“分年撰次，尽元和以续”[135]，又于大中五年（851）编纂成《续唐历》二十二卷。[136]

7. 王彦威《唐典》七十卷。《旧唐书·王彦威传》载其“纂集国初已来至贞元帝代功臣，如左氏传体叙事，号曰‘唐典’”。《唐典》为编年体国史，开成二年（837）进献，其本质上属于私修。

上述国史，前五部为纪传体正史，而后两部则属于编年体史书。唐代国史编纂活动也基本上呈现为由纪传而编年、由政府组织为主到私人撰述为主的发展趋势。

除此之外，有唐一代记述本朝历史的书籍众多，诸如吴兢《贞观政要》、刘肃《大唐新语》、李肇《国史补》、李德裕《次柳氏旧闻》，等等，流传颇为广泛。

四、唐代国史编纂特点评析

实录与国史（下文将二者统称为国史，取其广义）的编纂是唐代政府主导的编辑活动中最为重要的内容之一。与前代史相比，国史同样具有以为戒鉴、记述功绩以及褒扬先进等作用。除此之外，国史还具有极为强大的舆论功能。所谓“国史者，记人君善恶，国政损益，一字褒贬，千载称之”[137]，这是一种来自身后的舆论力量。但是在中国古代的社会思想语境下，其对于帝王公侯以及政府官员却形成了强大的威慑力。

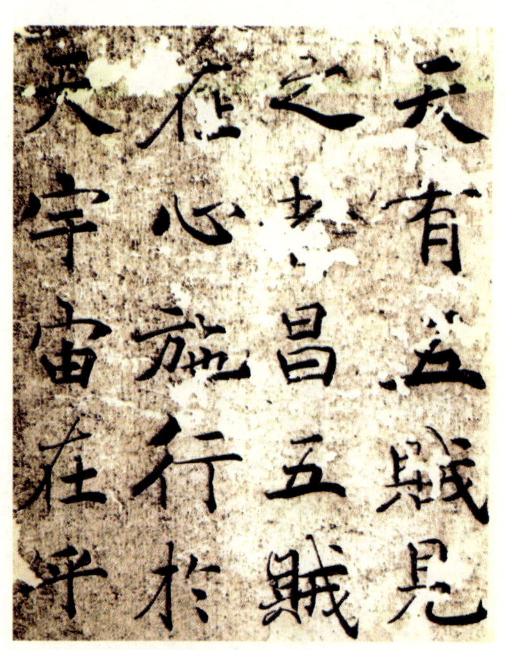

（唐）褚遂良书《阴符经》（局部）

褚遂良曾对太宗皇帝说：“今之起居，古左右史，书人君言事，且记善恶，以为鉴诫，庶几人主不为非法。”[138]魏谟也曾告诫文宗皇帝：“自古置史官，书事以明鉴诫。陛下但为善事，勿畏臣不书。如陛下所行错忤，臣纵不书，天下之人书之。”[139]这种对于“身后名”的塑造作用，往往会使封建帝王对国史保持一颗敬畏之心，也在某种程度上对帝王的活动产生了一定的制约作用。从这个意义上讲，国史就不仅仅表现为一种史料价值，其编纂在当时的社会条件下是具有一定现实功能和积极作用的。

唐代国史与实录的这种作用，与其编纂活动的两个特征是密切相关的。

一是强调国史编纂的独立性。这是中国古代史书编辑活动中形成的惯例，但更与唐代史臣对于国史性质的深刻认识密切相关，褚遂良、魏谟都是其中代表。他们反对国家权力对于国史编纂活动的干涉，主张国史编辑程序的独立与不受监视。

第一，反对君王观看起居注等相关史料记载。起居注直接由君王身边的史官记录，是国史编纂的基础，直接关系着国史记录的客观性与真实性，因而其对于史官系统之外的人士保密，哪怕是帝王也不得观览。

贞观九年（635），太宗皇帝提出要看起居注，朱子奢力谏：“史官所述，义归尽善，陛下独览起居，于事无失，若以此法传示子孙，窃有未喻，大唐虽七百之祚，天命无改，至于曾元之后，或非上智，但中主庸君，饰非护短，见时史直辞，极陈善恶，必不省躬罪己。”并指出如果君王观览起居注等，那么史臣只能“希风顺旨，全身远害”，国史编纂也就失去了意义。[140]无独有偶，开成四年（839），文宗皇帝又索起居注观看，魏谟坚决不许，并告诫文宗：“陛下一览之后，自此书事须有回避。如此，善恶不直，非史也。遗后代，何以取信？”[141]

这些正直史官的做法，有力地保证了原始史料的积累活动不以帝王的意志为转移，进而也为整个国史编辑体系的独立性做出了贡献。但是应该看到，帝王观看起居注的现象是的确存在的，如文宗为索起居注，曾告诉魏谟“我尝取观之”[142]，说明国史编纂是否能够取得独立性，很大程度上取决于史官的素质。

第二，要求修史活动集中于史馆。禁止在外修史，是唐代史馆制度的重要内容，同时也是从形式上保障国史编纂独立性的重要办法，即避免史官体系外的人与事对国史编纂活动产生太多的干扰。

第三，史官的工作权利与成果受到尊重。从前述各书的编修情况看，史官，尤其是监修主事之官员，在国史修撰过程中的编纂自主权是少受干涉的。比如，李德裕改撰《宪宗实录》，删削其父的不善之迹，“搢绅谤议，武宗颇知之”[143]，然而却没有干涉其编纂活动。这种情况虽与监修国史者多为位高权重的宰相有关，但也反映了唐代政府对于编纂权独立的尊重。韦处厚在已有韩愈修《顺宗实录》的情况下，仍顺利别撰另一部实录且得到承认，是为例证。

而且唐代对于史官编纂成的各类国史，基本上都给予了承认。即使许敬宗等人所修的实录、国史多“曲事删改”，颇令“论者尤之”[144]，高宗皇帝依然赏赐有加，收入秘府。又开元年间，刘知几、吴兢等人撰成《睿宗实录》并重修《则天皇后实录》，宰相姚崇主动向玄宗皇帝请求，依太宗、中宗时的惯例对他们进行赏赐。这些都显示出，完全地肯定并尊重史官的工作成果，已经颇为具有制度性的意味。

姚崇 像

而唐代国史编纂的另一个特征，便是通过史料的完善、真实来保证国史的编纂质量。

首先，要求服务于国史编纂的各项史料具有全面性。完善的史馆信息报送制度，以及时政记的出现，都体现了这种理念。

其次，随着国史编纂工作的发展，起居注等记录的内容的公认性被逐渐提上日程。这主要是针对宰相撰录时政记时多记自己之言，而忽略他人言辞的问题，以及国史编纂中多记禁中之言，或有“涉于浮妄”的现象而提出的。先是前文所述武宗会昌元年(841)，对国史记述君臣言论及奏表等，提出了不录密议、密疏的要求；三年后，杜牧又提出了“宰相所奏公事，人自为记，共成一篇”[145]的建议，要求宰相各自撰录时政记，然后相互参校，以保证史料的精详。

这种对于公认性的强调，显然是一把双刃剑。其虽然能够保证国史记录的真实性,但也多少妨碍了对于历史的全面性展示,导致历史发展的因果关系可能被人为地割断或掩盖。这也反映出唐代后期国史编纂趋于保守的发展轨迹。

第三,唐代的史官一直在不懈地与影响史料客观性、真实性的行为作斗争。国史资料积累过程中,有两个问题一直困扰着其客观性的实现。

一是记录者的个人感情在各项历史记录中不可避免的渗透。李翱曾指出史官记事不实的问题:

> 凡人事迹,非大善大恶,则众人无由得知,旧例皆访于人,又取行状谥议,以为依据。今之作行状者,多是其门生故吏,莫不虚加仁义礼智,妄言忠肃惠和。此不唯其处心不实,苟欲虚美于受恩之地耳。盖为文者,又非游、夏、迁、雄之列,务于华而忘其实,溺于文而弃其理。故为文则失《六经》之古风,纪事则非史迁之实录。臣今请作行状者,但指事实,直载事功。[146]

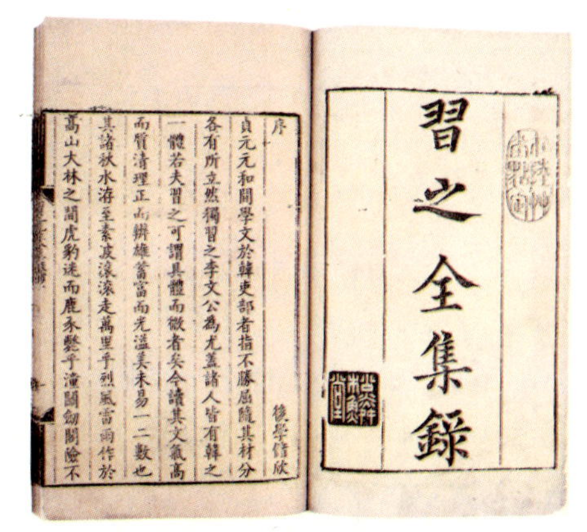

(唐)李翱《习之全集录》清刻本

一方面,人际关系和利益联系往往会导致溢美的记录;另一方面,对于文辞的追求很可能会影响其意义的表述,使历史记录失去原来的面貌。

二是个人权力往往试图影响历史的真实性。《唐会要》记录了许敬宗掌国史时,利用自己的编纂权篡改历史的种种行为,如"敬宗嫁女与左监门大将军钱九陇男,九陇本皇家隶人,敬宗贪财与婚,乃与九陇曲叙门阀,妄加功绩,并升与刘文静长孙顺德同卷"[147],凡此种种,皆为以扭曲史实而谋一己之利者。李德裕改撰《宪宗实录》亦是如此。

唐代正直的史官,如刘仁轨、李翱、周墀等,对上述种种现象都进行了勇敢的斗争,为维护国史的客观真实以及尊严做出了极大贡献。

总体说来,唐代国史编纂活动的这两个特征都是在不断解决现实问题的基础上形成的,其产生于客观历史进程与人为书写记录之间的矛盾。而相关的各种问题在以人治为主的封建社会是难以得到彻底解决的。因而注重编纂的独立性与资料的客观性这两个特征，实质上并不能算是国史编纂活动的属性，相反其体现的是一个过程，或者说是现象。

注　释

[1] 见《旧唐书·儒学传》武德二年高祖诏。

[2]《贞观政要》卷六。

[3]《贞观政要》卷七。

[4]《旧唐书·儒学传》。

[5] 各种资料对于《五经正义》初撰时间的记载多有参差。如《唐会要》卷七十七："贞观十二年，国子祭酒孔颖达撰《五经》义疏一百七十卷，名曰'义赞'，有诏改为'五经正义'。"而按《资治通鉴》编年，贞观十四年"上以师说多门，章句繁杂，命孔颖达与诸儒撰定《五经》疏，谓之《正义》，令学者习之"（卷一百九十五）。《荥阳外史集》卷六十曾载贞观十四年孔颖达上《五经正义表》。《四库全书总目提要》则明确指出，孔颖达等于贞观十六年受命撰《五经正义》中的《尚书正义》和《毛诗正义》（卷十一、十五）。

《四库全书总目提要》的说法是值得商榷的。按《毛诗正义》孔颖达序："其近代为义疏者……或应略而反详，或宜详而更略，准其绳墨，差忒未免，勘其会同，时有颠踬。今则削其所烦，增其所简，唯意存于曲直，非有心于爱憎。谨与朝散大夫行太学博士臣王德韶、征事郎守四门博士臣齐威等对共讨论，辨详得失。至十六年，又奉敕与前修疏人及给事郎守太学助教云骑尉臣赵乾叶、登仕郎守四门助教云骑尉臣贾普曜等，对敕使赵弘智覆更详正，凡为四十卷。"显然，贞观十六年已经是"覆更详正"的阶段了。从各种资料看，《五经正义》的编撰至少不会晚于贞观十四年。

现代研究者较为倾向于贞观十二年这种提法，具体可参见张宝三《五经正义研究》（台湾大学中国文学研究所博士论文，1992 年），白长虹《〈毛诗正义〉撰者及编撰时间考论》（《南京社会科学》，2004 年第 6 期）等。

[6] 可见《毛诗正义》孔颖达序。

[7]《唐会要》卷七十七。

[8]《旧唐书·高宗本纪》。

[9] 关于《五经正义》的卷数情况，史料记录中有"一百七十卷"与"一百八十卷"两种

说法。《唐会要》卷七十七称:“国子祭酒孔颖达,撰《五经》义疏一百七十卷,名曰义赞。有诏改为《五经正义》。”此与《旧唐书·儒学传序》的说法一致:“(太宗)诏国子祭酒孔颖达与诸儒撰定《五经》义疏,凡一百七十卷,名曰《五经正义》,令天下传习。”而《旧唐书·孔颖达传》载其“与颜师古、司马才章、王恭、王琰等诸儒受诏撰定《五经》义训,凡一百八十卷,名曰《五经正义》”。查《旧唐书·经籍志》,《五经正义》中各书:《周易正义》十四卷,《尚书正义》二十卷,《毛诗正义》四十卷,《礼记正义》七十卷,《春秋左传正义》三十六卷,共一百八十卷。《新唐书·艺文志》中《周易正义》为十六卷,其余各书卷数与《旧唐书·经籍志》同,因此凡一百八十二卷。

又按《四库全书总目提要》:《毛诗正义》四十卷,《周易正义》十卷,《尚书正义》二十卷,《礼记正义》六十三卷,《春秋左传正义》六十卷,共一百九十三卷。另查《十三经注疏表》(宋绍熙年间黄唐合刊),《毛诗正义》七十卷,《周易正义》十卷,《尚书正义》二十卷,《礼记正义》六十三卷,《春秋左传正义》六十卷,共二百二十三卷。

此或因十三经历代均有校勘,加之雕版印刷术发明后版本流变而造成。从各种资料的比较及发展看,我们认为一百八十卷的说法,可能更加接近唐时编撰的原貌。此处暂从《新唐书·艺文志》。

[10]“王谈”或为“王琰”之误。

[11]《旧唐书·儒学传序》。

[12]《经学历史》七“经学统一时代”。

[13]《经学历史》七“经学统一时代”。

[14]《北史·儒学传》。

[15]《经学历史》六“经学分立时代”。

[16]《经学历史》七“经学统一时代”。

[17]《困学纪闻》卷八。

[18]《唐会要》卷三十六。

[19]《唐会要》卷三十五。

[20]《唐会要》卷七十七。

[21]《唐会要》卷七十七。

[22]引文出自《旧唐书·元行冲传》。《新唐书·儒学传》有相似的记载,不过言语疏略。

[23]《唐会要》卷三十五。

[24]《唐会要》卷七十五。

［25］见阮元《十三经校勘记序》。当然，这只是对于二者影响的比较，并不是古文《尚书》绝对地消失了。

［26］此当为《新唐书·艺文志》所录之"《左氏传》三十卷"，提出其或为"许康佐等集"。此处据《唐会要》卷三十六："（大和）九年五月，御集《春秋左氏列国经传》三十卷。"

［27］《旧唐书·郑覃传》载："（大和）四年四月，拜工部侍郎。覃长于经学，稽古守正，帝尤重之。覃从容奏曰：'经籍讹谬，博士相沿，难为改正。请召宿儒奥学，校定六籍，准后汉故事，勒石于太学，永代作则，以正其阙。'从之。"然并未言明付诸实施。此处按《唐会要》卷六十六说法。

［28］《旧唐书·文宗本纪》。

［29］《全唐文》卷七百五十九《九经字样序表》。

［30］《全唐文》卷七百五十九《奏九经字样状》。

［31］《全唐文》卷七百五十九"九经字样序表"。《开元文字》详见下节。

［32］《旧唐书·文宗本纪》。

［33］《经学历史》七"经学统一时代"。

［34］《颜氏家训·音辞篇》。

［35］《新唐书·艺文志》

［36］《全唐文》卷三百三十九《湖州乌程县杼山妙喜寺碑铭》。

［37］《全唐文》卷五百一十四《颜鲁公行状》。

［38］《唐会要》卷三十六。

［39］按《湖州乌程县杼山妙喜寺碑铭》中颜真卿的自述。

［40］《全唐文》卷三百三十九《湖州乌程县杼山妙喜寺碑铭》。

［41］《全唐文》卷五百一十四《颜鲁公行状》。也有说法认为《韵海镜源》是一部字书，但是《新唐书·艺文志》将其与《唐韵》、《韵铨》、《韵英》、李舟《切韵》等归为一处。再根据颜真卿《湖州乌程县杼山妙喜寺碑铭》的自陈与殷亮的描述，我们还是赞同《新唐书·艺文志》的意见。

［42］见《玉海》卷四十五引《集贤注记》。

［43］《文献通考》卷一百八十九。

［44］《贞松老人遗稿》甲集。

［45］《隋书·经籍志》。

［46］《唐会要》卷三十五。

[47]《全唐文》卷四百三十二《二王书录》。不过该文称太宗购王羲之遗迹在贞观十三年。按,《唐会要》卷三十五、《旧唐书·王方庆传》皆谓贞观十二年。盖十二年诏令搜募,众人献上,至于十三年褚遂良等检校。

[48]《唐会要》卷三十五。

[49]《新唐书·艺文志》。

[50]《唐大诏令集》卷八十一。

[51]《旧唐书·令狐德棻传》。另《唐大诏令集》卷八十一亦有此文,文字略有出入;《唐会要》卷六十三,也有相似记载,不过文字有所省略。

[52]《唐会要》卷六十三。

[53]《册府元龟》卷五百五十四《国史部·恩奖》。

[54]《旧唐书·令狐德棻传》。

[55]从实际上来说,显庆四年以后仍有关于前代史的编纂活动,如《旧唐书·张公谨传附子大素传》载:"大素,龙朔中历位东台舍人,兼修国史,卒于怀州长史,撰《后魏书》一百卷、《隋书》三十卷。"虽然唐代禁止私人修史,推断这些史书可能有政府背景,但是一则这些史书都已亡佚,二来从现有历史资料看,有关它们的记述中,政府参与的成分不明显,再者其编纂活动显得零星、分散,故而将其排除于大规模的官修前代史活动之外。特此说明。

[56]《唐会要》卷六十三。

[57]《陈书·姚察传》。

[58]本段及下一段引文出自赵翼《廿二史札记》卷九。

[59]萧督投靠西魏,萧栋禅位侯景,梁代国史恶之而不为之传。

[60]此两卷为《高祖本纪下》与《世祖本纪》,由于《陈书》中高祖本纪占两卷(卷一、二),所以《陈书》有三卷当为姚察所撰。

[61]《南江文钞》卷三。

[62]引文出自《南江文钞》卷三。

[63]《旧唐书·魏徵传》:"初,有诏遣令狐德棻、岑文本撰周史,孔颖达、许敬宗撰隋史,姚思廉撰梁、陈史,李百药撰齐史。徵受诏总加撰定,多所损益,务存简正。"

[64]《史通》卷十二《古今正史》。

[65]此效法《三国志》,有学者认为《北齐书》的这种做法影响了后来唐代官修《晋书》的内容安排(谢保成主编:《中国史学史》,商务印书馆,2006年,第499~500页)。

[66]《史通》卷二《本纪》。

[67] 若一人之传跨越两卷，则在最后一卷加以评论，如《周书》卷一、二都为文帝之本纪，故卷二后有“史臣曰”之论，卷一则无。正文表述乃为行文方便，特此说明。其他史书亦同此理。

[68]《旧唐书·岑文本传》：“又先与令狐德棻撰周史，其史论多出于文本。”

[69] 卷一八 、二一、二四、二六、三一、三二、三三残缺，具体可参见中华书局《周书·出版说明》。

[70]《史通》卷十七《杂说中》之“周书”条及其“原注”。

[71]《四库全书总目提要》卷四十五。

[72] 关于敬播参与《隋书》编纂，可以《旧唐书·儒学传·敬播传》为据，其曰：“俄有诏诣秘书内省佐颜师古、孔颖达修《隋史》，寻授太子校书。史成，迁著作郎，兼修国史。”

[73]《魏郑公谏录》卷四。

[74]《四库全书总目提要》卷四十五。

[75] 如《隋书》卷五十三、卷六十四、卷七十八后，均有“史失其事”的说法，表示无法获取相关内容的资料。

[76]《史通》卷十二《古今正史》。

[77]《新唐书·艺文志》载：“《隋书》八十五卷，《志》三十卷，颜师古、孔颖达、于志宁、李淳风、韦安化、李延寿与德棻、敬播、赵弘智、魏徵等撰。”此当把《隋书》纪传与《五代史志》合为一书而论，参《史通·古今正史》记载，颜、孔二人当为《隋书》纪传部分的作者，故排除在《五代史志》编纂人之外。又《史通》“韦安仁”于此作“韦安化”，存疑。

[78]《旧唐书·李淳风传》载：“寻转太史丞，预撰《晋书》及《五代史》，其《天文》、《律历》、《五行志》皆淳风所作也。”但纪昀等在《四库全书总目提要》(卷四十五)中也提出：“《五行志》体例与《律历》、《天文》二志颇殊，不类淳风手作。”

[79]《唐会要》卷六十三。另《新唐书·艺文志》载，参与《晋书》编纂的有“房玄龄、褚遂良、许敬宗、来济、陆元仕、刘子翼、令狐德棻、李义府、薛元超、上官仪、崔行功、李淳风、辛丘驭、刘引之、阳仁卿、李延寿、张文恭、敬播、李安期、李怀俨、赵弘智等”，文字与《唐会要》略有出入，且多“赵弘智”一人。其中刘允之、刘引之，或为刘祎之，《旧唐书·刘祎之传》：“母卒，服竟，征拜吴王府功曹，再迁著作郎、弘文馆直学士，预修《晋书》，加朝散大夫。”

[80]《唐会要》卷六十三。

[81]《史通》卷十二《古今正史》。

[82]后《叙例》亡佚,《目录》也不再独成一卷,故而《晋书》一百三十卷。

[83]时称之为"新晋书",开元以后才不再名之为"新"了。

[84]《文献通考》卷一百九十二。

[85]十六国中西凉乃唐皇室所认始祖,而前凉名义上仍以晋臣自况,故二国史事入列传而不入于载记。具体可参见谢保成主编:《中国史学史》,商务印书馆,2006年,第514~515页。

[86]《史通》卷四《题目》。

[87]《旧唐书·房玄龄传》。

[88]《唐会要》卷六十三:"符玺郎李延寿,撮近代诸史,南起自宋,终于陈;北始自魏,卒于隋,合一百八十篇,号为南北史。上自制序。"

[89]本段引文均出自《北史·序传》。

[90]《南史》的内容始于宋永初元年(420),终于陈祯明三年(589),凡一百七十年;《北史》始于北魏登国元年(386),终于隋义宁二年(618),凡二百三十三年。

[91]《南江文钞》卷三。

[92]《陔馀丛考》卷八。

[93]《廿二史札记》卷九。

[94]《旧唐书·张公谨传附子大素传》。

[95]《旧唐书·吴兢传》。

[96]宣宗大中五年(851)奏进。据《唐会要》卷三十六记载,其记录历史"自开辟至隋末","编年纂帝王美政善事,诏令可利于时者,必载于时政,盐铁筦榷,和籴赈贷,钱陌,兵数虚实,贮粮,用兵利害,边事戎狄,无不备载,下至释道烧炼,妄求无验,皆叙之矣"。

[97]《唐会要》卷六十三。

[98]《唐大诏令集》卷八十一。

[99]谢保成主编:《中国史学史》,商务印书馆,2006年,第482页。

[100]《廿二史札记》卷九。

[101]《旧唐书·令狐德棻传》。

[102]《唐六典》卷八。

[103]《唐六典》卷八、卷九。

[104]《唐六典》卷八。

[105]《史通》卷十一《史官建制》。

[106]《旧唐书·赵憬传》。

[107] 另有温大雅《大唐创业起居注》三卷,乃是其个人修撰所成。

[108]《旧唐书·儒学传》。

[109]《新唐书·艺文志》载有"《今上实录》二十卷"、"长孙无忌《贞观实录》四十卷"。考两唐书,无四十卷太宗朝实录之说。唯前后两次修太宗实录各二十卷,所谓《今上实录》,顾名思义,当为贞观十七年时所成之《太宗实录》。所谓四十卷《贞观实录》即前后两次所修实录之集合。若按《新唐书·艺文志》说法,则唐代有十六朝实录共二十六部。

[110]《唐会要》卷六十三:"开元四年十一月十四日,修史官刘子元、吴兢撰《睿宗实录》二十卷,《则天实录》三十卷,《中宗实录》二十卷成,以闻。"存疑。

[111]《唐会要》卷六十三。

[112]《旧唐书·令狐峘传》载:"元和三年,峘子太仆寺丞丕,始献峘所撰《代宗实录》四十卷。"此说当误,据《唐会要》卷六十三:"元和二年七月,太仆寺丞令狐丕,进亡父故史官峘所撰《代宗实录》四十卷,诏付史馆。"其所载日期与《旧唐书·宪宗本纪》完全一致。

[113]《旧唐书·路随传》。

[114]《旧唐书·韩愈传》、《新唐书·沈既济传附询传》。

[115]《郡斋读书志》卷六。

[116] 本段引文均出自《旧唐书·武宗本纪》。

[117]《唐会要》卷六十三。

[118] 值得强调的是,广义的国史包括实录以及这里所说的"国史"。

[119]《史通》卷十二《古今正史》。

[120]《史通》卷十二《古今正史》。

[121] 关于《武德贞观两朝史》的卷数,《史通》和《旧唐书》中的《长孙无忌传》、《顾胤传》、《艺文志》等皆称八十卷,然《唐会要》卷六三、《册府元龟》卷五五六"国史部"都说是八十一卷。

[122]《唐会要》卷六十三。

[123]《唐会要》卷六十三。《史通·古今正史》载:"龙朔中,敬宗又以太子少师总统史任。更增前作,混成百卷。如《高宗本纪》及永徽名臣、四夷等传,多是其所造。又起草十志,未半而终。敬宗所作纪传,或曲希时旨,或猥饰私憾,凡有毁誉,多非实录。必方诸魏伯起,亦犹张衡之蔡邕焉。其后左史李仁实续撰《于志宁》、《许敬宗》、《李义府》等传,载言记事,见推直笔。惜其短岁,功业未终。"时间上与《唐会要》所载不同,或为最终成书时间。

[124]《史通》卷十二《古今正史》。

[125]《史通》卷十二《古今正史》。

[126]《唐会要》卷六十三。

[127] 见李南晖:《〈新唐书·艺文志〉著录唐国史辨疑》,《文史》第 58 辑,2002 年。

[128]《文献通考》卷一百九十二的记述与此基本相同。

[129]《新唐书·吴兢传》。关于吴兢《唐书》的卷数,各种记载颇为不一。《旧唐书·吴兢传》载:"中书令萧嵩监修国史,奏取兢所撰国史,得六十五卷",又说:"兢卒后,其子进兢所撰唐史八十余卷。"《唐会要》卷六十三载,吴兢自述:"长安、景龙之岁,以左拾遗、起居郎兼修国史。时有武三思、张易之、张昌宗、纪处讷、宗楚客、韦温等相次监领其职。三思等立性邪佞,不循宪章,苟饰虚词,殊非直笔。臣愚以为国史之作,在乎善恶必书。遂潜心积思,别撰《唐书》九十八卷、《唐春秋》三十卷。"《旧唐书·李元纮传》载:"左庶子吴兢旧任史官,撰《唐书》一百卷、《唐春秋》三十卷,其书未成,以丁忧罢职。"而《崇文总目》、《玉海》卷四十六引《集贤注记》等均称其有一百一十卷。盖对于其编纂过程不同阶段的描述。

[130]《旧唐书·韦述传》。

[131] 参见李南晖:《唐纪传体国史修撰考略》,2002 年 6 月台湾高雄中山大学中文系"第五届两岸中山大学中国文学学术研讨会"会议论文。

[132]《玉海》卷四十六引《集贤注记》。

[133]《史通》卷十二《古今正史》。

[134]《新唐书·柳芳传》。

[135]《新唐书·蒋乂传附偕传》。

[136]《旧唐书·宣宗本纪》、《新唐书·艺文志》等载《续唐历》二十二卷;《旧唐书·崔龟从传》、《唐会要》卷六十三等称有三十卷。暂从《新唐书·艺文志》。

[137]《旧唐书·李元纮传》。

[138]《旧唐书·褚遂良传》。

[139]《旧唐书·魏谟传》。

[140]《唐会要》卷六十三。

[141]《旧唐书·魏谟传》。

[142]《旧唐书·魏谟传》。

[143]《旧唐书·武宗本纪》。

[144]《唐会要》卷六十三。

[145]《樊川文集》卷十五。

[146]《旧唐书·李翱传》。

[147]《唐会要》卷六十三。

第四章

唐代政府编辑活动（下）

第一节 律法与仪注

刑与礼是古代社会维持其正常秩序的工具，历代统治者都非常重视“制礼以崇敬，立刑以明威”[1]。同样，唐代政府也设定了详细的刑法条则和礼仪制度，并将其编订成籍，施诸官曹，颁于州县，以作为各阶层的行为准则。其结果之一，便是大量刑律与仪注类图书的出现。而编定与修订的“交相往复”，则成为这一时期此类典籍编纂工作的最突出特征。

一、律法

关于唐代的成文法典，《唐六典》有明确的描述——“凡文法之名有四：一曰律，二曰令，三曰格，四曰式”，“律以正刑定罪，令以设范立制，格以禁违正邪，式以轨物程事”。

一般来说，“律”具有刑法典的性质；“令”是特定时代所颁布的具体的制度、规章条文，所谓“前主所是著为律，后主所是疏为令”[2]；“式”反映了各行政活动中的相关程式仪轨；而“格”乃“百官有司之所常行之事”[3]，其编纂显得较为特殊，“唐律、令、式主要增损前代旧文而成；唐格则源于当代皇帝发布的制敕，是制敕的编录”[4]。

较之令、格、式而言，唐律的稳定性最高。李氏政权肇兴之初，刘文静等便在隋代律令基础上，删削酷法，制新格五十三条。不久，裴寂、萧瑀、王敬业等奉诏编纂律令，然碍于时局不定，仅以隋《开皇律》为本，“惟正五十三条格，入于新律，余无所改”[5]，武德七年(624)奏上，是为《武德律》十二卷。

太宗即位后，诏长孙无忌、房玄龄等对《武德律》以及隋代旧律详加“厘改”，以宽减刑罚为原则，编定《贞观律》五百条，分为十二卷——《名例》、《卫禁》、《职制》、《户婚》、《厩库》、《擅兴》、《贼盗》、《斗讼》、《诈伪》、《杂律》、《捕亡》、《断狱》，贞观十一年(637)颁行。《贞观律》的形成奠定了唐律的基本构架和面貌。

高宗永徽二年(651)再次修订唐律，长孙无忌、李勣等编成《永徽律》十二卷；一年后，高宗以为“律学未有定疏，每年所举明法，遂无凭准”，诏令为《永徽律》编修义疏，长孙无忌、李勣、于志宁等又撰成《律疏》三十卷，永徽四年(653)奏进。此后，律、疏同行，且均具有约束效力，并称为“永徽律疏”。由于其疏文部分每以“议曰”引起，故元代以后称其为“唐律疏议”。[6]

至此，唐律便基本确定下来，虽垂拱、景云、开元、大历等朝时有损益，然亦多是枝梢末节，不涉体制。

房玄龄 像

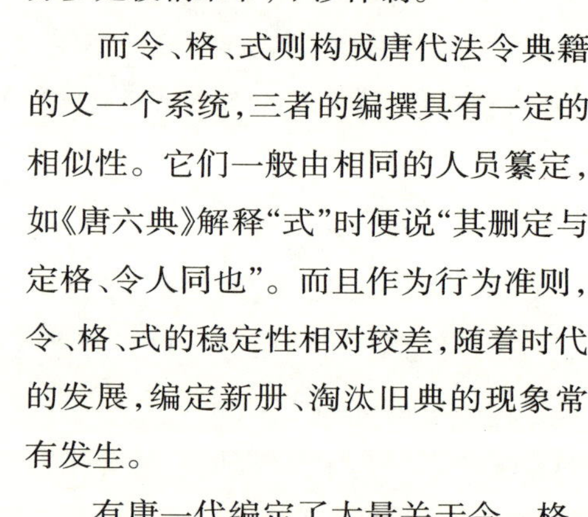

而令、格、式则构成唐代法令典籍的又一个系统，三者的编撰具有一定的相似性。它们一般由相同的人员纂定，如《唐六典》解释“式”时便说“其删定与定格、令人同也”。而且作为行为准则，令、格、式的稳定性相对较差，随着时代的发展，编定新册、淘汰旧典的现象常有发生。

有唐一代编定了大量关于令、格、式的典籍，《新唐书·刑法志》曾言：“格令之书，不胜其繁。”个中原因有二：第一，令文“往往是由皇帝随时用诏制颁布”[7]，格的内容更直接来源于皇帝的敕文，而式则是以格为依据的，因此它们与帝王的意志关系密切。尤其是格、式，可以很轻易地通过诏敕加以更定。第二，格、式均以官曹机构作为篇目，令也以“三师三公台省职员”、“寺监职员”、“军防”、“关市”等为目，与政治生活密切相关。国家行政机制的变化，如机构更名、隶属关系调整等，以及仪制的嬗变，都可能导致原有典籍的不适应，进而引发修订活动。

令、格、式的编定活动是唐代政治的重要内容。如前所述，武德初期刘文静等就制五十三条格，裴寂等制定《武德律》的同时，又编定《武德令》三十一卷、《武德式》十四卷。太宗时，房玄龄等组织编定《贞观令》三十卷[8]，贞观十一年(637)颁行。不久，太宗以为“国家程序虽则具存，今所纂录不可悉载，取其朝夕要切，简易精详，则临事不惑耳”，因此命房玄龄等“又删武德、贞观已来敕格三千余件，定留七百条”[9]，编为《贞观格》十八卷[10]、《贞观式》三十三卷；其中涉及尚书省诸曹常务的部分，另编为《留司格》一卷，作为内部条例而不公开颁行。

高宗统治时期，令、格、式的编辑十分频繁。初时，长孙无忌、于志宁、令狐德棻等奉诏撰定格式，“旧制不便者，皆随有无删改”[11]。他们于永徽二年(651)编纂成《永徽令》三十卷、《永徽成式》十四卷、《永徽中式本》四卷。至于此时，格正式分为两种：“曹司常务为‘留司格’，天下所共者为‘散颁格’，其散颁格下州县，留司格但留本司行用。”[12]因此有《永徽散颁天下格》七卷、《永徽留本司行格》十八卷。龙朔二年(662)，唐政府变革官司名称，源直心等重定格式，编有《留本司行格中本》、《散行天下格中本》，与初编诸格相比，“唯改易官号、曹局之名，不易篇第”[13]，麟德二年(665)功成。仪凤时官号复旧，刘仁轨等再行改定，于仪凤二年(677)奏进《留本司行格后本》十一卷。

武周垂拱元年，裴居道、韦方质等编辑“武德已来、垂拱已前诏敕便于时者”为《垂拱新格》二卷，又另编《垂拱留司格》六卷、《垂拱散颁格》三卷；同时，在唐式原有框架的基础上，加记帐及勾帐式，纂成《垂拱式》二十卷。此外，《新唐书·艺文志》还录有《垂拱格》十卷本。[14]

中宗神龙元年(705)，韦安石、苏瑰、祝钦明等删定垂拱格式以及后来敕文[15]，编为《删垂拱式》二十卷、《神龙散颁格》七卷[16]。景龙后，修订格式的工作又陆续展开，至于睿宗太极元年(712)，岑羲、陆象先、徐坚等奏进编纂成

宋璟 像

果，是为《太极格》十卷。

开元时期是编纂令、格、式的又一个高潮。先是开元三年(715)姚崇、卢怀慎等辑成《开元格》十卷；开元六年(718)玄宗又诏令继续删定律令格式，宋璟、苏颋于开元七年(719)纂《开元后格》十卷，同时初成《开元令》与《开元式》[17]；开元九年(721)，裴光庭、萧嵩以“格后制敕行用之后，颇与格文相违，于事非便”，编次《格后长行敕》六卷；开元二十二年(734)，李林甫再次受诏全面修订律令，其与牛仙客、王敬从等利用三年时间，在开元七年成果的基础上编定《开元令》三十卷、《开元式》二十卷，新纂《开元新格》十卷，又以“以类相从，便于省览”为宗旨，编成具有类书性质的《格式律令事类》四十卷，于开元二十五年(737)上奏，玄宗“敕于尚书都省写五十本，发使散于天下”[18]。

开元时期的律令修订，标志着唐代令、式体系的基本完善。自此以后，除代宗大历十四年(779)全面删定律令格式然无所撰述外，各朝基本上不再发起改撰令、式的活动，而是主要集中精力于格与格后敕的编定。所谓格后敕，即格式颁行后，皇帝仍然以敕令的形式设定新的制度规定，因此便在一段时期后将皇帝的敕文加以筛选，汇编成籍。格后敕同样具有律法效力，在唐代后期其重要性逐渐提高。

德宗贞元元年(785)，尚书省进《贞元定格后敕》三十卷，然“留中不出”[19]。

宪宗时期编定了两部《格后敕》：

一是《元和格敕》。元和二年(807)诏许孟容、蒋乂等删正开元以来制敕，至于元和五年(810)编成三十卷，时称《开元格后敕》，却亦“留中不出”。元和十年(815),权德舆、刘伯刍以《开元格后敕》为本,加以考订,续以元和五年后“敕文合长行者”,编成三十卷,即《新唐书·艺文志》所载之《元和格敕》。

二是《元和删定制敕》。元和十三年(818),凤翔节度使郑余庆等详定《格后敕》三十卷,经崔郾、王长文等修订后献上,宪宗又令许孟容、蒋乂等再行删定,成《元和删定制敕》三十卷。

唐宪宗 像

至于文宗,格敕的编纂活动再次兴起,出现了大量的“格后敕”,如据两唐书载,冯宿于大和六年撰有《格后敕》三十卷,“行于时”[20];《新唐书·艺文志》录有《大和格后敕》四十卷本。其中,最为主要的是大和七年(833),刑部以谢登《新编格后敕》六十卷为本,“详诸理例,参以格式”,“去繁举要,列司分门”[21],编成的《大和格后敕》五十卷。而开成三年(836),刑部侍郎狄兼謩“采开元二十六年以后至于开成制敕,删其繁者”[22],纂《刑法格》十卷,经中书省等详定后,开成四年(837)颁行,是为《开成详定格》,这也是唐代最后一部官修格书。

宣宗大中五年(851)时,还有刘瑑等奉敕纂集的《大中刑法总要格后敕》六十卷,录“起贞观二年六月二十日,至大中五年四月十三日,凡二百二十四年杂敕”。大中七年(853),刑部对张戣《大中刑法统类》详定后,奏请颁行。此后,正规的官修格敕活动便基本上趋于停滞了。

综而观之,我们可以将唐代以律、令、格、式为代表的律法编纂活动归纳为两对矛盾、一个趋势:

其一,唐代律法的编纂体现为因循性与变革性的矛盾统一。我们可以从这样两个角度来理解:一方面,有唐一代,律法保持了统一的结构框架。除了《垂拱式》加记帐及勾帐式外,历朝删定律令格式,均不触动其基本构架:唐律十二章,令二十七种,格二十四篇的篇目构成基本上一以贯之,且保持了南北朝以来,甚至更早的编撰思想。高宗时,赵仁本曾撰《法例》三卷作为断狱依凭,时议评价颇高。然而高宗却坚持认为:“律、令、格、式,天下通规,非朕庸虚所能创制。并是武德之际,贞观已来,或取定宸衷,参详众议,条章备举,轨躅昭然,临事遵行,自不能尽。何为更须作例,致使触绪多疑。”[23]最终将其废止。但是,就法律具体内容的编排而言,则能结合实际,对于旧制不便者,大都“随有无删改”了。

值得提及的是,《大中刑法统类》代表了唐代律法编纂的最大变革,其把唐律诸条文按性质分为一百二十一门,各条后附相关的令、格、式、敕,深刻地变革了唐律所代表的传统编撰结构,直接开“刑统”之先河。不过此时的唐政府及其编纂活动都已近于黄昏了。

另一方面,唐代律法修订活动较为频繁,然而大多以前代相关的典籍为本,“删定”大于新撰。《旧唐书·刑法志》、《唐会要》等述及唐代律令修改时,基本上都称之为“删定”,反映了历代编纂先后相因的过程。以《开元令》为例,《旧唐书·经籍志》称其为姚崇所撰,《新唐书·艺文志》以为宋璟等编定,而《唐会要》目之李林甫总成,一部典籍对应了开元三次重要的律令修订活动。较之《中兴馆阁书目》“开元七年上,二十六年李林甫等刊定”的说法,则其中的继承沿用关系就非常明了了。

其二,唐代律法的编纂体现为规定性与总结性的矛盾统一。自贞观时,帝王便希望自己所编纂的律令“永为法则”[24],恒久地发挥规定性作用。然而除唐律外,令、格、式都直接源于现任皇帝的诏纸敕文,往往皇帝“恩出一时,便为永式”[25]。所谓“伏缘后敕,合破前格”[26],当代的敕文其效力要高于作为律法的格,因而往往导致各种规定前后矛盾,是非不同的现象。尤其是在唐代后期“制敕的法律效力日益提高,甚至超过律、令、格、式的地位”[27]的情况下,先在规定与临时敕令的矛盾便更加地突出。实际的情况需要考虑,皇帝的尊严更得维护,因此只有通过不断地修订格敕来加以协调。

相应地,律法编纂便形成了这样的规律:第一,必须不断总结一段时期以来因诏敕的积累而形成的新规章体系,并根据现实情况,编次条流,“删去前后矛盾,及理例重错者”[28],纂成新的律法典籍。第二,在新典籍的编定过程中,又强调“取堪久长行用者,编入格条”[29],以期获得长远的规范效力。但是敕文的立法效力仍在，再总结、再规定的过程便因之而往复不已。第三，格后敕的出现与发展，正是源于新敕已出，而旧格未改的矛盾状态。在新格不做出阶段性的总结前，汇编敕文的工作是不会停止的。

其三，唐代律法的编纂呈现为一种趋势，即由君臣讨论决策、宰辅组织编定的模式向个人根据实践经验编纂草成、政府组织详定的模式转变。

初盛唐时期的律法典籍大都由皇帝发起，诸臣集体议定、编纂，虽也有如赵仁本《法例》等私人修撰的成果，但实属支流。大略以开元时期为分水岭，此后国家的律法修订往往是由个人先行纂辑，上奏后，国家组织刑部等相关机构对其理例等进行“详定”，然后付诸实施。究其原因：一是编纂律法类型的不同，这是主要原因。玄宗以前，唐代政府着力于律令的修订，其效力更具恒常性与根本性，因而也更受重视；开元时期，律令格式基本完善定型，此后格后敕成为主要的法典形式，其性质使具备相关学识背景的个人有能力承担起编纂工作。二是国力的变化。三是其符合政府编辑出版制度的发展趋势。

二、仪注

《隋书·经籍志》言：“仪注之兴，其所由来久矣。自君臣父子，六亲九族，各有上下亲疏之别；养生送死，吊恤贺庆，则有进止威仪之数。”这种关于长幼尊卑秩序、社会活动程式的规定性制度便是礼，其在特定时期、场合的具体表现则称为仪注。对现实需要的适应性是仪注的根本特征。[30]

唐代产生了许多关于仪注的图籍，其中既有统摄一朝或几朝礼制的礼书，又有记述具体典礼轨式的仪文。[31]它们的成书过程反映出很强的编辑性：

第一，仪注的编纂尤其强调继承古礼，尤其是儒家经典中的原则，主张“上圣有作，情必备于吉凶，后世遵行，事岂变于文质；源清则流永，根正则苗长”[32]。高宗仪凤时期，曾因此前所修礼书“多有事不师古”[33]而改行《周礼》。因此，唯有在师古宗经的前提之下，才能结合实际情况修纂仪注，故姜伯勤先生评价其是“经学中礼学的因时制宜的一种变通”[34]。

第二，仪注在修撰过程中，往往采用择选、编排已有材料的方式，较少发表自己的言论。如贞观时期编纂礼仪，其中大部分都是“准依古礼，旁求异代，择其善者而从之”[35]；颜真卿撰定仪注亦“惟搜礼经，执直道而行已”[36]。但是，这些选排活动却是直接服务于编纂者意图的，所谓“以旧章残缺，各遵所见，彼此纷争，盈篇满牍”[37]，描述的就是这种现象。

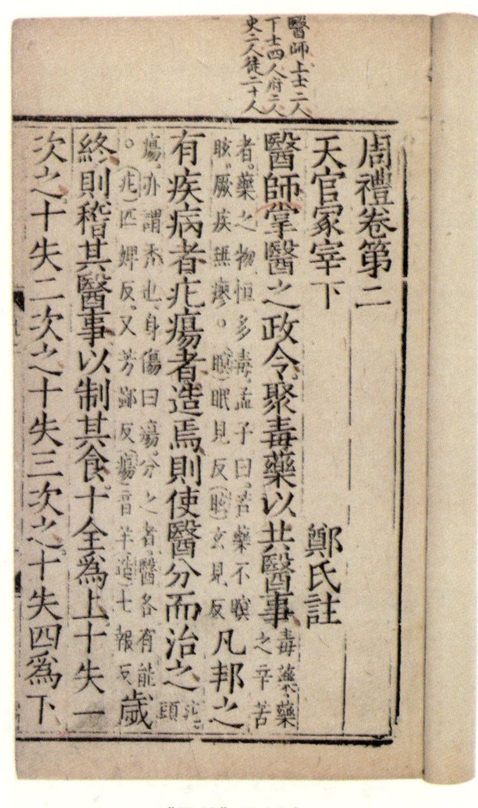

醫師上士二人下士四人府二人史二人徒二十人

周禮卷第二

天官冢宰下　鄭氏註

醫師掌醫之政令聚毒藥以共醫事毒藥藥之辛苦者藥之物恒多毒孟子曰若藥不瞑眩厥疾不瘳○瞑眠見反眩玄見反凡邦之有疾病者疕瘍者造焉則使醫分而治之疕頭瘍亦謂禿也身傷曰瘍分之者醫各有能○疕匹婢反又芳鄙反瘍音羊造七報反歲終則稽其醫事以制其食十全爲上十失一次之十失二次之十失三次之十失四爲下

《周礼》明刻本

第三，仪注类书籍不仅仅是经典、古礼文字的汇集，当代的诏文敕令也常被辑录收入。《旧唐书·礼仪志》称高宗时修订仪注，就是“增损旧礼，并与令式参会改定”；清代陆心源更从《大唐郊祀录》中辑出《将军以下充武成王庙献官诏》等诏文。[38]这种编辑方式反映的便是仪注袭古性与现实性的统一。

此外，仪注的内容也可能被编入律令。如《通典》卷五十三载，景龙二年关于皇太子释奠于国学的仪注讨论中，从臣不“乘马衣冠”的礼仪便被编入令，反映了礼令之间的密切关系。

第四，需要提及的是，唐代宫廷举行典礼时都要编定相关的仪注，以作为程式规定。不过这些仪注的针对性、权宜性过强，往往不会被编排成书。例如景龙三年（709），中宗祀南郊，礼官学士修定仪注，便无册文流传。考后世公私目录，虽所录仪注颇丰，然相比于唐时众多的礼仪活动，实属少数。因此，尽管是为了服务现实，但是作为典籍而存在的仪注，在某种程度上还是需要具有一定普适性的。

仪注的内容大多涉及朝廷礼仪，相关的编纂工作常常直接服务于国家的政治生活。唐代初期，仪注图书常常如经史、刑律一样，由皇帝召集重臣学者集中修撰，此后太常寺诸官、礼仪史等礼官则逐渐成为主要的编纂者。他们编辑的诸多仪注完善了唐代的礼仪制度，其中较为重要的有：

1.《大唐仪礼》一百卷，亦称《贞观礼》。贞观初，太宗诏令修撰新礼，房玄龄、魏徵等组织编订《吉礼》六十一篇、《宾礼》四篇、《军礼》二十篇、《嘉礼》四十二篇、《凶礼》六篇、《国恤》五篇，凡一百三十八篇、一百卷，贞观十一年(637)完成。[39]《贞观礼》改变了传统上五礼吉、凶、军、宾、嘉的编排次第，置凶礼于最后，永徽、开元时期编纂五礼均沿袭了这个基本结构。

长孙无忌 像

2.《永徽五礼》一百三十卷[40]，即《永徽礼》。高宗永徽二年(651)，诏令长孙无忌、许敬宗、李义府等编纂，显庆三年(658)书成奏进，高宗亲自作序，并颁行天下。编纂中，许敬宗、李义府等“以为豫凶事非臣子所宜论次”[41]，于是删去国恤礼。

然而《永徽礼》编纂后，颇受非议。上元三年(676)三月，高宗诏令重新行用《贞观礼》，仪凤二年(677)又改以《周礼》行事。但《贞观礼》、《永徽礼》却并未被废止，而是“二礼兼行”[42]，共同作为礼官制定礼仪程式的重要参考依据。

3.《紫宸礼要》十卷，武周时元万顷、范履冰等编纂。

4.《大唐开元礼》一百五十卷[43]，玄宗时由集贤院编定。自高宗以后，国家一直没有规范礼制的统一典籍，至于开元十四年(726)，通事舍人王喦奏请改撰《礼记》,“削去旧文,而以今事编之”。由于事关重大,玄宗诏令集贤院学士讨论。张说认为《礼记》“为历代不刊之典,今去圣久远,恐难改易”,提出另纂礼书的建议。于是徐坚、李锐等奉诏“检撰”;开元十九年(731)萧嵩主持集贤院后,王仲邱等加入,编纂工作取得了实质性的进展,至于开元二十年(732)完成《大唐开元礼》,“颁所司行用”。[44]

《大唐开元礼》综合并折中贞观、永徽二礼,“讨论古今,斟酌损益,首末完具,粲然勒一代典制”,成为“考礼者之圭臬”。[45]自此,国家统一的礼制规范得以形成,后世确定礼仪、编纂仪注也多以其为参照和依据。贞元时期,政府还开设“开元礼科”取士。

5.《开元礼义鉴》一百卷,或作《开元礼义镜》,萧嵩所撰,是关于《大唐开元礼》的一部注释之作。《文献通考》引《崇文总目》称,萧嵩主持编定《开元礼》后,“又以礼家名物繁夥,更取历代沿革,随文释义”,撰成《开元礼义鉴》“与礼并行”。可见该书也是唐代国家礼制体系的重要组成部分之一。

此外,《开元礼》编定后还出现过不少注释作品,如《开元礼京兆义罗》一卷、《开元礼类释》二卷、《开元礼百问》二卷等。

6.《礼乐集》十卷,德宗建中初,颜真卿集其为礼仪使时所定仪注,与左辅元合编。陆心源指出《唐文拾遗》中的《元陵仪注》即属《礼乐集》[46],该文对代宗殓葬的程序、分工、器物、仪行等做出了详细的规定。

7.《贞元新集开元后礼》二十卷,贞元时韦渠牟编纂,德宗“诏下有司,令行于代”[47]。

8.《礼阁新仪》三十卷[48],韦公肃于元和十一年(816)编成,“录开元以后礼文损益,至元和十年”[49]。《礼阁新仪》在后世影响颇大,如五代后晋编纂《大晋政统》时,曹国珍便建议“聚《唐六典》、前后《会要》、《礼阁新仪》、《大中统类》、律令格式等,精详纂集”[50];宋世修礼亦常常引述该书。该书常与《唐六典》并举,可见其在国家礼制体系中所具有的重要地位。

9.《元和曲台礼》三十卷、《续曲台礼》三十卷。元和十三年(818),礼官王彦威“集开元二十一年已后至元和十三年五礼,裁制敕格”,编纂为

《元和曲台礼》[51]；长庆时，其又“采元和以来王公士民昏祭丧葬之礼为《续曲台礼》三十卷”[52]。

最后需要提及的是，据《旧唐书·东夷传》，武周垂拱二年（686），新罗曾遣使朝觐，并请唐礼，“则天令所司写《吉凶要礼》，并于《文馆词林》采其词涉规诫者，勒成五十卷”。不过此部礼书似并未施及朝内。

上述这些书籍大多全面地规定了社会生活中的各种礼仪，尤其是《贞观礼》、《永徽礼》、《开元礼》具有较强的原则性，直接指导着具体礼仪的制定与执行。

同时，唐代还编纂有许多就某一类仪式中的礼仪做出规定的仪注，如颜师古《封禅仪注书》、令狐德棻《皇帝封禅仪》、裴守真《神岳封禅仪注》等记封禅礼，王方庆《三品官袝庙礼》、郭山恽《大享明堂仪注》等录庙堂事，仲子陵《五服图》、裴茝《内外亲族五服仪》等言丧殓仪，另外，李德裕所编《服饰图》三卷亦流传较远。

值得一提的有这样两部：

一是《大唐郊祀录》十卷，太常礼院修撰王泾编，贞元九年（793）上奏。该书“考次历代郊庙沿革之制，及其工歌祝号，而图其坛屋陟降之序”[53]，后世引用颇多。

二是《崇丰二陵集礼》，卷数不可考，元和时太常丞裴瑾纂辑。柳宗元为之后序，称其所制礼仪“苞并总统千载之盈缩，罗络旁午百氏之异同，搜扬翦截，而毕得其中，顾问关决，而不悖于事”[54]。其意义在于，突破了高宗以后仪注编辑因避讳而不涉“国恤”的思想，使帝王的丧葬礼仪有了统一的规定；同时，唐前礼书编纂的传统亦得以继承。

除此之外，仪注还有一种特殊的类型——书仪。所谓书仪，是书信、文告和官场呈文的范式，但常常述及相关的各种礼仪。《旧唐书·经籍志》、《新唐书·艺文志》、《崇文总目》等将其归为史部仪注类，《郡斋读书志》、《文献通考》、《四库全书总目提要》等目之为经部仪注类，《抱经堂藏书志》则视之为礼类，反映了关于书仪性质的争议。

唐代政府曾主持编纂、颁行了一批书仪。如武德五年裴矩、虞世南奉诏所纂的《大唐书仪》十卷，“参按故实，甚合礼度”[55]，直至五代时期依然流行；元和时礼仪使郑余庆编《大唐新定吉凶书仪》两卷；大中时张敖编有《大唐新集吉凶书仪》，其序曰“今朝廷遵行《元和新定书仪》（即郑余庆所编书仪），其间数卷，在于凡庶，固无使施，不在于此。今采其的要，编其吉凶，录为两卷。所使童豪易晓，一览无遗，故曰纂要书仪”[56]，说明唐代曾依靠国家力量推行统一的书仪规范。

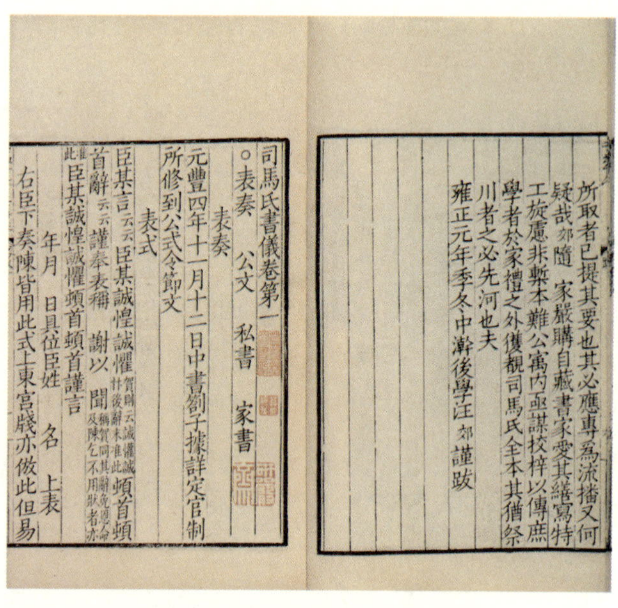
所取者已提其要也其必應專爲流播又何
疑哉郊隨家嚴購自藏書家愛其繕寫特
工旋遽非槧本難公寓内亟謀校梓以傳庶
學者於家禮之外復覩司馬氏全本其猶祭
川者之必先河也夫
雍正元年季冬中澣後學汪郊謹跋

司馬氏書儀卷第一
○表奏　公文　私書　家書
表奏
元豐四年十一月十二日中書劄子據詳定官制
所修到公式令節文
表式
臣某言云云臣某誠惶誠懼賀則云誠懽誠忭後辭末准此頓首頓首
首辭云云謹奉表稱　謝以　聞稱賀同其辭免週命及陳乞不用狀者亦准此
臣某誠惶誠懼頓首頓首謹言
年月　日具位臣姓　名　上表
右臣下奏陳皆用此式上東宮牋亦倣此但易

（宋）司马光《司马氏书仪》清刻本

总之，从唐代仪注的编纂历史看，其同律法典籍一样，始终处于一种编定与改编相互交替的状态，一直是国家编辑活动的重要内容。个中原因可以用马端临的一段话来解释，即：“古今之变不同，而俗之便习亦异，则法制度数，其久而不能无弊者，势固然也。故为礼者其始莫不宜于当世，而其后多失而难遵，亦其理然也。失则必改制，以求其当。”[57]

第二节　类书编纂

一、唐代政府主持开展的类书编辑活动

类书是遍采群书，将各种材料按类加以编排而形成的一种古代图书形式，一般认为“类书之事，起于《皇览》”[58]。不过亦有观点认为类书的源流可以上溯至春秋战国时代的“抄撮之学”或杂家著述。[59]类书的特点在于“博采

群说，分诸部类”[60]，因而从本质上讲，其体现的是一种在已有文化成果的基础上进行分类、辑录与编排的工作，是一种典型的编辑活动。

类书编纂的最初目的主要是提高阅读效率，南北朝时期由于文学创作及文化风尚的缘故，类书逐渐增多。至于唐代，国运昌盛，文化发达，类书的编纂活动兴盛起来。不仅政府大规模组织编纂类书，学者文士私人编修的情况也越来越多。至于新旧两唐书在总结唐代文化成果时，首次将“类书”从子部杂家中分离出来，另立了“事类”、“类书”一目，这从一个侧面反映了唐代类书编纂活动所取得的丰硕成果及其所具有的开拓性意义。

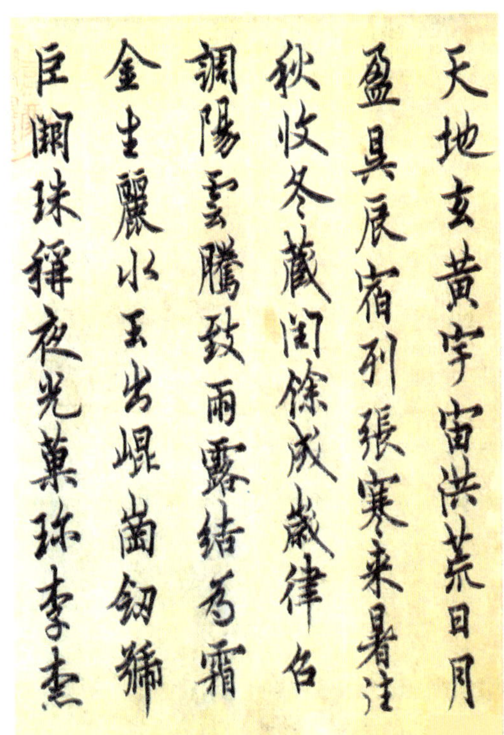

（唐）欧阳询书《千字文》

从目前资料看，可以确切肯定是由唐政府主持编纂的类书主要有这样一些：

1. 《艺文类聚》。《旧唐书·令狐德棻传》载：“（武德）五年，迁秘书丞，与侍中陈叔达等受诏撰《艺文类聚》。”又《唐会要》卷三十六载：“武德七年九月十七日，给事中欧阳询，奉敕撰《艺文类聚》成，上之。”《艺文类聚》于高祖武德五年（622）开始编纂，武德七年（624）九月书成，全书共一百卷。据《新唐书·艺文志》，欧阳询为其主要编纂者，令狐德棻、袁朗、赵弘智参与修撰。另据《旧唐书·儒学传》，裴矩、陈叔达也是本书的编纂者之一。

2. 《文思博要》。《文思博要》是太宗贞观时期编纂的大型类书，共一千二百卷，另有目录十二卷。据《新唐书·艺文志》记载，《文思博要》由“右仆射高士廉、左仆射房玄龄、特进魏徵、中书令杨师道、兼中书侍郎岑文本、礼部侍郎彦相时、国子司业朱子奢、博士刘伯庄、太学博士马嘉运、给事中许敬宗、司文郎中崔行功、太常博士吕才、秘书丞李淳风、起居郎褚遂良、晋王友姚思廉、太子舍人司马宅相等"奉诏而编。[61]其开始编纂的时间最晚不超过贞观十一年(637)[62],大约成书于贞观十六年(642)左右[63]。若《旧唐书·吕才传》关于传主"永徽初预修《文思博要》及《姓氏录》"的记载属实,那么《文思博要》可能在高宗初年时仍在进一步的修订当中。

根据《文思博要序》一文可知,此书的编纂特点在于广而有序,即所谓"笼缃素则一字必包,举残缺则片言靡弃,繁而有检,简而不失"。首先,《文思博要》的编纂是针对魏晋以来类书"编录之内,犹多遗阙"的问题而提出的,因而其追求录事的广泛与完备。其次,当时已经认识到"观书贵要,则十家并驰;观要贵博,则七略殊致。自非总质文而分其流,混古今而共其辙,则万物虽众,可以同类;千里虽遥,可以同声",因而其追溯源流、分门别类的思想是非常明确的。基于这样的认识,《文思博要》一书在广采博录、精心编排的基础上,终成为"坟素之苑囿,文章之江海"[64]。

3.《东殿新书》。《东殿新书》二百卷,许敬宗、李义府等于显庆元年(656)受诏编纂。其书"自《史记》至《晋书》,删其繁辞"[65],至于龙朔元年(661)编成,高宗为之作序。不过《唐会要》称,高宗对于此书曾评价道:"略看数卷,全不如抄撮文书,又日月复浅,岂不是卿等用意至此。"显然其编纂质量是有问题的。

4.《累璧》。《唐会要》卷三十六载:"龙朔元年(661)六月二十六日,许敬宗等撰《累璧》六百三十卷,上之。"此说与《旧唐书·高宗本纪》的记载相同。《新唐书·艺文志》与《旧唐书·经籍志》均录为"《累璧》四百卷",可能书成后又有所删定。另外还有目录四卷。

5.《瑶山玉彩》。据《旧唐书·孝敬皇帝弘传》载,龙朔元年(661),太子李弘命中书令许敬宗、侍中兼太子右庶子许圉师、中书侍郎上官仪、太子中舍人杨思俭等,"博采古今文集,摘其英词丽句,以类相从",成书五百卷,是为《瑶山玉彩》。《瑶山玉彩》大约于龙朔三年(663)完成编纂工作[66],司议郎孟利贞,崇贤馆学士郭瑜、顾胤,右史董思恭,太子宫门郎姚璹,弘文馆直学士高智周等都曾参与了本书的编纂工作。

6.《三教珠英》。《三教珠英》是唐代规模最大的类书,共一千三百卷,另有目录十三卷。圣历年间，武则天认为“《御览》及《文思博要》等书，聚事多未周备”，于是敕令“张昌宗召李峤，阎朝隐，徐彦伯，薛曜，员半千，魏知古，于季子，王无竞，沈佺期，王适，徐坚，尹元凯，张说，马吉甫，元希声，李处正，乔备，刘知几，房元阳，宋之问，崔湜，常元旦，杨齐哲，富嘉谟，蒋凤等二十六人同撰”[67]。此外，李适、刘允济亦当是编纂人员之一。[68]

《三教珠英》主要以《文思博要》为基础，增加了佛道的内容，又新设了“亲属、姓名、方城”[69]等部。编纂过程中，徐坚、张说对于全书立意的形成与结构的确定做出了重大的贡献，据《新唐书·儒学传》载，编修《三教珠英》时，“张昌宗、李峤总领，弥年不下笔，坚与说专意撰综，条汇粗立，诸儒因之乃成书”。

《三教珠英》于大足元年（701）十一月初步编成。此后，其也是经历了一个较长时间的增补修订过程，如《唐会要》卷三十五载：“（开元）七年九月敕……其《三教珠英》，既有缺落，宜依旧目，随文修补。”文宗开成二年（837），改《三教珠英》为《海内珠英》。

7.《初学记》与《类集事要》。《初学记》三十卷，玄宗因“欲令皇太子及诸王检事缀文”，而诏令集贤学士徐坚等人，“纂经史文章之要，以类相从”，于开元十五年(727)编纂成此书。[70]另据《新唐书·艺文志》，此书的编纂者还有韦述、余钦、施敬本、张烜、李锐、孙季良等人。又《大唐新语》卷九：“玄宗谓张说曰：‘儿子等欲学缀文，须检事

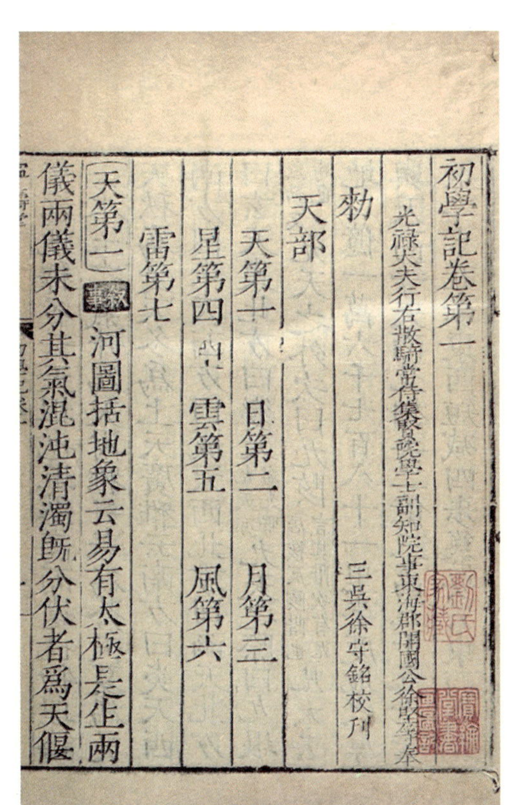
初學記卷第一
光祿大夫行右散騎常侍集賢院學士副知院事東海郡開國公徐堅等奉
勑
三吳徐守銘校刊
天部
天第一　日第二　月第三
星第四　雲第五　風第六
雷第七
天第一　事敘　河圖括地象云易有太極是生兩
儀兩儀未分其氣混沌清濁既分伏者爲天偃

《初学记》明万历刻本

及看文体。《御览》之辈，部帙既大，寻讨稍难。卿与诸学士撰集要事并要文，以类相从，务取省便，令儿子等易见成就也。'说与徐坚、韦述等，编此进上，诏以《初学记》为名。"则张说或也应为编者之一。

《四库全书总目提要》认为，张说初编《类集事要》以教皇室子弟，《初学记》乃徐坚等人在《类集事要》的基础上"择其精粹"而编成。若此说不误，《类集事要》亦当为唐代官修类书之一。

8．其他类书诸如《武后玄览》一百卷、《玄宗事类》一百三十卷等亦是唐代重要的官修类书。此外，除了两唐书的《艺文志》与《经籍志》所明确载录的，唐代还有一些编辑活动明显具有类书编纂的性质。如《大唐新语》卷九载："太宗欲见前代帝王事得失以为鉴戒，魏徵乃以虞世南、褚遂良、萧德言等采经史百家之内嘉言善语，明王暗君之迹，为五十卷，号《群书理要》，上之。"[71]从其成书方式而论，当为"事类"之属。

综上所述，不难发现唐代政府组织开展的类书编纂活动具有以下这样一些特点：

第一，唐代的类书编纂工作基本上都由帝王直接发起，因而编纂规模大，规格高。上述诸书，除《瑶山玉彩》是应储君之命集纂，而《累璧》语焉不详外[72]，其余均为直接受"敕"而编。它们在编纂过程中往往汇集了大量的饱学之士，这些人一则官居要位，如《文思博要》的编纂者高士廉、房玄龄、魏徵等都是贞观重臣，修撰《瑶山玉彩》的许圉师也是当时宰辅；二是学识深广，如令狐德棻、姚思廉、马嘉运、孟利贞、徐坚、张说等都是名重一时的学者鸿儒。建立在这样基础上的编纂工作，自然能够较为顺利地利用各种资源，同时也保证了类书的质量。唐代官修类书一般成书较快，或许也是缘于这个特点。

第二，这些编纂活动基本上都是御用的性质，直接服务于皇室的需要。其主要目标有四：一是扩充皇家藏书，加强文化建设，如编纂《三教珠英》的初衷在于"《御览》及《文思博要》等书聚事多未周备"，其中所反映的就是这种完善藏书的要求；二是以史为鉴、施政治国，《东殿新书》、《群书理要》便是此类；三是满足皇室文化娱乐的需求，《艺文类聚》、《瑶山玉彩》等都是以辑录诗文词赋为主，直接服务于取事为文的需要；四是促进皇室教育，如《初学记》。

第三，在类书的编纂过程中，已有成果常常得到借鉴。如《旧唐书·徐坚传》载，在编纂《三教珠英》时，"坚独与（张）说构意撰录，以《文思博要》为本，更加《姓氏》、《亲族》二部，渐有条流"。肖东发先生曾指出，《文思博要》"在编辑体例上似对《艺文类聚》有较多继承"[73]。《初学记》与《类集事要》之间反映的也是这种关系。这种借鉴有利于总结经验，完善类书的体例与编辑思想。

第四，类书的编纂活动是建立在文献积累异常丰富基础之上的。唐代大规模的图书搜募与典藏工作为编纂类书的活动提供了便利的条件，《文思博要序》一文描绘了类书编纂之时的情况："绅先生聚蠹简于内，轩使者采遗篆于外。刊正分其朱紫，缮写埒于邱山。外史所未录，既盈太常之藏；中经所不载，盛积秘室之府。"文献资料的丰富激发了唐代皇室编纂类书的欲求，也保证了《艺文类聚》、《文思博要》等的顺利成书。"安史之乱以后，官修类书的活动大致陷于停顿"[74]的现象，也颇能从反面说明这一特点。

第五，类书的编纂似乎具有一种特殊的文化意义。《旧唐书·张行成传附族孙易之、昌宗传》载："（则天）以昌宗丑声闻于外，欲以美事掩其迹，乃诏昌宗撰《三教珠英》于内。"编纂类书在当时被视为一种"美事"。此或与类书编纂过程中名士云集的盛况有关，但至少说明参与政府的类书编纂活动体现着一种对于文化身份的肯定。

当然，唐代政府组织开展的类书编纂活动也有一定的问题，比如上述《三教珠英》的修撰中，就出现了"时麟台监张昌宗及成均祭酒李峤总领其事，广引文词之士，日夕谈论，赋诗聚会，历年未能下笔"的现象，反映了编纂过程中任人唯亲、相互推诿以致缺乏效率的弊端。

二、《艺文类聚》

唐代政府编纂的类书现今多已亡佚，唯有《艺文类聚》一百卷与《初学记》三十卷得以较为完整地保存。它们与实际成书于隋代的《北堂书钞》、白居易私人编纂的《白氏经史事类》(《白氏六帖》)一起，被称为"唐代四大类书"。

《艺文类聚》是唐代政府编纂最早的类书，全书共一百卷，分为四十六部[75]，即四十六大类：天部、岁时部、地部、州部、郡部、山部、水部、符命部、帝王部、后妃部、储宫部、人部、礼部、乐部、职官部、封爵部、政治部、刑法部、杂文部、武部、军器部、居处部、产业部、衣冠部、仪饰部、服饰部、舟车部、食物部、杂器物部、巧艺部、方术部、内典部、灵异部、火部、药香草部、宝玉部、百谷部、布帛部、果部、木部、鸟部、兽部、鳞介部、虫豸部、祥瑞部、灾异部。

各部之下又设子目，全书共七百二十七子目。各子目先辑录经史百家中相关的事典掌故，再罗列关于本目主题的诗文创作，前者为“事”，后者为“文”。

如“山部”下设子目二十四项：“总载山”、“昆仑山”、“嵩高山”、“华山”、“衡山”、“庐山”、“太行山”、“荆山”、“钟山”、“北芒山”、“天台山”、“首阳山”、“燕然山”、“罗浮山”、“九疑山”、“虎丘山”、“蒜山”、“石帆山”、“石鼓山”、“石门山”、“太平山”、“岷山”、“会稽诸山”、“交广诸山”。其中子目“衡山”一项有如下内容：

《周官》曰：荆州之镇山曰衡山。

《湘中记》曰：衡山九疑，皆有舜庙，遥望衡山，如阵云，沿湘千里，九向九背，乃不复见。

又曰：南阳刘道人，尝游衡山，行数十里，有绝谷，不得前，遥望见三石囷，二囷闭，一囷开。

盛弘之《荆州记》曰：衡山有三峰极秀，一峰名芙蓉峰，最为竦桀，自非清霁素朝，不可望见，峰上有泉飞派，如一幅绢，分映青林，直注山下。

《异苑》曰：湘东姚祖，太元末为郡吏，经衡山，望岩下有数年少，并执笔作书，祖谓是行侣休息，乃枉道过之，未至百许步，少年相与翻然飞飏。

[诗] 晋庾阐诗曰：北眺衡山首，南睨五岭末。寂坐挹虚恬，运目情四豁，翔乱凌九霄，陆鳞困濡沫。既休江湖悠，安识南溟阔。

一般认为,《艺文类聚》在编纂上具有如下的特点：

第一,事文并列。欧阳询在书序中指出:“《流别》、《文选》,专取其文;《皇览》、《遍略》,直书其事。文义既殊,寻检难一。”即此前的类书专职录“事”,而文学总集只重采“文”，这样的状况造成了“事”与“文”难以两相对照的情况，不利于人们更好地理解与学习。因此，《艺文类聚》在编纂中采用了兼收事文的模式，“事居其前，文列于后”。而这种模式也实现了类书编纂体例的创新，为后世类书多所效法。

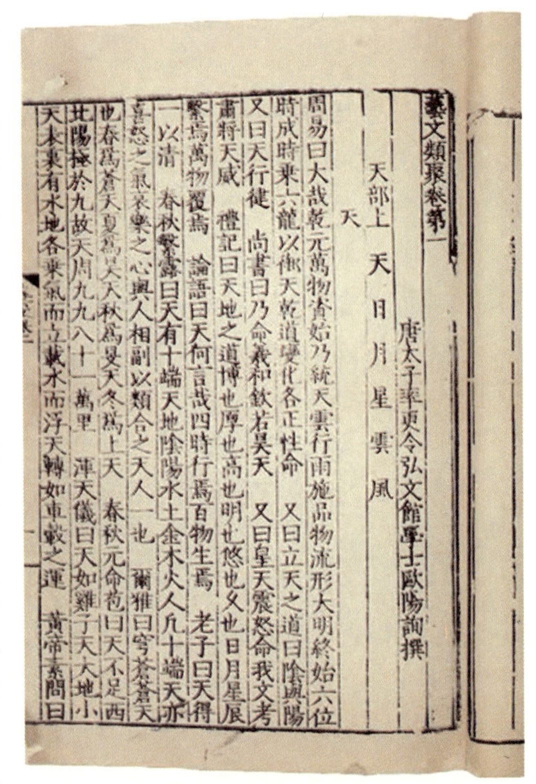

藝文類聚卷第一

唐太子率更令弘文館學士歐陽詢撰

天部上　天　日　月　星　雲　風

天

周易曰大哉乾元萬物資始乃統天雲行雨施品物流形大明終始六位時成時乘六龍以御天乾道變化各正性命　又曰立天之道曰陰與陽　又曰天行健　尚書曰乃命羲和欽若昊天　又曰皇天震怒命我文考肅將天威　禮記曰天地之道博也厚也高也明也悠也久也日月星辰繫焉萬物覆焉　論語曰天何言哉四時行焉百物生焉　老子曰天得一以清　春秋繁露曰天有十端天地陰陽水土金木火人凡十端天亦喜怒之氣哀樂之心與人相副以類合之天人一也　爾雅曰穹蒼蒼天也春爲蒼天夏爲昊天秋爲旻天冬爲上天　春秋元命苞曰天不足西北陽極於九故天周九九八十一萬里　渾天儀曰天如雞子天大地小天表裏有水地各乘氣而立載水而浮天轉如車轂之運　黃帝素問曰

《艺文类聚》(书影)

第二，不破文为事。《艺文类聚序》称：“有事出于文者，便不破之为事。”即如果辑录的某些诗文中包含着事典，那么就不再于“叙事”部分提及了，而是将“事”置于完整的文章中让读者来加以体会。这也多少反映了其时文学思想的进展。

第三，对引用的诗文进行详细的分类。《艺文类聚》对于各子目下所辑录的文学作品，都要一一辨明其文类体裁，且十分细致。据统计，其将所收录的文学作品划分为诗、赋、赞、表、颂、歌、吊、讥、乐府古歌、书奏、檄文、戒、论、敕、状、训、寺碑、放生碑等近七十种类别[76]，但是分类标准不一，有过于细密杂乱之感。

第四，辑录事文时注重保证原文的完整性，书中所征引的文字大都是全篇或意义完备的段落。据统计，《艺文类聚》所引古籍达一千四百三十一种之多，其中十之八九都已亡佚。因此，这种完整性征引的特点决定了《艺文类聚》在古籍辑佚、校勘等领域具有重要的文献价值。

《艺文类聚》的编纂体例出色地驾驭了全书的百万余言，条理清晰、结构层次分明、查检方便，成为古代编辑史上的一个成功范例。《四库全书总目提要》评价其“于诸类书中，体例最善”。

然而,《艺文类聚》在内容编排上还是有许多不足的,归纳起来主要有三个问题:

一是分类混乱。类书,顾名思义是以分类收录为主要特色的,不过《艺文类聚》的门目颇有“繁简失宜,分合未当”[77]的问题。《四库全书总目提要》对此有具体的批评:

> 如山水部五岳存三,四渎阙一。帝王部三国不录蜀汉,北朝惟载高齐。储宫部公主附太子而诸王别入职官。杂文部附纸笔砚。而武部外又别出刀、匕首等为军器一门。道路宜入地部,坛宜入礼部,而列之居处。针宜入器物,钱宜入宝玉,而列之产业。案、几、杖、扇、麈尾、如意之类宜入器物,而列之服饰。疾病宜入人部,而列之方术。梦、魂魄亦宜入人部,而列之灵异。以及茱萸、黄连入木部,芙蓉、菱、藤入草部,鸿之外又别出雁,蚌之外又别出蛤,鹤之外别出黄鹤,马之外别出騊駼。如斯之类,皆不免丛脞少绪。

《艺文类聚》中,山部中五岳不见“泰山”、“恒山”,水部里四渎独缺“济水”,如此等等,反映了其内容分类上的不尽如人意。

二是文字上的错误。王楙《野客丛书》就曾指出,《艺文类聚》把《汉书》“长陵一抔土”句的“抔”误作“杯”,以致将其错误地归入杂器物部的“杯目”中。

三是事文出处的错误。例如《艺文类聚》说“梁君射白雁”事出自《庄子》,然据彭叔夏《文苑英华辨证》考证,《庄子》实无其语。

三、《初学记》

《初学记》三十卷,共二十三部三百一十三子目,其分部情况如下:

天部、岁时部、地部、州郡部、帝王部、中宫部、储宫部、帝戚部、职官部、礼部、乐部、人部、政理部、文部、武部、道释部、居处部、器物部、宝器部、草部、果木部、兽部、鸟(鳞介、虫)部。

相比于《艺文类聚》,《初学记》的编纂体例又有所发展。其于各子目下,先是“叙事”,次为“事对”,再列“诗文”。如礼部之子目“释奠”:

> 叙事　《礼记》曰:凡始立学,必先释奠于先圣先师。及行事,必以币。天子视学,大昕鼓徵,所以警众也。众至,然后天子至,乃命有司行

事，适东序，释奠于先老。《夏小正》曰：二月丁亥，万用入学，丁亥者吉日也。万者干戚舞也，入学者太学也，谓今时大舍菜也。

事对　【尊师　贵齿】潘尼《释奠诗》曰：敦书请业，言几通理；尊师重道，释奠崇祀。德成教伦，孰云不祉。袁曜《释奠诗》曰：南庠贵齿，东学尚亲；卑躬下问，降礼师臣。圆冠济济，方领恂恂。

……

诗　【宋颜延之《侍皇太子释奠》】国尚师位，家崇儒门，禀道毓德，讲艺立言。俊明爽曙，逵义兹昏……

……

与《艺文类聚》相比，《初学记》在编纂体例与方法上有了进一步的发展：

第一，《初学记》的独特之处在于，其叙事部分注意发掘事类典故之间的内部逻辑联系。《四库全书总目提要》认为："其叙事虽杂取群书，而次第若相连属。"与其他类书相比，《初学记》不再单纯地罗列事类条目，而是将它们按照一定的逻辑关系组织起来，形成一篇类似于介绍文章的文字。

在叙事部分，《初学记》一般是依照"释名分类"—"历史发展"—"相关人事"—"其他掌故"的模式对收录材料进行串联。其正文通顺流畅、简洁明快，有一定的逻辑性。一些需要提及的其他资料以双行小字的形式注于正文之下，解释、扩展相关知识，对于所引材料也多有辨析，而且不会影响正文文字的贯通。这种组织事类材料的编纂方式被胡道静先生评价为"更为近似现代百科全书的作法"[78]。

第二，虽则《四库全书总目提要》认为"其所采摭，皆隋以前古书，而去取谨严，多可应用"，但是《初学记》在征引事文过程中有时采取的是一种概括撮要的方式。如《初学记》卷五录桓谭《仙赋序》"华山下有集灵宫，汉武帝欲怀集仙者，故名殿为存仙，门为望仙"；而考察《艺文类聚》卷七十八所引的桓谭《仙赋并序》，其文曰"余少时为中郎，从孝成帝出祠甘泉河东，见郊先置华阴集灵宫。宫在华山下，武帝所造，欲以怀集仙者王乔赤松子，故名殿为存仙，端门南向山，署曰望仙门"。比较看来，《艺文类聚》当是更为接近原文，而《初学记》对于原文的征引显然是建立在编纂者理解与概括基础之上的。

第三，利用编辑手段表达特定思想的现象在《初学记》的编纂中已经有

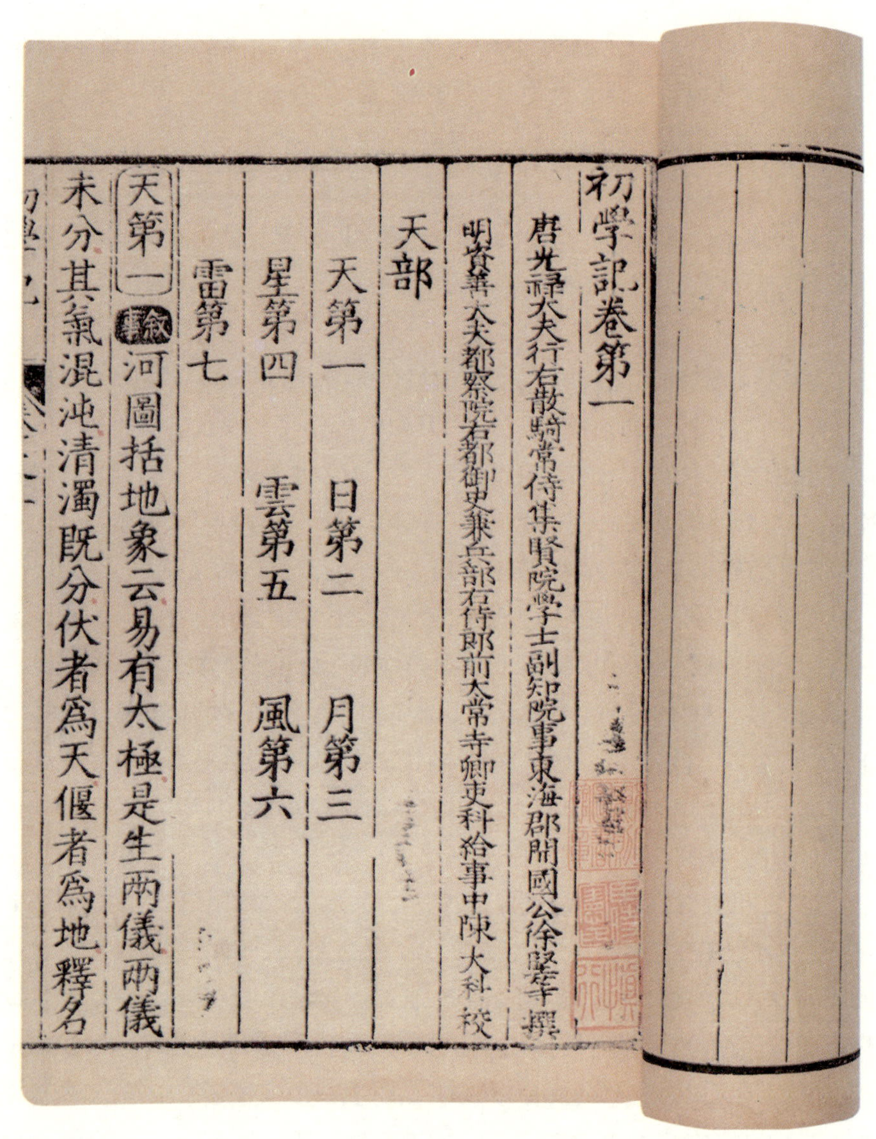
初學記卷第一
唐光祿大夫行右散騎常侍集賢院學士副知院事東海郡開國公徐堅等撰
明資善大夫都察院右都御史兼兵部右侍郎前太常寺卿吏科給事中陳大科校
天部
天第一　日第二　月第三
星第四　雲第五　風第六
雷第七
天第一　敘事　河圖括地象云易有太極是生兩儀兩儀
未分其氣混沌清濁既分伏者爲天偃者爲地釋名

《初学记》明万历刻本

所体现。纪昀等在分析评价《初学记》时注意到："其诗文兼录初唐，于诸臣附前代后，于太宗御制则升冠前代之首。较《玉台新咏》以梁武帝诗杂置诸臣之中者，亦特有体例。"其实这反映的就是一种利用材料的排列顺序表达编者意图的方式，即在征引诗文时置太宗的作品于最前，以此来表现对于唐皇室的推崇。此方法虽然普通，但相比于《玉台新咏》等前代汇编类作品的编纂体例，其多少反映了唐代在编辑思想方面的进步。

《初学记》是玄宗为满足皇室子弟学习缀文作诗的需要而敕令编纂的，主要宗旨在于"务取省便，令儿子等易见成就也"，因而，其编辑特点在部分程度上是由此而决定的。但是《初学记》所达到的成就是皇家教育所远远不能概括的，宋人刘子仪就曾评价其"非止初学，可为终身记也"[79]。而从客观成果方面看，《初学记》所采用的编辑体例与编辑方法也为我们更好地认识唐代类书编辑思想的发展提供了线索与启示。

四、从《艺文类聚》与《初学记》的比较看唐代类书编辑思想的发展

虽然成书于唐代的类书大都散佚，但是鉴于其时类书编纂活动中前后相继、互相借鉴的特点，保存至今的《艺文类聚》与《初学记》为我们探索唐代官修类书的编辑思想提供了一条重要的线索。

从《艺文类聚》与《初学记》的编辑体例来看，唐代政府组织编纂的类书具有如下两个共同的特点：第一，按照当时人们认识世界的方式来划分部类。《艺文类聚》与《初学记》虽然相隔一百余年，但是它们所设立的部类基本上都是遵循着"天地—人事—器物—禽兽"的模式。这对后世的类书编排影响很大。对此有研究者曾评价，其反映出了一种"古典式的认识和表达"[80]。可以说，唐代类书编纂中最基本的思想就是表达人们的认知方式。第二，事文并重。《艺文类聚》开启了唐代类书事文并举体例的先河。从《文思博要序》"斯固坟素之苑囿，文章之江海也"的评价中，我们可以约略窥见《文思博要》一书也当是有事有文。那么可想而知，《三教珠英》亦当如是。所以我们可以认为，事文并重的模式体现了唐代官修类书的主流。这与魏晋南北朝以来人们对于文学愈发深刻的认识是分不开的，也反映了时人尚文的风气。

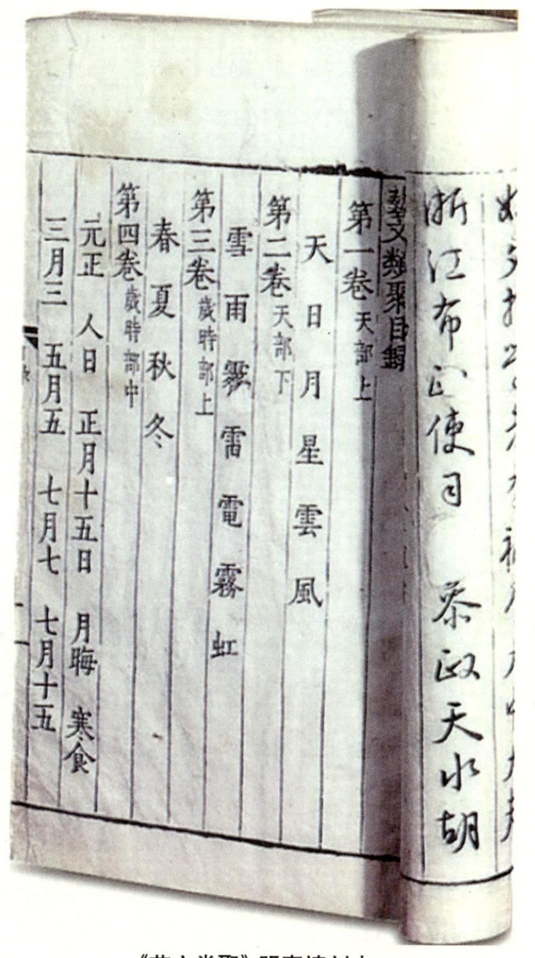

《艺文类聚》明嘉靖刻本

此外，唐代类书编纂中还有一个思想值得重视，即以类书分类收录的模式为载体，实现古代典籍的汇总与包容。所谓“义出六经，事兼百氏，究帝王之则，极圣贤之训，天地之道备矣，人神之际在焉”[81]，表达的就是这种囊括一切文明成果的意图。

从《艺文类聚》到《初学记》，其中最为显著的发展便是门目设置以及材料归类的完善。而这种变化在实质上反映的是唐代类书编纂思想从“辑”到“编”的一个质的飞跃。

阎现章先生曾指出，《艺文类聚》中“山水部五岳存三，四渎阙一”的现象并非是有意的遗漏：虽卷七“山部”未收泰山事，然卷三十九“礼部·封禅”罗列了泰山的相关材料；而卷九“水部下”列“四渎”为目，其中对济水有所提及，并提示涉及济水的相关事典“已具别卷”，因此其实质上是“以参见的方式在节省篇幅”。[82]

这个问题是值得注意的。泰山向来为古人所重视，《艺文类聚》卷七引张正《见山赋》：“何神山之峻美，谅苞结之所成，东垂曰泰，南服称衡。”同时，《艺文类聚》设“四渎”一目，显然欧阳询等人也是明了其内涵的。既然五岳四渎已有公论，那么为什么《艺文类聚》会仍然顾此失彼呢？

我们认为，“文字互见”的结论是不足以解释《艺文类聚》“繁简失宜，分合未当”的众多现象的。分类上的混乱失当，实际上反映的是《艺文类聚》编纂过程中“辑”大于“编”的编辑思想，即本书的编纂者们以“摘其菁华，采其指要”[83]作为唯一的工作中心，他们关注的是事文材料辑录的完备与否，至于这些文字能不能按照一定的逻辑或顺序排列起来，则在考虑之次了；分类设部是服务于文献材料摘抄的，其目的主要在于使摘抄工作更有针对性、更容易把握，在于为各种事文资料提供一个“安身之所”。因而，体现的是一种完全的“辑录本位”思想。

以此为视角，《艺文类聚》中许多混乱的现象就可以得到说明。如人部“别”目达到了近两卷的篇幅，似乎比礼仪政典还要重要，颇有繁简失当之意。如果从其以摘抄为最高宗旨的编辑思想看，考虑到“分别”作为中国古典文学创作的重要主题、相关作品众多的事实，上述现象就不难解释了。

《四库全书总目提要》指出了《艺文类聚》在分类上的诸般失误，但是这也说明了《艺文类聚》的编纂者们并不留意于如何更好地分门别类，更好地编排归纳材料；在他们看来，门目及其内容设置不过是为了使辑录的事文能够有所安置，至于其完善合理与否则是次要的了。这种罗列材料、重辑不重编的编辑思想必然会导致“繁简失宜，分合未当”的现象。

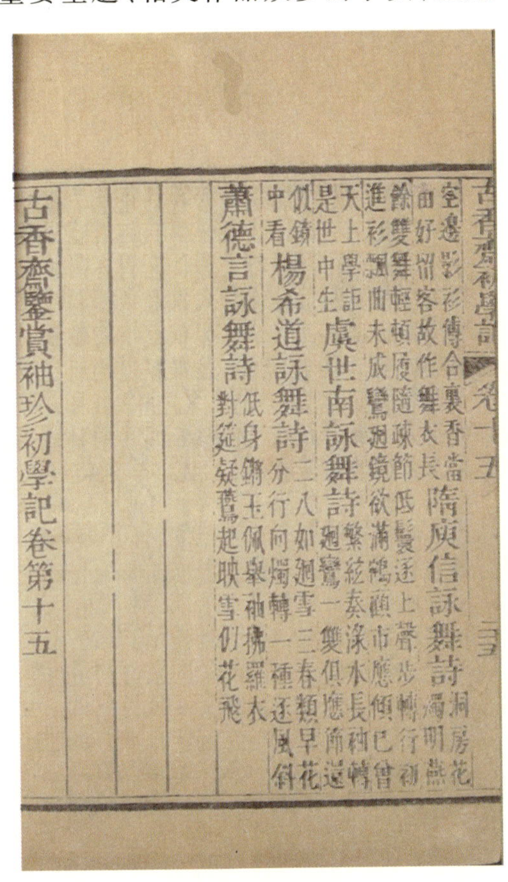
古香齋初學記 卷一五 三

室邊影移傳合裏香當
面好留容故作舞衣長
隋庾信詠舞詩 洞房花 燭明燕
餘雙舞輕頓履隨疎節低鬟逐上聲步轉行初
進衫飄曲未成鸞迴鏡欲滿鶴顧市應傾已曾
天上學詎 是世中生 虞世南詠舞詩 繁絃奏淥水長袖轉 迴鸞一雙俱應節還
似鏡 中看 楊希道詠舞詩 二八如迴雪三春類早花 分行向燭轉一種逐風斜
蕭德言詠舞詩 低身鏘玉佩舉袖拂羅衣 對筵疑鷰起映雪似花飛

古香齋鑒賞袖珍初學記卷第十五

《初学记》清刻本

从这个意义出发，《初学记》的编纂则突破了“辑录本位”的局限，贯彻了“编”、“辑”并重的思想。其主要反映在四个方面：第一，《初学记》的部类设置更为简洁、科学，反映了编者对于材料编排的关注；第二，《初学记》的编纂不仅仅是一个原封不动地摘录他书材料的过程，其更加注重发掘材料之间的联系，并能进一步利用这种联系更好地服务于自己的编纂目的（提高学习效率）；第三，利用编排手段表达一些简单的意图；第四，《初学记》中那些撮要式的辑录方式，已经反映出了一种突出编者主体地位的意识。

以类相从是类书的重要特征，因此从《艺文类聚》到《初学记》，体现了类书编纂思想的发展与进步。与此过程相伴随，类书的编纂方针亦由以辑录为本、编排为辅发展为“编”、“辑”并重；转变中编者的主体性与主体意识逐渐显现，这是中国古代类书编辑思想的重大进步。虽然，大部分唐代官修类书的文字已无可奈何地湮没于历史的长河之中，但是它们所树立的编辑体例与编辑思想却为后世的类书编纂所继承，其对于中国古代文化建设的意义是不可估量的。

第三节　佛经传译

一、佛经翻译

历史的车轮推进到隋唐之时，中国佛教的发展亦迎来了又一个新的高潮。佛教典籍大量产生并得以广泛传播，以至于“民间佛经，多于六经数十百倍”[84]。佛经翻译活动的大规模开展首先得益于中外交流的扩大。唐代，中印之间已经形成了三条主要的水陆通道：一条是唐初开辟的由西藏、尼泊尔前往中印度的路线；另一条为长安西行，沿甘肃、新疆至于中亚，南转而入北印度的古道；第三条则是从东南沿海出发，由水路经东南亚抵达印度半岛。一批批中土僧侣便是沿着这样的路线，登上了取经之途。太宗贞观十九年（645），玄奘从天竺诸国带回经律论凡五百二十夹，六百五十七部；咸亨二年（671），义净由海路赴印度，武周证圣元年（695）携梵本经律论近四百部（合五十万颂）返回洛阳；开元末，不空亦经南海西行，天宝五年（746）回国，“得梵本瑜伽真言经论五百余部”[85]……《大唐西域求法高僧传》所载之求经者多达数十人。

与此同时，更多的印度、西域僧人亦东来传法。贞观元年(627)，北天竺僧人波颇抵达长安，不久便“于大兴善(寺)创开传译”[86]；永徽六年(655)，那提(福生)“搜集大小乘经律论五百余夹，合一千五百余部”[87]，来唐传教。西来之人络绎不绝，中印度人阿地瞿多(无极高)、地婆诃罗(日照)，罽宾国人波利(觉护)、多罗(觉救)，于阗人提云般若(天智)，岚波人李无谄，吐火罗人弥陀山(寂友)，迦湿蜜罗人阿你真那(宝思惟)，摩赖邪国人跋日罗菩提(金刚智)，摩诃陀国人输波迦罗(善无畏)，东天竺人达摩战涅罗(法月)，境迦毕试国人般若(智慧)，西域人满月(智慧轮)等僧侣接踵而至，成为译经活动中的一支重要力量。与此同时，唐代宫廷又盛邀各地高僧前来讲法译经，如高宗曾遣使南印度邀请达摩流支(法希)，武则天远闻于阗有《华严经》梵本，遂遣使求访，同时亦请高僧实叉难陀(喜学)作为译者“与经同臻帝阙”。这些人员上的往来交流，为佛经的引进与翻译奠定了坚实的基础，也形成了独特的以人为媒介的佛经传播方式。

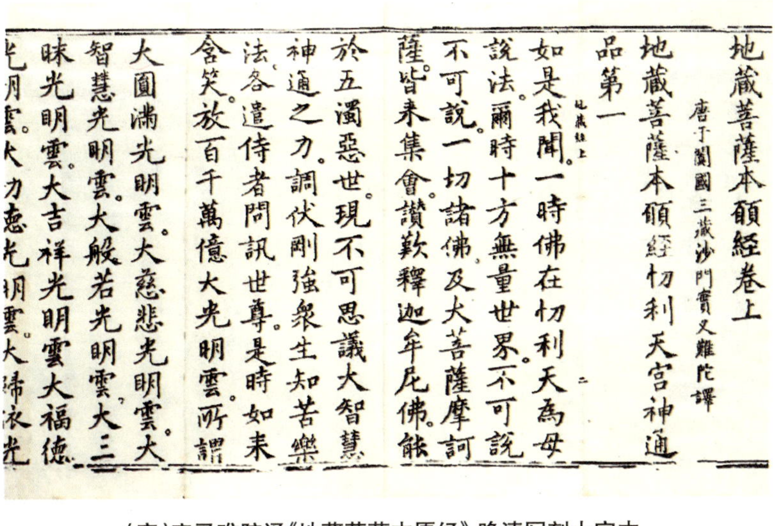
地藏菩薩本願經卷上
唐于闐國三藏沙門實叉難陀譯
地藏菩薩本願經忉利天宮神通品第一
如是我聞。一時佛在忉利天為母說法。爾時十方無量世界。不可說不可說一切諸佛。及大菩薩摩訶薩。皆來集會。讚歎釋迦牟尼佛。能於五濁惡世。現不可思議大智慧神通之力。調伏剛強衆生。知苦樂法。各遣侍者問訊世尊。是時如來含笑。放百千萬億大光明雲。所謂大圓滿光明雲。大慈悲光明雲。大智慧光明雲。大般若光明雲。大三昧光明雲。大吉祥光明雲。大福德光明雲。大功德光明雲。大歸依光

(唐)实叉难陀译《地藏菩萨本愿经》晚清写刻大字本

而且，唐代皇室支持开展佛经翻译工作。虽有武宗会昌灭佛之事，但从总体上看，宫廷是佛经译介、编纂活动的最大的保护者、资助者与组织者。一则政府积极从印度、西域引进佛教典籍，并努力保障往来僧侣的求经传法活

动。玄奘返唐途中，驮经之象死，“所赍经像交无运致”，遂上表求援，太宗马上敕令“于遁王给其鞍乘”，“驼马相运至于沙州”[88]。凡此种种，不可胜数。二来大量寺院依托宫廷的资金而建立起来，如弘福寺、荐福寺、慈恩寺、西明寺、龙田寺等，成为汇聚高僧的重要译经场所。而且，政府已成为编定“一切经”[89]经目与颁行佛经的最高决策者。佛经翻译完毕后，要由皇帝敕令“宣付中外，并编入一切经目录”[90]，从而获得合法的地位。

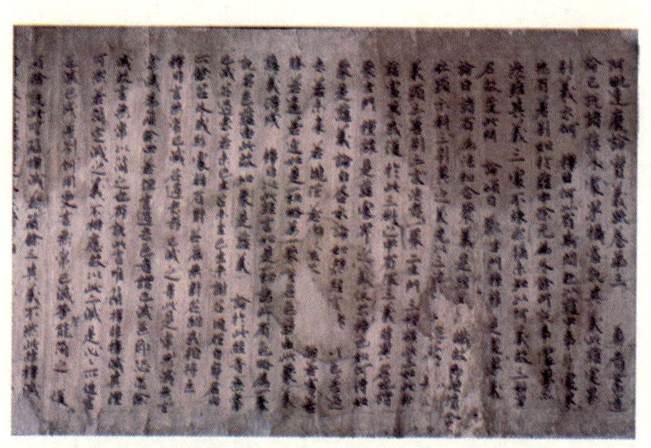

唐写本《阿毗达磨俱舍论实义疏》敦煌藏经洞出土

有唐一代，绝大多数的译经活动都由政府主持、监管，并且与佛经装订成书的过程紧密结合。其特色主要有：

第一，佛经的翻译与编纂具有严密的组织制度，分工细致，体系完备。我们可以从敦煌文献《佛说宝雨经卷》的题记中深刻地感受到这一点：

大周长寿二年 岁次癸巳九月丁亥朔三日己丑 佛授记寺译 大白马寺大德沙门怀义监译 南印度沙门达摩流支宣译梵本 中印度王使沙门梵摩兼宣译梵本 京济法寺沙门战陀译语 佛授记寺沙门道昌证梵文 天官寺沙门达摩难陀证梵文 大周东寺都维那清源县开国公沙门处一笔受

佛授记寺都维那昌平开国公德感笔受 佛授记寺沙门思玄缀文 长寿寺寺主沙门智激缀文 佛授记寺都维那赞皇县开国公沙门知静证义 大周东寺都维那豫章县开国公沙门慧俨证义 天官寺上座沙门知道证义

大周东寺上座江陵县开国公沙门法明证义 长寿寺上座沙门知机证义 大奉先寺上座当阳县开国公沙门慧棱证义 佛授记寺沙门神英证义 佛授记寺寺主渤海县开国公沙门行感证义 京西明寺沙门圆测证义

婆罗门僧般若证义 婆罗门臣李无诏译语 婆罗门臣度破具写梵本 鸿州庆山县人臣叱干智藏写梵本 婆罗门臣迦叶乌担写梵本 婆罗门臣刹利乌台写梵本 尚方监匠臣李审恭装 专当典并写麟台楷书令史臣徐元处专当使文林郎守左卫翊二府兵曹参军臣傅守真

敕检校翻译使司宾寺录事摄丞孙承辟

证圣元年 岁次癸未四月戊寅朔八日乙酉 知功德僧道利检校写 同知僧法琳校勘[91]

这是一次附带梵本的汉译活动。整个过程中,有“主译”亦有“校证”,设“笔受”又辅以“缀文”,誊写装帧、检校勘定,在“监护”的总体监督组织下各司其职又互相协作,保证了所翻译佛经的质量,同时也反映出唐代佛经翻译编纂思想中的一些倾向:

(1)重文辞。从上述文字可见,“笔受”后有“缀文”,以保证文字的贯通流畅,此外唐代译经中又经常有修饰文辞的“润色”程序。如中宗景龙四年(710)大荐福寺的译经过程中,就有“修文馆大学士特进赵国公李峤、兵部尚书逍遥公韦嗣立、赵彦昭、卢藏用、张说、李乂、苏颋、徐坚等次文润色”[92]。

小雁塔 即唐荐福寺塔

(2)重辩证。虽主持译经的“译主”多为一时名僧,但是证、校的环节却始终不可或缺。译经中,梵义、汉义往往并证,既监督了对于梵文原经的理解,又提高了汉语传达的精确性,保证了教义的准确翻译。而最后的校勘亦颇受重视,有时会安排三校[93],且常由知名高僧负责详阅,如上述《佛说宝雨经卷》的校勘者法琳便是撰有《破邪论》、《辩正论》的名僧。

（3）重装帧。译经中，誊抄装帧的环节多由皇室馆阁或秘书省的专业人员负责，其精致自不待言。玄奘《谢得一切经表》称奉敕所造的一切经“香檀别轴，掩瞻卜之芳，乡组裁帙，夺鲜霞之彩”；不空也曾描述出于宫廷的佛经“并是栴檀香轴，织成彩帙，众香合成经藏”[94]，可谓异常精美贵重。

第二，佛经译成后，必须经由政府组织的审阅核定，方能编入一切经目录。贞观时，波颇译经后，由房玄龄、李孝恭、杜正伦等重臣总加阅定；中宗神龙二年（706），宝思惟译出《罥索陀罗尼经》等七部佛经，然而直至延和元年（712），睿宗“令礼部尚书晋国公薛稷、右常侍高平侯徐彦伯等详定”后才得以最终入于经目。[95]

这种详定审核的工作在敦煌文献中《佛说示所犯者法镜经》的题记中反映得最为突出：景云二年（711）四月该佛经译罢，先由昭文馆学士张齐贤、郑喜王详定，然后经由秘书少监韦利器、昭文馆学士沈丛期、卢藏用等逐级审阅，最后由礼部尚书晋国公薛稷终审覆定，前后历十二位昭文馆学士之手，于延和元年（712）六月方才缮写并编入目录，颁行天下。这种详定工作体现了统治者对于佛经翻译的重视，也使国家的监控得以实现。其由佛经在民间异常强大的影响力以及传播能力所决定，同时也反映出政府对于此类书籍的把关控制意识。

第三，尊重佛教典籍的语言体系，在翻译中力图保持佛经的原貌。一方面，统治者对于佛经翻译的特殊模式、术语持宽容的态度，较少以传统的封建礼法强行干涉。仪凤四年（679），鸿胪寺典客署令杜行顗奉诏译出佛陀波利所献经卷，由于深谙朝廷礼数，杜行顗注意“有庙讳国讳皆隐而避之”，经文中“世尊为圣尊，世界为生界，大势为大趣，救治为救除”；高宗阅后却表示“既是圣言，不须避讳”，随即诏令更正。[96]另一方面，唐代译经倾向于以印度梵文佛经为底本，这直接取决于其时求经传法活动的兴盛。同时，部分僧人对于某些翻译于前代的经文质量表示不满，有意识地依据梵本进行了重新翻译，以使“贝叶之言永无漏略”。如代宗时，不空便以《仁王护国经》“前代所译理未融通”为由，奏请“依梵夹再译旧文”。[97]这种做法避免了佛典原文“经西域之媒介致有失真”[98]的问题，一定程度上保证了佛经的翻译质量。

玄奘像

第四，中外交流的加深培养了一批同时精通梵文、汉语的翻译人才，极大地促进了汉译佛经质量的提高。如僧人慧智，父为印度婆罗门种，其本人又生于中土，故而“既梵人善闲天竺书语，又生唐国复练此土言音”，宝思惟等译经，“所有翻译皆召智为证兼令度语”。又有李无谄，北印度岚波国人，“唐梵二言洞晓无滞”，菩提流志[99]等“翻译众经并无谄度语”。[100]这些东来之人在唐代的译经活动中，每每担任读梵文、证梵文、证译等工作，对于提高翻译工作的准确性做出了很大贡献。

而唐代的僧侣因西行求经，提高了对语言文字的驾驭能力。如玄奘“周游五印，遍师明匠”，“五明四含之典，三藏十二之筌，七例八转之音，三声六释之句，皆尽其微，毕究其妙”[101]；《宋高僧传》(卷一)则称义净乘舶西行，历经数国，“所至之境皆洞言音”。而以鸿胪寺官员杜行顗为代表的本土士人，也由于中印交往的频繁而“明诸蕃语兼有文藻”[102]，成为佛经汉译工作的重要人才资源。

第五，皇室宫廷积极参与到佛经的编译过程中来，以自身的权威提升佛经的影响力。在政府组织的译经活动中，皇帝总要派出亲信器重之人作为“监护”，负责敕令的传达与翻译进展的通报。而佛教僧侣亦深知“译经虽位在僧，光价终凭朝贵”[103]，积极邀请贵胄宰辅负责“看阅”，以此来提升译经活动的声望、影响，同时也为物资供应与人员调动的顺畅提供了坚强后盾。有时，甚至帝王也会亲临译场，象征性地进行删改或书写工作。如证圣元年（695），实叉难陀译《华严经》，“天后亲临法座焕发序文，自运仙毫首题名品”[104]；神龙三年(707)，

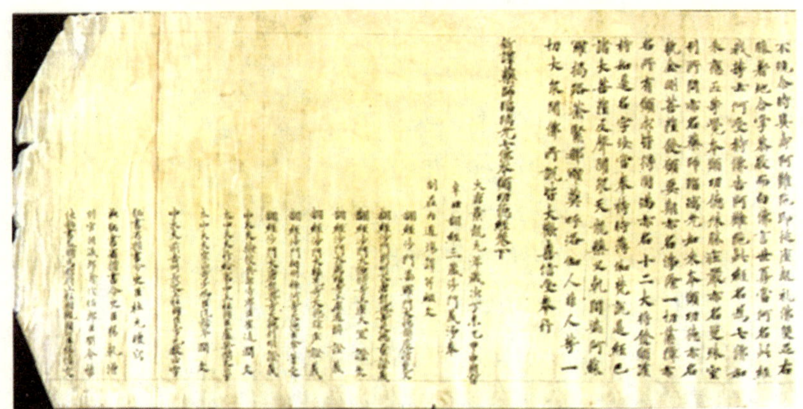

唐景龙元年(707)写本《新译药师琉璃光七佛本愿功德经》敦煌藏经洞出土

义净于大佛光殿译《药师琉璃光七佛本愿功德经》,中宗"御法筵手自笔受"[105]。此外,经卷序文也时常出于皇帝之手。

地位尊崇的帝王以及名臣的加入,使译经活动成为具有广泛社会效应的盛事,成为时论的重要议题,潜在地赋予了佛经强大的传播能力。

第六,唐代的佛经翻译还有一种特殊的现象——国外译经。高宗麟德时期,成都僧人会宁往天竺求法,路经诃陵国,与当地僧人若那跋陀罗(智贤)共译《大般涅槃经》,功成时"寄经达于交州"[106],后由交州都督遣使送入京师。其反映了唐时在佛教经典搜集、积累上的开阔视野。僧人无行西游天竺,归途不幸而卒,玄宗敕令将其所携梵本迎归并加以翻译;开元十七年(729),李通玄于大原东北盂县同颖乡大贤村造《新华严经论》,肃宗时敕令缮写编入目录,并"散下诸州"[107]。国外、民间有益于佛经翻译的诸多成果都成为政府自觉关注的目标。

从贞观时期起,由政府支持、组织的大规模译经活动绵延不断,一直持续到宪宗元和时期才趋于沉寂,历时近两个世纪,成绩斐然。据《贞元新定释教目录》,至于贞元十六年(800),唐代"所出经律论及传录等四百三十五部,二千四百七十六卷"[108]。

二、佛经传播及相关编纂活动的发展

佛经的教义迎合了中土社会的精神需要而得以广泛传播,其中来自宫廷的支持与需求成为推动佛经抄写与流传的重要力量。唐代宫廷曾多次主持大规模的抄写佛教经论活动，仅洛阳大敬爱寺一院，就曾于贞观九年（635）和龙朔三年（663）两次奉敕抄写“一切经”，麟德元年（664）时已“写旧经论七百四十一部，二千七百三十一卷；又写大唐三藏法师新译经论七十五部，一千三百三十五卷”，而对于所谓“古来有目而无本者”则“随访随写”。与此同时，依凭着宫廷所拥有的政权力量，佛经可以实现大范围的推广。贞观六年（632）波颇译诸经毕，太宗“下敕各写十部散流海内”[109]；天授元年（690），武则天“敕两京诸州各置大云寺一区，藏《大云经》”[110]；开元后期，玄宗御注《金刚经》并颁行天下；至于抄写经卷、“散下诸州”的现象亦是时有发生。

但是从本质上看，唐代政府推动佛经传播的意识并非十分明确。据《开元释教录》载，罽宾国僧人波利携经至唐，高宗皇帝诏杜行顗与僧人日照翻译，译讫“经留在内”。波利“垂泣”奏请：“委弃身命，志在利人，请布流行，是所诚望。”高宗于是“留所译之经还其梵本任将流布”。此中可见，唐代政府译经更倾向于满足皇家的文化、信仰需求，以及扩充藏书资源的愿望，至于其社会传播的实现与否则在次要。但是帝王、宫廷的某些行为在客观上却直接促进了佛经的广泛流布。这些行为可以概括为两类：

一是祈福。“修福田莫（若）立塔写经”[111]在唐代已是一种深厚的社会观念，唐代皇室也往往以此种方式进行祈福。如贞观十六年（642），太宗皇帝“为太穆皇后追福于弘福寺”，“敕为穆太后写佛大藏经，敕选法师十人校正”[112]。这种写经的规格很高，经文也因有博学高僧的详细校阅而品质颇佳。此外，写经亦是臣下为帝王祈福的手段，《五台山清凉寺碑》就记载天宝七年（748），贵妃兄杨铦“奉为圣主写一切经五千四十八卷，般若四教、天台疏论二千卷”。诸如此类的活动极大地促进了佛经的复制，为其传播奠定了坚实的基础。

更重要的是，祈福活动不仅带动了佛经的大规模抄写，而且常常成为促进佛经传播的重要动力。永泰元年（765），吐蕃军队逼近京师，代宗皇帝慌忙祈求佛力“护国”，“内出仁王佛经（即《仁王护国经》）两舆付资圣、西明二佛寺，置百尺高座讲之”[113]；大历八年（773），代宗爱女华阳公主因体弱多病而皈依兴善寺，以图佛祖保佑，同时带来了一切经五千零五十卷。通过此类活

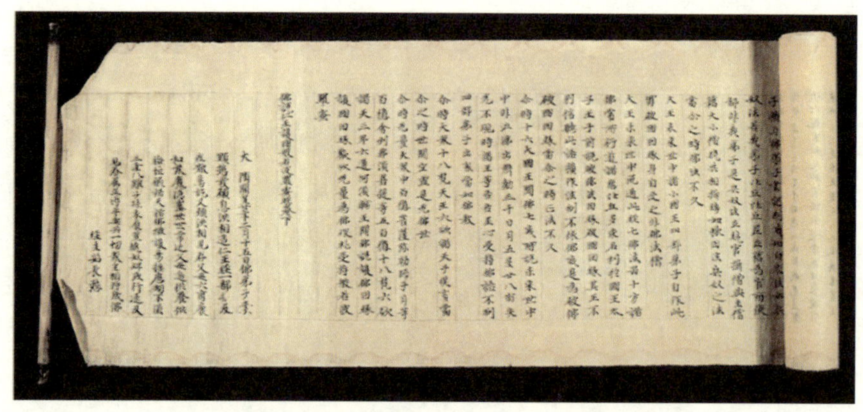

隋写本《佛说仁王护国般若波罗蜜经》敦煌藏经洞出土

动，宫廷所藏的佛经得以进入广阔的社会。

二是赏赐。赏送书籍是唐代帝王显示恩典的重要方式，佛经也常常通过赏赐的渠道而走出皇家密阁，进入社会传播系统之中。皇帝颁赐佛经的目的很多，主要是这样几种：第一，作为恩赏。如太宗曾以重臣萧瑀好佛道而赐予“王褒所书《大品般若经》一部”[114]以示恩宠。第二，满足寺院的乞经要求。

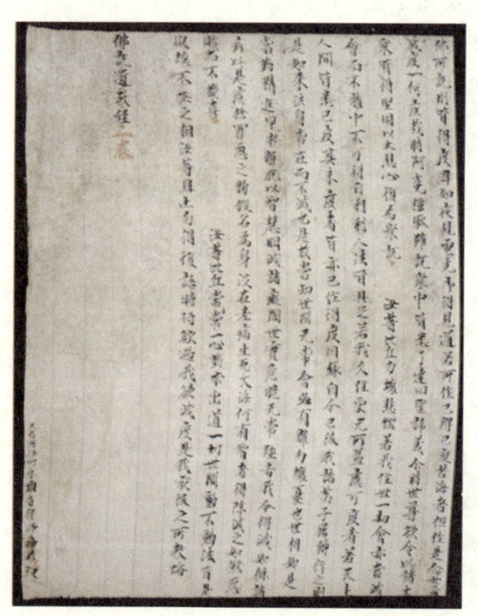

《佛说遗教经》9-10世纪写本 敦煌藏经洞出土

开元时，沙州僧侣因经论遗失，而“于上都求觅”。朝廷遂应其请求赐予一切经一部[115]，既表示了帝王的恩典，也显示出自身的雄厚实力。第三，表示对于佛经教义的赞许，如太宗对玄奘所译《弥勒瑜伽师地论》表示欣赏，亲自作序并“敕有司写新译经论颁赐九道总管”[116]。太宗还曾诏令对于《遗教经》“多写经本，务在施行，所需纸笔墨等，有司准给；其官宦五品以上及诸州刺史，各付一卷”[117]。这种赏赐活动意在提升佛教的影响力，具有相对较为明确的传播意识。

至于唐代后期，藩镇势力崛起，中央政府在佛经传译中的能力与作用逐渐下移。宣宗大中八年(854)，潭州岳麓寺僧人疏言前往太原求经，"河东节度使司空卢钧、副使韦宙以经施之"[118]。此时，地方政府在佛经传播的过程中发挥了重要的中介作用。

正是在各级政府的推动之下，加之民间出于修公德、禳灾思想而产生的经文缮写与供奉行为，佛经的数量极大增加，流传极为广泛，带动了相关文献的撰述与编纂。有唐一代，佛经注疏、佛史、传记、灯录、纂集、文献、游记、志书、经录、音义、论辩、杂记……种种由佛经及教义扩展衍生的典籍均有极大的发展。其中编辑性较强的有：

第一，纂集，即摘录佛经文字中的教义、掌故、制度等资料片断，按不同主题进行分类编排，从而实现方便检阅、弘扬教义的目的。从本质上说，佛经纂集是一种特殊的佛教类书。唐代的佛教纂集主要有《禅林妙记集》二十卷、《诸经要集》二十卷、《禅林要钞》三十卷、《经论纂要》十卷等。其中影响最大的是道世于总章元年(668)编纂而成的《法苑珠林》一百卷，其在编纂上的特点是：(一)"篇为大纲，部为细目。"[119]全书总体结构上分为一百篇，凡六百八十余部。篇为教义大类，其下设部以详述类义，随后又以"感应缘"证之，从而"令学览之人就门随部，捡括所知，如提纲焉。如举领焉"。[120](二)注重部类思想的表达，全书各部均以"述意"篇始，以阐明主旨。编者亦常常在编排之余直抒己论，强化所宣扬之思想。(三)本土化意识强烈。一方面道世广泛征引诸子百家的作品，大量收录志怪野史，另一方面将中土教徒托名伪造的经文、当时的口头传言入书，极大地迎合了世俗的趣味，促进了佛经教义的通俗化与本土化。(四)征引范围极广，且引文大

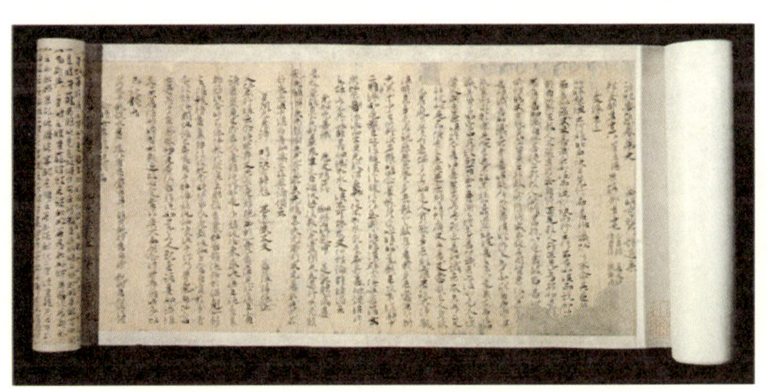

唐宝应二年(763)写本《诸经要集》敦煌藏经洞出土

多标注出处，对于佛教文献的保存意义重大。

第二，文献，即将一个或多个人的著述文字加以汇集而编成的总集性典籍。如印宗《心要集》“起梁至唐，天下诸达者语言总录焉”[121]，圆照《代宗朝赠司空大辨正广智三藏和上表制集》集不空所上奏表一百三十三篇，并肃宗、代宗复批五十余篇，都属于这种总集性的文献。唐代最重要的文献当属道宣所编《广弘明集》三十卷。该书承南朝梁僧祐《弘明集》而纂，收入南北朝以来与佛教相关的诗赋、诏敕、序言、铭文等，凡属一百三十多人。《广弘明集》突破了《弘明集》不分篇的局限，将所收文章划分为归正、辩惑、佛德、法义、僧行、慈恻、戒功、启福、悔罪、统归十篇，篇前作序以阐明编选的主旨，选择和分类的思想明确，有强烈的表达编者意图的倾向。

第三，经录，即佛经目录。唐代宫廷与寺院所藏佛经极为丰富，如李肇言

廣弘明集卷第七
唐終南山釋氏道宣撰
肥一
辯惑篇第二之三
叙列代王臣滯惑解下
梁荀濟　齊章仇子陀
周衛元嵩　宋劉慧琳

《广弘明集》(书影)

东林寺“开元庚午之后，洎德宗神武孝文皇帝之季年，相继新译，大凡七目四千九百余卷”，“命开元崇福四录，总一万卷”。[122]面对如此众多的经藏，典藏与整理的工作自然被提上日程，其结果便是众多经录的产生。唐代编纂的经录主要有道宣《大唐内典录》十卷，静泰《大唐东京大敬爱寺一切经论目》五卷，明佺《大周刊定众经目录》十五卷，智昇《大唐开元释教录》二十卷，圆照《贞元新定释教目录》三十卷，王彦威《内典目录》十二卷等，这些目录大都带有很强的官方背景，既是对于宫廷或相

关寺院藏书的纪录，同时又是判断一部经文是否编入一切经目录，从而获得合法性地位的重要依据。

此外，在佛经编纂、结集的启发与刺激下，唐代本土道教的文献汇编工作也启动了，宫廷仍然是最为关键的推动者。尤其是开元时期，玄宗皇帝御注《道德经》并颁行天下，扩大了道教的影响。同时玄宗还敕令征募搜集道教经文，拣选后依南朝刘宋陆修静的“三洞”之说，将所有道经划分为洞真、洞神、洞玄三洞，每洞十二部，并纂成目录《琼纲经目》，又称《三洞琼纲》[123]。后世将此次道经汇总编录的结果称为《开元道藏》，也是中国历史上的第一部道藏。

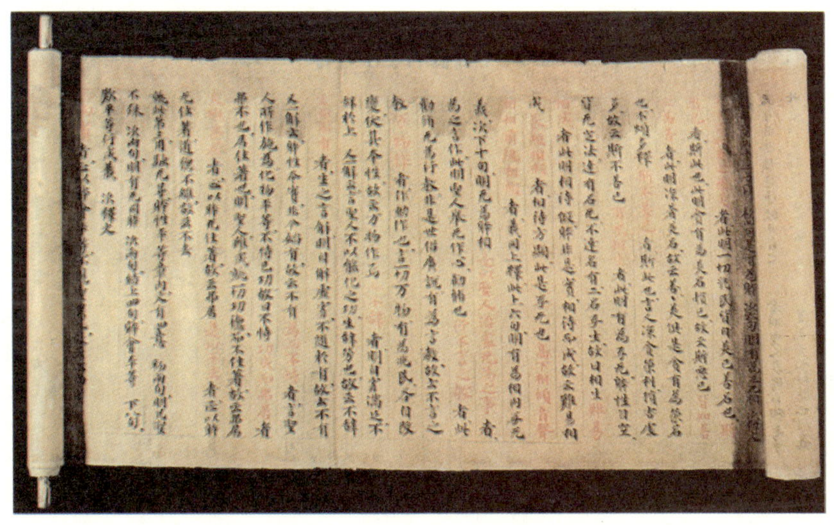

唐写本《老子道德经义疏》 敦煌藏经洞出土

第四节 其他编纂活动

一、地理图籍

地理研究在中国有着悠久的历史，《周礼》便记有“职方氏掌天下之图，以掌天下之地”，“土训掌道地图，以诏地事，道地慝，以辨地物而原其生，以诏地求”,“诵训掌道方志,以诏观事,掌道方慝,以诏辟忌,以知地俗”[124],它们共同构成了作为王官之学的上古地理学体系。[125]春秋时期地图的绘制知识已比较丰富;地理学著作也以史志或专书的形式不断出现,且大都兼及历史民情。魏晋以降,图、书趋于合流。一般认为,文字形式的地理著作是为地记,图文并包者则称图经。[126]

隋唐时期,图经形式的地理书籍逐渐占据主流,敦煌文献考古中发现了很多唐代图经的残卷,如《沙州都督府图经》、《西州图经》、《始平县图经》[127]等。它们大都是唐代政府组织编纂的成果。

我们可以从这样四个方面来认识唐代地理图籍的编纂:

第一,编纂地理图经是唐代一项重要的行政活动,其执行有制度上的保障。《唐六典》卷五载:“凡地图委州府三年一造,与板籍偕上省”[128],兵部职方郎中、职方员外郎为其主管人员,而且唐代还有遇闰年编修图经的特殊惯例[129]。如有州县增废、河流改道等特殊情况,则要及时报告,重新整理图经。上述《沙州都督府图经》、《西州图经》等都是这种制度的产物。对于番邦属国之地域民情,亦编绘图籍,其方式是委托鸿胪寺“训其人本国山川、风土,为图以奏焉”。

各地图经汇集于中央政府后,经整理综合,被编定为全国性的地理图籍。如《新唐书·艺文志》所录之《长安四年十道图》十三卷,《开元三年十道图》十卷 ,李吉甫《元和十道图》十卷等。此外,梁载言《十道志》十六卷[130]、贾耽《贞元十道录》四卷也当属此类,不过有志无图,属于地记一类。

第二,唐代的图经编纂有定期修订、续补的特征,这直接取决于唐代定期造图的制度,同时又是社会发展的必然。如上述《沙州都督府图经》便是历经修订的成果,朱悦梅、李并成两位学者考证其是在唐初所修《沙州图经》的基础上不断续编而成,自乾封至开元初,历时近五十年。[131]

第三,唐代政府主持编纂的地记、图经,广泛记录“九州土宇,万国山川,物产殊宜,风化异俗”,并且常以地理风物为枢纽,兼及历史沿革、政治现状等诸多问题,往往成为中央政府了解、监控地方发展情况的重要工具。敦煌出土的唐代图经残卷涉及池渠、城驿、寺庙、祥瑞、歌谣等诸多内容,李吉甫《元和十道图》“首载州县总数、文武官员数、俸料”[132]。

宣宗皇帝曾因“每遣方镇刺史”，而“欲各悉州郡风俗”。翰林学士韦澳便“取十道四方志，手加细次”，编为《诸道山河地名要略》九卷，又称《处分语》。宣宗以此对邓州刺史薛弘宗敕戒州事，皆切其实，邓州来人无不惊服。地记的政治功能于此表现得颇为淋漓。

此外，对于普通士人而言，各种图经也可作为实用性的旅行手册。其汇聚地理山川、行馆驿站等各种信息，具有重要的指南作用。如韩愈便留有“愿借图经将人界，每逢佳处便开看”[133]的诗句。

第四，这种官方性的图经纂辑，常要受到政治的极大影响。仍以《沙州都督府图经》残卷为例，其中所收录的民谣“每颂朝廷举措，谀词满篇”，“实为当地官员假借‘百姓’之名伪造者”[134]，具有迎合统治需要、“麻痹人心，引导舆论和宣传”的意图，政治针对性很强[135]。这类图经多成为歌功颂德、显示政绩的工具。中央政府编纂地记图经的活动，也多有政治目的性，与现实境况密切相联。如宪宗时李吉甫力主削藩，故而其所编图经要“收地保势胜之利，示形束壤制之端”，以“成当今之务，树将来之势”。[136]

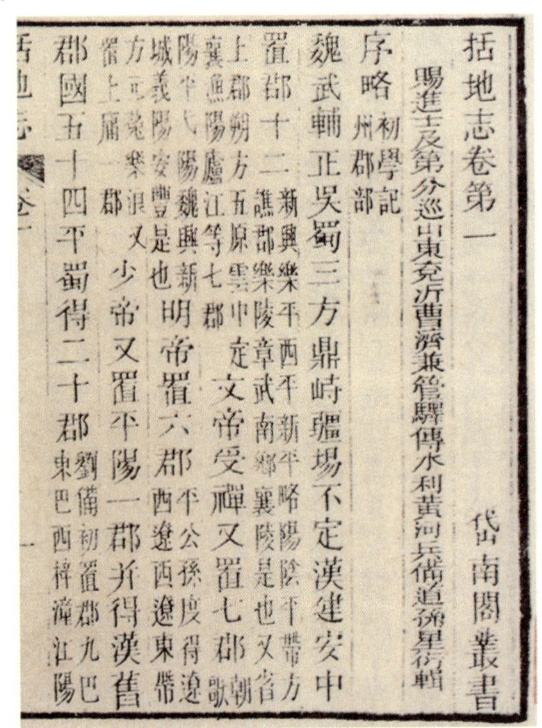

括地志卷第一　　岱南閣叢書

陽進士及第分巡山東兗沂曹濟兼管驛傳水利黃河兵備道孫星衍輯

序略 初學記州郡部

魏武輔正吳蜀三方鼎峙疆埸不定漢建安中

置郡十二 新興樂平西平新平略陽陰平帶方譙郡樂陵章武南鄉襄陵是也又省

上郡朔方五原雲中定襄漁陽廬江等七郡 文帝受禪又置七郡 朝歌

陽平弋陽魏興新城義陽安豐是也 明帝置六郡 西平公孫度得遼西遼東帶

方元菟樂浪 置上庸一郡 又少帝又置平陽一郡并得漢舊

郡國五十四平蜀得二十郡 劉備初置郡九巴東巴西梓潼江陽

括地志 卷一 一

(清)孙星衍辑《括地志》 岱南阁丛书

有唐一代，重要的地理著作有这样几部：

1.《括地志》五百五十卷。魏王李泰召集萧德言、宗楚客、顾胤、蒋亚卿、谢偃、苏勖等编纂，又作《序略》五卷；历时四年，贞观十五年(641)献上。[137]“其书称述经传山川城冢，皆本古说，载六朝时地理书甚多”[138]，为唐代卷帙最为浩大的地理书籍，虽有志无图，但在体例上深刻影响了后世同类作品。不过该书大约于南宋初时便已亡佚，清代孙星衍曾辑其遗文八卷。

2.《西域图志》六十卷。[139]唐政府平定西域后，高宗遣使“分往康国及吐火罗等国，访其风俗物产，及古今废置，画图以进”[140]，许敬宗、敬播等奉诏以之为素材，编纂而成。

3.《海内华夷图》并《古今郡国县道四夷述》四十卷。贞元十七年(801)，贾耽主持绘制《海内华夷图》一轴，“广三丈，从(纵)三丈三尺，率以一寸折成百里”；又搜辑古今图籍编为《古今郡国县道四夷述》，“郡县纪其增减，蕃落叙其衰盛”，详备反映了各地区的民情历史。[141]此外，贾耽还绘有《关中陇右及山南九州等图》一轴，并集相关说明资料为《别录》六卷；另编有《吐蕃黄河录》四卷，《皇华四达记》十卷等著作。

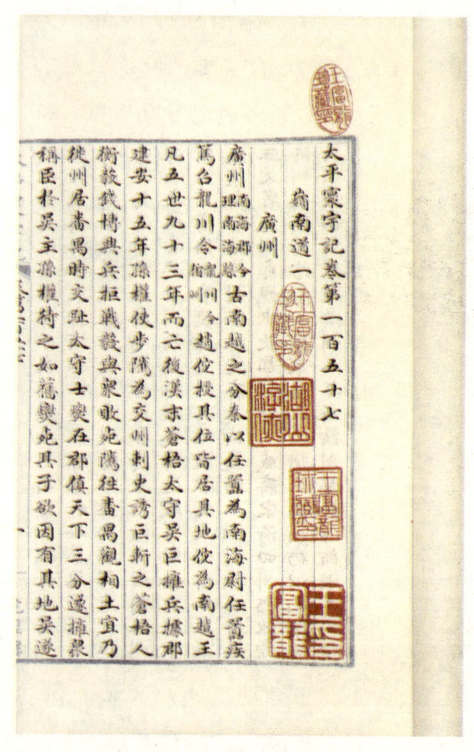

《太平寰宇记》清枕经楼抄本

贾耽，仕代宗、德宗、顺宗三朝，历任节度使、宰相等职，好地理学，在唐代地理图籍的编纂历史上是颇有开创意义的人物。首先，其编绘图籍，“古郡国题以墨，今州县以朱”[142]，在空间维度中直观地体现了时间维度。第二，他在《贞元十道录》中“以十道为准，县距州，州距两都，书其道里之数，与其四鄙所抵”[143]，这种描述境域的方式直接启发了《元和郡县图志》的编纂体例，其影响远及宋代《太平寰宇记》乃至元代《大元大一统志》的“四至八到”方法。

4.《元和郡县图志》四十二卷。[144]李吉甫编纂，所记“起京兆府，尽陇右道，凡四十七镇”，“每镇皆图在篇首”。南宋时图已亡佚，故惯称为《元和郡县志》，是现存最早的地理总志。该书以府、州为单元，先叙开元、元和时期的户籍变动，再录历史沿革、地域统辖、贡赋特产，又辅之以城镇分布、名胜、事件等，内容丰富，体例完善。其特点有三：一是重今求是，反对南北朝以来“搜古而略今”的态度，注意反映当今现状；二是与李吉甫削藩思想一脉相承，多言“攻守利害”，意图“佐明王扼天下之吭，制群生之命”；三是发展了贾耽的编纂理念，详细记述府州四方若干里的范围（四至），以及距长安、洛阳以及附近诸州府的里程（八到），初步形成了“四至八到”体例。[145]

二、本草医书

唐代具有完善的医学体系，贞观三年(629)政府开始设置医学以及医药博士，各都督府、州都有医药学生“掌州境巡疗”[146]。开元时期，地方诸州又增设医学助教，编纂医书，采集并记录各种药方。而且，唐代更是政府组织开展大规模医书编订活动的重要时期。

唐前，陶弘景集注的《神农本草经》是流传较广、使用较多的医药学著作。然而由于社会发展、医学经验的积累等原因，其中存在的诸般错误、问题也渐渐开始暴露，重新修订编纂医书的要求被提上日程。

永徽中，唐政府组织修订《神农本草经集注》，高宗敕令英国公李勣监修，成七卷，“世谓之《英公唐本草》，颇有增益”[147]。

显庆二年(657)，右监门长史苏敬以为前修药典仍“事多舛谬”，奏请再次增订。于是高宗诏令长孙无忌、许敬宗、苏敬、吕才、孔志约、李淳风诸臣“并诸名医等二十人”，重新纂集，同时仍令李勣负责监定。此次修订工作中，政府的组织能力得以充分发挥：一方面，广泛地调查搜求各地医方，“征天下郡县所出药物，并书图之”；另一方面，对外交流过程中所传入的医学知识、药物方剂等也被收录，来自印度、波斯等国的研究成果得到借鉴。[148]在此基础之上，编修人员经讨论筛选，纂成《本草》正文二十卷、目录一卷，附《药图》二十五卷、《图经》七卷，后来又撰《药图目录》一卷，凡五十四卷，后世称为《唐本草》。显庆四年(659)书成，颁行天下。

《唐本草》极大地扩充了《本草经》的内容含量，“增药一百一十四种，分为玉石、草、木、人、兽、禽、虫鱼、果、米谷、菜、有名未用十一部”[149]，“羽毛鳞介，无远不臻；根茎花实，有名咸萃”[150]；同时，也纠正了陶弘景《神农本草经集注》中的诸种讹误。在编纂上，《唐本草》注重保存前人成果，《神农本草经》原文朱笔书之，陶弘景集注墨笔书之，新增文字亦书以墨笔，但前题“新附”字样；又图文并茂，方便了对药物的辨认与识记，继承并弘扬了传统医药学中的本草系统。而且，《唐本草》开创了中国历史上政府大规模编纂、颁定药典的先例，更成为世界上最早的国家药典，影响绵延数百年。

此后出现的其他药典文献中，有几部也不同程度地带有官修性质：一是《本草拾遗》十卷[151]，开元时陈藏器所撰，对《唐本草》多有补充；二是《删繁本草》五卷，润州医博士杨损之编定，“删去《本草》不急及有名未用之类”[152]，乃出于地方医官之手的药典精编；三是王焘所编《外台秘要方》四十卷，焘久居弘文馆，遂“得古方书数千百卷”[153]，删削编辑而成是书，其博采诸家方论，保存了大量的古代药典方书。

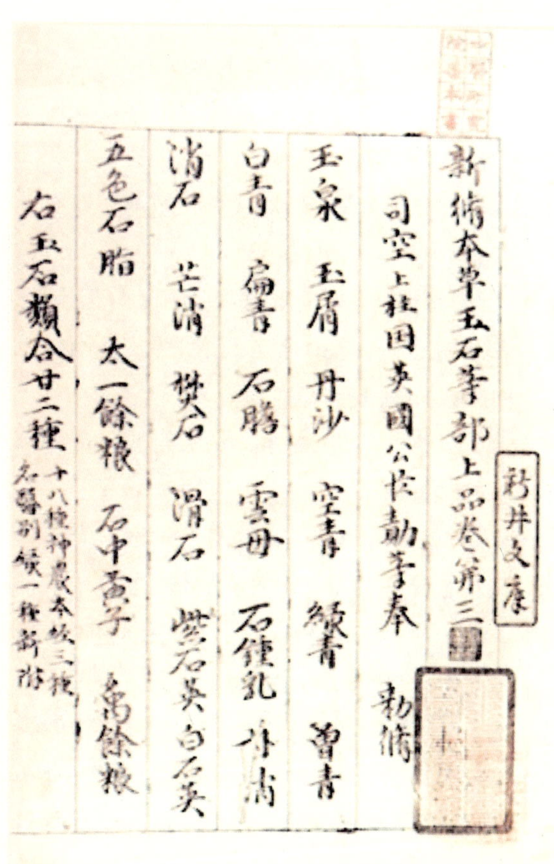
新修本草玉石等部上品卷第三
司空上柱國英國公臣勣等奉 勅脩
玉泉 玉屑 丹沙 空青 綠青 曾青
白青 扁青 石膽 雲母 石鍾乳 朴消
消石 芒消 礬石 滑石 紫石英 白石英
五色石脂 太一餘粮 石中黃子 禹餘粮
右玉石類合廿二種 十八種神農本經 三種名醫別錄 一種新附

《唐新修本草》（籑喜庐丛书）
清光绪影刻古卷子本

此外，唐代的帝王也十分热衷于医方的配置与颁布。开元十一年（723），玄宗皇帝亲制“广济方”颁示天下；为了保证其广泛而有效的传播，天宝五年(746)更敕令“郡县长官选其切要者，录于大版上，就村坊要路榜示”，并“委采访使勾当，无令脱错”。[154]无独有偶，贞元十二年(796)二月，德宗皇帝又制《贞元集要广利方》五卷，亦颁于全国州府。

孙思邈像

唐代政府编定药典、颁行方剂的活动带动了社会上的纂修风气，大量医药学图书涌现出来。其中较为重要的有：孙思邈《备急要千金方》(即《千金方》)三十卷、《千金髓方》二十卷、《千金翼方》三十卷；郑虔《胡本草》七卷，对外来药物颇有研究；萧炳《四声本草》，将诸药名首字“以平、上、去、入四声相从”，“以便讨阅”[155]；孔志约、甄立言、李含光等均撰有《本草音义》，凡此等等。

三、姓氏谱牒

乘南北朝之势，唐代谱学之风盛行，正所谓“姓氏之学，最盛于唐”[156]。政府逐渐主导、把持，甚至垄断了谱牒的编修，并且将官修谱牒活动推向了历史的最顶峰。在此过程之中，唐政府的编辑思想异常鲜明，那就是打击山东士族，维护统治权益。

这一方针贯彻于各种修谱活动之中，并通过三次大规模的编纂活动而最终得以实现：

第一次是《大唐氏族志》的编纂。大约贞观九年(635)[157]，山东士族“好自矜夸，虽复累叶陵迟，犹恃其旧地，女适他族，必多求聘财”[158]的问题引起了诸臣的纷纷议论，太宗以为其“甚伤教义”，遂命高士廉、韦挺、岑文本、令狐德棻等“普索天下谱谍，约诸史传，考其真伪”[159]，刊定天下姓氏。然而高士廉等颇有些食古不化，仍以山东崔氏为第一等。为此太宗勃然大怒，其言：“我与山东崔卢家，岂有旧嫌也？为其世代衰微，全无官宦人物。贩鬻婚姻，是无礼也；依托富贵，是无耻也。我不解人间何为重之。我今定氏族者，欲崇我唐朝人物冠冕，垂之不朽，何因崔干为一等？”遂降崔氏为第三等。正是这样，此次刊定明确执行了太宗“止取今日官爵高下作等级”[160]的意图，崇新贵，抑旧族。贞观十二年(638)，成书一百卷，录二百九十三姓，一千六百五十一家，为九等，太宗诏令颁行天下，是为《大唐氏族志》。

《大唐氏族志》的编纂实质上是唐代统治者利用政权的力量，为强制性地干预社会评判而树立新标准的活动，同时也开启了后来官修谱牒以设定门第的先河。

第二次是《姓氏录》的编纂。《大唐氏族志》虽已颁行，然根深蒂固的族姓意识一时难以扭转，“关东魏、齐旧姓，虽皆沦替，犹相矜尚，自为婚姻”[161]；同时，政权中的一批新贵崛起，旧的《氏族志》难以满足他们的利益要求。永徽中[162]，高宗诏令重刊姓氏。许敬宗、李义府、孔志约、吕才等奉敕“商量编录”，确立了编纂方针——“以皇朝得五品者，书入族谱”[163]；进而以之为据，编录二百三十五姓，二千二百八十七家，“以后族为第一等,其余以仕唐官品高下为准，凡九等”[164]，成书二百卷，称《姓氏录》。显庆四年(659)献上，高宗自作序。

为了推行新的士庶标准，唐政府废止贞观时期的《氏族志》，李义府等甚至采取了查禁焚毁的强制性措施。然而，在当时讲究门第、区分士庶的观念依然十分牢固的社会条件下，这种过激的编辑方针导致了最初的编辑意图难以实现，其效果适得其反。大量以军功而得五品的普通士卒，因被收入《姓氏录》而一跃成为士流，令与之同列的众多搢绅士大夫颇为不满，以入录为耻，纷纷嘲讽《姓氏录》为“勋格”。相反，那些没有官品的旧士族却以不入录而自贵，自称“禁昏家”，“凡男女皆潜相聘娶，天子不能禁，世以为敝云”[165]。

第三次是《大唐姓族系录》的编纂。中宗神龙元年(705)，散骑常侍刘冲奏请重修天下姓氏谱牒，以“明宗系”、“述衣冠”，“使夫士庶区分，惩劝攸寄”。[166]中宗遂敕魏元忠、柳冲、徐坚等依据《氏族志》重刊姓氏。玄宗先天二年，柳冲等编纂成《姓族系录》二百卷；至于开元二年（714），柳冲、薛南金、刘知几、吴兢等奉敕再次修订，《大唐姓族系录》最终得以确定。

《姓族系录》纠正了《姓氏录》过激的方针，而对贞观《氏族志》的编纂原则加以继承，在维护士流尊严的基础上，进一步扩大了收录的范围，“凡四海望族则为右姓”[167]，进一步打击了山东士族的显赫地位，维护了统治者以及执政士人的利益，在某种程度上也促进了社会族姓观念的历史性转变。

开元以后，大规模刊定姓氏的活动归于沉寂，然而官修谱牒的传统，以及利用编纂方式人为地提高当权者族姓地位的思想却一直得以延续。敦煌考古文献中发现有《新集天下姓望氏族谱》一卷，据考证当为德宗贞元时期所纂，其所收录姓氏达七百七十个[168]，是《姓氏录》的三倍多，明白地反映了唐代谱牒编修的发展趋势。

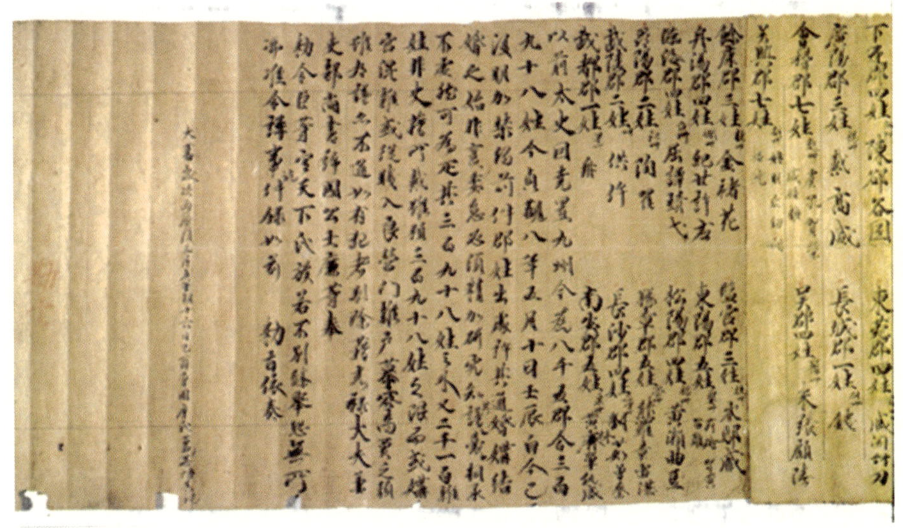

唐写本《姓氏录》（约 8–9 世纪）敦煌藏经洞出土

概括来说，唐代姓氏谱牒的编纂活动具有这样一些特点：

第一，采取折衷的编辑方针。从总体上看，唐代政府主持编纂谱牒的前提是认同魏晋以来的士庶之分，其编纂目的也是服务于区别门第、确定婚姻的社会需要，如天宝时颁布《新定诸家谱录》，规定"非谱裔相承者，不许昏姻"[169]。但是，在具体操作中坚持推崇当朝冠冕的原则，不断吸纳新贵，通过以国家的权威性为后盾，扩大士族范围的方式，来打破山东士族对所谓"右姓"的垄断。从客观效果而言，相较于《姓氏录》的激进，这种方式更为切合实际。

第二，发展出新型的编纂体例。前代谱牒编纂过程中，诸姓的编排或以郡望、或以字之偏旁。随着唐代音韵研究的发展，谱牒在编纂上采用了按韵分类编排的体例，进一步方便了查阅。尤其是在开元后，这种韵谱大量出现，如张九龄的《姓源韵谱》、林宝《元和姓纂》、柳璨的《姓氏韵略》等都属此类。

第三，适应朝廷意图的各种编纂活动，每每获得来自政府的资助。例如代宗时，柳芳曾"按宗正谱牒，自武德已来宗枝昭穆相承"，撰《永泰新谱》二十卷。文宗对其赞赏有加，柳芳之孙柳璟续修之时，便"诏户部供纸笔厨料"。

第四，政府的编修活动，带动了士人研究、编纂、进献谱牒的风气，但是也刺激了伪谱的修造。朝廷的每次修撰过后，都可能产生相应的伪谱。敦煌文献中保存了大量的伪造官修谱牒，有的竟然假造皇帝敕旨，以示"正统"。这种伪造的现象一则与社会信息传播手段的落后有关，二来更反映了氏族利益、社会传统观念以及政府意图之间的复杂矛盾。

四、训诫政论

"欲使见善思齐，足以扬名不朽；闻恶能改，庶得免乎大过。"[170]唐代帝王常通过支持、组织编纂政论性书籍的方式，来直接表达自身的政治见解与价值观念。这些书籍往往采摭汇编历代故事、言论，或辅以议论，以之来反映特定的训诫意图。

早在贞观七年(633)，太宗便命魏徵"录自古诸王行事得失，分其善恶"，编为《自古诸侯王善恶录》两卷，抄写并分赐诸子，以训诫他们从善改过。

高宗、武后相继秉政的时候，是政论类书籍编纂的高峰。高宗曾亲自作《天训》四卷，“历叙古今后妃荒淫之事，归之于鉴戒”[171]；章怀太子编有《春宫要录》及《修身要览》各十卷；武后更是组织周思茂、范履冰、卫敬业、元万顷等编纂了大量训诫德行的书籍，包括《古今内范》一百卷、《内范要略》五卷、《少阳政范》三十卷、《青宫纪要》三十卷、《紫枢要录》十卷、《维城典训》二十卷、《百僚新诫》五卷、《凤楼新诫》二十卷、《兆人本业》五卷、《臣轨》两卷[172]，另外又辑《青宫纪要》、《维城典训》、《古今内范》、《内范要略》等书之精要内容，编纂《训记杂载》十卷。此中，《天训》、《古今内范》曾被胡应麟视为类书[173]，其编纂模式及性质由此可见一斑。

武则天 像

这一时期，政论书籍的编纂直接服务于皇室的政治需要，如《百僚新诫》、《臣轨》等实为臣子言行的软规则，表达的是帝王心目中的为臣之道，《古今内范》等也或有为武后执政立据之意。尤其是武后，不仅注重表达自己的统治意志，而且更是积极促进它们的接受。从卷数对比上看，所谓“要略”、“杂载”均已具有摘要的性质，而《臣轨》更被立于学官，为士人所习。

吴越春秋闔閭内傳第四
闔閭（左傳作闔廬史記家同）元年始任賢使能施恩行
惠以仁義聞於諸侯仁未施恩未行恐國人
不就諸侯不信乃舉伍子胥為行人以客禮
事之而與謀國政闔閭謂子胥曰寡人欲彊
國霸王何由而可伍子胥膝進（膝行而進出莊子）垂
淚頓首曰臣楚國之亡虜也父兄棄捐骸骨
不葬魂不血食蒙罪受辱来歸命於大王幸

《吴越春秋》明万历刻本

不过，此后政论类书籍的训诫意味渐渐淡化，其镜鉴的作用逐渐受到重视。宪宗、文宗皇帝颇留意于此。元和四年(809),宪宗“采《尚书》、《春秋后传》、《史记》、班范《汉书》、《三国志》、《晏子春秋》、《吴越春秋》、《新序》、《说苑》等书君臣行事可为龟鉴者”,集成《前代君臣事迹》十四篇,“书写于屏风,列之御座之右”,另“书屏风六扇于中书”[174];又命令狐楚、沈传师、杜元颖等增广唐次《辨谤略》,博采“忠贤罹谗谤事”[175],“起周讫隋”[176],编纂为《元和辨谤略》十卷,元和十二年(817)献上。文宗仿其事,诏李德裕、裴潾续“辨谤略”以唐事,成《大和新修辨谤略》三卷;又“集《尚书》中君臣事迹,命画工图于太液亭,朝夕观览”[177],将规鉴文字转化为图像,以增强其直观性与感染力。

五、文学总集

文学总集最早可以上溯至《诗经》,然自挚虞《文章流别集》、萧统《文选》以降,其编纂才逐渐地自觉起来。唐代是政府组织大规模编选文学总集的肇始之秋。首先,“建安之后,辞赋转繁,众家之集,日以滋广”[178]。魏晋以降,中国文学进入了自觉的时代,文学作品的极大丰富,为总集的编选奠定了坚实的基础。其次,统治阶层的好尚为官修文学总集的编纂提供了直接的动力。《旧唐书·文苑传序》言:“贞观之风,同乎三代。高宗、天后,尤重详延,天子赋横汾之诗,臣下继柏梁之奏,巍巍济济,辉烁古今。”君王宰臣的文学创作实践,以及由此而产生的借鉴学习的需求,是唐政府编纂文学总集的现实原因。再次,唐代统治者搜罗天下精英的政策,促使“四方之士应制者向万人”[179],使文学总集的编纂有了人才上的保障。

从现有资料看,唐代政府主持编纂的文学总集主要有:

1.《文馆词林》一千卷[180],许敬宗、刘伯庄、高智周等奉敕纂辑,最初于高宗显庆二年(658)编纂完成[181],是唐代规模最大的文学总集。然而《文馆词林》编成后仅藏于秘府,为宫廷御用,难以流传广远,至北宋便已基本亡佚。所幸由于中外交往,日本等地尚保留有极少部分残卷。清嘉庆年间(日本元化时期),日人林衡所刊《佚存丛书》中辑有《文馆词林》四卷[182],多为唐前四言诗,后传回国内。

2.《芳林要览》三百卷,许敬宗、顾胤、许圉师、上官仪、杨思俭、孟利贞、姚璹、窦德玄、郭瑜、董思恭、元思敬等奉敕纂集，编修时间不会晚于高宗总章时期。[183]

3.《丽正文苑》二十卷，《新唐书·艺文志》有录，当为丽正修书院检校群书活动中的产物。

4.《文府》二十卷，徐坚所纂。开元时，玄宗诏张说组织编选《昭明文选》未收之诗文，于是张说便“命坚与贺知章、赵冬曦分讨”。然贺、赵二人均无建树，唯徐坚“集诗赋二韵为《文府》”[184]，而玄宗初定的整体计划也终不了了之[185]。

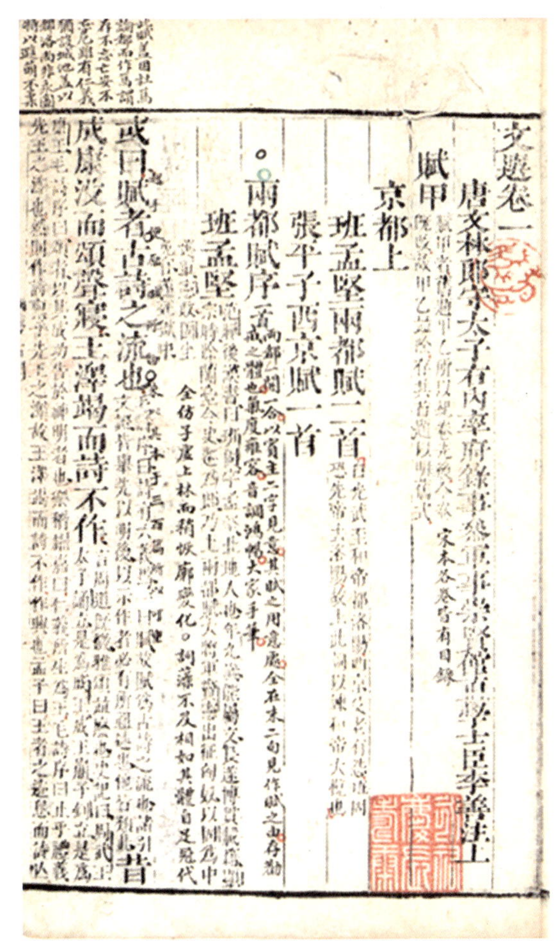

文選卷一

唐文林郎守太子右內率府錄事參軍事崇賢館直學士臣李善注上

賦甲

京都上

班孟堅兩都賦二首

張平子西京賦一首

兩都賦序

班孟堅

或曰賦者古詩之流也

成康沒而頌聲寢王澤竭而詩不作

(唐)李善注《文选》明汲古阁刻本

5.《唐御览诗》一卷，又名《元和御览》、《选进集》、《唐歌诗》，令狐楚编。收录三十人诗，凡二百八十九首，“其诗惟取近体，无一古体”，反映了中唐以后“世务以声病谐婉相尚”的时代风气。[186]

6.《大和通选》三十卷，大和七年(833)裴潾编纂。该书集历代文章，以图接续《昭明文选》，然“所取偏僻，不为时论所称”[187]。

唐代政府开展的文学总集编选活动，是其时纂录别集、总集的社会风气的重要组成部分，二者互有促动，同时对于宋世以后《文苑英华》等大型文集的编纂也具有着重要的示范与启发意义。

注　释

[1]《旧唐书·刑法志》。

[2]《史记·酷吏列传》。

[3]《新唐书·刑法志》。

[4] 刘俊文:《论唐格——敦煌写本唐格残卷研究》,《敦煌吐鲁番学研究论文集》,汉语大词典出版社,1990 年,第 529 页。

[5]《旧唐书·刑法志》。

[6] 日本学者仁井田升及牧野巽等曾据敦煌残卷,认为今所见《唐律疏议》实为《开元律疏》。杨廷福《唐律疏议制作年代考》(《文史》,1978 年第 5 辑)、蒲坚《试论唐律疏议的制作年代》(《法律史论丛》,1982 年第 2 辑)等都对此给予了有力的驳斥,指出李林甫等在开元时不过是重新刊定唐律及其疏文,改动了一些避讳、地名、官名而已,《永徽律疏》才是《唐律疏议》之原本。

而关于《开元律》的问题,学界是有争议的,如彭炳金《论唐代明法考试制度的几个问题》(《政法论坛》,2002 年第 2 期)便认为《开元律》是不存在的。按《旧唐书·刑法志》,"(开元)二十二年,户部尚书李林甫又受诏改修格令……总成律十二卷,律疏三十卷,令三十卷,式二十卷,《开元新格》十卷,又撰《格式律令事类》四十卷",《唐会要》卷三十九有相同记载,则开元改律明矣。然而,值得注意的是:第一,开元之律与《永徽律疏》卷帙完全相同;第二,详录唐代律令的《新唐书·艺文志》中不见此书,且古今公私目录均绝口不提"开元律";第三,其时成书的《开元新格》宋世依然可见(见《宋书·艺文志》),而"开元律"却无影无踪。

鉴于以上情况,我们认为,对于所谓《贞观律》、《永徽律》、《开元律》,古人视之为法,而非书。高祖因隋律而初立;太宗厘改以应唐时;高宗为之义疏,使唐律完善,三朝盖有始创之功,故而后世以典籍视之。长孙无忌等《律疏》的完成标志着唐律体系的最终形成,然而以后历朝肯定会根据形势变化而修订律、疏,不过此时改动、损益都发生在十二篇章、三十卷疏的框架之内,相应的成果(或者说实物) 便不再被视为新的典籍,它们都被视为统一的"唐律"。

《旧唐书·玄宗本纪》载,"(开元二十五年)九月壬申,颁新定《令》、《式》、《格》及《事类》

一百三十卷于天下”，以卷数与《旧唐书·刑法志》和《新唐书·艺文志》对比，当包括《律疏》三十卷，然却闭口不提，其反映的就是一种统一的唐律观，即虽有修订但不为新书。不论如何改动，都仍然是已颁行的唐律，且篇章框架、思想原则不变，因而无需另立名目。这也多少反映了中国古代，至少是北宋以后的某些编辑观念。

因此，如果以改律的行为为标准，那么《开元律》肯定是有的，甚至《垂拱律》都可能存在(《旧唐书·刑法志》："则天临朝……其律令惟改二十四条")。但是，本书认同杨廷福先生的看法，将永徽以后"律"的刊改作为一种必要的修订(如地名、职官的变革)，同时尊重历代目录的观点，不把它们作为新的法律典籍，特此说明。

[7] 陈仲安：《律令格式》，《魏晋南北朝隋唐史资料》，1982年第4期。

[8]《新唐书·艺文志》作"二十七卷"。此本杜佑《通典》卷一百六十五，《唐会要》卷三十九亦有："分为三十卷，二十七篇，一千五百九十条。"

[9]《通典》卷一百六十五。

[10] 房玄龄等初为格七卷，后扩充为十八卷，见《旧唐书·刑法志》。

[11]《通典》卷一百六十五。

[12]《旧唐书·刑法志》。

[13]《唐六典》卷六。

[14]《垂拱格》的编纂，各书记录不尽相同。《旧唐书·经籍志》录有《垂拱格》二卷与《垂拱留司格》六卷，其中《垂拱格》二卷即垂拱元年所颁新格。大部分政书基本上也就仅载录此二本。《新唐书·艺文志》载有垂拱时期《格》十卷、《新格》二卷、《散颁格》三卷、《留司格》六卷，又《旧唐书·则天皇后本纪》："太后尝召文学之士周思茂、范履冰、卫敬业，令撰……《垂拱格》四卷。"或由于"格"编录敕文的性质，需要不断增补修订，故不同时代有不同卷数的典章。此处本《新唐书·艺文志》。

[15] 两唐书《刑法志》、《新唐书·艺文志》、《唐会要》卷三十九等均载神龙删定格式者为韦安石、祝钦明、苏瑰、狄光嗣等，然《旧唐书·韦安石传附从祖兄子巨源传》载："(韦)巨源奉制与唐休璟、李怀远、祝钦明、苏瓌等定《垂拱格》及《格后敕》，前后计二十卷，颁下施行。"其中，有韦巨源而无韦安石，存疑。

[16] 另，刘俊文先生曾考证，编号为T11T的敦煌遗卷为《神龙留司格》。见刘俊文：《论唐格——敦煌写本唐格残卷研究》，《敦煌吐鲁番学研究论文集》，汉语大词典出版社，

1990 年，第 538 页。

［17］《新唐书·艺文志》以《开元令》三十卷、《开元式》二十卷为宋璟、苏颋、卢从愿等所作，《旧唐书·刑法志》及各政书则目之为开元二十九年李林甫等总成。按《中兴馆阁书目》："《唐式》二十卷，开元七年上，二十六年李林甫等刊定。"则其成书过程明矣。又《旧唐书·经籍志》称"《式》二十卷，姚崇等撰"，盖开元历次修订律令格式，均有成书，然前后相因，故后世视之为一朝之令式，只录为一书。

［18］《旧唐书·刑法志》。

［19］见《唐会要》卷三十九。

［20］见两唐书《冯宿传》，引文出自《新唐书·冯宿传》。

［21］《旧唐书·刑法志》。

［22］《新唐书·刑法志》。

［23］《旧唐书·刑法志》。然而需要指出的是，《唐律疏议》中常常采用"问曰"、"答曰"的形式，在一定程度上，其已经具有了"例"的性质。

［24］《旧唐书·刑法志》。

［25］《唐会要》卷三十九。

［26］《宋刑统》卷三十。

［27］侯雯：《唐代格后敕的编纂及特点》，《北京师范大学学报》（人文社会科学版），2002 年第 1 期。

［28］《唐会要》卷三十九。

［29］《旧唐书·刑法志》。

［30］可参考吴丽娱《唐礼摭遗——中古书仪研究》的相关论述（商务印书馆，2002 年，第 476 页）。

［31］有观点认为，仪注即为某一典礼仪式而制定的具体礼仪。刘安志《关于〈大唐开元礼〉的性质及行用问题》（《中国史研究》，2005 年第三期）等文也认为《开元礼》并不属于仪注。诚然，唐礼与具体之仪注是有所差异的，但是从本质上它们都是根据儒家礼经以及传统礼仪而制定的本朝规范，《新唐书·艺文志》、《文献通考》等均将其视为"仪注"。因此，这里采用广义的仪注概念，即有唐一代的各种礼仪制度。

［32］《唐会要·卷三十七》。

[33]《旧唐书·礼仪志》。

[34] 姜伯勤:《敦煌艺术宗教与礼乐文明》, 中国社会科学出版社,1996 年,第 425 页。

[35]《旧唐书·礼仪志》。

[36]《全唐文》卷五百十四《颜鲁公行状》。

[37]《隋书·经籍志》。

[38] 见《唐文拾遗》卷七十二。

[39] 关于《贞观礼》的完成时间,《唐会要》卷三十七载:"七年正月二十四日献之,诏行用焉。"又《通典》卷四十一:"贞观七年,始令颁示。"

然《新唐书·艺文志》:"《大唐仪礼》一百卷,长孙无忌、房玄龄、魏徵、李百药、颜师古、令狐德棻、孔颖达、于志宁等撰。《吉礼》六十篇,《宾礼》四篇,《军礼》二十篇,《嘉礼》四十二篇,《凶礼》六篇,《国恤》五篇,总一百三十篇。贞观十一年上。"考《旧唐书·太宗本纪》:"?十一年春正月……甲寅,房玄龄等进所修《五礼》,诏所司行用之";《旧唐书·王珪传》:"十一年,与诸儒正定《五礼》书成";《旧唐书·李百药传》:"十一年,以撰《五礼》及律令成,进爵为子";《旧唐书·颜师古传》:"俄又奉诏与博士等撰定《五礼》,十一年,《礼》成,进爵为子"。此从《新唐书·艺文志》。

[40]《新唐书·艺文志》称《永徽礼》共二百九十九篇,《唐会要》卷三十七则记为"二百二十九篇"。

[41]《新唐书·艺文志》。

[42]《新唐书·礼乐志》。

[43] 刘安志《关于〈大唐开元礼〉的性质及行用问题》(《中国史研究》,2005 年第 3 期)认为《开元礼》"与仪注之间是体、用关系,二者不能完全等同",并就此做出了精当、有说服力的论述。应该承认,《开元礼》与论述具体典礼行为规则的仪注确为不同,其更加具有原则性意义,是具体仪注的指导。《贞观礼》、《永徽礼》亦然。但是其说未免狭隘,正如唐张说于《开元礼》编撰前所言:"《礼记》汉朝所编,遂为历代不刊之典。今去圣久远,恐难改易。今之五礼仪注,贞观、显庆两度所修,前后颇有不同,其中或未折衷。望与学士等更讨论古今,删改行用。"有注必有本,相对于"不刊"的儒家经典而言,唐代后编之《贞观礼》、《永徽礼》、《开元礼》均是"五礼仪注";但它们对于作为具体仪式行为规定的"仪注"而言,自然又是原

则性的本了。如前所言,这里从广义上来看待仪注,将其作为继承古礼精神的唐代所有礼仪制度的总称, 故而论述《开元礼》。

[44]本段引文见《唐会要》卷三十七,《旧唐书·礼仪志》文同。另,《唐会要》“二十九年九月,颁所司行用焉”误,当为“二十年九月”。

[45]《四库全书总目提要》卷八十二。

[46]见《唐文拾遗》卷二十。

[47]《全唐文》卷五百零六,权德舆《唐故太常卿赠刑部尚书韦公墓志铭序》。

[48]《新唐书·艺文志》录为二十卷,然《新唐书·礼乐志》、《宋史·艺文志》、《直斋书录解题》、《文献通考》等均称三十卷。

[49]《文献通考》卷一百八十七。

[50]《旧五代史·晋书·高祖纪》。

[51]《唐会要》卷三十七。

[52]《新唐书·礼乐志》。

[53]《文献通考》卷一百八十七。

[54]《柳河东集》卷二十一《崇丰二陵集礼后序》。

[55]《旧唐书·裴矩传》。

[56]敦煌写本书仪 P. 2646 号卷。转引自陈静:《书仪的名与实》,《中国典籍与文化》,2000 年第 1 期。

[57]《文献通考》卷一百八十七。

[58]《玉海》卷五十四。

[59]张涤华先生认为类书可以上溯至“抄撮之学”。《史记·十二诸侯年表》:“铎椒为楚威王傅,为王不能尽观《春秋》,采取成败,卒四十章,为《铎氏微》。”又《别录》:“《左氏传》三十卷左丘明授曾申,申授吴起,起授其子期,期授楚人铎椒。铎椒作《抄撮》八卷授虞卿;虞卿作《抄撮》九卷,授荀卿;荀卿授张苍。”(张涤华:《类书流别》(修订本),商务印书馆 1985 年,第 7 页)胡道静先生将春秋时代的杂家著述等定义为类书的远源(可参见胡道静:《中国古代的类书》,中华书局,1982 年)。

[60]钮树玉《匪石先生文集》卷下。

[61]《旧唐书·经籍志》载:“《文思博要》并目一千二百一十二卷,张大素撰。”此说当

存疑。两唐书中涉及编修《文思博要》的记载共十处，除《旧唐书·经籍志》外均未提及张大素。另《唐会要》卷三十六："（贞观十五年），凡一千二百卷，诏藏之秘府。同撰人：特进魏徵，中书令杨师道，中书侍郎岑文本，礼部侍郎颜相时，国子司业朱子奢，给事中许敬宗，国子博士刘伯庄，太常博士吕才，秘书监房元龄，太学博士马嘉运，起居舍人褚遂良，晋王友姚思廉，太子舍人司马宅相，秘书郎宋正人。"亦不提张大素。

[62]《旧唐书·孔颖达传附马嘉运传》载："（贞观）十一年，（马嘉运）召拜太学博士，兼弘文馆学士，预修《文思博要》。"这是关于《文思博要》编纂的最早记录。

[63]关于《文思博要》的成书时间，《新唐书·艺文志》称其"贞观十五年上"，《唐会要》卷三十六也说其于贞观十五年十月撰成（见注释[4]）。然而查《文思博要》各撰者之传，《旧唐书·高士廉传》："十六年……又正受诏与魏徵等集文学之士，撰《文思博要》一千二百卷奏之，赐物千段"；《旧唐书·房玄龄传》："十六年，又与士廉等同撰《文思博要》成，锡赉甚优"。又据《唐会要》卷三十六："十五年正月三日，魏王泰上《括地志》五十卷……其年十月二十五日，尚书左仆射申国公士廉等撰《文思博要》成……"《括地志》并《文思博要》或成于一年。《旧唐书·濮王泰传》亦称："十五年，泰撰《括地志》功毕。"然《资治通鉴》卷一百九十六载："（十六年）春，正月，乙丑，魏王泰上《括地志》。"记载混乱，难以辨明，存疑。

[64]本段引文均出自《全唐文》卷一百三十四之《文思博要序》。

[65]《新唐书·艺文志》。

[66]《旧唐书·文苑传》载："（孟利贞）受诏与少师许敬宗、崇贤馆学士郭瑜、顾胤、董思恭等撰《瑶山玉彩》五百卷，龙朔二年奏上之，高宗称善，加级赐物有差。"此说当有误。《旧唐书·高宗本纪》载："（龙朔）三年春正月，左武卫大将军郑仁泰等帅师讨铁勒余种……二月，前左相许圉师左迁虔州刺史。太子弘撰《瑶山玉彩》成，书凡五百卷。"又《唐会要》卷三十六："（龙朔）三年十月二日，皇太子宏遣司元太常伯窦德元，进所撰瑶山玉彩五百卷上之。诏藏书府。"

[67]《唐会要》卷三十六。"乔备"在原文作"高备"，误。《旧唐书·文苑传·乔知之附弟备》："侃，开元初为兖州都督。备，预修《三教珠英》，长安中卒于襄阳令。"《新唐书·艺文志》："《三教珠英》一千三百卷，目十三卷。张昌宗、李峤、崔湜、阎朝隐、徐彦伯、张说、沈佺期、宋之问、富嘉謩、乔侃、员半千、薛曜等撰。"其中"乔侃"亦当为"乔备"之误。

[68]《新唐书·文艺传中·李适传》："武后修《三教珠英》书，以李峤、张昌宗为使，取文学士缀集，于是适与王无竞、尹元凯、富嘉谟、宋之问、沈佺期、阎朝隐、刘允济在选。"《唐

会要》卷三十六所载《三教珠英》编撰者中,"王适" 或当为 "李适"。

［69］《唐会要》卷三十六。

［70］本句引文出自 《唐会要》 卷三十六。

［71］《唐会要》卷六十三作"群书政要"。其文曰:"贞观五年九月二十七日,秘书监魏徵撰《群书政要》,上之。 太宗欲览前王得失,爰自六经,讫于诸子,上始五帝,下尽晋年。徵与虞世南、褚亮、萧德言等始成,凡五十卷。"

［72］《旧唐书·许敬宗传》言,许敬宗"自贞观已来,朝廷所修五代史及《晋书》、《东殿新书》、《西域图志》、《文思博要》、《文馆词林》、《累璧》、《瑶山玉彩》、《姓氏录》、《新礼》,皆总知其事,前后赏赉,不可胜纪"。这里《累璧》首先系朝廷所修,又与五代史、《文思博要》等同列,可见其编纂起源也应该是非同寻常的。

［73］肖东发主编:《中国编辑出版史》,辽海出版社,2002 年,第 191 页。

［74］肖东发主编:《中国编辑出版史》,辽海出版社,2002 年,第 191 页。

［75］《四库全书总目提要》称其"凡为类四十有八"(卷一百三十五),当是误将"药香草"一部视为三类。

［76］具体可参见阎现章主编:《中国古代编辑家评传》(下), 河南大学出版社,1996 年,第 36 页。

［77］《四库全书总目提要》卷一百三十五。

［78］胡道静:《中国古代的类书》,中华书局,1982 年,第 96 页。

［79］司马光《续诗话》。

［80］阎现章主编:《中国古代编辑家评传》(下),河南大学出版社,1996 年,第 33 页。

［81］《全唐文》卷一百三十四《文思博要序》。

［82］阎现章主编:《中国古代编辑家评传》(下),河南大学出版社,1996 年,第 37 页。

［83］《艺文类聚序》。

［84］《隋书·经籍志》。

［85］《贞元续开元释教录》卷上。

［86］引文出《开元释教录》卷八。又,《续高僧传》卷三载:"武德九年,高平王出使入蕃,因与相见,承此风化将事东归,而叶护君臣留恋不许,王即奏闻,下敕征入,乃与高平同来谒帝,以其年十二月达京,敕住兴善,释门英达莫不修造。"《开元释教录》卷八载:"武德

九年，高平王出使入蕃因与相见，承此风化将事东归，而叶护君臣留恋不许。王即奏闻下敕徵入，乃与高平同来谒帝。以贞观元年岁次丁亥十一月二十日达京，敕住兴善。”按，太宗于武德九年明年改元（《旧唐书·太宗本纪》载“贞观元年春正月乙酉改元”），上述二者时间相差近一年，存疑。

[87]《续高僧传》卷四。

[88]《开元释教录》卷八。

[89]大藏经的初名，即将一切佛教典籍汇集起来编成的一部全集。

[90]《贞元续开元释教录》卷中。

[91]转引自宋原放主编：《中国出版史料（古代部分）》第一卷，湖北教育出版社，2004年，第35页。

[92]《续古今译经图纪》。

[93]曹之：《唐代官方佛经抄本考略》，《四川图书馆学报》，2004年第4期。

[94]《代宗朝赠司空大辨正广智三藏和上表制集》卷三《谢恩赐琼华真人一切经一藏表》。

[95]《开元释教录》卷九。

[96]《开元释教录》卷九。

[97]《贞元续开元释教录》卷上。按，《瑜伽师地论略纂》卷第十曰：“有人云，护法十信时未别种者，不然，广如别辨，如《仁王经》说有差别，地前有三心：一信心，二住心，三坚心，信位中名习种姓住者，即十解十行二十心，合为住心坚心，即十回向。西方寻访彼经，未闻有本……”对于梵文《仁王护国经》的有无提出了质疑，特此说明。

[98]汤用彤：《隋唐佛教史稿》，中华书局，1982年，第75页。

[99]即达摩流支，《开元释教录》卷九：“沙门菩提流志，本名达摩流支，唐言法希，天后改为菩提流志，唐云觉爱。”

[100]引文均出自《开元释教录》卷九。

[101]《开元释教录》卷八。

[102]《开元释教录》卷九。

[103]《开元释教录》卷八。

[104]《宋高僧传》卷二。

[105]《宋高僧传》卷一。

[106]《贞元新定释教目录》卷十二。

[107]《续贞元释教录》。

[108]《贞元新定释教目录》卷十一:"自高祖神尧皇帝武德元年岁次戊寅,至皇帝贞元十六年庚辰之岁,兼天后代凡经一百八十三载。传译缁素已有四十六人,所出经律论及传录等总四百三十五部二千四百七十六卷(于中四百七部二千三百九十九卷见在,二十七部七十七卷访本未获)。"另据马祖毅《中外翻译简史》(中国对外翻译出版公司,1984年,第68~69页),唐代共产生经文四百二十八部,凡二千四百一十二卷。

[109]《续高僧传》卷八。

[110]《资治通鉴》卷二百零四。

[111]《佛说决罪福经·题记》,转引自黄徵、吴伟:《敦煌愿文集》,岳麓书社,1995年。

[112]《释氏稽古略》卷三。

[113]《旧唐书·代宗本纪》。

[114]《旧唐书·萧瑀传》。

[115]杨富学、王书庆:《唐代长安与敦煌佛教文化之关系》,《98'法门寺唐文化国际学术讨论会论文集》,陕西人民出版社,2000年。

[116]《佛祖统记》卷三十九。

[117]《全唐文》卷九《佛遗教经施行敕》。

[118]《佛祖统纪》卷四十二。

[119]周绍良:《法苑珠林校注记略》,载《法苑珠林校注》,中华书局,2003年。

[120]《宋高僧传》卷四。

[121]《宋高僧传》卷四。

[122]《全唐文》卷七百二十一《东林寺经藏碑铭序》。

[123]关于《琼纲经目》所录道经卷数的记述差异颇大,《太上黄箓斋仪》卷五十二:"玄宗著《琼纲经目》,凡七千三百卷";《道藏尊经历代纲目》:"唐明皇御制《琼纲经目》,藏经五千七百卷";《文献通考》卷二二四:"《宋三朝国史志》曰:'班志艺文,道家之外,复列神仙,在方伎中。东汉后道教始著,而真仙经诰别出焉。唐开元中,列其书为藏目,曰《三洞琼

纲》,总三千七百四十四卷'”。

[124]引文出自《周礼·夏官·职方》、《周礼·地官·土训》、《周礼·地官·诵训》。

[125]可参见辛德勇:《〈周礼〉地域职官训释——附论上古时期王官之学中的地理学体系》,《中国史研究》,2007年第1期。

[126]关于“图经”的含义,《华中建筑》2002年第5期和2004年第4期分别刊载了王航兵《中国古代图经概述及分类探讨——从建筑角度对中国古代(元代以前)图经的分析》,韦峰、王鲁民《关于中国古代图经与古代地图的讨论——兼与〈中国古代图经概述及分类探讨〉一文商榷》两篇颇有针锋相对意味的文章。在讨论中,“图经”之内涵已然清晰。本书这里取折衷的态度,将“图经”视为一种文图并举、兼涉政史的典志型地理著作,但是不包括园林、建筑的山水画。

[127]《始平县图经》可见李并成教授的考证(《唐〈始平县图经〉残卷(S.6014)研究》,《敦煌研究》,2005年第5期)。

[128]《新唐书·百官志》:“(兵部)职方郎中、员外郎,各一人,掌地图、城隍、镇戍、烽候、防人道路之远近及四夷归化之事。凡图经,非州县增废,五年乃修,岁与版籍偕上。凡蕃客至,鸿胪讯其国山川、风土,为图奏之,副上于职方。”则《唐六典》“地图”之实质当为“图经”。又,按《唐会要》卷五十九“建中元年十一月二十九日,请州图每三年一送职方,今改至五年一造送。如州县有创造,及山河改移,即不在五年之限。后复故”,则州府图经报送之时间明矣。

[129]对此李并成教授有具体的考证,详见李并成《唐代图经考》(李并成、李春元:《瓜沙史地研究》,甘肃文化出版社,1996年,第175页)。

[130]当为《宋史·艺文志》之“梁载言《十道四蕃志》十五卷”。《郡斋读书志》卷八录《十道志》十三卷,称“唐梁载言撰。唐分天下为十道,所载颇详博,其书多称咸通中沿革,载言盖唐末人也”,《直斋书录解题》所见同,《文献通考》均引。梁载言,《旧唐书》卷一百九十、列传第一百四十有传:“梁载言,博州聊城人。历凤阁舍人,专知制诰。撰《具员故事》十卷,《十道志》十六卷,并传于时。中宗时为怀州刺史。”盖《十道志》后人有所修订。

[131]朱悦梅、李并成:《〈沙州都督府图经〉纂修年代及其相关问题考》,《敦煌研究》,2003年第5期。

[132]《文献通考》卷二百零四。

[133]韩愈《将至韶州先寄张端公使君借图经》。

[134]李正宇:《敦煌乡土志八种笺证》,台北新文丰出版公司,1998年,第11页。

[135]李宗俊(《〈沙州都督府图经〉撰修年代新探》,《敦煌学辑刊》,2004年第1期)指出,《沙州都督府图经》的大规模编绘发生于武周时期,刺史李无亏编造祥瑞出现、民俗歌谣的目的在于为武氏改唐为周张目,以巩固新政权,因而具有很强的政治针对性。

[136]《全唐文》卷五百一十二《上元和郡县图志序》。

[137]《资治通鉴》记为贞观十六年,《旧唐书·濮王泰传》、《唐会要》卷三十六均为十五年。又《唐会要》卷三十六称《括地志》为五十卷,《新唐书·艺文志》录《括地志》五百五十卷,现代学者一般认同后一种观点。

[138]孙星衍《括地志》辑本。

[139]《新唐书·艺文志》作《西域国志》,查《唐会要》卷三十六、《旧唐书·许敬宗传》、《新唐书·奸臣传》、《新唐书·西域传》等均作《西域图志》,《旧唐书·儒学传》作《西域图》,盖“图”、“国”形近易误。

[140]《唐会要》卷三十六。

[141]《旧唐书·贾耽传》。

[142]《新唐书·贾耽传》。

[143]《全唐文》卷四百九十三《魏国公贞元十道录序》。

[144]《四库全书总目提要》曾介绍了《元和郡县志》的来龙去脉:“是书据宋洪迈跋,称为元和八年所上,然书中更置‘宥州’一条,乃在元和九年,盖其事为吉甫所经画,故书成之后,又自续入之也。……并目录两卷,共成四十二卷,故名曰《元和郡县图志》。后有淳熙二年程大昌跋,称图至今已亡,独志存焉,故《书录解题》惟称《元和郡县志》四十卷。……其书《唐志》作五十四卷,证以吉甫之原序,盖志之误。”纪昀等认为,今之《元和郡县志》篇目断续,多有残缺,并非该书之原貌。

李吉甫《上元和郡县图志序》言其书“起京兆府,尽陇右道,凡四十七镇,成四十卷,每镇皆图在篇首,冠于叙事之前,并目录两卷,总四十二卷”(可见《全唐文》卷五百一十二)。然《新唐书·艺文志》载“李吉甫《元和郡县图志》五十四卷”,与李吉甫自述差异过大。按《唐会要》卷三十六:“(元和)八年二月,宰臣李吉甫,撰《元和州县郡国图》三十卷,《百司举要》一卷成,上之;吉甫又常缀录东汉魏晋元魏周隋故事,记其成败损益,因为《六代略》,凡三十卷;分天下诸镇绝域,山川险易故事,各写其图于篇首,为五十四卷,号为《元和郡国图》。”此与《旧唐书·李吉甫传》所载同:“分天下诸镇,纪其山川险易故事,各写其图于篇首,为五十四卷,号为《元和郡国图》。”以此看,纪昀等“志之误”的说法值得商榷。

又《旧唐书·宪宗本纪》:“(元和八年)二月乙酉朔。辛卯,田兴改名弘正。宰相李吉甫进所撰《元和郡国图》三十卷,又进《六代略》三十卷,又为《十道州郡图》五十四卷。”以此推测,大概李吉甫有三十卷本《元和郡国图》(或曰《元和州县郡国图》)、五十四卷本《元和郡国图》(抑或是《十道州郡图》)两种郡国图志。较之李吉甫序,或其所纂多全国性之图经地志,故概称为郡国图、十道图等。可能今见《元和郡县志》乃另有所本,非两唐书所记之书。

[145] 引文均出自《全唐文》卷五百一十二《上〈元和郡县图志〉序》。

[146]《新唐书·百官志》。

[147]《本草纲目》卷一。

[148] 本段引文见《唐会要》卷八十二。

[149]《本草纲目》卷一。

[150]《全唐文》卷一百八十六《本草序》。

[151] 彭斐章先生认为《本草拾遗》具有国家药典的性质。见彭斐章主编:《中外图书交流史》,湖南教育出版社,1998 年,第 43 页。

[152]《本草纲目》卷一。

[153]《郡斋读书志》卷十五。

[154]《唐会要》卷八十二。

[155]《本草纲目》卷一。

[156]《通志·氏族略》。

[157]《贞观政要》卷七载:“贞观六年,太宗谓尚书左仆射房玄龄曰:“比有山东崔、卢、李、郑四姓,虽累叶陵迟,犹恃其旧地,好自矜大,称为士大夫。每嫁女他族,必广索聘财,以多为贵,论数定约,同于市贾,甚损风俗,有紊礼经。既轻重失宜,理须改革。”乃诏吏

部尚书高士廉、御史大夫韦挺、中书侍郎岑文本、礼部侍郎令狐德棻等，刊正姓氏，普责天下谱牒，兼据凭史传，剪其浮华，定其真伪，忠贤者褒进，悖逆者贬黜，撰为《氏族志》。”似于贞观六年左右始修。

然考《旧唐书·高士廉传》：“高祖崩，士廉摄司空，营山陵制度。事毕，加特进、上柱国。是时，朝议以山东人士好自矜夸，虽复累叶陵迟，犹恃其旧地，女适他族，必多求聘财。太宗恶之，以为甚伤教义，乃诏士廉与御史大夫韦挺、中书侍郎岑文本、礼部侍郎令狐德棻等刊正姓氏。”所谓“是时”当于高祖驾崩前后。按《旧唐书·高祖本纪》“（贞观）九年五月庚子，高祖大渐”，又《新唐书·高祖本纪》“（贞观）九年五月，崩于垂拱前殿”。则《氏族志》的始撰时间当为贞观九年左右。此从《旧唐书》。

［158］《旧唐书·高士廉传》。

［159］《唐会要》卷三十六。

［160］《旧唐书·高士廉传》。

［161］《旧唐书·李义府传》。

［162］关于《姓氏录》的编纂时间，按《新唐书·高俭传》：“高宗时，许敬宗以不叙武后世，又李义府耻其家无名，更以孔志约、杨仁卿、史玄道、吕才等十二人刊定之，裁广类例……改为《姓氏录》”，则当晚于武则天被立为后；永徽六年，高宗废王皇后立武氏，此时已是永徽末。然《旧唐书·吕才传》称：“永徽初，预修《文思博要》及《姓氏录》。”存疑。

［163］《唐会要》卷三十六。

［164］《资治通鉴》卷二百。

［165］《新唐书·高俭传》。

［166］《唐会要》卷三十六。

［167］《新唐书·儒学传·柳冲传》载：“江左定氏族，凡郡上姓第一，则为右姓。太和以郡四姓为右姓。齐浮屠昙刚《类例》凡甲门为右姓。周建德氏族以四海通望为右姓。隋开皇氏族以上品、茂姓则为右姓。唐《贞观氏族志》凡第一等则为右姓。路氏著《姓略》，以盛门为右姓。柳冲《姓族系录》凡四海望族则为右姓。不通历代之说，不可与言谱也。今流俗独以崔、卢、李、郑为四姓，加太原王氏号五姓，盖不经也。”从对比中就可以看出，唐代历次修谱中“右姓”范围逐渐扩大的趋势。当然这是官方的意志观念，“流俗”中传统的以山东士族为尊的意识仍然较强。但客观上，士庶界限开始模糊，门第观念已趋于削弱。

[168] 参见李锦绣:《敦煌文书中的谱牒写本》,《文史知识》,2003 年第 5 期。

[169]《玉海》卷五十。

[170]《贞观政要》卷四。

[171] 王重民原编、黄永武新编:《敦煌古籍叙录新编》,台北新文丰出版公司,1986 年,第十册第七十五条。

[172]《郡斋读书志》卷十:"'范'或作'轨'。"

[173]《少室山房笔丛正集》卷十二《九流绪论》下,然胡氏对于武后编修之书,颇为不屑,称"武氏又有《古今内范》百卷、《列女传》百卷,穷古今可笑事,当无若此二端",盖其书为女性争位,与传统道德不符。

[174]《唐会要》卷三十六。书于屏风是中国古代保存、传扬文字,促进其接受的特殊方法,是书法艺术与精言要理的结合,集装饰、观赏、训教于一体。两唐书《虞世南传》均载"太宗尝命写《列女传》以装屏风";《旧唐书·房玄龄传》记传主 "集古今圣贤家诫,书于屏风,令(子)各取一具"。

[175]《郡斋读书志》卷六。

[176]《新唐书·唐俭传附次传》。

[177]《旧唐书·文宗本纪》,又宋郭若虚《图画见闻志》卷一。

[178]《隋书·经籍志》。

[179]《大唐新语》卷八。

[180]《旧唐书·崔玄暐传》、《新唐书·良吏传》、《新唐书·艺文志》作"文馆辞林"。

[181] 此后当有修订,考《旧唐书·刘知几传》:"预修《三教珠英》、《文馆词林》、《姓族系录》。"刘知几大约生于龙朔初,即 661 年左右,弱冠而登进士第,则其所参与的工作当为后来的续编。

[182] 原书第六百六十二、六百六十四、六百六十八、六百九十五卷。

[183]《旧唐书·文苑传》:"元思敬者,总章中为协律郎,预修《芳林要览》,又撰《诗人秀句》两卷,传于世。"一般认为即元兢。

[184]《新唐书·艺文志》。又《唐会要》卷三十六:"(开元)十九年二月,礼部员外郎徐安贞等撰《文府》二十卷上之。"按,徐坚卒于开元十七年,徐安贞《文府》或另有其书。存疑。

[185] 此或因萧嵩代张说掌集贤院而致。《玉海》卷五十四引《集贤注记》称:“及萧嵩知院,以《文选》是先祖所撰,喜于嗣美,奏皇甫彬、徐安正、孙逖、张环修《文选》。”显然,萧嵩更愿意为先祖锦上添花,而不肯另起炉灶了。

[186] 引文见《四库全书总目提要》卷一百八十六。

[187]《旧唐书·文宗本纪》。

第五章

唐代士人的编辑出版活动

所谓士人，即古代社会的知识阶层。他们既是唐代政府纷纭的图书编纂计划的具体执行者和实践者，同时也是独立开展编辑出版活动的重要主体。唐代士人在实践中所表现出的传世意识、道德意识、主体意识和积极干预现实的精神，以及他们关于编辑出版活动的各种思考与实践，都极大地丰富了中国古代的文化思想，更促进了编辑出版事业的发展创新。质言之，对于唐代编辑出版史而言，士人的活动与功绩是一个不可分割的重要组成部分。

第一节　唐代士人编辑出版活动概述

一、唐代士人的编辑活动

同唐代文化、思想的异彩纷呈相伴随，唐代士人的编辑活动亦呈现为纷繁复杂的发展态势。总体而言，我们可以从这样三个角度来认识和理解当时士人所开展的各种编辑活动：

(一)作为学术研究方法的编辑活动。注疏是中国古代学术的重要方法之一，自东汉以后，贾逵、郑玄等所发扬的“义理阐发不墨守一家，而有所调停折衷，集其大成”的方法获得了社会的认可[1]，同时，随着文化积累的增加，整理、总结学术发展成果的可能性与必要性也都日渐突出。因而，集注、集解等将学术研究与文字汇编相融合的方法流行开来，这是一种特殊的编辑活动。

唐代士人借助编辑手段而取得的学术成果为数不少，如李鼎祚《周易集解》“集子夏、孟喜、京房、马融、荀爽、郑康成、刘表、何晏、宋衷、虞翻、陆绩、干宝、王肃、王辅嗣、姚信、王廙、张璠、向秀、王凯冲、侯果、蜀才、翟元、韩康伯、刘瓛、何妥、崔憬、沈麟士、卢氏、崔觐、孔颖达等凡三十余家，附以九家易乾凿度，凡十七篇”[2]，对于保存唐代以前的易学研究成果做出了重要贡献。

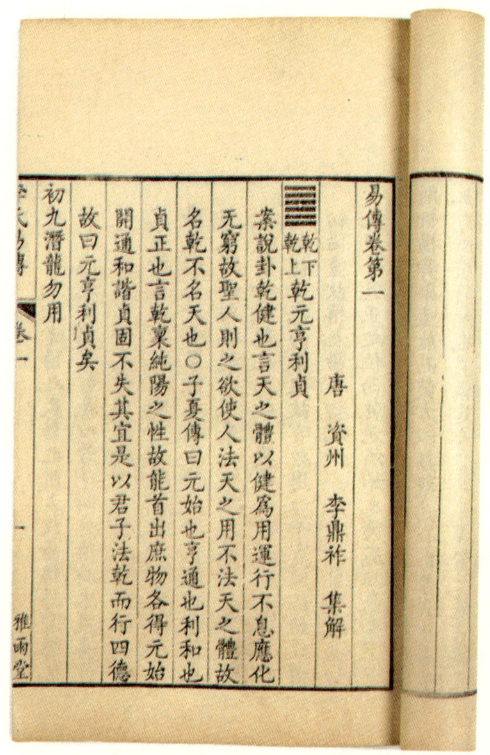
易傳卷第一
唐　資州　李鼎祚　集解
乾下乾上　乾元亨利貞
案說卦乾健也言天之體以健爲用運行不息應化无窮故聖人則之欲使人法天之用不法天之體故名乾不名天也○子夏傳曰元始也亨通也利和也貞正也言乾稟純陽之性故能首出庶物各得元始開通和諧貞固不失其宜是以君子法乾而行四德故曰元亨利貞矣
初九潛龍勿用
李氏易傳　卷一　一　雅雨堂

（唐）李鼎祚《周易集解》清乾隆刻本

而值得注意的是，这时的“编辑”已经不再仅仅是一种辅助的手段，或者说是载体，其自身开始逐渐被唐代士人赋予了一种方法性。《新唐书·艺文志》载有王勃《次论语》十卷，杨炯称其“编次论语，各以群分，穷源造极，为之诂训”[3]。这里我们可以看到，王勃的方法已经突破了随文注解的传统模式，将训诂建立在重新编排文章的基础上，使“编次”成为“穷源”的重要手段之一，可以说是极大地提高了编辑活动在学术研究中的地位。此外，如成伯玙《毛诗断章》二卷“取春秋赋诗断章之义，钞取诗语，汇而出之”[4]，也可以看做利用了

王勃 像

抄撮的手段来实现治经的目的。

（二）资料选编性质的编辑活动。这类编辑活动又可细分为三类：

第一，唐代士人策划主持的类书编纂。其中最具代表性的、影响最大的当属唐代四大类书之一的《白氏经史事类》三十卷[5]。又如魏谟"尝钞撮子书要言，以类相从，二十卷号曰《魏氏手略》"[6]。另外，李途的《记室新书》三十卷、元稹的《类集》三百卷、陆贽的《备举文言》二十卷等都是这种编辑活动的成果。

第二，历代诏告奏议的汇编。这种编辑活动是唐代士人出于政治目的和儒家道德理想，以有资于治国为目的而开展的，具有很强的功利性。如马揔"集唐群臣奏疏论议，分二十六门，各载其爵里及论事之意本末于篇首"纂成《奏议集》二十卷[7]。而陈正卿更是编次《续尚书》，"卷始有汉二典，次我唐二典，以续夫前书尧虞之典也；其余文景明章之后，魏晋宋齐以还，南讫有陈，北起元魏，历周隋洎高氏以至圣朝，总一十二代，诏策章疏颂歌符檄，类而刊之，次以年代，以续夫夏商周秦鲁之篇"[8]。

第三，文学总集的编选。与唐代宫廷大规模的文学总集修纂相呼应，唐代士人亦怀着极大的热情投入到了相关的编辑活动之中。接续南北朝的传统，唐人编选了大量贯通古今的文学总集，如李康成编《玉台后集》十卷就是"采梁萧子范迄唐张赴二百九人所著乐府歌诗六百七十首"[9]而成，又如僧惠净《续古今诗苑英华集》十卷、刘孝孙《古今类

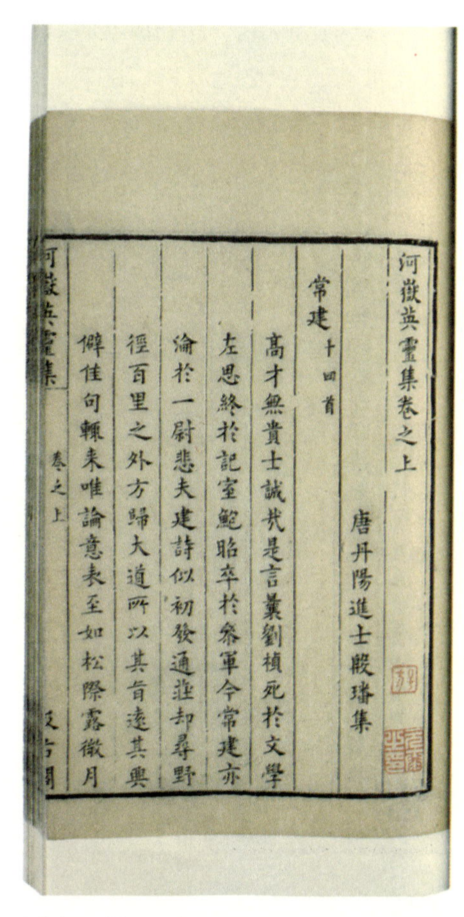
河嶽英靈集卷之上
唐丹陽進士殷璠集
常建 十四首
高才無貴士誠哉是言曩劉楨死於文學左思終於記室鮑昭卒於參軍今常建亦淪於一尉悲夫建詩似初發通莊却尋野徑百里之外方歸大道所以其旨遠其興僻佳句輒來唯論意表至如松際露微月

（唐）殷璠《河岳英灵集》明毛氏汲古阁刻本

聚诗苑》三十卷、孟利贞《续文选》十三卷、李氏《丽则集》五卷等，皆属此类。与此同时，专门以本朝文人作品为内容的文学总集开始纷纷问世，如殷璠的《丹阳集》、《河岳英灵集》，元结的《箧中集》，高仲武的《中兴间气集》，姚合的《极玄集》，韦庄的《又玄集》等。自总集这种编著形式诞生以来，这种现象尚属首次。

（三）别集的编辑活动。别集的大量编纂，是唐代士人编辑活动最集中的体现和最主要的特征之一。

所谓别集，“是汇集一人多种文体或一种文体为一集者”[10]，其作为一种较为成熟的编纂形式，盖始于齐梁之际，“唐宋以后，名目益繁”[11]。编纂别集在唐代已蔚为风气，成为知识阶层的一种必为之举。《旧唐书·经籍志》曰：“天宝已后，名公各著文章，儒者多有撰述，或记礼法之沿革，或裁国史之繁略，皆张部类，其徒实繁。”其实何止天宝以后，整个唐代的士人创作都处于一种繁盛的状态，这为唐人别集的编纂奠定了深厚的基础。仅明人胡震亨所考就有“初唐一百五十二家，盛唐四十九家，中唐一百六十四家，晚唐一百三十七家，闰唐一百四十三家，方外、宫闺三十八家，总计集六百九十一家，八千二百九十二卷”[12]。

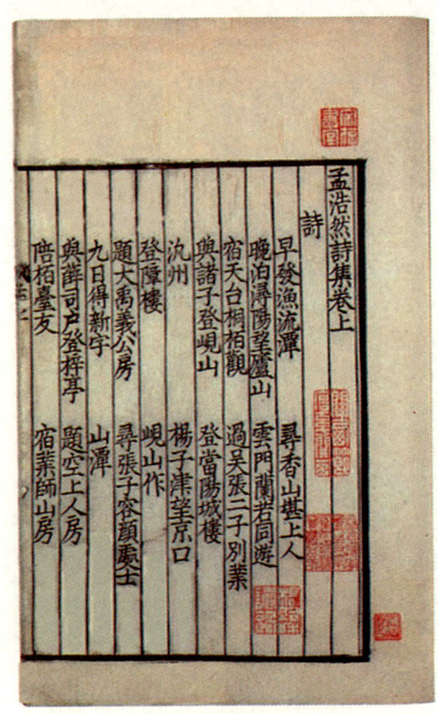
孟浩然詩集卷上
詩
早發漁流潭　尋香山湛上人
晚泊潯陽望廬山　雲門蘭若同遊
宿天台桐栢觀　過吳張二子別業
與諸子登峴山　登當陽城樓
沈州　楊子津望京口
登鄣樓　峴山作
題大禹義公房　尋張子容顏處士
九日得新字　山潭
與薛司戶登樗亭　題空上人房
陪栢臺友　宿業師山房

（唐）孟浩然《孟浩然诗集》南宋刻本

有唐一代，别集的编纂活动表现为一种普遍性。不仅两唐书诸列传传主大多有文集行于世，一般有知识的布衣平民亦十分热衷于编纂各种的别集。如王士源虽隐逸名山，修道为务，然仍“敷求四方”以辑纂《孟浩然集》[13]；董挺“幽卧于武陵”亦不忘自编文集《董氏武陵集》，且请刘禹锡为序[14]。即便是方外之士，也难以独立于此种风潮之外。如僧人秀峰删削其师灵澈诗章，勒为十卷，编纂成《澈上人文集》。

某个人的别集，一般是由这样几个主体来编辑完成的。一是其子嗣亲属。为先人编纂文集是唐代编辑出版活动中的一个重要现象，许多人的文集都是在其身后由子嗣编纂的。如李华文集由其长子李羔“编为二十卷，号《中集》”[15]；濮阳吴君虽无功名，然其文却由子吴偘辑为十卷，成《濮阳吴君文集》；卢象的文集是其离世七十三年后，由其孙卢元符编纂而成的；王勃的文集为其兄弟王勔和王勮纂成；而皇甫冉的文集则是由其“母弟殿中侍御史曾”“衔痛编次”而成[16]。值得注意的是，有些文集主人的子嗣并不直接进行编纂活动，他们往往只是发挥策划和主持的作用，而将具体的辑纂编排工作委托于当时的大家名士。如刘禹锡编纂的众多别集中不少都是应邀而作。他应吕安衡的委托，将吕温的遗草“紬之成一家言”[17]；又感于李璆、李顼“泣持遗草请编之”的行为，为二人之父李绛编纂别集[18]；令狐楚的文集虽已被子嗣整理成一百三十卷，但最终也是交由刘禹锡编定的。

二是其高朋故友。唐代士人常常将自己的作品委托于志气相投的朋友加以编纂成集，这是一种友谊与信任的象征。他们的子嗣在决定将先人文集委托于他人编纂时，也总是以先人之挚友作为首选对象。如李白与魏颢“相见泯合”，故托颢编纂自己的文集[19]；柳宗元也是将遗草寄予挚友刘禹锡，请求代为编次。

三是其门人故吏。如韩愈于长庆四年（824）辞世后，其弟子李汉“遂收拾遗文，无所失坠”，纂成韩愈文集。[20]这种编辑活动中，唐代士人往往将对于师长的纪念追思与宣扬本派的思想理论结合起来，具有较强的

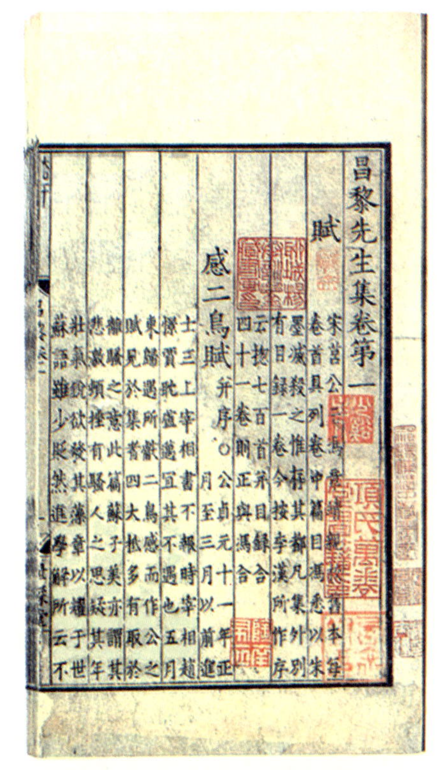
（唐）韩愈《昌黎先生集》南宋刻本

现实功利性。例如独孤及的门生梁肃在编纂《毘陵集》时,便表现出了强烈的倡导古文的思想倾向。他在文集的序言中强调了独孤及“先道德而后文学”,以及调和“荀孟朴而少文,屈宋华而无根”从而达到“取正”的创作主张,并明确表达出了“俾来者于是观夫子之志”的愿望。[21]

四是唐代士人本人。如卢照邻、李贺、陆龟蒙等皆手自结集,权德舆等人还为自己编纂过制集,凡此等等。

需要指出的是,唐代士人编纂别集的活动有时是出于服务宫廷的目的。如郗云卿编次骆宾王文集,乃因“中宗时诏求其文”,故承命所为;皎然《杼山集》的纂集亦是源于“集贤殿御书院有命征其文集”的诱因[22];卢简能编纂《卢纶集》的原因也在于文宗“遣中使诣其家,令进文集”[23]。

综而观之,唐代士人的编纂别集活动大致呈现出这样几个特点:

第一,选择意识较强。唐代士人的别集并非只是个人作品简单的汇集整编,它们很多都是经过了一个拣选与删订的过程。秀峰编辑《澈上人文集》之时,面对灵澈赋诗近两千首,“删取三百篇,勒为十卷”[24];又如孙樵自编文集,“阅所著文及碑碣书檄传记铭志得二百余篇,撮其可观者三十五篇”[25]。这种选择性的产生或来源于士人心中所积淀的“立言”意识,正如独孤及在萧立文集录序中所言:“可以藏遗芳以示后嗣者,其唯夙昔丽藻、平生翰墨乎?”[26]文集是要流传百年、以示后人的,某种意义上,它是个人形象集中而又抽象的表现,故应择其雅正精美的一面展示,从而便于达到“遗芳”的目的。

第二,“文”的意识增强。唐代士人对于“文体”的类与质显然有着较为清晰的认识,对于文学的理解已经比较明确。他们在编纂别集时自觉地将经史作品排除在外,如李汉编纂韩愈别集时,便强调了“《注论语》十卷传学者,《顺宗实录》五卷列于史书,不在集中”[27]。不唯如此,如果有条件的情况下,文集与制集亦要分开,如李德裕有《会昌一品集》专收制诰、诏册、表疏之类,又另有别集收录诗赋杂著。秀峰编辑灵澈文集时甚至将酬唱之作另立一集,以区分于普通诗作。

第三,作品的搜集与别集的编辑相结合。囿于传播条件的限制,大多唐人作品的生命是较为短暂的,散佚情况较为严重,这就注定了后世编辑前人别集时必然要进行一定的搜集整理工作。樊晃编辑杜甫文集时，先是“采其遗文凡二百九十篇，各以事类，分为六卷”，后又一直坚持寻找杜甫子嗣，以“求其正集，续当论次”[28]。

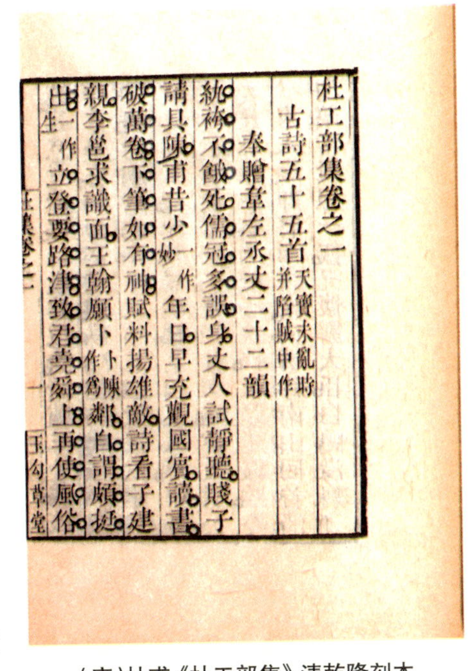
杜工部集卷之一
古詩五十五首 天寶未亂時并陷賊中作
奉贈韋左丞丈二十二韻
紈袴不餓死儒冠多誤身丈人試靜聽賤子
請具陳甫昔少一作妙年日早充觀國賓讀書
破萬卷下筆如有神賦料揚雄敵詩看子建
親李邕求識面王翰願卜卜一作為鄰自謂頗挺
出一作立登要路津致君堯舜上再使風俗
杜集卷之一　一　玉句草堂

(唐)杜甫《杜工部集》清乾隆刻本

最后还应说明一下，唱和集的编纂是唐代士人编辑活动的重要内容，非常值得我们关注。首先，从编辑史研究的角度看，唱和集的性质较为特殊。从定义来看，唱和集应归属为总集这种编著形式，但就编辑方法的角度而言，又更接近于别集。其作者和文体形式都相对固定；较之总集，其选择编订的标准亦简单明确。其次，唱和集在当时社会上的影响要远高于各种总集与别集。最具代表性的例子莫过于元白酬唱的影响了，元稹自言与白居易的唱和之作，“巴、蜀、江、楚间洎长安中少年递相仿效，竞作新词，自谓为‘元和诗’，而乐天《秦中吟》、《贺雨》、《讽谕》、《闲适》等篇，时人罕能知者”[29]。其社会影响力于此可见一斑。再者，唱和集的编纂具有某种不确定性，或可称为连续性。如大和七年(833)，刘禹锡接受令狐楚之建议，将二人唱和作品“缇缀凡百有余篇，以《彭阳唱和集》为目，勒成两轴”，开成二年(837)，由于“新韵继至”以及令狐楚的去世，刘禹锡又续成《彭阳唱和集》三卷[30]。这种同题之下长时间跨度的连续编纂是显得较为特殊的。

二、唐代士人的编辑思想

曹之先生认为，唐人多编别集的现象，与唐人的传世意识有关。[31]其实，何止是别集，就深层心理而言，唐代士人所进行的各种编辑活动大多都建立在传世观念的基础之上。这种传世意识在本质上源于中国古老的“三不朽”

思想，即“通过垂德后世，建功立业和著书立说，超越短暂而有限的生命，获取人生的永恒价值”[32]，因而其又是一种生命意识，或曰超越意识。

正是基于此，唐代士人的编辑思想得以产生、发展。

（一）积极肯定编辑活动的价值和意义

首先，借助于文字的流传，突破时空对于生命的限制，进而实现立言不朽的目的，成为了唐代士人编辑思想的原点。

对于编辑活动的肯定，是“文”的价值与意义提升的必然结果。曹丕《典论·论文》言：“盖文章，经国之大业，不朽之盛事。年寿有时而尽，荣乐止乎其身，二者必至之常期，未若文章之无穷。是以古之作者，寄身于翰墨，见意于篇籍，不假良史之辞，不托飞驰之势，而声名自传于后。”魏晋以来，文学的自觉与个人主体意识的提升相结合，在唐代达到了一个新的高峰。通过文章而实现留名于后世的目的，“藏遗芳以示后嗣”，成为了一种普遍的社会意识。

然而单篇的文字极易丢失散佚，未若书籍之郑重醒目和便于保藏。正如张文成狱中上书所言：“近来撰集诗赋表记等若干卷，编集拟进，缮写未周，负谴明时，方从极典。恐士衡止息，华亭之泪不闻；嵇康顾影，广陵之音永绝。缺简零落，抱痛幽泉。……伏愿陛下遂臣万请之心，宽臣百日之命，集录缮写，奉进阙廷。”[33]因而，编辑图书以实现传世或追思之目的，便成了备受世人牵念之事。

这种求不朽思想的另一个表现，便是在编辑活动中运用各种方法来突出人的存在。一般而言，载录一人之创作是别集这种编著形式的界定标准。但是有些时候，这个模式是可以突破的。如崔祐甫编辑崔沔文集时，辑纂文章二十九卷，又将自己“论譔先志一卷为第三十”加入集中；而且这种做法还得到了李华的赞赏。[34]在这里，纪念、宣扬先人事迹功勋成为了编纂活动的第一要义。

其次，开展编辑工作往往被看做一种雅事、风尚，是修养或情趣的象征。

张说云：“右职以精学为先，大臣以无文为耻。”[35]将己之文章结集成书，在唐代士人中被看做一项值得夸耀、赞赏之事。刘禹锡自述曾居海壖，“多雨慝作，适晴，喜，躬晒书于庭，得已书四十通[36]。逌尔自哂曰：‘道不加益，乌用是空文为！真可供酱蒙药楮耳。’它日，子婿博陵崔生关言曰：‘某也，向游京师，伟人多问丈人新书几何，且欲取去，而某应曰无有，辄愧起于颜间。今当复西，期有以弭愧者。’由是删取四之一为《集略》以贻此郎，非敢行乎远也”[37]。从崔生“愧起于颜间”的表现来看，不论于“道”是有益还是无益，能否集一书在手，实在是一件关乎颜面的事情。

刘禹锡 像

又若刘禹锡与白居易之唱和集流传颇广以后，身居显位的令狐楚亲自修书给刘禹锡，称：“三川守白君编录与吾子赠答，缄缥囊以遗余。白君为词以冠其前，号曰《刘白集》。悠悠思与所赋亦盈于巾箱，盍次第之，以塞三川之请？”[38] 主动要求刘禹锡再编彼此二人的唱和集。编辑文集、流传于世在当时作为风流雅事这种现象，由此可见一斑。

（二）将道德意识与编辑活动融而为一

修身立德是中国儒家知识分子的一贯心态，道德理想的实现亦是历代士人的最高追求。忠君、重德的思想一直贯穿于唐代士人的编辑活动中。尤其是中唐以后，古文运动兴起，在进一步肯定了创作意义的同时，文与德的关系进一步密切。如梁肃认为：“夫大者天道，其次人文。在昔圣王以之经纬百度，臣下以之弼成五教，德文下衰，则怨刺形于歌咏，讽议彰于史册。故道德仁义非文不明，礼乐刑政非文不立，文之兴废，视世之治乱，文之高下，视才之厚薄。”[39]立言被看做立德、立功的载体、延伸与表现，与二者融为一体，并成为唐代士人开展图书编辑活动的指导原则之一。

第一，于编辑活动中体现封建礼仪。在唐人看来，编纂图书既是风雅，又是事功，因而有必要将社会礼仪贯穿于其中。若刘禹锡编辑令狐楚文集，以令狐楚奉诏所撰的《宪宗圣神章武孝皇帝哀册文》“时称乾陵崔文公之比”，且“考之而信”，“故以为首冠，尊重事也”。[40]

第二，重视儒家道德精神的发扬。白居易将自己的诗作区分为讽喻诗、

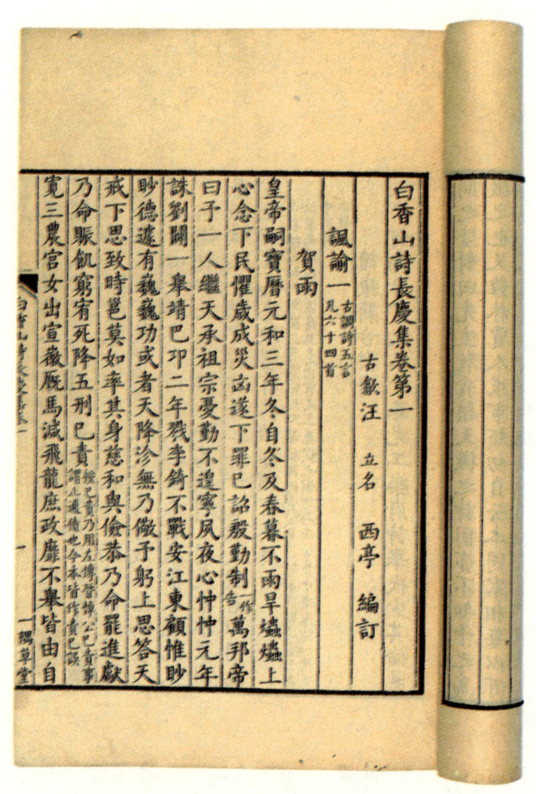
白香山詩長慶集卷第一
古歙汪　立名　西亭　編訂
諷諭一　古調詩五言　凡六十四首
賀雨
皇帝嗣寶曆元和三年冬自冬及春暮不雨旱爞爞上
心念下民懼歲成災凶遂下罪己詔殷勤制告一作萬邦帝
曰予一人繼天承祖宗憂勤不遑寧夙夜心忡忡元年
誅劉闢一舉靖巴邛二年戮李錡不戰安江東顧惟眇
眇德遽有巍巍功或者天降沴無乃儆予躬上思荅天
戒下思致時邕莫如率其身慈和與儉恭乃命罷進獻
乃命賑飢窮宥死降五刑已責按已責乃用左傳晉悼公已責事謂止逋債也今本皆作責己誤
寬三農宮女出宣徽廄馬減飛龍庶政靡不舉皆由自
白香山詩長慶集卷一　一　一隅草堂

清人编订《白香山诗长庆集》清康熙刻本

闲适诗和杂律诗，其言：“谓之讽谕诗，兼济之志也；谓之闲适诗，独善之义也，故览仆诗者知仆之道焉。其余杂律诗，或诱于一时一物，发于一笑一吟，率然成章，非平生所尚者，但以亲朋合散之际，取其释恨佐欢，今铨次之间，未能删去。他时有为我编集斯文者，略之可也。”[41]白氏杂律诗的文学价值，无论在当时还是后世，都在某种程度上得到了肯定。而其编辑自己文集时之所以做出上述的取舍选择，主要还是出于儒家正统观念的考虑。

第三，偏重功利的倾向。唐人往往将图书编纂作为干预现实的重要手段之一，注重发挥其功利作用。如罗隐便认为：“盖君子有其位，则执大柄以定是非；无其位，则著私书而疏善恶。斯所以警当世而诫将来也。”[42]

彰显事功的编纂活动，在唐代士人中受到极大的推崇。而且从编纂实践看，他们对于制集的重视是要高于个人文集的。一般而言，有条件的士人总是会亲自编纂自己的制集，若权德舆自纂制集五十卷，而其诗文别集却是由孙辈主持编定的。而且他们对于制集的态度也相对要谨慎、严肃许多，权德舆亦曾自言，编纂时“初不敢以制集自命，但全其文而已”[43]，李德裕对于《会昌一品集》的重视程度也要远远高于其他文集。

第四，模仿古代圣贤作品的编纂方式，以示向往追慕之情。这亦是儒家道德思想的一种表现形式。例如，刘禹锡自言编纂《吕温集》的思路：“古之为书者，先立言而后体物。贾生之书首过秦，而荀卿亦后其赋。和叔年少遇君而卒以谪似贾生，能明王道似荀卿，故余所先后视二书，断自《人文化成论》至《诸葛武侯庙记》为上篇，佗咸有为为之。”[44]

（三）主体意识鲜明，重视士人的实际创作

与宫廷主持图书编定工作时的情况不同，唐代士人独立的编纂活动中，创作权的意义要远大于署名权。创作者与其作品之间的联系获得了首要的肯定，至于其究竟要以什么样的名义和什么样的用途发挥现实作用则是其次的了。

按理说，诏告制文虽多由臣下代拟，但名义上当为帝王之言。可这些“圣谕”却总是被堂而皇之地收录入群臣的个人制集、文集。而且，这种代为执笔的文章被士人看做“显王言于典诰，彰帝范于图籍”的“功伐”[45]，是个人的光辉业绩。在这里，编纂活动中士人的个人意识得到了鲜明的表现。

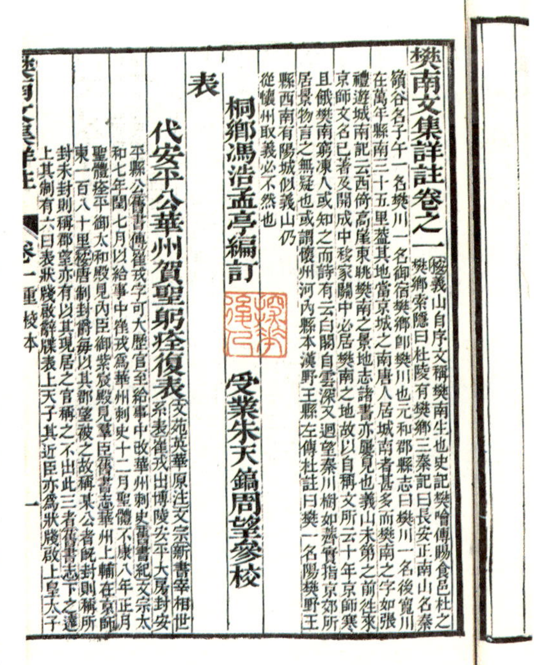

樊南文集詳註卷之一（按義山自序文稱樊南生也史記樊噲傳賜食邑杜之樊鄉索隱曰杜陵有樊鄉三秦記曰長安正南山名秦嶺谷名子午一名樊川一名御宿樊鄉即樊川也元和郡縣志曰樊川一名後寬川在萬年縣南三十五里蓋其地當京城之南唐人居城南者甚多而樊南之字如張禮遊城南記云西倚高崖東眺樊南之景地志諸書亦屢見也義山未第之前往來京師文名已著及開成中移家關中必居樊南之地故以自稱文所云十年京師寒且餓樊南窮凍人或知之而詩有云白閣自雲深又迴望秦川樹如薺實指京郊所居景物言之無疑也或謂懷州河內縣本漢野王縣左傳杜註曰樊一名陽樊野王縣西南有陽城似義山仍從懷州取義必不然也）

桐鄉馮浩孟亭編訂　受業朱天鎬周望參校

表

代安平公華州賀聖躬痊復表（文苑英華原注文宗新書宰相世系表崔戎出博陵安平大房封安平縣公舊書傳崔戎字可大歷官至給事中改華州刺史舊書紀文宗太和七年閏七月以給事中崔戎爲華州刺史十二月聖體不康八年正月聖體痊平御太和殿見內臣御紫宸殿見羣臣舊書志華州上輔在京師東一百八十里按唐制封爵每以其郡望被之故稱某公者旣封則稱所封未封則稱郡望亦有以其現居之官稱之不出此三者舊書志下之達上其制有六曰表狀牋啟辭牒表上天子其近臣亦爲狀牋啟上皇太子

樊南文集詳註　卷一　重校本　一

（唐）李商隐《樊南文集详注》清乾隆刻本

不唯如此，下级官吏代上级所作的各种文章，亦在编辑活动中被视为个人作品而获得承认。如李商隐代郑亚为李德裕《会昌一品集》作序，该文为郑亚改订后署名置于卷首，而原文亦收入李商隐文集之中，二者并行不悖。[46]又若崔致远在淮南幕中时，为节度使高骈代写了不少呈进宫廷的表文。这种书表指向性明确，其文中名、行、言等均为高氏之事，然亦被崔致远编入自己的文集《桂苑笔耕》之中。

（四）编辑思想发展的不平衡性

唐代士人的编辑思想较之前代有了较大的发展与进步，但绝非深奥，甚至其独立性都值得商榷。虽然唐代士人已经能够运用多种编辑手段，但他们对于独立而特定的“编辑活动”还缺乏深入的总结。总体考察，我们认为唐代士人的编辑思想是两种思想的自然延伸：一是日常思维，二是儒家思想。

首先，唐代士人的编辑思想往往是人类自然思维方式的顺势移用。通过模拟、对应等方式，他们将日常生活中的分类、排序等思想，自然而然地用于图书编纂当中。这里以《文镜秘府论》的分卷为例来加以证明。

德宗贞元二十年（804），日僧空海入唐，接受、学习唐文化，搜集大量文献论著，回国后编辑整理了《文镜秘府论》。后因传抄、散佚等原因，在其卷次排序上产生了争议，有“天、地、东、西、南、北”和“天、地、东、南、西、北”两种说法。有研究者坚持，正确的顺序当为天、地、东、南、西、北，并联系书中诸篇结构安排以及小序的位置，认为空海这样的编排方法实乃暗喻佛教的“曼荼罗”构图。然而卢盛江先生考证发现，《文镜秘府论》的原貌当为“天、地、东、西、南、北”的卷次；而之所以会采用这种顺序，也不过是因为日本人认识方位的传统习惯原本就是东、西、南、北。[47]

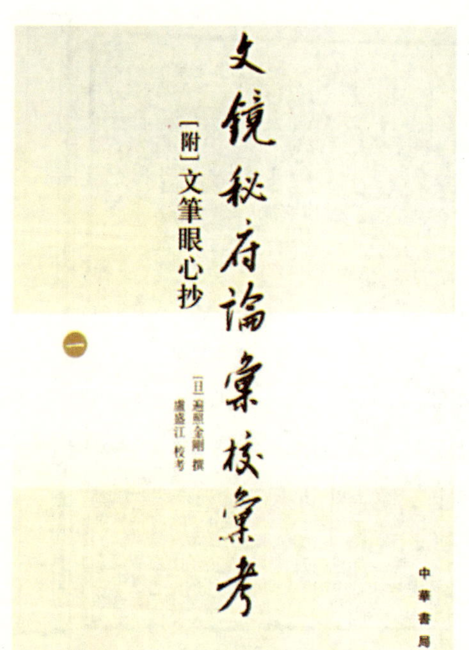

《文镜秘府论汇校汇考》
中华书局2006年版

卢先生的考证是可信的。现代意义上的“编辑思想”在唐代还处于一种暧昧的过渡状态。士人们在编辑活动中所运用的思想，在某种程度上，是其他思维方式的“移情”。其中最多的即日常经验的套用。空海通过复杂的篇目设置和其他加工方法，使全书的编排结构如此隐晦地指向曼荼罗，然而却不留一丝说明，这实在有违常理。而且就当时的编辑实践看，也难以找寻旁证。所以更为可信的解释便是，空海受“六合”这一观念启发，将全书划分为六部，从而“配卷轴于六合”[48]。而至于六合的顺序，则自然依其平常习惯而排定了。

其次，对于古代大多数知识分子而言，儒家思想具有普遍性、根本性行为准则的意义。因而，唐代士人在编纂图籍的过程中，自然也就不会忘记体现儒家道德礼仪的要求。对此，前文已有论述。而当这种意识与具体的编排行为相结合的时候，编辑活动便具备了双重目的性。通过编辑手段表达思想，以及丰富表达方式等的可能性亦因之而产生了。这时，编辑思想便具有了一定的复杂性。

值得注意的是，在唐代士人的编辑活动中，由日常思维衍生来的编辑思想与因儒家思想而形成的编辑思想有时会表现为并行的状态[49]，从而使不同士人对于编辑行为作用与意义的认识能力产生差异。如董挺编纂《董氏武陵集》，“凡五十篇，因地为目”[50]，仅表现出一种简单的“辑”的意识而缺乏更为复杂的“编”的思想；而同时的刘禹锡已经能够熟练地运用排序、模拟、分类等手段，运用编辑技巧来表达较为复杂的情感了。

再加之知识、实践、客观物质条件等方面的差异，唐代士人编辑思想的发展就难免会在整体意义上呈现为某种不平衡的状态。

三、唐代士人的出版思想与出版活动

唐代士人的出版意识，或曰分享、传播个人作品的意识十分强烈。这时藏诸名山、以待后人的旧观念已经淡化，人们更加认同的理想是“好事者传写讽诵以垂乎无穷，亦何必藏名山而纳石室也”[51]。

所谓“人斯云亡，世阅多故，十年之外，零落将尽”[52]，生命的局限以及无声消逝的危机感，促使唐代士人怀着强烈的超越意识投入到立言的事业当中。然而，他们也明确地意识到，仅有创作、编次的工作是远远不够的，若不能实现作品的传播与接受，一切的努力都不过是望梅止渴。在唐代士人中，作品的流传能力和现实影响力备受关注，被赋予了极高的地位。如罗隐在为陈希孺文集所作的序言中便明确指出：“德行莫若敦于亲戚，文章莫若大于流传。”[53] 因而唐代士人所进行的各种出版活动都或多或少地具有某种主动性和自觉性的色彩。

（一）总体而言，唐代士人依旧是将“出版”作为“创作”的自然延续，尚未在理论上赋予“传播”以独立的地位和特定的意义。但是，从实践上看，他们已经认识到图书的内容与流传之间并非存在着绝对的联系，从而在某种程度上将“出版”作为了一项独立的事业来进行操作。

宋人云：“文之行虽系其所载，犹有待焉。其始出也，或待其时之有名者而后发；其既没也，或待其后之纪次者而传。其为之纪次也，非其门人故吏，则其亲戚朋友，如梦得序子厚，李汉之序退之也。”[54]其中“文之行虽系其所载，犹有待焉”的论断便是从唐代士人的活动中得出的。唐人在促进作品流传的过程中，“有待”的意识非常明确，努力运用各种创作之外的方法来实现传播目的。

如，隋唐时代，释教兴盛，佛家经典拥有相对较好的保藏环境，且由于进香礼佛等原因，寺院亦常常成为人群集中的地点。故而白居易“尝写其文集送江州东、西二林寺，洛城香山、圣善等寺，如佛书杂传例流行之”[55]，希冀利用有利的环境因素来促进自己作品的流传。

又如，唐代士人，尤其是普通下层士人，非常热衷于利用名家的影响力来提升图书的传播能力。请“时之有名者”作序或编纂个人别集，是他们大量使用的方法。唐人经常会拜谒当代的名家重臣，请求为自己创作编纂的书籍作序。他们的目的大多是一致的，不外乎“思行乎昭世，求一言羽翼之”[56]。

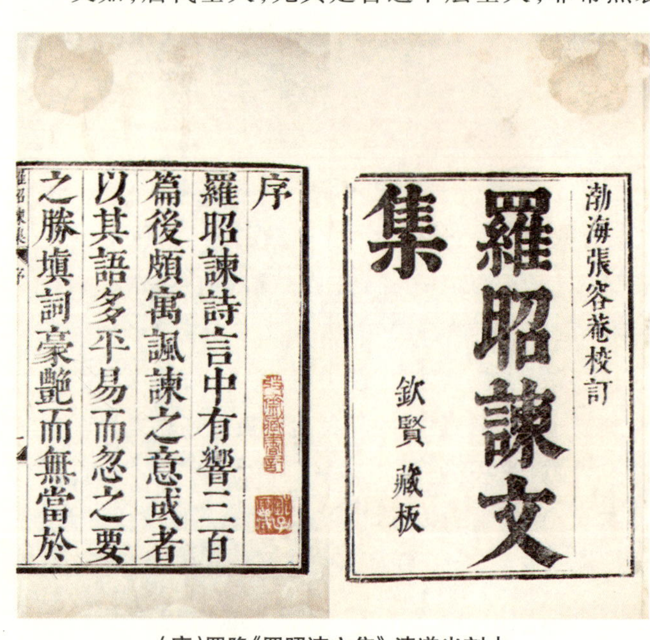
渤海張容菴校訂
羅昭諫文集
欽賢藏板

序
羅昭諫詩言中有響三百
篇後頗寓諷諫之意或者
以其語多平易而忽之要
之勝塡詞豪艷而無當於

（唐）罗隐《罗昭谏文集》清道光刻本

（二）唐代士人

从事出版活动同样具有鲜明的功利意识，力图通过书籍的问世流传，来实现干预现实的事功目的。如罗隐编次已作时曾感叹说："他人用是以为荣，而予用是以为辱；他人用是以富贵，而予用是以困穷。"此处，书籍与实际生活中的富贵荣辱已经直接地联系起来了。功利目的是唐代士人出版活动得以开展的集中动力，我们也可以从这个角度来认识当时的图书编辑出版：

第一，出于社交目的的出版活动。通过展示文采以获得名人认同的干谒活动，在唐代颇为常见。而这也是推动书籍出版的重要因素。如大中八年（854），李群玉进京献诗，便"捧所业歌行古体、今体七言、今体五言四通，等合三百首"[57]。而以书会友的风雅时尚，亦促进了士人出版工作的进行。若李邕意欲结交孙逖，便"自陈州入计，缮写其集，赍以诣"[58]。

第二，以宣传为目的的出版活动。宣传学说、表达意见，从而提升相关思想的影响力和接受程度，这是唐代士人努力推动书籍传播的又一重要动因。如樊晃以为杜甫之作"行于江汉之南"，而"不为东人之所知，江左词人所传诵者，皆公之戏题剧论耳"，为了使杜甫的"大雅之作"能够发扬光大，故而"采其遗文凡二百九十篇，各以事类，分为六卷，且行于江左"[59]。

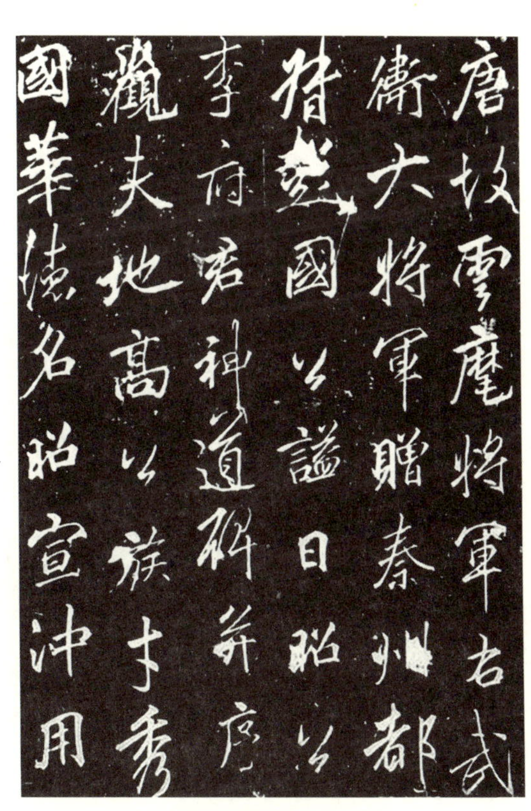

（唐）李邕《李思训碑》

第三，出于收藏目的的出版活动。白居易《刘白唱和集解》云："至太和三年（829）春[60]，以前纸墨所存者，凡一百三十八首。其余乘兴扶醉，率然口号者，不在此数。因命小侄龟儿编录，勒成两卷，仍写二本，一付龟儿，一授梦得小儿崙郎，各令收藏，附两家集。”[61]这种缮写复制活动的目的，便是直接服务于收藏的。

第四，以教育为目的的出版活动。李瑞良先生认为，在唐代，“私学既促进图书的编纂，也促进图书的流通”[62]。科举的发展，促进了社会对于书籍的需要，也使众多士人投入到教育事业中来。若唐李瀚“撰纂经传善恶事实类者，两两相比为韵语”[63]，成《蒙求》三卷，流传颇广。

第五，服务于传世意识的出版活动。如前文白居易送文集于寺庙以助其流通的做法便是此类。

此外，从目前资料看，虽然唐代图书贸易已十分发达，但是尚无充分证据证明唐代士人阶层从事过完全出于商业动机的出版活动。或许，贫寒文士佣书为业，像王绍宗“客居僧坊，写书取庸自给凡三十年”[64]这样的活动，可以勉强算为此类吧。

（三）唐代士人的出版活动基本上是一种建立在抄写基础之上的原始传播行为，因而明显地表现为一种有限性。

首先，书籍的复制数量十分有限。唐代士人主持的编辑出版活动中，作为最后成果的成形图书的数量大都非常有限。由于主要还是利用手写作为复制技术，所以士人的学术著作、别集等一般只能以一次一二本的数量生产。上述《刘白唱和集》的编纂便是明证。

大多数士人都将扩大图书数量的希望寄于“好事者传之”。在这种情况下，士人对于图书流传的控制力被极大地削弱了，亦即士人从事出版活动只能控制最初的一个环节，至于此后的传抄就力不从心了。元稹记述道：“予尝于平水市中，见村校诸童，竞习歌咏，召而问之，皆对曰：‘先生教我乐天、微之诗。’固亦不知予之为微之也。”[65]这种情况的产生，与上述原因或多或少是具有一定相关性的。

第二，图书的传播能力极为有限。《旧唐书》在记述某人编有文集时，常常不忘加上一句“行于代”或“行于世”的说明。但从总体情况来看，多数出于唐人之手的书籍，在时间和空间上的传播效果都不尽如人意。

一方面，唐人所编写的书籍的散佚情况非常严重，往往问世不久就开始残缺。李华曾感慨曰："君（萧颖士）以文章制度为己任，时人咸以此许之，不幸殁于旅次。有文十卷，卷行于代，其篇目虽存，章句遗落。"[66]其实又何止章句，篇章的散佚也非常迅速。储溶亦自述，其先父储光羲编有文集，"相国缙云，尝以序冠编次。会缙云之谪，亡焉"[67]。

另一方面，诚然，唐代有不少名家之作流传颇广，致使洛阳纸贵，如元稹便夸耀自己和白居易的诗"禁省观寺、邮堠墙壁之上无不书，王公妾妇、牛童马走之口无不道，至于缮写模勒，炫卖于市井，或持之以交酒茗者，处处皆是"[68]。但多数情况下，唐人编成的书籍传播范围比较有限，以家传为主，缺乏社会性、区域性的影响力。

如《笠泽丛书》初始"为龟蒙自编"[69]，然宋樊开雕印时却明确指出："是书家藏久矣，愚谓贮之箧笥以私一人之观览，不若镂板而传诸好事，庶斯文之不坠，而鲁望之名复振。"[70]可见，陆龟蒙文集在相当长的时间里都只是在家族体系内传播，其影响范围极为有限。

第三，唐代士人编辑出版书籍的活动呈现出一种零散性的特征。由于传播能力的限制，使唐代士人从事的一些图书出版活动始终处于一种有行为而无影响的状态。宋人杨万里尝言："余在中都于书馆及士大夫家，见唐人诗集略及二百余家，自谓不贫矣。逮归耕南溪之上，永丰明府莆阳黄君沃又遗余以其祖御史公文集，其诗尤奇，盖余在中都时所未见也。"[71]这种特异性图

笠澤藂書卷乙
寒泉子對秦惠王
寒泉子秦之處士對秦惠王曰客有自趙來以約縱連横事說大王者為誰惠王曰東周人蘇秦也寒泉子曰書十上王不聽有之乎曰然其道如何王耶霸耶曰黜其霸以隮王乎曰不然則何上書之煩而用之疎乎惠王曰醯雞不能混雷霆嬰兒不能抗烏獲者響與力懸絕故也蘇子誠辯矣安能以三寸舌謀山東諸侯使西面朝秦

《重刊校正笠泽丛书》清刻本

书的存在，其源头或可上溯至唐人的原始出版活动。应该说，唐代士人的出版意图和传播愿望是较为强烈的，也为此付出了各种努力，但是在最终效果上却难以令人满意。

正是基于这种情况，唐代士人缺乏图书信息侦测的能力，他们无法实现对当时图书生产、流通情况的总体把握，因而大多是各自为战。在这样的情况下，书籍在出版意义上的优胜劣汰的竞争较少，甚至难以产生[72]，进而使作为整体的士人出版活动显得零散和缺乏联系性。如宋时苏舜钦编辑杜甫文集时说："杜甫本传云有集六十卷，今所存者才二十卷，又未经学者编辑，古律错乱，前后不伦，盖不为近世所尚，坠逸过半，吁可痛闵也。天圣末，昌黎韩综官华下于民间传得号杜工部别集者，凡五百篇，予参以旧集，削其同者，余三百篇。景佑初，侨居长安，于王纬主簿处又获一集三本，相从复择得八十余。"[73]从杜甫别集的存在与流传情况中，唐人图书出版活动零散性的特征便可见一斑。

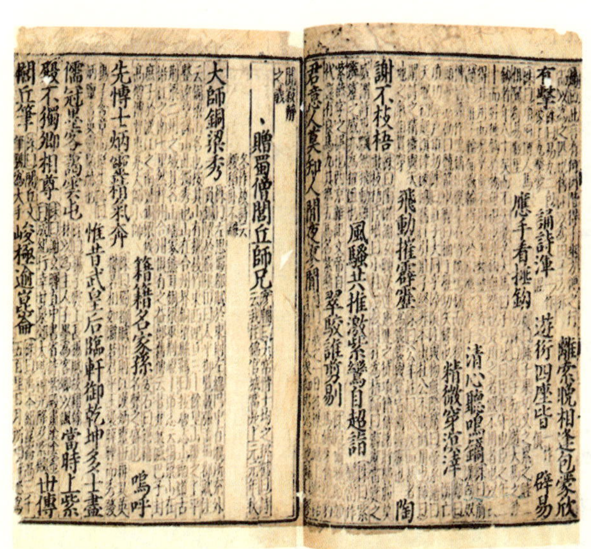

《集千家注分类杜工部诗》元刻本

尽管唐人的出版活动存在着某些问题，但是其在保存古代文化遗产，继承、发展和创新古代图书编辑出版方法与思想等方面所发挥的作用、所具有的价值和意义，都是非常值得肯定的。

最后有必要指出，唐代士人编纂的书籍大多在流传中丧失了其原本的面貌，如清代纪昀等审定白居易文集时便已指出："今所行本已迥非当日之旧矣。"[74]因而，我们在研究当时的编辑出版活动时，对于现存唐人书籍的状态必须持谨慎的辩证态度。

第二节　刘知几及其史籍编辑思想

一、刘知几及其编纂活动

刘知几(661–721),字子玄,彭城(大约今江苏徐州)人,以玄宗讳嫌,故以字行。其家学氛围浓厚,叔祖刘胤之于永徽年间与令狐德棻、杨仁卿等共同"撰成国史及实录",父刘藏器"亦有词学"。[75]而且,他从小便受到了良好的史学教育,年十二开始学习《左传》,此后更是通览群史,多有见略。

刘知几颇有文才,曾撰《思慎赋》,被苏味道、李峤等人赞为"陆机《豪士》所不及也"[76]。他对于儒家学术亦多有研究,且表现出了开明、不因循守旧的思想。武则天长安三年(703),王元感献《尚书纠谬》十卷、《春秋振滞》二十卷、《礼记绳愆》三十卷等书,并"请官给纸笔写上秘书阁";武则天诏令馆阁学士、博士等加以评审,遭到祝钦明、郭山恽、李宪"专守先儒章句"者的非议,而刘知几却会同徐坚、张思敬等"雅好异闻"之士,"每为元感申理其义,连表荐之"。[77]又如开元七年(719),他上奏"议《孝经》郑氏学非康成注,举十二条左证其谬,当以古文为正;《易》无子夏传,《老子》书无河上公注,请存王弼学",并与司马贞等展开辩论。[78]而且,对

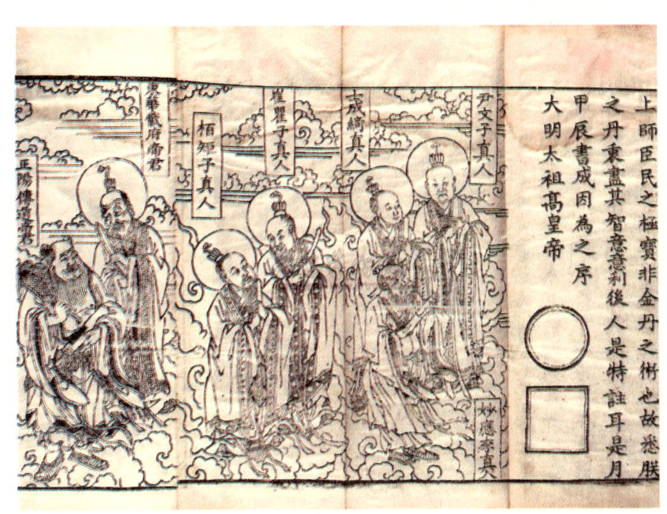

《太上绘图河上公批注道德真经》(局部)明刻本

于史学的研究培养了刘知几的怀疑精神。如他曾明确批评《公羊》、《穀梁》二传："唯取依《经》为主。而于内则为国隐恶，于外则承赴而书，求其本事，大半失实。"[79]这种疑古惑经的精神在当时的社会思想条件下，是具有进步意义的。

从武则天统治时期至玄宗开元初期，刘知几参与了许多唐代政府主持开展的图书编纂活动。武氏圣历中，他是大型类书《三教珠英》编纂队伍中的一员；还又曾预修过《文馆词林》；开元二年（714），刘知几又奉敕与柳冲、吴兢等修订《姓族系录》。此外，他还自撰《刘氏家史》及《谱考》等书。

而从编辑出版史的视角看，刘知几最大的贡献在于其对史籍编纂思想的发展。大约在高宗朝末期，刘知几擢进士第，初为获嘉主簿、定王府仓曹等职。然而直至武则天长安二年（702），不惑之年的他方得以发挥史才。其自述："长安二年，余以著作佐郎兼修国史，寻迁左史于门下，撰起居注。会转中书舍人，暂停史任，俄兼领其职。今上（中宗李显）即位，除著作郎、太子中允率更令，其修史皆如故。又属大驾还京，以留后在都。无几驿征入京，专知史事。"[80]在这段生涯中，刘知几先后参与了续修《唐高宗实录》、纂录与修订《则天皇后实录》、初编《唐睿宗实录》等国史编纂活动。在这个过程中，他关于史籍编纂的思想逐渐产生、发展，并最终形成了一个较为完善的体系。

二、刘知几的史籍编辑思想

由于国史编纂属于一种国家决策、主导的行为，刘知几实际上仅仅扮演了一个执行者的角色，所以他的史籍编辑实践并不能体现本人真正的编辑思想。正如《旧唐书·刘知几传》所论："子玄修武后实录，有所改正，而武三思等不听。自以为见用于时而志不遂，乃著《史通》。"

《史通》是刘知几多年间关于史学理论的思考的汇编，刘知几自言："尝以载削余暇，商榷史篇，下笔不休，遂盈筐箧。于是区分类聚，编而次之。"[81]而"《史通》之为书也，盖伤当时载笔之士，其义不纯。思欲辨其指归，殚其体统。夫其书虽以史为主，而余波所及，上穷王道，下挟人伦，总括万殊，包吞千有"，直接而鲜明地体现了刘知几的史籍编辑思想。

春秋本以錯舉四時而名其不編年而稱春秋者則以褒貶之義附乎春秋耳

而其書獨行又案儒者之說春秋也以事繫日以日繫月言春以包夏舉秋以兼冬年有四時故錯舉以爲所記之名也苟如是則晏子虞卿呂氏陸賈其書篇第本無年月而亦謂之春秋蓋有異於此者也至太史公著史記始以天子爲本紀考其宗旨如法春秋自是爲國史者皆用斯法然時移世異體式不同其所書之事也皆言罕褒諱事無黜陟故馬遷所謂整齊故事耳安得比於春秋哉左傳家者其先出於左丘明孔子旣著春秋而丘明受經作傳蓋傳者轉也轉受經旨以授後人或曰傳者傳也所以傳示來世案孔安國注尙書亦謂

史通削繁 卷一 三 一之三

（清）纪昀评点《史通削繁》清道光朱墨套印本

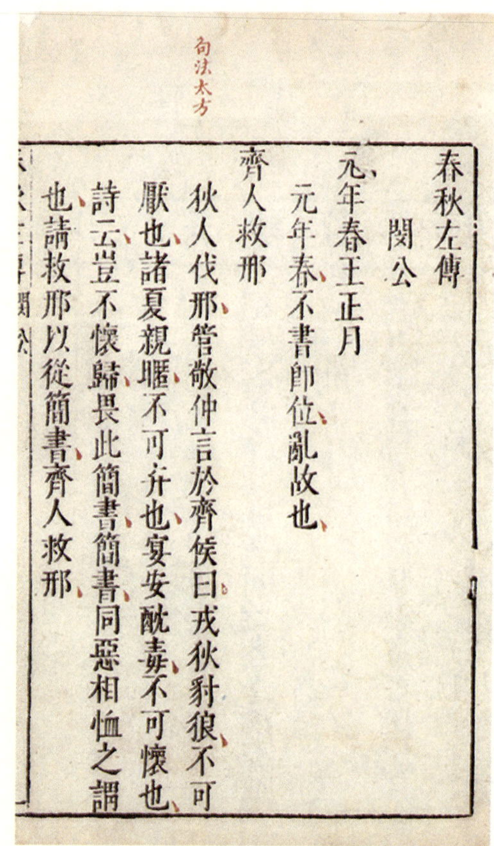
句法太方

春秋左傳

閔公

元年春王正月

元年春不書即位亂故也

齊人救邢

狄人伐邢管敬仲言於齊侯曰戎狄豺狼不可厭也諸夏親暱不可弃也宴安酖毒不可懷也詩云豈不懷歸畏此簡書簡書同惡相恤之謂也請救邢以從簡書齊人救邢

《春秋左传》(明人批点本)明万历刻本

第一，非常重视体例和结构的意义，积极倡导史籍体例的规范化。

他认为："夫史之有例，犹国之有法。国无法，则上下靡定；史无例，则是非莫准。"[82]在这种强烈的"体统"意识的驱动下，刘知几对于前代各种史书的体例进行了总结，具体而言就是所谓"六家二体"，即古之史书从宏观体例而言，可分为《尚书》家、《春秋》家、《左传》家、《国语》家、《史记》家、《汉书》家六种；其中尤以《左传》代表的编年体和《汉书》代表的纪传体，于后世影响最为深远，且二者"各有其美，并行于世"[83]。而更为可贵的是，刘知几在一定程度上已经认识到，结构、体例这些编排手段，不仅是文字的延伸和附庸，它们更具有独立的地位和价值。《史通·忤时》称："古者刊定一史，纂成一家，体统各殊，指归咸别。"这里，"体统"被直接地与作为"指归"的目的联系了起来，成为了促进史书差异性产生的一种独立手段。

由于当时纪传体作为"正史"的地位逐渐牢固，刘知几在《史通》中以较大的篇幅讨论了纪传体史书的结构组成，就本纪、世家、列传、表历、书志、论赞等在"体"、"用"以及实践中的不足等方面的问题，提出了自己的见解。此外，"还对书篇题目、序例、称谓、补注等问题，从体例的角度提出了一些说法"[84]。

而贯穿于其中的主导编辑思想便是规范化。首先，刘知几坚持，体例既然已经设定，便应毫不犹豫地加以坚决贯彻；在编纂中，务必使文字符合相应体例的基本内涵。如他认为“纪之为体，犹《春秋》之经，系日月以成岁时，书君上以显国统”，因而必须以编年的形式展开这部分内容。基于此，他指责陆机的《晋书》：“列纪三祖，直序其事，竟不编年。年既不编，何纪之有？”[85]

其次，强调名实相符，即内容与体例的严格对应不仅要体现在形式上，更要反映在实际内容中。如刘知几对《史记》中的许多安排都颇为不满，他认为：“世家之为义也，岂不以开国承家，世代相续？至如陈胜起自群盗，称王六月而死，子孙不嗣，社稷靡闻，无世可传，无家可宅，而以世家为称，岂当然乎？夫史之篇目，皆迁所创，岂以自我作故，而名实无准。”[86]“项王立传，而以本纪名，非惟羽僭之盗，不可同于天子；且推其序事，皆作传言，求谓之纪，不可得也。”[87]“世家”、“本纪”作为分类的标准，其内涵是明确而固定的；史家在选择相关的内容时，也必须尊重这个规定性。然而陈胜出身盗贼，又功业不久，无论如何也算不上所谓诸侯，而项羽“殊夏氏之后羿，似黄帝之蚩尤”，亦不能与帝王并论。因而《史记》中这样“名实无准”的现象实在是令人难以接受。

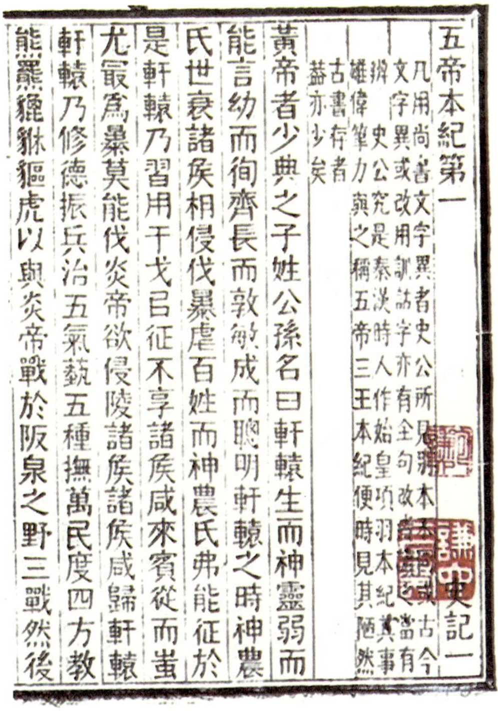

再者，要求语言规范。刘知几对于史籍中的语言叙述方式，有着深刻的理解。他说：

> 史之叙事也，当辩而不华，质而不俚，其文直，其事核，若斯而已可也。必令同文举之含异，等公干之有逸，如子云之含章，类长卿之飞藻，此乃绮扬绣合，雕章缛彩，欲称实录，其

《史记》清光绪刻本

可得乎？以此诋诃，知其妄施弹射矣。[88]

在刘知几看来，编纂史籍有特定的语言规范，即所谓“其文直，其事核，若斯而已可也”，这同样需要得到尊重与贯彻。故而他批评：“大唐修《晋书》，作者皆当代词人，远弃史、班，近宗徐、庾。夫以饰彼轻薄之句，而编为史籍之文，无异加粉黛于壮夫，服绮纨于高士者矣。”[89]

第二，强调史籍编纂活动中材料整理工作的重要性。

刘知几将资料的处理工作作为史籍编纂活动的重要组成部分。这方面，他最基本的主张便是广泛采摭、汇聚各种资料，所谓“盖珍裘以众腋成温，广厦以群材合构”，“征求异说，采摭群言，然后能成一家，传诸不朽”。[90]史书编纂的成功与否，与材料的搜集有着直接的联系。

在此基础之上，刘知几对于材料整理工作的态度可以概括为两点：一是判断，二是选择。

所谓判断，即在编纂过程中以理性的态度对各种材料加以甄别。在刘知几看来，广采异说并不意味着盲目全信，“苟出异端，虚益新事”的现象是必须反对的。如对于“禹生启石，伊产空桑，海客乘槎以登汉，姮娥窃药以奔月”这样的记述进入史书，对于“嵇康《高士传》好聚七国寓言，玄晏《帝王纪》多采《六经》图谶”等现象，刘知几都持强烈的批判态度。总体而言，他所认同的是“当代雅言，事无邪僻”，是符合理性逻辑和现实的史料。[91]

又如《史记·陈涉世家》称陈涉子孙“至今血食”，《汉书》为陈涉立传，仍照抄原文，而“迁之言今，实孝武之世也；固之言今，当孝明之世也。事出百年，语同一理”。这种可笑错误的出现，就在于编纂者没有对材料进行严谨的审查。

而选择，则意味着在搜集、甄选之后，在复杂的历史材料中做出取舍。刘知几认为，鉴于篇幅的必然性局限，史籍的编纂应尽量选取有代表性的人与事。他批评有的史书中，反面人物“或阴情丑行，或素餐尸禄，其恶不足以曝扬，其罪不足以惩戒”，而正面形象“或才非拔萃，或行不逸群，徒以片善取知，微功见识，阙之不足为少，书之唯益其累”。[92]因而有必要在宏观上对编纂内容进行认真的抉择和策划。

具体操作上，对于特定人物、事件的相关材料也必须进行选择。总的原则便是“但举其宏纲，存其大体而已；非谓丝毫必录，琐细无遗者也”[93]。究其核心，便是是否具有代表性和历史意义。正如其所说：“有父官令长，子秩丞郎，声不著于一乡，行无闻于十室，而乃叙其名位，一二无遗。此实家谍，非关国史。”[94]从中不难看出，刘知几编纂思想的本质仍然是来源于儒家惩恶扬善的史学价值观。

此外，刘知几在论述材料的甄别与选摭时，还隐约地表达了一种尊重前人选择行为的观点。如《採撰》篇有言：“窃惟范晔之删《后汉》也，简而且周，疏而不漏，盖云备矣。而刘昭采其所捐损，以为补注，言尽非要，事皆不急。譬夫人有吐果之核，弃药之滓，而愚者乃重加捃拾，洁以登荐，持此为工，多见其无识也。”对于范晔的删选行为给予了充分的肯定，而对于那些“反删选”的辑补活动则嗤之以鼻。

但是，在如何做好材料的判断与选择工作这个问题上，刘知几语焉不详。总体而言，他是将解决方案寄于“史识”之上了。

第三，从系统性的视角来关注史籍编纂。

史籍的编纂常常非一人之力所能为，成于众手的编辑方式要求必须对整合工作倍加重视。刘知几十分关注一部史书前后照应、自圆其说的系统性。他指出，《汉书·孝成纪赞》称：“成帝善修容仪，升车正立，不内顾，不疾言，不亲指。临朝渊嘿，尊严若神，可谓穆穆天子之容貌矣。”然而在《五行志》中又说成帝好微行，选期门郎及私奴客十余人，皆白水袒帻，自称富平侯家，“昼夜在路，独与小人相随，乱服共坐，混淆

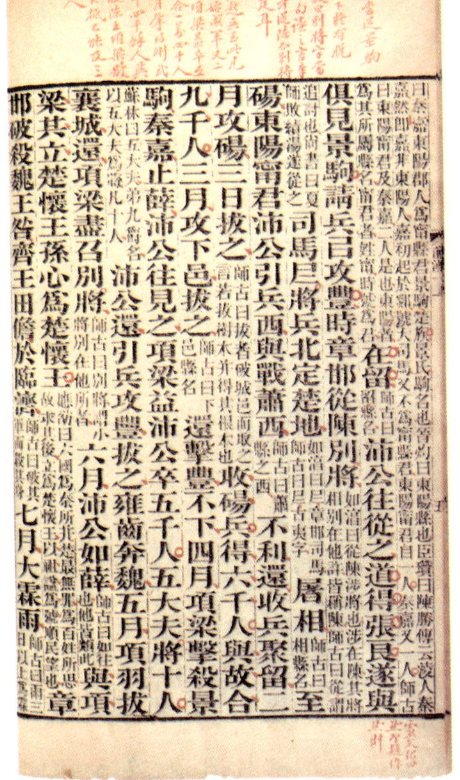

《汉书》清同治刻本

无别”。实在是前后自相矛盾。

而且，这种系统观往往是基于对受众阅读、接受的考虑而生发出来的。如刘知几对于史书中的“表”颇有微词，他说：“表次在篇第，编诸卷轴，得之不为益，失之不为损。用使读者莫不先看本纪，越至世家，表在其间，缄而不视，语其无用，可胜道哉！”[95]显然，刘知几已经清晰地意识到了受众接受的问题，开始揣摩读者的阅读心理，并把阅读接受与编纂活动联系起来思考问题。这在当时的条件下，无疑是一种巨大的进步。

刘知几的系统观并非仅仅是一部史书在内容结构上的逻辑统一性问题，其还意味着将古今正史的编纂作为一个完整的体系，并以之为参照系来关照新的编纂活动。

刘知几关于史书编纂有许多独到的见解，如他非议史书中的天文志、艺文志，在《书志》篇中认为：“古之天犹今之天也，今之天即古之天也，必欲刊之国史，施于何代不可也？”而艺文志“前志已录，而后志仍书，篇目如旧，频烦互出，何异以水济水，谁能饮之者乎”？这些观点常常为后人所诟病。但如果考虑到刘知几是从历史的系统视角出发来看待问题的，那么其所做的上述论断便比较容易理解了。

他往往以一种宏观的系统的视阈来思考史书的编纂，即一部史籍的问世并不是一个独立的事件，相反，它是整个社会历史研究成果体系的一个有机组成部分。也就是说，刘知几认为所有的正史书籍均相互关联，进而构成一个整体；而后来的史籍都是这个整体系统的必然延伸，因此其编纂就必须要考虑前代的成果。只有这样，史籍的独特性才能得以凸显。在刘知几的考虑中，既然历代史书，尤其是正史，都是一个整体系统的组成部分，那么它们之间相互重复的内容，对于系统而言就都属于一种冗余了。由于天象的相对恒定性，以及图书保存、流传的特性，天文志与艺文志都不可避免地要重复前代史书的内容，所以便成为了刘知几批判指摘的对象。

《史通》中的许多见解，都是直接来源于这种系统观念。如刘知几对于史书的断代问题极为重视，指出“一代之史，上下相交，若已见它记，则无宜重述”。他批评《汉书·地理志》“论自古风俗，至于夏世，宜云《禹贡》已详，何必重述古文，益其辞费也”[96]；而夷狄之祖源若前书已有记述，则后世编纂中就不必再录。因为从他的系统观来看，历代史事自有其专书所载，若一代史书旁及其他，则属于一种浪费了。

第四，主张事、言分录，尽量避免过多地在叙事中加入文言的成分。

刘知几对于史书中记言与叙事的起源做了探讨，他说：

> 古者言为《尚书》，事为《春秋》，左右二史，分尸其职。盖桓、文作霸，纠合同盟，春秋之时，事之大者也，而《尚书》缺纪。秦师败绩，缪公诫誓，《尚书》之中，言之大者也，而《春秋》靡录。此则言、事有别，断可知矣。逮左氏为书，不遵古法，言之与事，同在传中。然而言事相兼，烦省合理，故使读者寻绎不倦，览讽忘疲。[97]

从以上论述中不难看出，他并非绝对反对史籍编纂中的言、事分离，“言事相兼，烦省合理”的理想状态是被认可的。

但是从“言、事有别”的基点出发，刘知几认为在编纂的过程中，务必对“言”保持审慎的态度。一方面，他认为“夫史之称美者，以叙事为先”[98]，而史书中对于文章的收录却常常会对叙事产生负作用。所谓“夫方述一事，得其纪纲，而隔以大篇，分其次序。遂令披阅之者，有所懵然”[99]，即从接受的角度而言，文章的存在会影响叙事逻辑的顺畅。另一方面，刘知几以为史籍的编纂者对于选录的文章常常有失察之过。他意识到魏晋后，在“文”的领域里，“实”的成分逐渐萎缩，而“悠悠饰词”之类不应为史籍所取，但“世之作者，恒不之察，聚彼虚说，编而次之，创自起居，成于国史，连章疏录，一字无废，非复史书，更成文集”[100]。

因而，从总体上看，刘知几对于史籍的编纂还是持一种言、事分开的态度。为此，他提出了于纪传体现存结构体例之外，另立“书部”的主张：“愚谓凡为史者，宜于表志之外，更立一书。若人主之制、册、诰、令，群臣之章、表、移、檄，收之纪传，悉入书部，题为‘制册’、‘章表书’，以类区别。”

综而言之，刘知几的编辑思想是非常丰富的，他对于编辑行为的意义和价值都有十分深刻的认识。除上述思想之外，刘知几还清楚地认识到，“编次”作为一种非语言行为，具有表达价值评判思想和逻辑思维的重要意义，如他明确地批评史书编纂中“先黄、老而后《六经》，后外戚而先夷狄；老子与韩非并列，贾诩将荀彧同编”[101]等现象，认为这属于“舛谬”；他还对于集体性编纂活动的原则提出了自己的见解，提出“属词比事，劳逸宜均，挥铅奋墨，勤惰须等”[102]的组织规则。此外，刘知几对于“史才”的论述，也可以看做一种对于编辑主体素质的讨论，如他指出，“史才须有三长，谓才也，学也、识也，夫有学而无才，犹有良田百顷黄金满籯，而使愚者营求，终不能置于货殖矣；如有才而无学，犹思兼匠石巧若公输，而家无楩柟斧斤，终不能成其宫室矣；犹须好是正直，善恶必书，使骄主贼臣所以知惧，则为虎傅翼矣”[103]，直接指涉史籍编纂者自身能力的培养问题。

第三节　白居易的编辑活动与编辑思想

白居易 像

白居易（772–846），字乐天，下邽人，晚号香山居士，唐代著名诗人、文学家。白居易自幼颖慧，年十五六时，尝“袖文一编，投著作郎吴人顾况”，颇得赏识；他勤于学业，其自言“五六岁，便学为诗；九岁谙识声韵；十五六，始知有进士，苦节读书；二十已来，昼课赋，夜课书，间又课诗，不遑寝息矣”。德宗贞元十四年（798），白居易始以进士就试，擢升甲科，宪宗元和元年（806）又应试“才识兼茂明于体用科”，入第四等；先后任秘书省校书郎、集贤校理、翰林学士、左拾遗等职。他敢于直言进谏，上书之事多为“人之难言者”，故而为当政所忌。元和十年（815），先是宰相武元衡被刺，白居易越位言事，后有“素恶居易者”以其母因看花堕井而死，而白居易曾作《赏花》、《新井》诗为借口，诬陷他“甚伤名教，不宜置彼周行”，使其被贬，出为江州司马。自此，白居易“宦情衰落，无意于出处，唯以逍遥自得，吟咏情性为事”，“凡所居官，未尝终秩，率以病免，固求分务”。武宗会昌中，以刑部尚书致仕，晚年退居香山，倾心佛释。

白居易一生的图书编纂活动颇多，兹概括如下：

1. 致力于编纂个人文集。从现存资料看，在唐代士人中，白居易编纂个人文集的次数可算得上是最多的。其曾先后八次整理个人作品，编纂结集：(1)宪宗元和十年(815)，他亲自将所作的七百五十余首诗歌纂为十五卷文集；(2)穆宗长庆四年(824)，委托友人元稹编成《白氏长庆集》五帙，共五十卷；(3)文宗大和二年(828)，自纂《白氏文集》六十卷；(4)文宗大和九年(835)，将“前后所著文大小合二千九百六十四首，勒成六十卷”[104]，编次既毕，藏于庐山东林寺；(5)文宗开成元年(836)，编次《白氏文集》六十五卷，藏于东都圣善寺律疏库楼；(6)文宗开成四年(839)，编文集六十七卷，藏于苏州南禅院，仍题名《白氏文集》；(7)文宗开成五年(840)，将大和三年(829)以来于东都所赋之格律诗八百首，编纂为《白氏洛中集》十卷，置于龙门香山寺；(8)武宗会昌五年(845)，年逾古稀的白居易全面整理了自己一生的作品，编次成《白氏文集》七十五卷。[105]

2. 编次唱和集。白居易在中唐时期诗人的酬唱活动中扮演了重要角色，他与元稹、刘禹锡等人的唱和作品，在当时社会影响极大，如杜牧描述这些诗作“流于民间，书于屏壁，子父女母，交口教授”[106]。酬唱的必然结果便是“日寻笔砚，同和赠答，不觉滋多”，于是便有了编纂结集的必要。白居易将自己与元稹的唱和之作“博搜精掇，编而次之”，纂成《元白因继集》十七卷；将与刘禹锡之间的酬唱诗歌编为《刘白唱和集》五卷。

3. 编次类书《白氏经史事类》。《白氏经史事类》，一名《白氏六帖》[107]，三十卷，是唐代士人主持的大型类书编纂活动的代表性成果。该书为白氏“取凡书精语可备词赋制文采用者”，“分门类为声偶”辑录编次而成。关于《白氏经史事类》编纂成书的方法，后世传闻白居易“以陶家瓶数千，各题名目，置

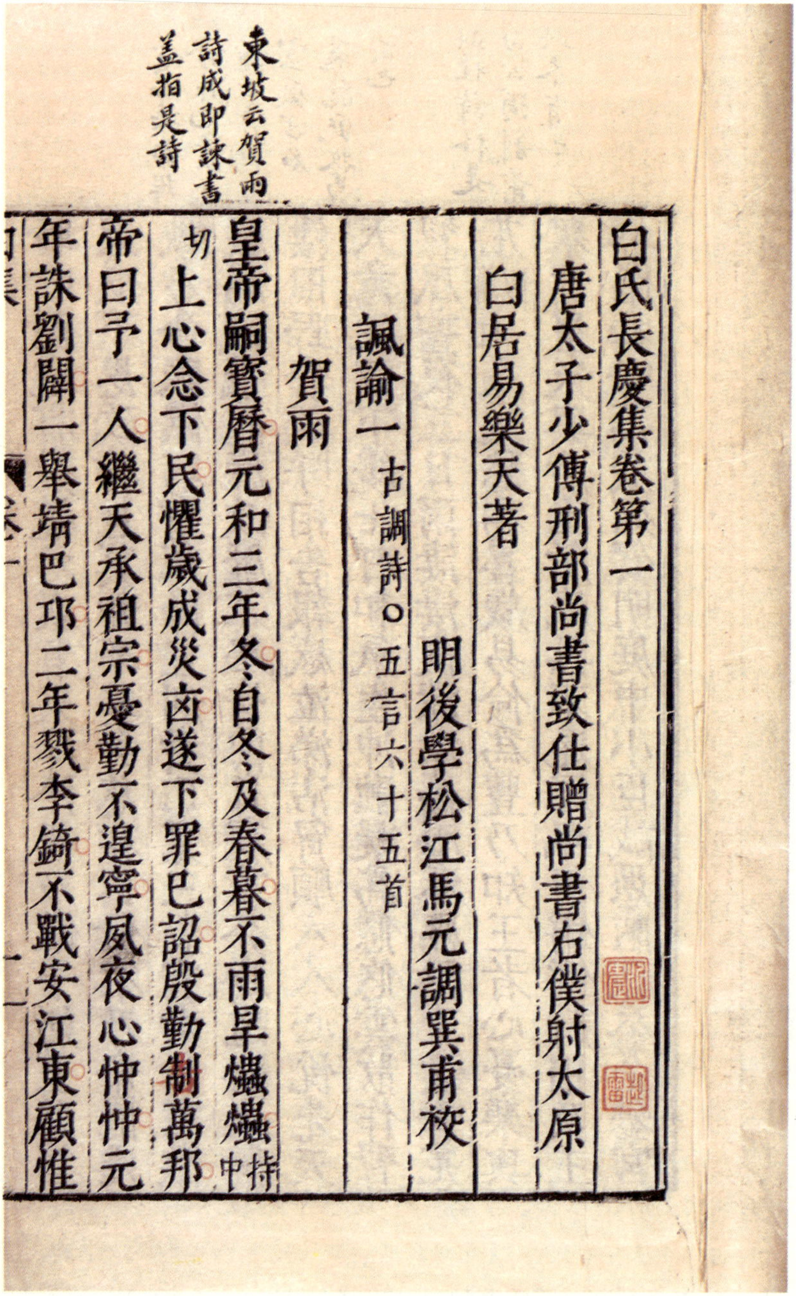

東坡云賀雨詩成即誅書蓋指是詩

白氏長慶集卷第一

唐太子少傅刑部尚書致仕贈尚書右僕射太原白居易樂天著

明後學松江馬元調巽甫校

諷諭一 古調詩○五言六十五首

賀雨

皇帝嗣寶曆元和三年冬自冬及春暮不雨旱爞爞持中切上心念下民懼歲成災凶遂下罪己詔殷勤制萬邦帝曰予一人繼天承祖宗憂勤不遑寧夙夜心忡忡元年誅劉闢一舉靖巴邛二年戮李錡不戰安江東顧惟

（唐）白居易《白氏长庆集》明万历刻本

斋中；命诸生采集其事类，投瓶内，倒取之抄录成书”，因而属于一种有明确分类思想指导的纂辑活动。[108]

《白氏经史事类》作为类书，其主要不足有二：一是所引述的资料不载出处，二是“所记时代多无次序”。

白居易的编辑实践颇显驳杂，不过从本质上讲，这些活动都是建立在其强烈的传世意识之上的。他对于个人作品的流传极为关注，其自言“世间富贵应无分，身后文章合有名”。清人朱彝尊更是评价道：“诗家好名，未有过于唐白傅者。既属其友元微之排缵长庆集矣，而又自编后集，为之序，复为之记；既以集本付其从子、外孙矣，而又分贮之东林、南禅、圣善、香山诸寺，比于杜元凯岘山碑，尤汲汲焉。”[109]

由这种传世意识出发，遂衍生出白居易关于图书编辑的各种思想：

（一）白居易对于传播的重视，源于其对于图书保藏的极度重视。也正是这种观念的发展，使得他的图书传播思想与同时代的其他士人相比，更加接近于现代意义上的出版意识。

前文已言，白居易为了实现“传世”的目的，进行了许多图书传播活动。他将自己的文集抄写了五套，“一本在庐山东林寺经藏院，一本在苏州南禅寺经藏内，一本在东都圣善寺钵塔院律库楼，一本付侄郎，一本付外孙谈阁童。各藏于家，传于后”[110]。诚然，这些工作客观上促进了图书的复制、流传，但是其真正的出发点还是一个“藏”字。

与其认为白居易具有明确的传播思想，不如说他更为看重的是书籍的保存。如他将文集置于寺庙，但是却又规定：“仍请不出院门，不借官客，有好事者，任就观之。”[111]可见，白居易虽然并不排斥空间意义上的传播，但是其根本的着眼点还是书籍的存在性和完整性。对此，李绅曾作诗评价：“寄玉莲花藏，缄珠贝叶扃。院闲容客读，讲倦许僧听。部列雕金榜，题存刻石铭。永添鸿宝集，莫杂小乘经。”[112]白居易还特意制作专门的书橱，用于收藏个人文集，他的《题文集柜》称：“破柏做书柜，柜牢柏复坚。收贮谁家集？题云白乐天。我生业文字，自幼及老年。前后七十卷，小大三千篇。诚知终散失，未忍遽弃捐。自开自锁闭，置在书帷前。身是邓伯道，世无王仲宣。只应分付女，留与外孙传。”因而，白居易的传播观是一种偏重时间维度的传播观。

东林寺(庐山)始建于东晋,于唐代达到极盛

考虑到当时,白居易的文章作品被“日本、新罗诸国及两京人家”[113]纷纷传写,“巴、蜀、江、楚间洎长安中少年,递相仿效”等事实,我们不禁疑惑,为什么他还要孜孜不倦地从事上述活动呢?合理的解释便是,白居易的“危机感”是实实在在地针对书籍的,即在他看来,文句的流传不等于书籍的保存,其所关注的是那些他本人手自纂辑的、特定而具体的书的存在情况。可以说,唐代士人都具有某种传播的意识,或倾向于空间流传,或倾向于时间留存,但是他们大多考虑的只是文章能否传世。相比之下,白居易这种以书籍为认识对象的传播思想,则要更为接近于现代意义上的出版意识。

(二)白居易在一定程度上已经认识到了编著分离的问题。这种思想在编辑出版史上,可以说是一个具有超越意义的进步。

在论及古代编辑活动的特征时,现代研究者往往会提及“编校著合一”这一论断。如王志刚认为:“编纂、校雠、注释是古代编辑的三大特点,且在具体工作中呈一种胶着状态,三位一体,不可分割。”[114]许正文也指出:“古代编著合一的社会文化现象在历史上延续了很长时间,构成了我国古代编辑史上的一大特色。”[115]不过,对于这一概括来说,白居易似乎有那么一丝特例的意味。当然,这是指他的思想。

在《与元九书》中,白居易说道:

仆常语足下，凡人为文，私于自是，不忍于割截，或失于繁多。其间妍媸，益又自惑。必待交友有公鉴无姑息者，讨论而削夺之，然后繁简当否，得其中矣。

这段论述有三点值得我们注意：第一，其所讨论的这种“讨论而削夺”的活动，直接针对的是具体作品的修改加工，因而也就与“编纂”有所区别[116]，更接近于现代意义上的“文字编辑”。第二，其已明确地意识到了编辑活动的特殊性及其价值所在。白居易发现，创作者在其本人的作品面前，具有一种无法由“内力”克服的天然缺陷，即“私于自是，不忍于割截”。因此，必须借助“他者”的力量来实现作品的完善，从而也就将“编辑”从“著述”中分离出来，赋予其独立的地位与存在意义。第三，白居易指出，能够成功地完成“讨论”、“削夺”工作之人，必须是“有公鉴无姑息者”。也就是说，编辑不是对作者的某种随声附和，相反，它需要具有“公”的意识和一定的鉴别力，是具有独立主体性的。

在当时的社会思想条件下，白居易这种编著分离的认识，及其对于编辑活动意义的肯定，在编辑出版发展史上是具有某种超前性的。而至于该思想的来源，或与他以精品传世的追求有关。

（三）在对于图书编纂的认识上，白居易已经具备了相当明确的选择意识；然而，从其实践来看，他在“选择”这个问题上又表现出一种矛盾、暧昧的态度。

白居易清楚地认识到，编纂图籍之前，需要认真地审查备选内容，择其精善者入书。如在与元稹商讨如何将二人的唱和作品编纂成书时，他说：“取其尤长者，如张十八古乐府，李二十新歌行，卢、杨二秘书律诗，窦七、元八绝句，博搜精掇，编而次之。”[117]

然而当编纂个人文集时，白居易却往往是“不忍割截”，“失于繁多”。如前文所述，就其本心而言，他对于自己的杂律诗作已经产生了一种否定的态度，但是仍然将其编在别集，而把删削的工作留待来者。后世亦对于白氏文集的驳杂表示了非议：“或疑公旷达，不应戚戚于年岁之逾迈，沾沾于官秩之迁除，计禄俸之损益。”[118]因而，在选择、删节的问题上，白居易显得颇为手口不一。

这种态度的产生，一方面可能与他的自负有关。其《题诗屏风绝句》说道："相忆采君诗作障，自书自勘不辞劳。障成定被人争写，从此南中纸价高。"白居易对于自己的每件作品都信心十足，充分肯定其价值，因而不忍割舍。另一方面，这也是他强烈的传世意图的必然发展，即希望后人能全面地认识他的存在。

(四)从白居易的类书编纂活动中可以看出，其继承了徐坚《初学记》以来"编"重于"辑"的思想，但尚有一定的局限性。

之所以这样评断，主要是由于两个原因：

第一，白居易编纂类书，所持的是一种有限的类分思想。白居易的分类意识很强，如他将个人作品进行划分："凡所遇所感，关于美刺兴比者；又自武德至元和，因事立题，题为《新乐府》者，共一百五十首，谓之讽谕诗。又或退公，或卧病闲居，知足保和，吟玩性情者一百首，谓之闲适诗。又有事物牵于外，情理动于内，随感遇而形于叹咏者一百首，谓之感伤诗。又有五言、七言、长句、绝句，自百韵至两韵者，四百余首，谓之杂律诗。"[119]

但是在类书编纂中，这种分类的思想还是具有一定的局限性。前文已言，《白氏经史事类》的成书过程，是先"以陶家瓶数千，各题名目"，而后"诸生采集其事类，投瓶内"。因而，这的确是一种由"分类"指导的"辑纂"活动。但是必须注意到，该书一千三百六十七门，全是子目，并无部类统摄，也就是说，在二级分类上少有作为。

第二，其编排意识仍有欠缺。其最突出的表现便是，白居易在分类编排事类资料时，犯下了"所记时代多无次序"的错误。从这一点看来，在他的编辑思想中，"编排"意识尚有待于进一步完善。

(五)白居易意图通过编纂活动实现留名与正名的双重目的。

白居易编纂个人文集，不仅仅是为了留名后世，以求不朽，而且他还希望借此达到一种"正名"的目的。

中唐时期，白居易诗名广播，他的作品颇受社会群众欢迎，流传极广，"其甚者，有至于盗窃名姓，苟求自售，杂乱闲厕，无可奈何"[120]。白居易整理、编纂个人作品成书，一定程度上也是为了干预这种现状，他亲自为个人文集作记，自言："若集内无而假名流传者，皆谬为耳。"[121]从现代视角看，这也可以算做一种通过出版活动来避免个人文名被盗用，进而维护创作声誉的思想。

总而言之，在唐代士人中，白居易有着丰富的编辑实践活动和较为特别的编辑思想，值得进一步研究。

第四节　“唐人选唐诗”现象研究

“选”是中国古代重要的文学批评形态之一，按鲁迅先生所言，就是“借古人的文章，寓自己的意见”。唐人选唐诗是中国古代文学研究领域的重要课题之一，相关的研究成果已经十分丰富。但是，从编辑学的角度来审视这一现象的研究工作，如今还是较为罕见的。

专门收录本朝的诗歌作品，且初步形成了一定体系的文学总集编纂活动，在唐代以前是没有的。因而，在古代编辑出版史的视阈下，“唐人选唐诗”具有一种开创性的意义。唐代唐诗选集的编纂主体多是一些普通士人，而正如明人魏浣所言：“以唐人而选唐诗，即以我明之人而选明之时文也。身非堂上之身，目犹局中之目，而欲擅雌黄遽分苍素，自匪博综一代之人物，另具千秋之鉴裁，其谁信从？”因而，在当时的编辑实践经验和传播条件之下，其既是主体个性与才识的张扬，更是一种图书编纂思想的勇敢革新。

“唐人选唐诗”的成果在后世的流传中亡佚颇多，其中可知且较有代表性的有[122]：

1. 许敬宗《翰林学士集》。[123]卷数不详，收录太宗时期君臣唱和诗作。傅璇琮先生认为，这部书或为“许敬宗子孙为其所编别集”[124]。

2. 《珠英学士集》五卷。乃《三教珠英》编纂过程中，参与其间的文人学士互相唱和所成诗歌的汇编。据《郡斋读书志》载：“凡四十七人，崔融编集其所赋诗，各题爵里，以官班为次，融为之序。”[125]早佚，清末于敦煌遗书中重新发现该书残卷。

3.《丹阳集》一卷。殷璠所辑,大约于玄宗开元二十三年(735)以后,天宝元年(742)之前编定[126],选录其时润州籍十八位诗人的作品。亦亡佚。

4.《搜玉集》十卷。该书大约于北宋中叶亡佚,所残留的部分被目为《搜玉小集》一卷。傅璇琮先生认为,《搜玉小集》大约编定于开元后期至天宝前期,“且具体排列上都颇为混杂,看不出编选意图和选诗标准”[127]。

5.《河岳英灵集》二卷[128]。殷璠编选,收录开元二年(714)至天宝十二年(753)间二十四位诗人的二百三十四首诗歌作品。《河岳英灵集》的问世,标志着唐诗选本在体例上的初步完善与定型,在后来的选集编纂中发挥了极大的借鉴作用。

6.《奇章集》四卷。《文献通考》称其“集唐李林甫至崔湜百余家诗奇警者,集者不知名”[129]。

7.《正声集》三卷。据胡震亨《唐音癸籤》卷三十一载:“孙季良撰,三卷,《唐新语》云以刘希夷诗为集中之最。”《正声集》在唐人文章中常有提及,可见当时颇有影响。

8.《国秀集》三卷。按《直斋书录解题》卷十五:“唐国子进士芮挺章撰,集李峤至祖咏九十人诗,二百二十首。天宝三载,国子进士楼颖为之序。”但据傅璇琮先生考证:“芮挺章编《国秀集》,当在天宝三、四载,但其稿尚存于友人楼颖处,楼颖本拟续补,因循未果……其定稿却在《河岳英灵集》之后。且终唐之世,是否流传,也不甚清楚。”[130]

9.《箧中集》一卷。元结编选,陈振孙曰:“录沈千运、赵微明、孟云卿、张彪、元季川、于逖、王季友七人诗二十四首,尽箧中所有次之。”[131]大约成书于乾元三年(760)。

10.《起予集》五卷。乃曹恩所集,成书于代宗大历时期,大约以选录盛唐诗歌为主。

11.《南熏集》三卷。窦常编选,据《郡斋读书志》所载,其“集韩翃至皎然三十人,约三百六十篇,凡三卷。其序云,欲勒上中下,则近于褒贬,题一二三,则有等衰。故以西掖、南宫、外台为目,人各系名系赞。”[132]

12.《御览诗》一卷。即《元和御览》,又名《唐新诗》、《选进集》,为令狐楚奉宪宗敕命,采“诗第名家”之作品,编选纂集而成,“凡三十人,二百八十九首”[133]。大约于元和十二年（817）进献。

13.《中兴间气集》二卷。高仲武编选，体例仿《河岳英灵集》。高氏于序言中自述：“博访词林，采察谣俗。起自至德元首，终于大历十四年己未。述者二十六人，诗总一百三十四首。”[134]

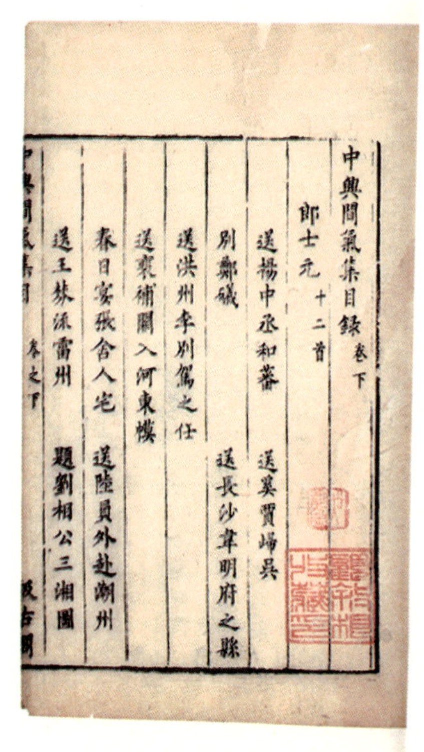
中興間氣集目錄 卷下
郎士元 十二首
送楊中丞和蕃　送奚賈歸吳
別鄭礒　送長沙韋明府之縣
送洪州李別駕之任
送裴補闕入河東幕
春日宴魏舍人宅　送陸員外赴潮州
送王楙除雷州　題劉相公三湘圖
中興間氣集 卷之下　汲古閣

（唐）高仲武《中兴间气集》（书影）

14.《极玄集》一卷。[135]姚合编选，按《唐音癸籤》：“所载大历才子及刘长卿、郎士元等十五人，衲子、皎然等四人诗，而冠以王维、祖咏，凡二十一人，诗一百首。自题云‘此皆诗家射雕手也’。”[136]贯休有《览姚合极玄集》诗，赞其“至鉴如日月，今时即古时”。

15.《唐诗类选》二十卷。顾陶编选，大约成书于宣宗大中时。据《直斋书录解题》等所载，其收诗达一千二百三十二首，是现所知唐人选唐诗的成果中规模最大的。《唐诗纪事》称赞其“去取甚严”[137]。顾陶在自序中，称此集历三十年而成，但以“家集浩大，不可雕摘”而不录元稹、白居易诗；因“身没才二三年，亦正集未得绝笔之文”，亦不选杜牧、许浑等人的作品。

16.《又玄集》三卷。韦庄编选，其自序：“自国朝大手名人，以至今之作者，或百篇之内，时纪一章；或全集之中，微征数首。但掇其清词丽句，录在西斋；莫穷其巨派洪澜，任归东海，总其记得者才子一百五十人，诵得者名诗三百。”于昭宗光化三年（900）编纂，较为全面地选录了有唐一代的诗歌。

17.《才调集》十卷。韦縠编选，每卷录诗一百首，共一千首。需要说明的

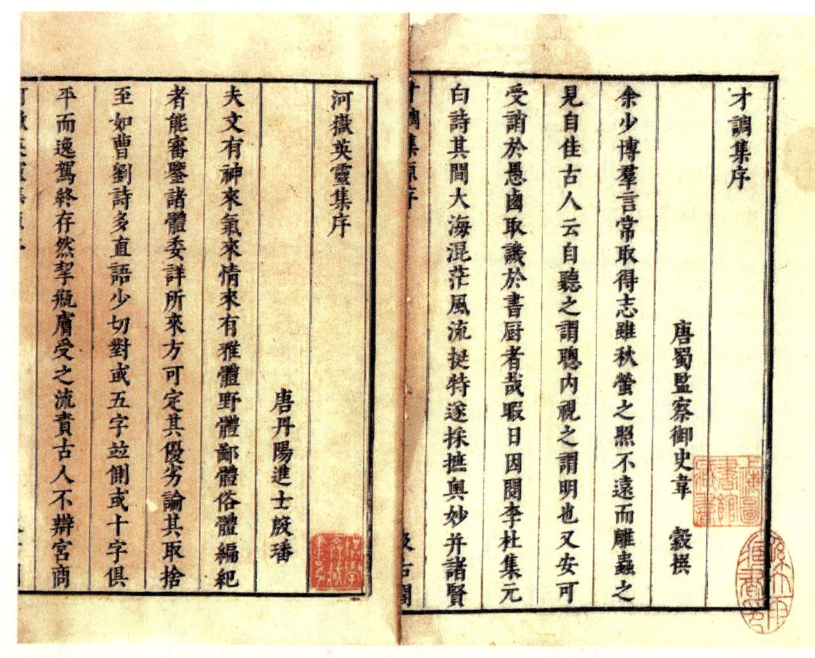
才調集序

唐蜀監察御史韋　縠撰

余少博羣言常取得志雖秋螢之照不遠而雕蟲之見自佳古人云自聽之謂聰內視之謂明也又安可受誚於愚鹵取譏於書厨者哉暇日因閱李杜集元白詩其間大海混茫風流挺特遂採摭奥妙并諸賢

河嶽英靈集序

唐丹陽進士殷璠

夫文有神來氣來情來有雅體野體鄙體俗體編紀者能審鑒諸體委詳所來方可定其優劣論其取捨至如曹劉詩多直語少切對或五字竝側或十字俱平而逸駕終存然挈瓶膚受之流責古人不辨宮商

《唐人选唐诗八种》 明崇祯毛氏汲古阁精写刻本

是，韦縠的一生大约跨越唐与五代两个时期，而《才调集》的编纂时间不能确考。[138]按，《诗人玉屑》卷十一："唐人类集一代之诗，不特英灵、间气、极玄、又玄也，顾陶作《唐诗类选》，窦常有《南熏集》，韦縠有《才调集》……"当代许多研究者亦将其归为唐人选唐诗之类。[139]本书从之。

唐人选唐诗的实践是比较丰富的，除上述诸书外，还有敦煌佚名的唐写本诗选、《荆扬挺秀集》二卷等。不过，对于这些成果，我们必须辩证地加以认识。如许敬宗《翰林学士集》更近于个人文集，"不如说它是一部唐人编唐诗集"[140]，而《珠英学士集》本质上应属于唱和集的一种；高仲武也意识到："《珠英》但纪朝士，《丹阳》止录吴人，此繇曲学专门，何暇兼包众善。"[141]也就是说，虽然同是"选"的行为，但各书在选择意识的明确性和强弱程度上，差距是比较大的。

综观唐人摭拾、选择、编纂本朝诗歌作品的活动，如下几个特征值得我们注意：

（一）相比于唐代如此繁荣的诗歌创作局面，当时大部分唐诗选集的规模都相对较小。其中除《唐诗类选》、《才调集》外，大多部帙不过三四卷，选诗不过二三百。如明人论曰："唐人选唐诗，若《国秀》、《极玄》、《河岳英灵》诸编，均非巨帙，所谓代不数人，人不数篇者。"[142]清人《全唐诗序》亦云："自昔唐人选唐诗，有殷璠、元结、令狐楚、姚合数家，卷帙未为详备。"

这种"均非巨帙"的现象，一则源于唐人明确而强烈的"选"意识，是唐人重视选择活动的集中反映和必然表现。元代蒋易重刻《极玄集》时，作序言："唐诗数千百家，浩如渊海。姚合以唐人选唐诗，其识鉴精矣然。所选仅若此，何也？盖当是时以诗鸣者，人有其集，制作虽多，鲜克全美，譬之握珠怀璧，岂得悉无瑕类者哉？武功去取之法严，故其选精；选之精，故所取仅。"此说极为有理。唐人选唐诗，其目的在于求得符合其本人审美要求的"全美"，因此必然地区别于别集的汇纂，有一个去粗取精的过程。而且，与南北朝时的选集比较，唐人诗选的规模呈现出普遍小型化的趋向。这表明，唐人的选择意识相当强烈，"选择"所发挥的实际作用极大，且成为编纂活动中的绝对主导因素。正所谓"选之精，故所取仅"。

二来，客观条件的局限也是个中原因之一。总的看来，隋唐以前，图书的传播是一个以时间换空间的过程，即书籍的接受范围与其流传的时间大体上呈正相关的关系。然而，唐人选唐诗是一种关注本朝"动态"的活动，因此必然地要受到客观传播条件的限制。如《唐诗类选》的编纂历时三十载，但顾陶仍说："僻远孤儒，有志难就，粗随所见，不可殚论，终愧力不及心，庶非耳目之过也。"尤其对于时代较近的作品，更是处于一种"若须待见全本，则撰集必无成功；若但泛取传闻，则篇章不得其美"的尴尬处境。[143]

同时，唐人选唐诗的主体，很多都是下层士人，如高仲武等，均无高官显爵，其编选活动也就不可避免地要受制于物质生活条件的局限了。

（二）通过无声的编选，表达个人的主张见解，是选集的要义所在，正如鲁迅先生所言，"博览群籍，采其合于自己的意见的为一集"[144]。唐人选唐诗，呈现出明确的标准意识。而那些标准便是他们各自独特的理论观点或其他见解。

《四库全书总目提要》评曰："诗至唐，无体不备，亦无派不有。撰录总集者，或得其性情之所近，或因乎风气之所趋，随所撰录，无不可各成一家。"[145]

唐人选唐诗,是一家之言的表述,具有清晰明确的选择标准。如,殷璠《河岳英灵集》以“既闲新声,复晓古体,文质半取,风骚两挟”为选择标准[146],崇尚声律风骨兼备;《国秀集》则倾向于“婉丽”、“顺泽”;《箧中集》推崇沈千运等“独挺于流俗之中,强攘于已溺之后”的作品,力图通过这些诗歌的集中展示,来矫正其时“风雅不兴”的文风;高仲武编纂《中兴间气集》崇尚“立义以全其制,因文以寄其心,著王政之兴衰,表国风之善否”的诗作,明确将“体状风雅,理致清新”作为收录标准;韦庄《又玄集》的选诗标准则颇具个性化,不拘一格,唯以“清丽”为好尚,凡此等等。

当然,这些个性化的铨选标准亦在选集中得到了鲜明的反映。所谓“元结尚古淡,《箧中集》所录皆古淡;令狐楚尚富赡,《御览诗》所录皆富赡”。[147]

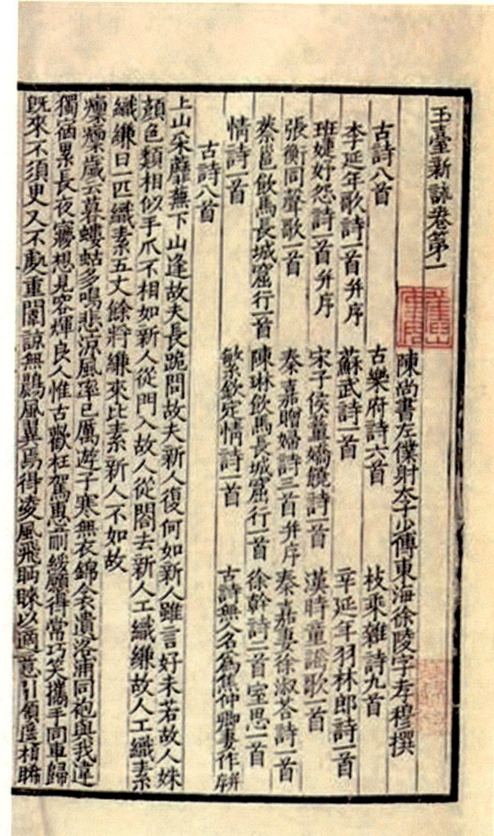
玉臺新詠卷第一
陳尚書左僕射太子少傅東海徐陵字孝穆撰
古詩八首　古樂府詩六首　枚乘雜詩九首
李延年歌詩一首并序　蘇武詩一首　辛延年羽林郎詩一首
班婕妤怨詩一首并序　宋子侯董嬌饒詩一首　漢時童謠歌一首
張衡同聲歌一首　秦嘉贈婦詩三首并序　秦嘉妻徐淑荅詩一首
蔡邕飲馬長城窟行一首　陳琳飲馬長城窟行一首　徐幹詩二首　室思一首
情詩一首　繁欽定情詩一首　古詩無人名為焦仲卿妻作并
古詩八首
上山采蘼蕪下山逢故夫長跪問故夫新人復何如新人雖言好未若故人姝
顏色類相似手爪不相如新人從門入故人從閤去新人工織縑故人工織素
織縑日一匹織素五丈餘將縑來比素新人不如故
凜凜歲云暮螻蛄夕鳴悲涼風率已厲遊子寒無衣錦衾遺洛浦同袍與我違
獨宿累長夜夢想見容輝良人惟古歡枉駕惠前綏願得常巧笑攜手同車歸
既來不須臾又不處重闈諒無晨風翼焉得凌風飛眄睞以適意引領遥相睎

《玉台新咏》明崇祯刻本

(三)唐人选唐诗,促进了选集体例的完善与创新。

陈振孙曾这样描述《中兴间气集》:“各有小传,叙其大略,且拈提其警句,而议论文辞……”[148]其实,他所说的这种体例,最早是由殷璠《河岳英灵集》所确立的,至于其雏形更可上溯至《丹阳集》的编纂。

对于选集编纂活动而言,此体例的出现,算得上是一种不小的创新。如有研究者指出:“在诗选前作序说明选诗的宗旨,这种体例在梁徐陵编选的《玉台新咏》中已经出现;摘句评品,这种批评方式也曾被梁代批评家钟嵘《诗品》所采用,但是将这几种方式合而为一,灵活地运用于批评各个诗人和诗作，这种体例为殷璠所首创。”[149]的确，在选集中以简短的文字表达见解，这种类似“编者按”的编纂体例在古代编辑史上出现很早；而作传、写序、摘句、考源等选集中的评论方式，亦非新见。但是，将这诸般方法综合起来形成一种新的体例形式，却是由《河岳英灵集》完成的。而且，这种新的体例也在后来的编纂活动中得到了承认和模仿。

（四）在选录唐诗的过程中，唐代士人表现出了强烈的主体意识。在客观上，也涉及了关于编选者个人素养的讨论。概括而言，唐人认为编选者应具备这样两种能力：

第一，鉴赏能力。即编选者本身必须具备相应的学识，对于诗歌创作的发展历史与现状有一定的了解，唯其如此，才有资格从事选诗工作。如殷璠指出：“编纪者能审鉴诸体，委详所来，方可定其优劣，论其取舍。”[150]

第二，独立性。唐人选唐诗，大多能张扬个性，不受外来力量干扰，使编选活动能够表达个人的真实思想。如元结特立独行，许学夷《诗源辨体》称其“于唐律一无足采，唯古声是取耳”；高仲武更是强烈反对“苟悦权右，取媚薄俗”[151]。

（五）唐人选唐诗现象的产生，是唐代社会文化发展的必然结果。

概括而言，唐人选唐诗主要服务于这样几个要求：第一，表达、宣扬编选者特定的文学主张，即所谓“非独资于短见，亦且贻于后昆”[152]，《河岳英灵集》、《箧中集》、《中兴间气集》等均属此类。第二，发挥环境监测的作用。这方面《御览诗》最有代表性，明毛晋为该集作跋，称：“唐至元和间，风会几更。章武皇帝命采新诗备览，学士汇次名流，选进研艳短章三百有奇。”从“风会几更”、“新诗”等词来看，该选本的编纂目的在于反映当时的诗坛现状，以供皇帝了解。第三，以供自娱。如韦縠自言，编选《才调集》“但贵自乐所好，岂敢垂诸后昆”[153]。

但是，无论出于何种目的，唐人选唐诗作为一种独特的编辑行为，其产生的根源总要追溯至唐代广阔的社会文化。

首先，诗歌创作的繁荣，为选集的编纂提供了坚实的基础。而且，唐人十分认同以“选”的形式来品评诗歌。如唐代僧人齐己，便将《极玄集》与皎然《诗式》相提并论：“昼公评众制，姚监选诸文。”[154]又如唐薛用弱《集异记》载，王昌龄、高适、王涣之同游，遇十数伶人登楼会宴，“昌龄等私相约曰，我辈各擅诗名，每不自定其甲乙，今者可以密观诸伶所讴，若诗入歌词之多者，则为优矣。”可见，社会对于选诗，尤其是选本朝之诗这种行为持一种积极的肯定态度。

其次，唐人选唐诗的发展，得益于当时“文选学”的兴盛。唐初，曹宪撰《文选音义》，影响极广，“江淮间为文选学者本之于宪”，“又有许淹、李善、公孙罗，复相继以《文选》教授，由是其学大兴于代”。[155]借此东风，相关的图书编纂也迅速发展，续编、模拟《文选》的作品层出不穷。如据《酉阳杂俎》载，李白曾“三拟《文选》，不如意，悉焚之”[156]。在这些纷繁复杂的编纂活动中，一旦有人将选择的视野集中于本朝的诗作，唐人选唐诗的现象也就产生了。

再者，唐人选唐诗，与科举制度的发展具有某种程度上的关联性。对此，古人已有发现，如明唐元竑说：“唐人选唐诗，今所流传于世者，诸家品骘，无论当否，杜大都无处厕足，盖当时极重科目，杜终于不第。”[157]即唐人选诗，有时是受到科举意识影响的。当今也有研究者指出，唐诗选学“出于推动科举考试的发展，有利于士子应试的目的性”是十分清楚的[158]。

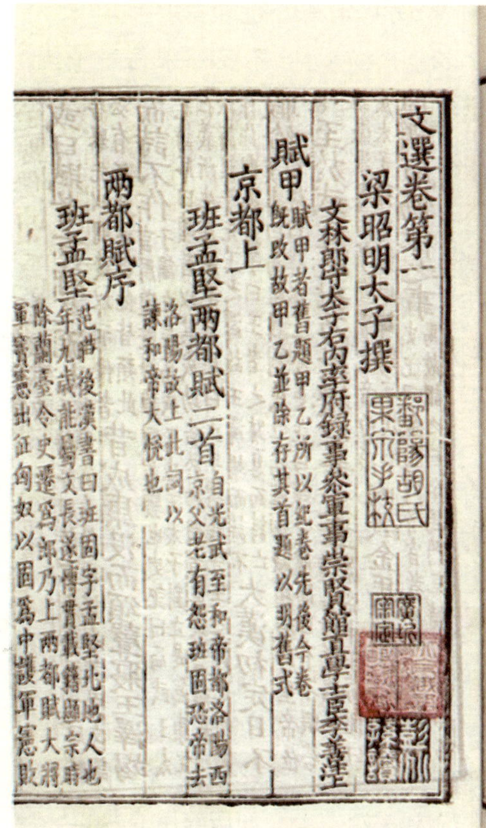
文選卷第一
梁昭明太子撰
文林郎守太子右内率府録事參軍事崇賢館直學士臣李善注上
賦甲 賦甲者舊題甲乙所以紀卷先後今卷既改故甲乙並除存其首題以明舊式
京都上
班孟堅兩都賦二首 自光武至和帝都洛陽西京父老有怨班固恐帝去洛陽故上此詞以諫和帝大悅也
兩都賦序
班孟堅 范曄後漢書曰班固字孟堅北地人也年九歲能屬文長遂博貫載籍顯宗時除蘭臺令史遷爲郎乃上兩都賦大將軍竇憲出征匈奴以固爲中護軍憲敗

（唐）李善注《文选》清同治刻本

注　释

［1］熊笃、许廷桂：《中国古典文献学》，重庆出版社，2000年，第284页。

［2］《玉海》卷三十六。

［3］《盈川集》卷三。

［4］《文献通考》卷一百七十九。

［5］亦称《白氏六帖》，又称《事

类集要》。《直斋书录解题》卷十四："《六帖》三十卷，唐太子少傅太原白居易撰，唐志作《白氏经史事类》，一名《六帖》。醉吟先生墓志云又著《事类集要》三十部，时人目为白氏六帖。"

[6]《旧唐书·魏谟传》。

[7]引文见《玉海》卷六十一。按，马揔《奏议集》的卷数，《唐会要》卷三十六记为二十卷，《新唐书·艺文志》记为三十卷，《中兴书目》记为二十卷，《通志》也记为二十卷，《宋史·艺文志》记为二十卷。存疑。

[8]《经义考》卷二百七十三。

[9]《郡斋读书志》卷四。

[10]熊笃、许廷桂：《中国古典文献学》，重庆出版社，2000年，第68页。

[11]关于别集的产生年代，各家看法不尽一致。《隋书·经籍志》云："别集之名，盖汉东京之所创也。自灵均已降，属文之士众矣。然其志尚不同，风流殊别，后之君子欲观其体势而见其心灵，故别具焉，名之为集。"宋王应麟《玉海》将别集上推至荀况、宋玉(见《玉海》卷五十五)。而清人姚振宗在《隋书·经籍志考证》中的观点较为折中，以为"始于刘中垒也"，"中垒《诗赋略》五篇，皆诸家赋集、诗歌集，固别集之权舆"。今人杨军则将别集的编辑看做一个"演进的过程"，"东汉末至建安时，别集雏形已形成"(《古代文集编辑探源》，《宝鸡文理学院学报》(社会科学版)，2003年第4期)。

我们以为，探究别集的肇始，须从其自身的性质以及编辑方法角度出发。首先，在传统目录学语境下，别集从属于集部，应与文学的自觉与独立密切相关。其内容当以诗、赋、碑、诔、铭、赞、表、议等"文"为主，且须与诸子区分开来。其次，作为一种编纂形式，别集的成形应借助于一定的编辑方法，或分卷，或拣选，或立名，或次序，总之须具备相对独立的编纂意识。因而像章学诚所说的"范、陈二史所次文士诸传，识其文笔，皆云所著诗、赋、碑、箴、颂、诔若干篇，而不言文集若干卷，则文集之实已具，而文集之名犹未立也"(《文史通义》卷三)此类现象，尚不能看做别集，而只能算做个人文章的积累。再者，别集在内容与编纂过程上都应具备一定的确定性和集中性。如荀、宋等人的文集大多为"文选及古文苑中录出"(《直斋书录解题》卷十六)，又是"后人追题"(《四库全书总目提要》卷一百四十八)，视之为别集之始是较为牵强的。基于这样的观点，我们对纪昀等人的看法持赞同的态度："集始于东汉。荀况诸集，后人追题也。其自制名者，则始张融《玉海集》。其区分部帙，则江淹有《前集》，有《后集》。梁武帝有诗赋集，有文集，有别集；梁元帝有集，有小集；谢朓有集，有逸集；与王筠之一官一集，沈约之正集百卷，又别选集略三十卷者，其体例均始于齐梁。盖集之盛，自是始也。唐宋以后，名目益繁。”（《四库全书总目提要》卷一百四十八）即别集孕育于东汉后期，其体例于齐梁时走向成熟。

[12]《唐音癸籤》卷三十。

[13]《孟浩然集序》，《全唐文》卷三百七十八。

[14]《董氏武陵集纪》，《刘宾客文集》卷十九。

[15]《检校尚书吏部员外郎赵郡李公中集序》，《毘陵集》卷十三。

[16]《唐故左补阙安定皇甫公集序》，《毘陵集》卷十三。

[17]《吕衡州集·原序》。

[18] 见《唐故相国李公集纪》，《刘宾客文集》卷十九。

[19]《李翰林集序》，《全唐文》卷三百七十三。

[20]《唐吏部侍郎昌黎先生韩愈文集序》，《唐文粹》卷九十二。

[21]《毘陵集·后序》。

[22] 分别见《新唐书·文苑传》和《杼山集·原序》。

[23]《旧唐书·卢简辞传》。

[24]《澈上人文集纪》，《刘宾客文集》卷十九。

[25]《四库全书总目提要》卷一百五十一。

[26]《毘陵集》卷十三。

[27]《唐吏部侍郎昌黎先生韩愈文集序》，《唐文粹》卷九十二。

[28]《杜工部小集序》，《杜诗详注》卷二十五。

[29]《白氏长庆集序》，《唐文粹》卷九十二。

[30] 引文分别见《彭阳唱和集引》、《彭阳唱和集后引》，《刘宾客文集·外集》卷九。

[31] 曹之:《唐代别集编撰的特点》，《图书馆论坛》，2004 年第 6 期。

[32] 王绍东:《论“三不朽”说对司马迁及〈史记〉创作的影响》，《内蒙古社会科学》，1998 年第 5 期。

[33]《陈情表》，《文苑英华》卷六百零一。

[34]《赠礼部尚书孝公崔沔集序》，《李遐叔文集》卷一。

[35]《上官昭容集序》，《文苑英华》卷七百。

[36]《四库全书总目提要》卷一百五十八:“考刘禹锡作《柳宗元集序》，称一卷为一通。

[37]《刘氏集略说》，《刘宾客文集》卷二十。

[38]《彭阳唱和集引》,《刘宾客文集·外集》卷九。

[39]《昆陵集·后序》。

[40]《唐故相国赠司空令狐公集纪》,《刘宾客文集》卷十九。

[41]《旧唐书·白居易传》。

[42]《谗书重序》,《全唐文》卷八百九十五。

[43]《答杨湖南书》,《全唐文》卷四百八十九。

[44]《唐衡州刺史吕温文集序》,《刘宾客文集》卷十九。

[45]《会昌一品集·原序》。

[46]按《四库全书总目提要》卷一百五十:"《会昌一品集序》,郑亚所作,李商隐集所谓荥阳公者是也。其文亦见商隐集,序称代亚作。而两本异同者不一。考寻文义,皆以此集所载为长,盖亚所改定之本云。"

[47]具体见(日)空海著、卢盛江校考:《文镜秘府论汇校汇考》(一),中华书局,2006年,第36~39页。

[48]转引自(日)空海著、卢盛江校考:《文镜秘府论汇校汇考》(一),中华书局,2006年,第38页。

[49]当然,两种思想相结合的情况亦不在少数。

[50]《董氏武陵集纪》,《刘宾客文集》卷十九。

[51]《尚书刑部侍郎赠尚书右仆射孙逖文公集序》,《颜鲁公集》卷十二。

[52]《孔补阙集序》,《文苑英华》卷七百零一。

[53]《陈先生集后序》,《罗昭谏集》卷五。

[54]《五百家注柳先生集附录》卷三。

[55]《旧唐书·白居易传》。

[56]《澈上人文集纪》,《刘宾客文集》卷十九。

[57]《进诗表》,《全唐文》卷七百九十三。

[58]《尚书刑部侍郎赠尚书右仆射孙逖文公集序》,《颜鲁公集》卷十二。

[59]《杜工部小集序》,《杜诗详注》卷二十五。

[60]即文宗大和三年。

[61]《刘白唱和集解》,《全唐文》卷六百七十七。

[62]李瑞良:《中国古代图书流通史》,上海人民出版社,2000年,第208页。

[63]《郡斋读书志·后志》卷二。

[64]《新唐书·儒林传》。

[65]《白氏长庆集序》,《元氏长庆集》卷五十一。

[66]《扬州功曹萧颖士文集序》,《李遐叔文集》卷一。

[67]《监察御史储公集序》,《文苑英华》卷七百零三。

[68]《白氏长庆集序》,《元氏长庆集》卷五十一。

[69]《四库全书总目提要》卷一百五十一。

[70]樊开《甫里陆先生文集序》,《吴都文粹续集》卷五十五。

[71]《黄御史集序》,《诚斋集》卷八十。

[72]这个论断的前提是在唐代较为集中统一的时空领域和社会条件之下,即在与出版活动联系较为直接的特定的时间段内,受众的选择对于图书的生产流通造成的影响并不显著,尤其是在抑制作用方面。

[73]《题杜子美别集后》,《苏学士集》卷十三。

[74]《四库全书总目提要》卷一百五十一。

[75]《旧唐书·刘胤之传》。

[76]《新唐书·刘知几传》。

[77]《旧唐书·儒学传》。

[78]《新唐书·刘知几传》。

[79]《史通》卷十四《申左》。

[80]《史通·原序》。

[81]《史通·原序》。从整体的成书方式看,《史通》一书实为一部汇编作品。理由有三:其一,刘知几自述极为明确,该书经过了“区分类聚,编而次之”的过程。其二,史通作为一部理论作品,缺乏统一严密的思想体系。对此很多研究者已有察觉,如谢保成先生认为“内篇《叙事》与《书事》、《浮词》,《载文》与《核才》等近于重复”(《中国史学史》(一),商务印书馆,2006年,第560~561页);曹之先生指出《表历》和《杂说上》二篇中,关于表历这种方式的态度是矛盾的(《中国古籍编撰史》,武汉大学出版社,1999年,第156页)。其三,《史通》的成书当为一个相当长的过程。如《忤时》篇提及中宗神龙初年,刘知几曾致书萧至忠,后又言“俄而萧(至忠)、宗(楚客)等相次伏诛,然后获免于难”。按萧至忠伏诛乃玄宗先天二年(713)之事,此间时间的间隔已将近十年之久了。

另，值得指出的是，《史通》的编纂也并不是随想、随写、随编，而是一个单篇积累、集中编辑的过程。具体考证分析可详见谢保成：《中国史学史》(一)，商务印书馆，2006 年，第 559 ~ 560 页。

[82]《史通》卷四《序例》。

[83]《史通》卷二《二体》。

[84] 阎现章主编：《中国古代编辑家评传》(上)，河南大学出版社，1996 年，第 50 ~ 51 页。

[85] 本段引文见《史通》卷二《本纪》。

[86]《史通》卷二《世家》。

[87]《史通》卷二《列传》。

[88]《史通》卷七《鉴识》。

[89]《史通》卷四《论赞》。

[90]《史通》卷五《採撰》。

[91] 本段引文见《史通》卷五《採撰》。

[92]《史通》卷八《人物》。

[93]《史通》卷十八《杂说下》。

[94]《史通》卷八《书事》。

[95]《史通》卷三《表历》。

[96]《史通》卷四《断限》。

[97]《史通》卷二《载言》。

[98]《史通》卷六《叙事》。

[99]《史通》卷二《载言》。

[100]《史通》卷五《载文》。

[101]《史通》卷四《编次》。

[102]《史通》卷二十《忤时》。

[103]《唐会要》卷六十三。

[104]《东林寺白氏文集记》，《白氏长庆集》卷七十。

[105] 关于白居易的历次结集活动的其他论述，还可参见《四库全书总目提要》卷一百五十一、《中国古籍编撰史》(曹之著，武汉大学出版社，1999 年，第 154 页)、《白居易与

图书编撰》(曹之著,《出版科学》,2003 年第 4 期)等。

[106]《唐故平卢军节度巡官陇西李府君墓志铭》,《樊川集》卷六。

[107]“六帖”之名的由来,《文献通考》卷二百二十八考述如下:“白乐天取凡书精语可备词赋制文采用者,各以门目类萃,而总名其书为‘六帖’,既不自释所以名,后人亦无辨。偶阅唐制,其时取士,凡六科,别其所试条件,每一事名一帖,其多者,明经试至十帖,而说文极于六帖,白之书为应科第设,则以帖为名,其取此矣。又曰:唐制,开元中举行课试之法,帖经者以所习经掩其两端,中间惟开一行,裁纸为帖,凡帖三字,视时增损可否不一,或得四得五得六者,为通六帖之名所由起,取中帖之多者,以名其书,期必中选也。”

[108]本段引文均见《文献通考》卷二百二十八。

[109]《重刊白香山诗集序》,《曝书亭集》卷三十六。

[110]《白氏文集自记》。

[111]《圣善寺白氏文集记》,《白氏长庆集》卷七十。

[112]《唐诗纪事》卷三十九。

[113]《白氏文集自记》。

[114]王志刚:《简论中国古代编辑的编纂特点》,《松辽学刊》,2000 年第 6 期。

[115]许正文:《我国古代编辑的起源和演变》,《兰州大学学报》(社会科学版),2002 年第 3 期。

[116]总体而言,在古代编辑出版史上,“编纂”更加侧重于“纂”这一方面,即更多地强调一种成书方式。如王志刚认为编纂的含义有二:一是在大量占有古籍文献的基础上编辑成书,二是既编且“纂”通“撰”。(王志刚:《简论中国古代编辑的编纂特点》,《松辽学刊》,2000 年第 6 期)其最终的指向都是作为整体的书籍。而白居易论述的删削活动则属于一种成文方式。

[117]《与元九书》,《白氏长庆集》卷四十五。

[118]《重刊白香山诗集序》,《曝书亭集》卷三十六。

[119]《旧唐书·白居易传》。

[120]《白氏长庆集序》,《唐文粹》卷九十二。

[121]《白氏文集自记》。

[122]本书所言的唐人选唐诗之成果,是指唐人编选的专门汇集唐代作品的集子,必须区别于所谓唐诗选本或唐人选本。在唐代,有许多选集问世,如陈尚君先生《唐人编选

诗歌总集叙录》论及一百三十七种，另有存目五十余种（该文收入《唐代文学丛考》，中国社会科学出版社，1999 年）。其中如《古今诗人秀句》、《丽则集》、《玉台后集》等书，也同样收录了唐人的诗歌作品；但是，总体来看，它们都是通代性质的文学选集，内容已超出有唐一代，因而本质上与以前的《文选》等作品并无二致，也就无法体现出编辑出版史意义上的创新性。在文学史的研究中，这些选集也常常被纳入唐人选唐诗的范畴。对此，应特别注意。

[123] 翰林学士乃玄宗后所设，故“翰林学士集”绝非此集本名。日本研究者以为或为“弘文馆学士诗集”，具体可参见傅璇琮《唐人选唐诗新编》中的论述（陕西人民教育出版社，1996 年，第 3 ~ 4 页）。

[124] 傅璇琮：《唐人选唐诗新编》，陕西人民教育出版社，1996 年，第 4 页。

[125]《郡斋读书志》卷四下。

[126] 考证见傅璇琮：《唐人选唐诗新编》，陕西人民教育出版社，1996 年，第 77 ~ 78 页。

[127] 傅璇琮：《唐人选唐诗新编》，陕西人民教育出版社，1996 年，第 975 页。

[128]《河岳英灵集》三卷本亦多有流传，关于卷数的考证可参见傅璇琮：《唐人选唐诗新编》，陕西人民教育出版社，1996 年，第 103 ~ 104 页。

[129]《文献通考》卷二百八十四。

[130] 傅璇琮：《唐人选唐诗新编》，陕西人民教育出版社，1996 年，第211 页。

[131]《直斋书录解题》卷十五。

[132]《郡斋读书志》卷四下。

[133] 引文见《跋唐御览诗》，《渭南文集》卷二十六。又，按陆游所言，则此书于南宋时已有小部分亡佚。

[134] 此处所引序文本于傅璇琮《唐人选唐诗新编》（陕西人民教育出版社，1996 年，第 456 页）。

[135]《极玄集》有一卷本和二卷本两个版本系统，根据《新唐书·艺文志》、《直斋书录解题》等，其原始面貌当为一卷。考证见傅璇琮：《唐人选唐诗新编》，陕西人民教育出版社，1996 年，第 528 ~ 529 页。

[136]《唐音癸籤》卷三十一。

[137]《唐诗纪事》卷五十三。

[138] 有研究者认为此集或为韦縠仕于后蜀时所编。

[139] 如傅璇琮先生《唐人选唐诗新编》(陕西人民教育出版社,1996年),孙鸿亮、大理《从"唐人选唐诗"看王昌龄在唐代诗坛地位的变迁》(《延安大学学报》(社会科学版),2002年第3期),许连军《唐后期唐诗选本与唐诗观念的流变》(《湖南文理学院学报》(社会科学版),2004年第6期)等,均将其视为唐人选唐诗之一种。

[140] 韩大强:《文质半取,风骚两挟——评"唐人选唐诗"(三种)的选诗标准》,《洛阳师范学院学报》,2000年第6期。

[141]《中兴间气集·序》。

[142] 朱安《与谢四溟论诗书》,《明文海》卷一百六十一。

[143] 本段引文见《唐诗类选后序》,《文苑英华》卷七百一十四。

[144] 鲁迅:《选本》,《鲁迅全集》第7卷,人民文学出版社,1963年,第131页。

[145]《四库全书总目提要》卷一百九十。

[146] 韩大强:《文质半取,风骚两挟——评"唐人选唐诗"(三种)的选诗标准》,《洛阳师范学院学报》,2000年第6期。

[147]《四库全书总目提要》卷一百九十。

[148]《直斋书录解题》卷十五。

[149] 赵立新:《唐人选唐诗理想范式的确立》,《中国韵文学刊》,2001年第1期。

[150]《河岳英灵集·序》。

[151]《河岳英灵集·序》。

[152]《又玄集·序》。

[153]《才调集·序》。

[154]《寄南徐刘员外》,《全唐诗》卷八四一。

[155]《旧唐书·曹宪传》。

[156]《酉阳杂俎》卷十二。

[157]《杜诗捃》卷一。

[158] 许连军:《唐前期唐诗选本与唐诗观念的流变》,《湘潭大学社会科学学报》,2003年第6期。

第六章

唐代编辑活动的继承与创新

唐代继承了魏晋南北朝文化发展的诸多成就，将发轫于此前几百年编辑出版事业中的各种有价值的新变加以拓展、发扬。与此同时，唐代的编辑出版实践也在孕育着自身的创新：政书——“最有中国特色”的图书种类之一——便是于此时最终形成的，而中国最古老的报纸也在有唐一代登上了历史的大舞台。

第一节　在继承中发展的唐代图书编辑事业

有唐一代，社会文化领域是一派繁荣兴旺的景象，文学、绘画、书法、音乐、舞蹈、雕塑、建筑等各个领域都取得了极为辉煌的成就。与此同时，各种形式的图书大量产生，编辑事业在历史的视阈下呈现为一种在继承中不断完善、创新的发展趋势。综而观之，唐代编辑活动表现为这样三种特征：

（一）总结性。

魏晋以降，近四百年的历史发展酝酿着图书事业的新变，文学总集、类书、韵书、姓氏族谱等新的编著形式相继粉墨登场。所谓总结性，一则是指唐代的编辑活动有集前代之大成的趋势。以韵书为例，《东斋记事》所言“自孙愐集为《唐韵》，诸书遂废”的现象就是此种特征的体现。二来诸多图书编纂上的争议在唐代最终得出了定论，并为后世所认可。如东汉以来的史书编纂中，以班固《汉书》为代表的纪传体和以荀悦《汉纪》为代表的编年体，因其

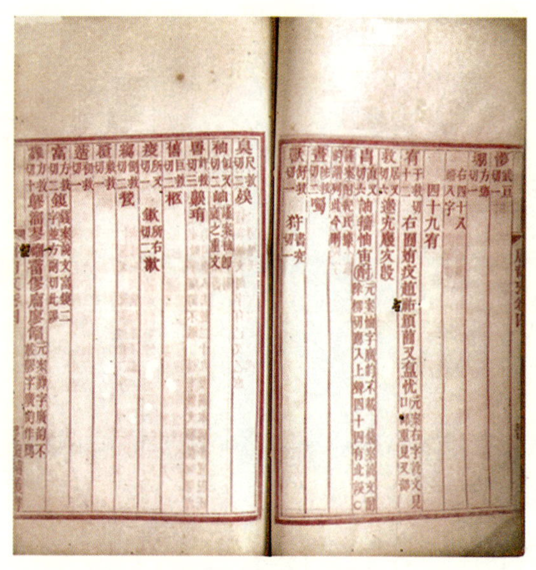

《唐韵考》清末红印本

各自独特的优势而“并行于世”，所谓“班荀二体，角力争先，欲废其一，固亦难矣”。[1]至于唐时，由于官修实践中的选择倾向，纪传史书终于被确定为“正史”之体，并发展成为我国古代史籍编纂的主流。第三，魏晋南北朝时期图书编辑活动中的诸多创造，在唐代得到了进一步的巩固，新兴的图书体例与编纂方法逐渐成熟、完善。

这一点在“四部分类法”的形成过程中体现得最为明显。西晋时，荀勖因魏郑默《中经》而纂成《中经新簿》，分群书为四：“一曰甲部，纪六艺及小学等书；二曰乙部，有古诸子家、近世子家、兵书、兵家、术数；三曰丙部，有史记、旧事、皇览簿、杂事；四曰丁部，有诗赋、图赞、汲冢书。”[2]四分法在藏书的编目工作中逐渐发展起来[3]，出现了东晋李充《晋元帝四部书目》、梁刘孝标《文德殿正御四部及术数书目录》等典籍。然而《七略》以来传统的分类法却依然占据一席江山而分庭抗礼，如宋王俭《七志》、梁阮孝绪《七录》[4]、隋许善心《七林》仍坚持七分的形式，且影响不小。直至唐初，《隋书·经籍志》的编纂才“不仅从形式，而且还从理论上最终明确了著录文献典籍的经史子集四部分类法”，使之成为图书目录中的绝对主流。[5]而且《隋书·经籍志》以所载图书为纽带、在注文中附录相关佚书的做法，进一步完善了史志目录，亦为后来各种公私书目所广泛借鉴。

(二)拓展性。

唐代编辑活动的拓展性反映为：一方面，新型编著形式在数量上进一步增加，影响力逐渐扩大并被广泛认可。如类书一种，自曹魏《皇览》肇始后[6]，至于隋唐时代才进入了“快速发展期”[7]。《隋书·经籍志》将类书划入子部杂家一类，其中既有认识上的局限，同时也与类书数量上的有限不无关系。而后世总结唐代书籍时，《旧唐书·经籍志》、《崇文总目》、《新唐书·艺文志》等便已独立出“类事”或“类书”一类，此中相关书籍的发展便可见一斑。

另一方面，在原有图书类型的基础上，新的编辑体例被创造出来并逐渐发展完善。例如在谱牒编纂中，魏晋南北朝时主要有“按士族大姓地位等级的顺序”[8]编排的官谱，以家族为单位、以字辈为次序的家谱，辑录各地方豪强、大族的郡谱、州姓谱等，此外还有“以偏旁为主”[9]的字谱。而到了唐代，尤其是开元后，四声音韵与姓氏谱牒结合起来，韵谱的编纂日渐兴盛。如张九龄《姓源韵谱》“分四声以便寻阅”，林宝《元和姓纂》“自李氏外，各依四声类集，每韵之内，则以大姓为首”[10]，柳璨《姓氏韵略》亦是此类。其发展丰富了姓氏谱牒的形式，并且成为后世编修工作经常采纳的一种体例模式。

（三）启发性。

唐代的编辑活动是中国古代编辑出版史上承前启后的重要一环，其在总结经验、探索创新的实践过程中所获得的诸多成果，发挥了积极的示范、启发作用，往往成为后世效法、借鉴的榜样。其对于后来编辑活动的影响主要体现在：

第一，体例的启发。唐时编辑体例上的诸多创新在后世被广泛应用，深刻影响了相关图书形式的发展。如类书编纂中的事文并重的模式便是在唐代最终确定的，如后世宋祝穆辑《事文类聚》前、后、续、别四集共一百七十卷；元富大用纂《事文类聚》新、外二集凡五十一卷，皆“沿用《艺文类聚》、《初学记》之体，而略变其例”[11]。再如由《五经正义》而完善起来的“正义”体，也成为宋代以后儒家经典研究中经常采用的注释形式。

而唐代一些优秀的作品，更因体例上的成就，成为后世相关图书编纂所取法的对象。如纪昀等就指出，《元和郡县图志》乃“诸家祖述之所自”，“其体例亦为最善，后来虽递相损益，无能出其范围”。[12]

第二，方法的启发，即唐代开展图书编纂时所运用的组织方法、方式为后世提供了有益的经验。唐代由政府主持编纂儒家经典、类书与总集的模式，以及其中的程序安排等，在五代以后得到了很好的继承与发扬，如《太平御览》、《太平广记》、《文苑英华》乃至《永乐大典》等大部头典籍的编修，都

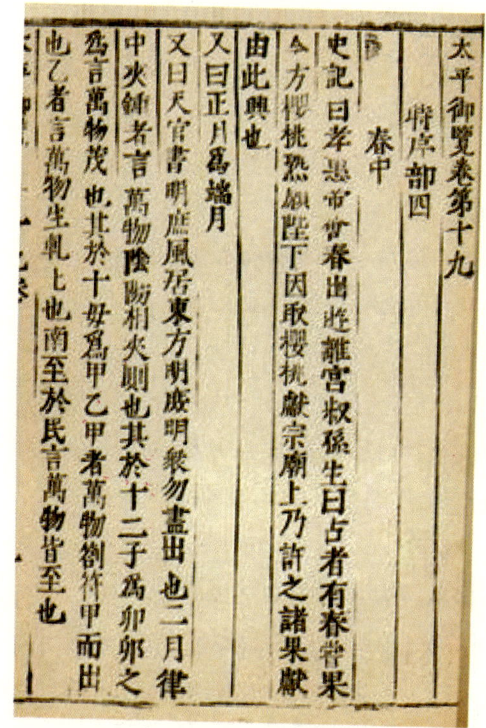

太平御覽卷第十九
時序部四
春中
史記曰孝惠帝曾春出遊離宮叔孫生曰古者有春嘗果
今方櫻桃熟願陛下因取櫻桃獻宗廟上乃許之諸果獻
由此興也
又曰正月爲端月
又曰天官書明庶風居東方明庶明衆物盡出也二月律
中夾鍾者言萬物陰陽相夾厠也其於十二子爲卯卯之
爲言萬物茂也其於十母爲甲乙甲者萬物剖符甲而出
也乙者言萬物生軋乚也南至於氐言萬物皆至也

《太平御览》明铜活字印本

或多或少地可以追溯至唐代完善的官修制度。而唐代元和以后销声匿迹的大规模的译经事业，亦于北宋太平兴国年间再次繁荣起来，相关的机构、翻译程序等也得以恢复与发展。[13]

第三，思想的启发。唐代图书纂修活动中所贯彻的编辑思想、管理思想，很多都成为了后世借鉴的范例。官修史书便是其中之一：一朝正史的编纂主体从私人向宫廷的过渡最终完成于唐代，而这种政府垄断史书修纂的观念以及与之相关的诸般原则，被五代后的历代政权全部继承并不断加以发展。以辽代修史为例，其基本上沿袭了唐代的体制：南面朝官系统中置有起居舍人、起居郎，以“知起居录”；又有国史院，设学士、修撰等职，专门负责史书编修。[14]而且其国史纂集中所坚持的原则精神也颇类于唐时，如《辽史·道宗纪》载，辽道宗欲观起居注，而“修注郎不攧及忽突堇等不进”。

唐时编辑思想对后世的另一重要启发，便是有意识地利用图书编辑活动的外部效应服务于自身意图。有唐一代，政府主导的各种编辑活动，绝非仅仅是为了修成一部图书，它总是或多或少地与当时的政治、文化、舆论政策发生关联；而且与之前历代相比，表现出了更强的自觉性与主动性。这对后世效法者的启发是不可低估的，如辽时道宗皇帝颁《五经传疏》，金世宗赐护卫亲军以《孝经》，就其目的与手段而言，与唐太宗召修《五经正义》、玄宗御注《孝经》并颁于诸道可谓是同出一辙。

此外，值得注意的是，唐代成就卓著的图书事业与其曾经筑造的盛世气象之间，似乎已经形成了一种能指与所指的关系，因而在某种程度上成为了一个具有暗示性与象征性的符号。再现、重复乃至放大这个“符号”，对于后人心理而言，也就或多或少地意味着一种实现或是超越……

从公元7世纪上半叶到10世纪初的近三百年中，中国古代编辑事业的成就深深扎根于社会的土壤中，是时代精神和文化发展的现实而具体的反映。

首先，唐代的图书编辑活动反映了魏晋南北朝以来社会知识的积累与进步。人们认识能力的提升、视野的拓展必然要丰富相关书籍的内容。如修订后的《唐本草》收录药物八百五十种，比萧梁时陶弘景的《本草经集注》多出一百一十四种，中有龙脑、豆蔻、青黛、胡椒、丁香、乳香、安息香、郁金香等众多域外药物，集中体现了唐人医药学知识在中外文化交流中的发展趋势。

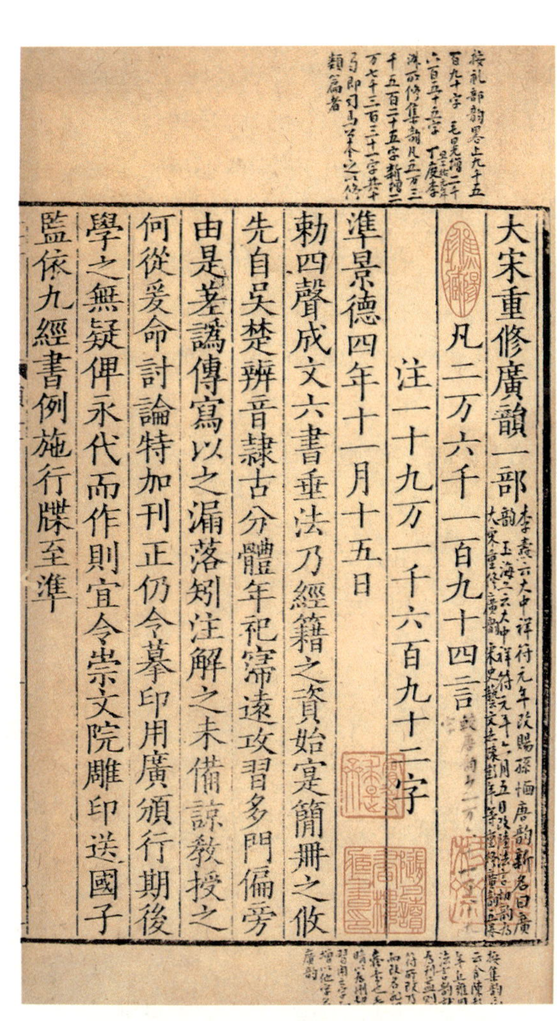
大宋重修廣韻一部
凡二万六千一百九十四言
注一十九万一千六百九十二字
準景德四年十一月十五日
勑四聲成文六書垂法乃經籍之資始寔簡冊之攸
先自吴楚辨音隸古分體年祀寖遠攻習多門偏旁
由是差譌傳寫以之漏落矧注解之未備諒教授之
何從爰命討論特加刊正仍令摹印用廣頒行期後
學之無疑俾永代而作則宜令崇文院雕印送國子
監依九經書例施行牒至準

（宋）陈彭年等《大宋重修广韵》
（增广《切韵》和《唐韵》而成）清康熙刻本

与此同时，学术的发展、理论研究的进步更是为图书编辑体例的创新提供了方法论上的依据。仍以韵书编纂为例，一般以为韵书肇始于三国，魏李登《声类》为其最古。然隋唐以前，原始的韵书乃以“宫、商、角、徵、羽”五音作为寻声推韵之法，如唐封演言《声类》“以五声命字，不立诸部”[15]，《魏书·术艺传》载吕静效仿《声类》“作《韵集》五卷，宫商角徵羽各为一篇”，凡此种种。但随着永明后格律论的兴起，原始的类书形式已经无法满足文学创作的需要，正如潘徽在《韵纂序》中所言：“李登《声类》、吕静《韵集》，始判清浊，才分宫羽，而全无引据，过伤浅局，诗赋所须，卒难为用。”[16]与此同时，“四声”发现后“声韵之道大行”[17]，相关的音韵学知识迅速发展。现实的需要以及理论的准备，最终催生了以《切韵》、《唐韵》等为代表的、以四声分类为特征的正统韵书，同时也奠定了此后近千年中韵书编纂的基本体例。

其次，唐代的图书编辑活动反映了国家分裂状态结束后融合南北、一统文化的时代要求。唐代大一统的政治环境下，统一文化很自然地被提上了日程。而其在图书编辑活动中的体现，则至少在隋代便已初露端倪，并在士大夫阶层中隐约形成了一种共识，像上述《切韵》的纂辑便是直接针对“江东取韵，与河北复殊”的现实问题，目的在于“捃选精切，除削疏缓”。[18]

如果说隋时的编辑活动还表现为一种折中性、调和性的态度，那么唐代在此方面的实践则反映出鲜明的统一意图，即以中央政权的统治决策与文化认同为标准，凭借国家的制度力量和舆论宣传，促进统一的社会文化的形成。这在经史典籍的编纂上表现得尤为突出。五经定本的出台，特别是《五经正义》的颁行，为南北章句“好尚互有不同”[19]，以至于“学生皆持其所短，称己所长，博士各各自疑，所以久而不决”[20]的状态画上了最终的句号。范文澜先生曾评价道：“唐太宗令孔颖达纂《五经正义》，颜师古定《五经定本》，对儒学的影响，与汉武帝罢黜百家独尊儒学有同样重大的意

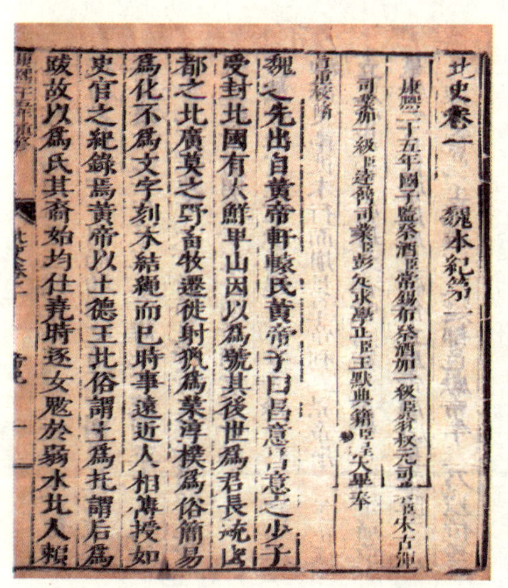
北史卷一　魏本紀第一
魏之先出自黃帝軒轅氏黃帝子曰昌意昌意之少子
受封北國有大鮮卑山因以爲號其後世爲君長統幽
都之北廣莫之野畜牧遷徙射獵爲業淳樸爲俗簡易
爲化不爲文字刻木結繩而已時事遠近人相傳授如
史官之紀錄焉黃帝以土德王北俗謂土爲托謂后爲
跋故以爲氏其裔始均仕堯時逐女魃於弱水北人賴

《北史》明万历刻清康熙间补修印本

义。”[21]所言即是其对于统一社会文化思想所发挥的巨大作用。同时，由于科举取士等相关制度的保障和促进，以《五经正义》为代表的唐代儒家经典编纂活动，成功地推动了主流文化的大一统，正所谓“以经学论，未有统一若此之大且久矣”[22]。

史籍编修中亦是如此。如《南史》、《北史》的编纂便是起因于李大师对于南北朝史书内容的深刻反思，他认为“宋、齐、梁、陈、魏、齐、周、隋南北分隔，南书谓北为‘索虏’，北书指南为‘岛夷’，又各以其本国周悉，书别国并不能备”，因而希望以一种统一的视角和平等的态度，来记述、评判那段纷纭复杂的历史。而且其设计了编年体的模式，力图彻底打破地域、国朝的局限，融会南北，的确可称得上是“统一思想在修史上的真正体现”[23]。最终，这个设想由其子李延寿在朝廷的支持下完成，虽然编年体的规划最终为纪传体所代替，但无论是宫廷还是普通士人，以图书编纂为媒介表达统一愿望的要求，仍然反映得异常鲜明。

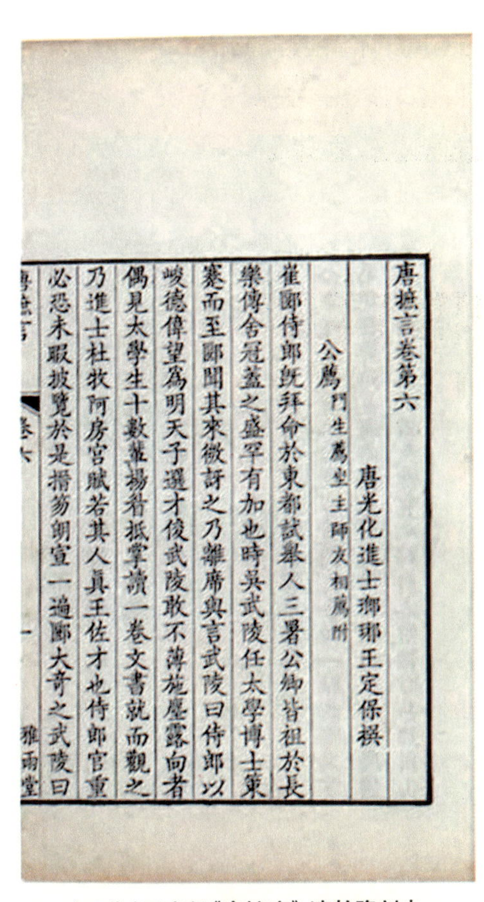
唐摭言卷第六
唐光化進士瑯琊王定保撰
公薦 門生爲坐主師友相薦附
崔郾侍郎既拜命於東都試舉人三署公卿皆祖於長樂傳舍冠蓋之盛罕有加也時吳武陵任太學博士策蹇而至郾聞其來微訝之乃離席與言武陵曰侍郎以峻德偉望爲明天子選才俊武陵敢不薄施塵露向者偶見太學生十數輩揚眉抵掌讀一卷文書就而觀之乃進士杜牧阿房宮賦若其人眞王佐才也侍郎官重必恐未暇披覽於是搢笏朗宣一遍郾大奇之武陵曰
唐摭言 卷六 一 雅雨堂

（五代）王定保《唐摭言》清乾隆刻本

再者，唐代的图书编辑活动反映了其时社会文化领域的深刻变革。当新的文化现象和思想观念萌生之际，得其风气之先的往往是书籍，清楚地反映其发展轨迹的也是书籍。科举制度的发展、完善是唐时社会文化新变的重要表现之一，与此相应，一种新的编著形式也悄然登上了历史的舞台，这就是“登科记”。

登科记，亦称登科录，是科举考试中及第上榜者姓名、郡望、行第、所试题目等信息的汇编，具有名录的性质。《新唐书·艺文志》中载有登科记三种：崔氏《唐显庆登科记》五卷，姚康《科第录》十六卷，李弈《唐登科记》二卷。综合其他记录可以发现，终唐一代，登科记的编纂呈现出这样两种明显的发展趋势：

一是由总录所有登科者而发展为以记载进士及第者为主。王定保《唐摭言》曰："永徽已前，俊、秀二科犹与进士并列；咸亨之后，凡由文学一举于有司者，竞集于进士矣。由是赵傪等尝删去俊、秀，故目之曰《进士登科记》。"[24]有研究者考证，此处的《进士登科记》就是崔氏《唐显庆登科记》的续编[25]，且不论其恰切与否，赵傪所本之原籍兼录"俊秀"与"进士"这一点却是无疑的，否则何来"删去"一说？

登科记出现的确切年代难以确考，《玉海》只是笼统地记载："自武德已来，登科名氏编纪凡十余家。"[26]不过有一点可以肯定，随着科举取士的发展，进士科渐为世人所重，其时皆"以进士登科为登龙门"[27]；由此出身者"终身为闻人"，"位极人臣常有十二三，登显列十有六七"[28]。顺应社会舆论关注的转移，登科记的编纂也日益倾向于进士登第之人。上述崔氏《唐显庆登科记》便是"载进士诸科姓名"[29]，对此，傅璇琮先生曾指出："或显庆非指年号，泛指为喜庆之意"[30]。但是专门的进士登科记至晚在天宝时期就已经出现了，《封氏闻见记》载，其时以进士为贵，"好事者纪其姓名，自神龙已来迄于兹日，名曰《进士登科记》"[31]。

另一个趋势是由私人编纂发展为政府编纂。宣宗朝之前，有关登科诸人的资料大体上处于一种"史策不书"的状态，"所传前代姓名，皆是私家记录"[32]。政府涉足登科记的编纂始于大中十年(856)。是岁，郑颢知举，号称"尚文学、尤重科名"的宣宗皇帝突然向其索要"登科记"观览[33]。"圣意"不可怠慢，郑颢旋即委托赵璘遍访诸家记载，纂成科目记十三卷，所录"自武德元年至大中朝"[34]，献于朝廷。宣宗更敕令："自今发榜后，仰写及第姓名及所试诗赋题目进入内，仍付所司，逐年编次。"[35]自此，官修登科记遂成为定例；其影响也是颇为深广的，所谓"明三百年乡会试并沿其制"[36]便是明证。

登科记的出现，是图书编辑活动迎合因科举制度勃兴而形成的新兴舆论议题的结果。"擅场中的者，榜第揭出，万人观之，未浃旬而名达四方"[37]的社会现象是其产生的根本原因。但登科记很快便开始发挥出它的“引导”作用,承担起“昭示前民,发起后进”的责任,成为“激励”应科学子的重要工具。如《封氏闻见记》言:“进士张繟,汉阳王柬之曾孙也。时初落第,两手奉《登科记》顶戴之曰:‘此千佛名经也。’其企羡如此。”恐怕这也是登科记的编纂活动不断持续、发展的重要原因之一。

第二节 唐代图书编辑活动的创新——政书

作为一个历史过程,唐代的图书编辑事业继承、发展了魏晋南北朝以来相关领域中所取得的众多成就,同时也在探索与实践的过程中不断地进行着创造,并取得了丰硕的成果,这在前文中已有不同程度的提及。但从中国古代编辑活动发展的视角来看,其中意义最为重大的创新,则莫过于“政书”这种著作形式的诞生与完善。

所谓政书,是一种专门考述典章制度及其发展沿革的图书形式。其特点在于:内容上,广泛地采摭、汇集一代或历代社会制度方面的各种资料,涉及政治、经济、文化、礼仪、军事等;形式上,按以类相从的原则,对相关内容分门编排,并间或穿插编者的解释、评论,使全书成为一个系统性很强的有机整体。唐宋时期多目之为“类书”、“典故”,至于明代钱溥《秘阁书目》,“政书”之名始见于世,并被独立为一类;清修四库全书,这种说法和分类方式得到了沿用;梁启超《中国历史研究法》将政书视为史书最重要的四种体裁之一[38];而近年,也有许多学者倾向于从“典制史”、“典志体史书”的角度来加以认识。但溯及源头,“政书”作为一种编著形式,其萌生、成熟的过程在唐代便已完成。

一、政书产生的社会条件

一般认为,政书的编纂方法乃开元末刘秩所创,由杜佑《通典》而趋于完善,并最终获得了其历史地位。而政书之所以成为这一时期编辑活动的创获，与唐代学术研究的氛围以及中唐以后社会思潮的转变是密切相关的。

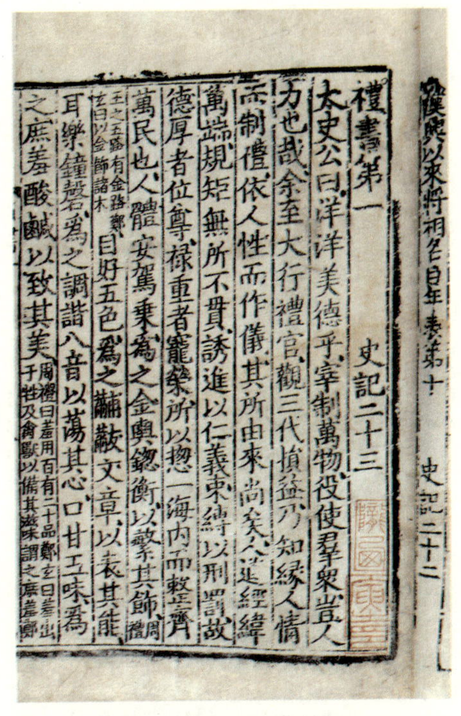
漢興以來將相名臣年表第十　史記二十二

禮書第一　史記二十三

太史公曰洋洋美德乎宰制萬物役使羣衆豈人力也哉余至大行禮官觀三代損益乃知緣人情而制禮依人性而作儀其所由來尚矣人道經緯萬端規矩無所不貫誘進以仁義束縛以刑罰故德厚者位尊祿重者寵榮所以總一海內而整齊萬民也人體安駕乘爲之金輿錯衡以繁其飾周禮王之五路有金路鄭玄曰以金飾諸末目好五色爲之黼黻文章以表其能耳樂鐘磬爲之調諧八音以蕩其心口甘五味爲之庶羞酸鹹以致其美周禮曰羞用百有二十品鄭玄曰羞出於牲及禽獸以備其滋味謂之庶羞

《史记·礼书》宋元明递修本

（一）唐初《五代史志》的编撰实践将制度史的研究推进到了一个新的高度。

典章制度是中国传统史学的一个重要方面，其主要反映于史志当中。正史中，《史记》“八书”最先开始集中载录文物制度，但其认识水平还停留在较为原始的阶段。实际上，正史史志的基本面貌是由《汉书》十志所奠定；其所设之“食货”、“刑法”二志，以及司马彪《续汉书》开创的“职官”、“舆服”二志，对于我国古代史学中的制度研究产生了极为深远的意义。[39]

至于唐初，《五代史志》的编撰全面总结并批判地继承了前代成果：一方面，其对于社会制度的理解已经达到了一个新的水平，开始力图“通过典章制度沿革反映社会历史过程”[40]。在具体做法上，《五代史志》肯定并沿袭了“食货”、“刑法”、“职官”等分类方法，而舍弃了南北朝时流行的“祥瑞”一门，亦不设“舆服”。这与章太炎先生的观点颇为相似，即“符瑞志”诚属“无谓”，而“《舆服》可与礼乐同入一类”[41]，也反映了唐时对于史志的深刻认识。

另一方面，《五代史志》在编撰中坚持了求实、客观的理念，因而质量很高，尤其是在保存唐前五代的典章制度方面表现得极为出色。对此，古人曾有定评：

> 《隋志》极有伦理，而本末兼明，可以无憾，迁、固以来皆不及也。正为班、马只事虚言，不求典故实迹，所以三代纪纲，至迁八书、固十志几于绝绪。虽其文彩洒然可喜，求其实用则无

有也。观《隋志》所以该五代南北两朝，纷然淆乱，岂易贯穿？而读其书，则了然如在目。[42]

此外，《五代史志》的成书体现为一种明显的“别修”性质。其一，除令狐德棻、魏徵外，五代纪传的作者都没有参与《五代史志》的编纂。其二，《五代史志》“编第虽编入《隋书》，其实别行”[43]。其三，如前所述，该书以典制作为探寻治乱兴衰之法门，在纪传部分的人物言行外另辟蹊径。因而，这种相对独立的编撰模式，无论是在形式上还是在理念上，都对政书给予了极大的启发。而其“贯穿”梁、陈、齐、周、隋，纳五代制度典章于一的做法，在某种程度上突破了史志限于断代的常规，更是成为《通典》等通代性政书的远源。

应该说，自汉代以来，史志编纂的诸多实践为政书的发展提供了可资借鉴的宝贵经验，而全面反映社会典章制度的现实要求与传统史志自身体例局限性之间的矛盾，更是成为促进政书产生的重要动力。

（二）唐代考察、研究社会制度的浓厚氛围，是政书产生的直接推动因素。

中国古代社会典章制度的发展在唐代达到了一个新的高峰。与此相应，从各个层面对其进行考察的作品亦大量涌现，如有研究者就曾指出，与制度、管理相关的典籍编撰，在唐世呈现为一种“集大成”之势。[44]

有唐一代，图书编纂领域中有着关注典章制度的浓厚氛围。一则，“礼”的研究极受重视。尤其是初唐、盛唐之时，中央政府始终致力于国家律令、礼制等典章体系的完善，编纂成了以《贞观礼》、《永徽礼》和《开元礼》等为代表的一大批典籍，极大地促进了制度研究的发展。二来，考察制度发展之沿革，已初成风气。如梁载言《具员故事》[45]“纪唐朝官号历代沿革事迹”，而韦执谊《翰林故事》则是“撰述贞观以来翰苑建置沿革”[46]。这些倾向都在政书中得到了不同程度的反映。

而直接促成政书产生的，乃是考述“官制”的图书形式以及相关的编纂活动。唐人对于职官制度非常感兴趣，此中原因有三：其一，这是六朝风尚的自然延续。章学诚曾言：“职官故事之书，六朝以还，于斯为盛。”[47]六朝对于“故事”的嗜好大行于后代，上述《具员故事》、《翰林故事》均属此类，这或许

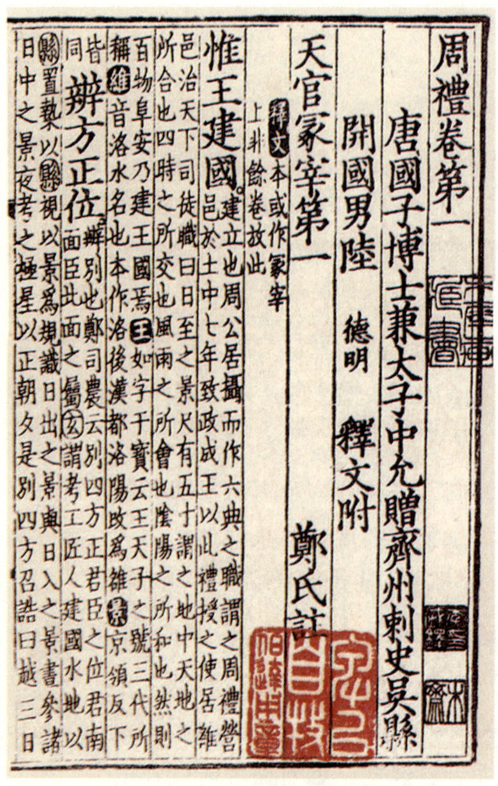

《周礼》文禄堂影印本

也是唐代注重考察制度沿革的原因之一。其二,唐代职官名号以及某些隶属关系时常变动,对此《旧唐书·职官志》和《新唐书·百官志》已有全面记载。这种变更既反映了朝廷对于职官设置的思考,又为相关的考述提出了现实要求。其三,科举考试的发展,为更多人开拓了仕进之路,也激发了他们对于"官"的兴趣。

浓厚的兴趣与研究氛围必然会推动相关典籍的编纂活动,而《唐六典》便是其中的代表之作。开元十年(722),玄宗皇帝诏令编修一部反映国家体制的典籍,并亲自"手写六条,曰:理典、教典、礼典、政典、刑典、事典"[48]。其目的在于取"《周礼》大宰掌建邦之六典,治、教、礼、政、刑、事,乃施典于邦国"[49]之意,试图纂成一部全面反映国家职能,且如经典般不朽的作品。玄宗的"手写六条"既是《六典》得名之由,同时也反映了他对于全书体例的要求,即以上述"六事"为纲,统领诸典章制度,"以类相从,撰录以进"[50]。

然而周唐二代相距近两千年,典章迥异,太宰六典之条框根本无法容纳唐时的制度。因而参与编纂诸人颇感无所适从,就连学识、经验都十分丰富的徐坚也感叹曰:"吾更修七书,而《六典》历年未有所适。"[51]直至毋煚、韦述等参与编纂后,才尝试着抛弃了"六典"的束缚,转而效法《周礼》六官的模式,以唐代官职为纲目,"事归于职"[52],"沿革并入注"[53],从而最终确定了全书的基本体例。

《唐六典》的编纂历时近三十年,真可谓是"用功艰难,绵历数载"[54]。其先后由陆坚、张说、萧嵩、张九龄、李林甫主持，徐坚、贺知章、赵冬曦、毋煚、余钦、咸廙业、孙季良、韦述、刘郑兰、萧晟、卢若虚、陆善经、苑咸等十余人参与编纂，开元二十六年(738)书成。[55]

张九龄 像

从古代编辑体例发展而言，《唐六典》的结构特点首先反映为"以官统事，以事隶官"[56]，即仿效《周礼》六官的结构，将唐代的国家机构与职官作为记录单元，广泛辑录与之相关的各种典章制度。全书以三师、三公、尚书都省、尚书省六部、门下中书诸省、御史台、九寺、五监、十二卫、东宫机构、亲王公主国邑以及地方官署为一级纲目；其下所设的子目或为官职，或为次级署局，均详述其官号、员数、品秩、职责和有关的制度规定。如卷二十"太府寺"下之子目"右藏署"，其言："令二人，正八品上；丞三人，正九品上……右藏署令掌邦国宝货之事，丞为之贰"，凡此种种。正是以职官为纽带，《唐六典》将众多的令式规定、行政分职、工作原则等汇集起来，形成了一个有机而又庞大的架构，较为全面、详细地反映了唐代的国家制度系统。

在编纂上，《唐六典》的另一个重要特点，是其对于"自注"这种形式的创造性利用。古代典籍中的"自注"由来已久，《汉书·地理志》、《隋书·经籍志》中都大量使用了这种形式，章学诚便对其"翰墨省于前，而功效多于旧"[57]的功效大加称赞。正是因为充分利用了自注自文的方式，《唐六典》才最终较为完满地实现了体例形式与实际内容的协调统一。

由于效仿《周礼》六官，《唐六典》的正文部分主要以记叙开元时期的职官设置为主，大量相关的典章制度均是由注文体现的。归纳起来，《唐六典》自注的意义主要有这样几个方面：(1)反映典章制度，尤其是官制的历史沿革。当正文记述了某一唐时官职的名称、品秩后，紧接着便有注文来"考镜源流"，追溯其历史源头，并详细考察该官职在历朝历代的演变、发展，从而使

《唐六典》突破了一朝体制的局限，将现实存在与历史发展两个维度有机地交织在一起，在某种程度上实现了“会通”。而且值得注意的是，这种“沿革并入注”的形式，是毋煚、韦述等人探讨体例时的有意所为，多少反映出当时官制研究中注重历史沿革的倾向。(2)拓展典章制度的内容，反映其实际面貌。正文关于制度的记载往往是原则性的、概括性的，其具体的细节和实际的执行情况都要由注文来加以阐释。如卷六有关于“鞫狱官”避嫌的规定，其正文曰：“凡鞫狱官与被鞫人有亲属、仇嫌者，皆听更之”；此后便有注文进一步解释：“‘亲’谓五服内亲及大功已上婚姻之家，并授业经师为本部都督、刺史、县令，及府佐与府主，皆同换推。”又如同卷有言“决大辟罪皆于市”，然注文立即补充：“自今上临御以来无其刑，但存其文耳。”(3)展现了开元时广阔的社会风貌。在注文中，唐人的思想信仰、各地的风物都有所体现。如卷四对于“大瑞”、“上瑞”等罗列式的注解，反映的就是其时的祥瑞观念；而卷二十在“邦国宝货”以下的注文中则较为详细地说明了各地方的特产。此外，在《唐六典》的自注中还提及了诸多掌故、事典。这些都反映出，其编纂者实际上已经突破了“官制”的内容局限，将着眼点放在了更为广阔的社会之上。

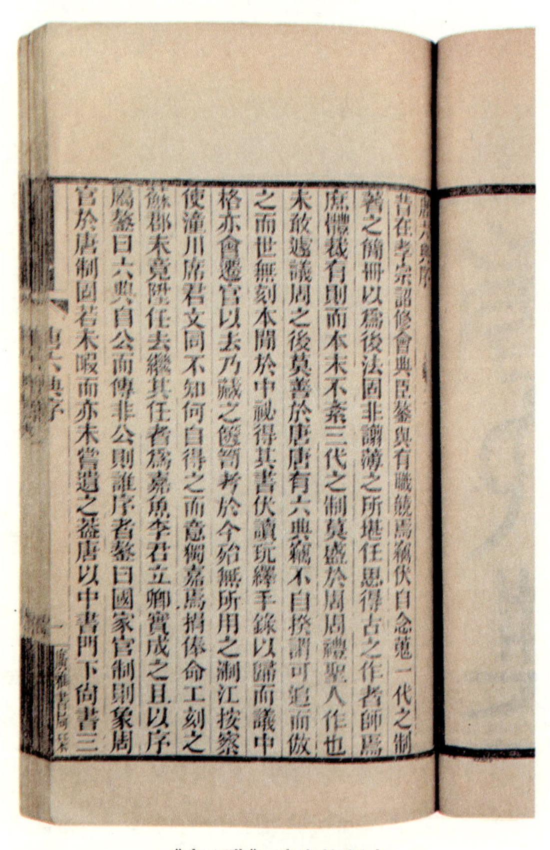

唐六典序

昔在孝宗詔修會典臣鏊與有職焉竊伏自念蒐一代之制
著之簡冊以爲後法固非譾薄之所堪任思得古之作者師焉
庶體裁有則而本末不紊三代之制莫盛於周周禮聖人作也
未敢遽議周之後莫善於唐唐有六典竊不自揆謂可追而倣
之而世無刻本聞於中祕得其書伏讀玩繹手錄以歸而議中
格亦會遷官以去乃藏之篋笥考於今殆無所用之瀾江按察
使滄川席君文同不知何自得之而意獨嘉焉捐俸命工刻之
蘇郡未竟陞任去繼其任者爲嘉魚李君立卿實成之且以序
屬鏊曰六典自公而傳非公則誰序者鏊曰國家官制則象周
官於唐制固若未暇而亦未嘗遺之蓋唐以中書門下尚書三

《唐六典》清光绪刻本

《唐六典》的影响是非常深远的：首先，其推动了职官研究的发展，促进了相关典籍的编纂，如李吉甫便“纂《六典》诸职为《百司举要》一卷”[58]。其次，其编成后很快成为国家典章体系中的重要组成部分。所谓“唐世制度，凡最皆在《六典》”[59]，由于《唐六典》全面记录了当时的诸般制度，且由玄宗授意编纂，又多援引令、式，具有相当的权威性，所以在此后关于典章制度的讨论和议定中，其内容常常被援引[60]，进而在某种程度上对政治体制的设定产生了重要的影响，如《直斋书录解题》便称“元丰官制尽用之”[61]。此外，在中国古代编辑史上，《唐六典》最重要的价值在于，其开创了以设官分职为特征的“会典体”编著形式。《元典章》以及明、清两代历次所编之“会典”，在体例上都可以溯及《唐六典》的创新。

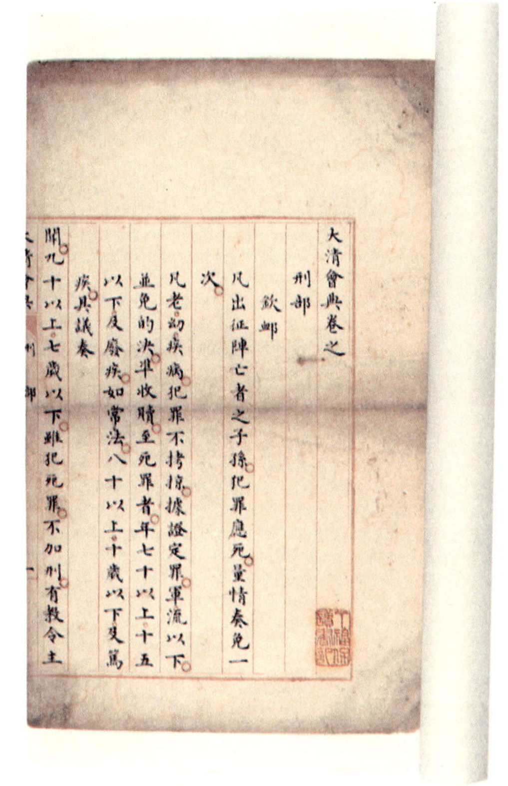
大清會典卷之
刑部
欽䘏
凡出征陣亡者之子孫犯罪應死量情奏免一
次
凡老幼疾病犯罪不拷掠據證定罪軍流以下
並免的決準收贖至死罪者年七十以上十五
以下及廢疾如常法八十以上十歲以下及篤
疾具議奏
聞九十以上七歲以下雖犯死罪不加刑有教令主

《大清会典》清内府抄本

而且，《唐六典》更是政书产生的直接先导。按，《旧唐书·杜佑传》：

初开元末，刘秩采经史百家之言，取《周礼》六官所职，撰分门书三十五卷，号曰《政典》，大为时贤称赏。

又，《新唐书·杜佑列传》：

先是，刘秩摭百家，侔周六官法，为《政典》三十五篇。[62]

又，《郡斋读书志》后志卷二：

刘秩采经史自黄帝迄天宝末制度沿革废置，论议得失，仿《周礼》六官法，为《政典》三十五篇。[63]

虽《政典》早佚，不可确考，但从上述材料看，其作为最早的政书，在体例结构上效法“《周礼》六官”是可以肯定的，而这种思路乃《唐六典》所开创。从时间先后来看，根据上述《郡斋读书志》等的记载，刘秩编《政典》至少已是“天宝末”之事。因此，我们有理由推断，《政典》的结构体例正是来源于《唐六典》在编纂上的创新与实践。

（三）《通典》的编纂思想与中唐后社会思潮的嬗变以及学术风气的转向密切相关。安史之乱后，社会状况发生了深刻变化，啖助《春秋》学派兴起，宋学之精神悄然肇始。此时的学术和社会思潮大体呈现为这样几种倾向：

第一，主张会通。即人们开始以更为宏阔的视野来审视社会，这与当时的学风转折密切相关。由啖助、赵匡、陆淳发展起来的《春秋》学派已“开宋学之风”[64]，而从方法论上看，宋学正是属于“宏观类型”[65]。“会通”便是所谓“宏观”的一种表现。啖助等在治学中标举“会通三传”，倡导通学一途，便是一例。

第二，力求致用。中唐以后，唐人不得不从繁琐的经传训释中抬起头来，去眺望、思索那一去不返的盛世光辉。《春秋》学派注意到了儒家经传研究与现实的脱节，如陆淳就曾指出：“疏以释经，盖筌蹄耳。明经读书，勤苦已甚。既口问义，又诵疏文，徒竭其精华，习不急之业。而其当代礼法，无不面墙。及临民决事，取办胥吏之口而已。”[66]因而，啖助等人主张“从宜救乱，因时黜陟”[67]，力图“攘异端开正途”[68]，反映了他们“鲜明的救世之旨”[69]，同时也在社会上形成了一股重要的思想力量。

第三，敢于怀疑。如啖助在注解经传时，坚持“若旧注理通，则依而书之；小有不安，则随文改易；若理不尽者，则演而通之；理不通者，则全削而别注；其未详者，则据旧说而已，但不博见诸家之注，不能不为恨尔”。而赵匡亦曰：“夫求事实，当推理例，岂可独以远近为限？”[70]这便突破了唐初孔颖达等“疏不破注”的思想禁锢，更将一种“求变”、“求实”的因素注入到了当时的学术研究之中。

第四，注重评论。这与啖助等人治《春秋》有关，他们认为“微言久绝，通儒不作……春秋之义，几乎泯灭”，“观夫三家之说，其弘意大指，多未之知，褒贬差品，所中无几”[71]，因而重视阐发经文的褒贬之义，在某种程度上，也推动了评论风气的发展。

唐代政书的发展,与这样的时代精神是一脉相承的。尤其是综观《通典》一书,其所反映的编纂思想都可以在上述诸般思潮中找到源头。可以说,正是中唐以后社会思潮的转变,促成了政书编辑体例的最终成熟。

二、杜佑与《通典》

《通典》是现存最早的通代典制政书,也是中国古代编辑出版史上第一部体例完善的政书。其所设计的编纂方法和体例结构,开辟了一种全新的编纂形式,成为唐代图书编辑活动最大的创新之一。

《通典》的编纂者杜佑,字君卿,京兆万年人。其家族世代累宦,父杜希望在唐与吐蕃的战争中屡立军功,战绩卓著。杜佑"以荫入仕",初为济南参军、剡县丞等职;后入韦元甫幕,辗转于浙西、淮南等地,先后为江西青苗使、刺史、容管经略使等。又入朝,历工部郎中、金部郎中、度支郎中、和籴使、户部侍郎等数职;德宗建中时,为卢杞所恶,出为地方官员,历任饶州刺史、岭南节度使、陕州观察使、扬州大都督府长史、淮南节度使等。贞元十六年(800),杜佑指挥了征讨徐州藩镇的战争,但最终败绩。贞元末,杜佑入朝,拜检校司空、同中书门下平章事;此后,顺宗、宪宗两朝,两度"摄冢宰",封岐国公;终卒于宪宗元和七年(812),寿七十八,册赠太傅,谥曰"安简"。[72]

杜佑的一生恰好处于李唐政权由盛而衰的转折时期。盛世的余晖下,眼前的重重时弊显得愈发触目惊心。动荡的岁月中,包括其本人在内的众多有识之士,都在不断地思索着治乱之理与救世之道。杜佑勤奋好学,遍涉古今,"虽位极将相,手不释卷"[73];而丰富的阅历和经验,更是赋予了他深刻的洞察力。《通典》一书便是其探寻"富国安人之术"的结果。

杜佑编纂《通典》,大约始于代宗大历元年(766),经过反复的订正完善,直至德宗贞元十七年(801)方于淮南节度使任上最终完成,前后历时三十六年。[74]其书"包括宏富,义例严整",凡八门,二百卷:"食货"十二卷、"选举"六卷,"职官"二十二卷,"礼"一百卷,"乐"七卷,"刑"二十三卷,"州郡"十四卷,"边防"十六卷。[75]各门前冠以总序,下分诸子目,广泛地记录了从远古至于唐天宝末年各领域的典章制度及其沿革。正如李翰所概括:"杜佑之《通典》,

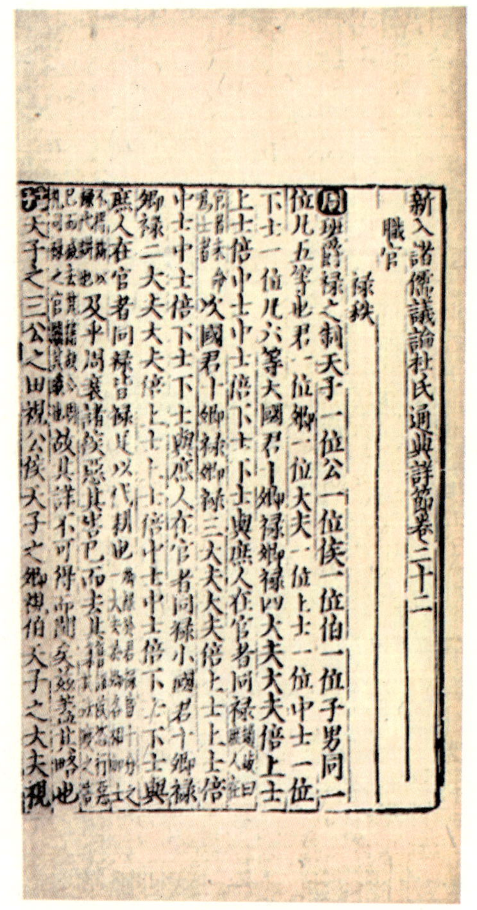

新入諸儒議論杜氏通典詳節卷之二十二

職官

禄秩

周 班爵禄之制天子一位公一位侯一位伯一位子男同一位凡五等也君一位卿一位大夫一位上士一位中士一位下士一位凡六等大國君十卿禄卿禄四大夫大夫倍上士上士倍中士中士倍下士下士與庶人在官者同禄

次國君十卿禄卿禄三大夫大夫倍上士上士倍中士中士倍下士下士與庶人在官者同禄小國君十卿禄卿禄二大夫大夫倍上士上士倍中士中士倍下士下士與庶人在官者同禄皆禄足以代耕也

及乎周衰諸侯惡其害己而去其籍故其詳不可得而聞矣蓋其略也

天子之三公之田視公侯天子之卿視伯天子之大夫視

《新入诸儒议论杜氏通典详节》元刻本

采五经群史，自黄帝，至于有唐天宝之末。每事以类相从，举其始终，历代沿革废置及当时群士议论得失靡不条载，附之于事，如人支脉，散缀于体。”[76]

《通典》的完成将政书的编纂推上了一个新的高度，其所反映的编辑思想极具创新意义：

第一，《通典》的分门理念反映出了其对于典章制度的深刻认识。

一般认为，《通典》乃因“刘秩《政典》而广之”[77]，如《旧唐书·杜佑传》便记载，《政典》问世后，“佑得其书，寻味厥旨，以为条目未尽，因而广之，加以开元礼乐，书成二百卷，号曰《通典》”。但是杜佑绝非是简单地“以刘秩书为蓝本”，然后“吸取官书，攘为己有”[78]。

诚然《通典》继承了《政典》的“分门”思想，但其摒弃了《唐六典》和《政典》模仿《周礼》六官的主体结构，立“八门”而统领全书，转而向传统“史志”复归。当然这种复归呈现为一种螺旋式上升的趋势：其一，专注于实在的社会制度，将“五行”等虚妄的内容，以及“天文”、“律历”等关系不大者彻底剔除；其二，不拘泥于传统框架，注重反映现实变化，如“选举”一门的设立即缘于此；其三，审视典章制度的视角更为全面，关注到了很多传统史志忽略的内容。如对于“兵”的重视程度大为提高，后世《唐会要》、《玉海》等都认为应将其从“刑”门中区分出来；而“边防”单独成门亦是不常见于传统史志的。因而相比于《政典》，《通典》的结构更加符合现实的情况，也更加便于典章制度的辑录与编排，达到了“网罗百代兼总而条贯之”的效果[79]；同时较之于史志，其对于典章制度的认识也更为全面、客观，诚如谢保成先生所言，由六官模式到八门分立，其本质上反映的是“观察社会结构观念的一个突破”[80]。

《通典》的分门理念显示了唐时关于社会制度领域认识的深化与进步，并对后世的政书、史书编纂产生了深远的影响。其将“选举”、“兵”、“边防”作为独立主题的创新，为《通志》、《文献通考》等所采纳，同时也频繁地出现于后世的史志当中。而更为实际的是，这种结构设计适应了考述沿革的编纂需要，使历代典章顺利地统摄于八门之下，有利于资料的汇集、整理，达到了“使学者得而观之，不出户知天下，未从政达人情，罕更事知时变，为功易而速，为学精而要”的效果。[81]

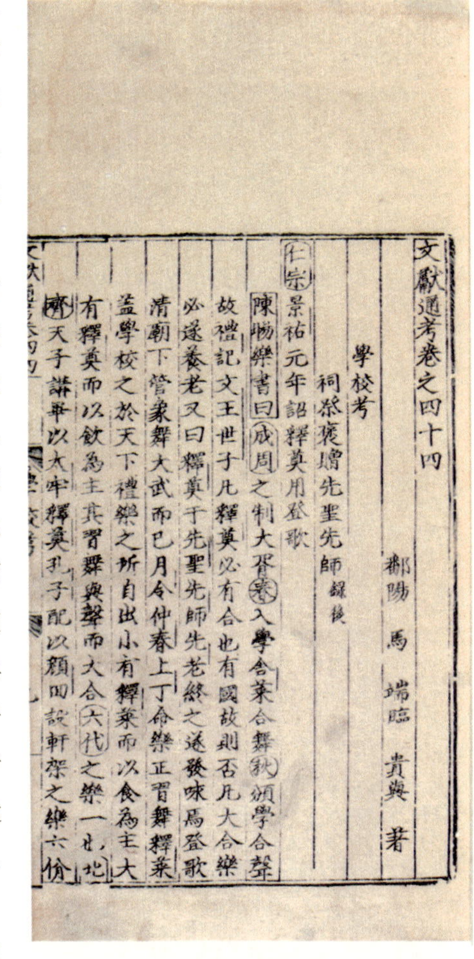
文獻通考卷之四十四
鄱陽 馬 端臨 貴與 著
學校考
祠祭褒贈先聖先師錄後
（仁宗）景祐元年詔釋奠用登歌
陳暘樂書曰（成周）之制大胥（春）入學舍菜合舞（秋）頒學合聲
故禮記文王世子凡釋奠必有合也有國故則否凡大合樂
必遂養老又曰釋奠于先聖先師先老終之遂發咏焉登歌
清廟下管象舞大武而已月令仲春上丁命樂正習舞釋菜
蓋學校之於天下禮樂之所自出小有釋菜而以食為主大
有釋奠而以飲為主其習舞與聲而大合（六代）之樂一也（比）
隋天子講畢以太牢釋奠孔子配以顏回設軒架之樂六佾

（元）马端临《文献通考》明正德刻本

第二，从典章制度的角度来思考兴衰之道。

《通典》专注于考述典章制度，“以典故为纪纲”[82]，此书的问世亦标志着“典制体”史书的诞生。李翰曾指出《通典》拣选材料的标准，即“事非经国礼法程制，亦所不录，弃无益也”[83]，其书的总体纲目也是服务于汇编历代典章的。杜佑这样设计《通典》，并不仅仅是为了考述古今制度，也不是有意为新，其最终的目的在于“究理道”以“佐王之业”。

一方面，杜佑纂《通典》秉持的仍然是“以古鉴今”的史家精神。其在《进〈通典〉表》中自述纂修缘由时，便提出“往昔是非，可为来今龟镜”[84]；而权德舆也认为《通典》的意义在乎“上下数千百年间，损益讨论而折衷之，佐王之业，尽在是矣”[85]。

另一方面，杜佑开始将目光从历代君臣具体的言论行为之中抽出，转而投向更为宏观的社会制度层面，力图从中发现兴衰治乱的规律，探寻施政救乱之道。这无疑是一个极大的进步。杜佑指出，诗书等儒家经传虽为君臣要道、伦教宏纲，然“率多记言，罕存法制”；而圣人之言高深莫测，难以体察其中真谛，不能直接而有效地服务于经世治乱，历代众贤所论亦是“多陈紊失之弊，或阙匡拯之方”。因而他认为，若要切实而快捷地整治时弊，则必须着眼于更为现实、也更具操作性的制度规范，由此来探索救乱之方。[86]《通典》一书“窃思理道，不录空言”[87]的编纂原则便是由此而来。

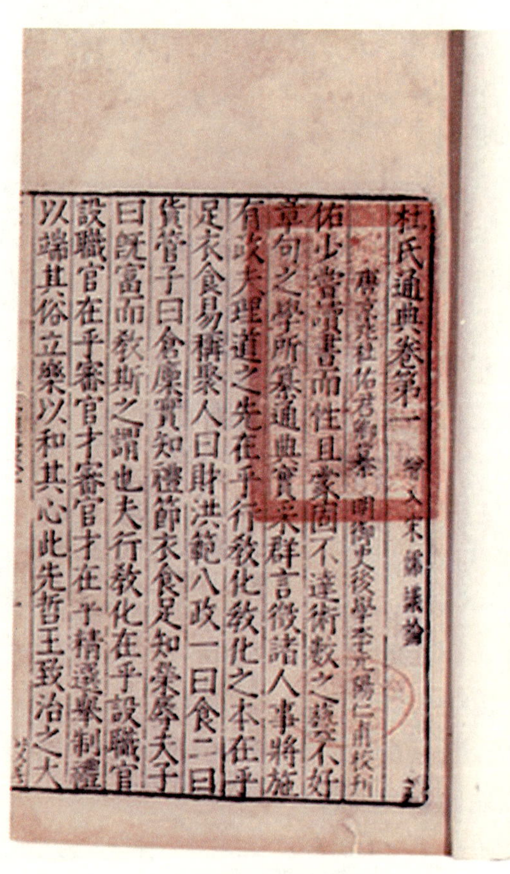

杜氏通典卷第一

唐京兆杜佑君卿纂　明御史後學李元陽仁甫校刊

佑少嘗讀書而性且蒙固不達術數之藝不好章句之學所纂通典實采群言徵諸人事將施有政夫理道之先在乎行教化教化之本在乎足衣食易稱聚人曰財洪範八政一曰食二曰貨管子曰倉廩實知禮節衣食足知榮辱夫子曰既富而教斯之謂也夫行教化在乎設職官設職官在乎審官才審官才在乎精選舉制禮以端其俗立樂以和其心此先哲王致治之大

《通典》明嘉靖刻本

上述思想的形成与付诸实践，标志着唐代史籍编纂思想在此发生了两个重要的变化：

一是由重“言行”转变为重“典章”。从史籍的角度而言，《通典》“不录空言”、全面集中地载录典章制度的编纂模式，突破了传统史学记言记事的局限，在记传、编年二体之外另辟蹊径，“卓然成一创作”[88]，开典制体一脉；同时其以往昔典章制度的“是非”观照当今，从制度变革探寻兴衰之道的尝试，更是开拓了史学研究与史书编纂的新思路，也反映了政书的价值之所在。

二是由重“规劝”转变为重“备要”。太宗时修五代史的主导思想是“览前王之得失，为在身之龟镜”，其目的更多的是规劝统治者吸取教训，以防重蹈前人之覆辙，因而在某些时候更为倾向于陈说“紊失之弊”。而《通典》的编纂宗旨在乎提供“匡救之方”，即汇集典章制度以便查询征引，从而能够快速地应对现实问题。如杜佑在《通典》卷二记述开元田制时，便自注曰：“盖国家程序，虽则具存，今所在纂录，不可悉载，但取其朝夕要切，冀易精详乃临事不惑。”其反映的就是一种备要的宗旨，同时也隐约地暗含着他通过开元典制的实施再造盛世的希望。

第三，会通古今，以探寻“适时之令典，拯弊之良图”。

《通典》继承了《唐六典》、《政典》等的会通精神，“所载上溯黄、虞，讫于唐之天宝”[89]，历数各代典章沿革，成为“史部之通”的一个重要标志。这是杜佑求索“匡救之方”的必然。但是应该注意，《通典》所秉承的会通思想有其鲜明的倾向性：

其一，会通古今的立足点在于“适时”。总体而言，《通典》坚持的是一种发展的历史观，这是其考察、比较古今典制的必然结果。杜佑反对“非今是古”，如他通过户籍的对比指出“圣唐之盛，迈于西汉”；并多次强调“古之中华则夷狄同也”；“昔质朴少事，信固可美，而鄙风弊俗，或亦有之”。[90]但杜佑也并非绝对“是今”，其主张的是一种“随时拯弊，因物利用”[91]的态度，即强调制度的适时性。

因而杜佑一般不会单纯地评论制度的优劣，在记述历代典章时，《通典》往往会安排与之相关的时代背景资料，进而在社会的视阈下来审视其存在基础与现实功效。如其在考述唐代职官时有这样的记载：

> 开元天宝之中，四方无虞，百姓全实，大凡编户九百余万，吏员虽众，经用虽繁，人有力余，帑藏丰溢，纵或枉费，不足为忧。今兵革未宁，黎庶凋瘵，数年前天下籍帐到省百三十余万户。自圣上御极，分命使臣按地收敛土户与客户，共计得三百余万。比天宝才三分之一，就中浮寄乃五分有二，出租赋者减耗若此，食租赋者岂可仍旧？如一州无三数千户，置五六十官员，十羊九牧，疲吏烦众。[92]

正是基于这样的思路与编排，卷末才得出了“随时立制，遇弊变通，不必因循”的结论。全书的编排模式大多类此，因而在溯古通今的过程中，将杜佑“适时”的思想表现得淋漓尽致。

其二，会通古今的前提在于“审详”。杜佑认为，考述历代典章、汇集诸朝旧文，必须要建立在详加辨证的基础上。其言：“凡为著述，诚要审详者也，但编旧文，不加考核，递相因袭，是误后学。”[93]这既是杜佑严谨的治学态度，同时也与其以典制观兴衰的思想有关，即唯有真实的制度沿革历史，方能保障对于匡救之道的准确探索。

在《通典》中，杜佑坚持了科学和唯物的编辑态度，反对迷信怪诞之说。其认为国家盛衰的根本在于“立制”，而且典章制度是客观的，没有所谓定数、征兆之说。如针对李百药、马周等人“龟鼎之祚已悬定于杳冥”的论调，杜佑批评他们不关注“法度得失”和“政理臧否”，反以不可知论解释。他指出：“立制可久，施教得宜，君尊臣卑，干强枝弱，致人庶富，享代长远，为理之道，其在兹乎！”[94]反映出其鲜明的求实、求真精神。

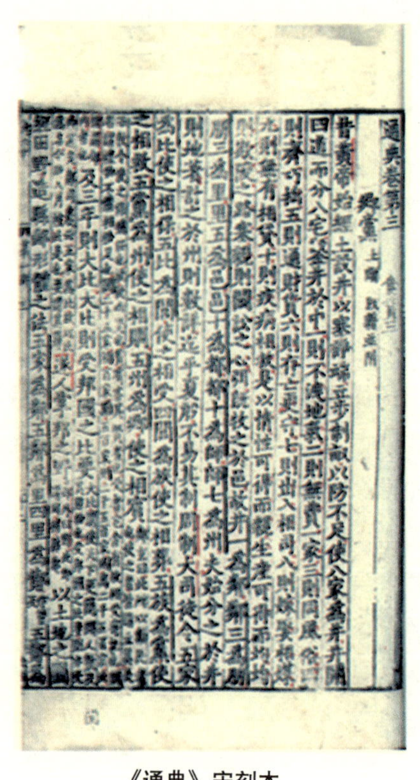

《通典》宋刻本

其三，会通古今的目的在于“致用”。杜佑自言：“不达术数之艺，不好章句之学，所纂《通典》，实采群言，征诸人事，将施有政。”[95]《通典》编纂的主要宗旨便是经世致用，其主张会通的目的在于“酌古之要，通今之宜”[96]，即通过全面地梳理历史，统揽古今各种制度，以便从中探寻更为合适的参照，从而更好地发挥“备要”之功效。诚如李翰所言：“《通典》之作，昭昭乎其警学者之群迷欤！以为君子致用在乎经邦，经邦在乎立事，立事在乎师古，师古在乎随时，必参古今之宜，穷终始之要，始可以度其古，终可以行于今。”[97]

这种致用的思想体现于杜佑的各种编辑活动中。如鉴于《通典》卷帙浩大，杜佑曾于当中“撮要”纂成《理道要诀》三十三篇，“凡皆设问答之辞，末二卷记古今异制，盖以便人主观览”[98]；而其在此书编纂中的表现，亦被朱熹评价为“有意于世务”[99]。

此外，在编纂体例上，《通典》还具有如下特点：

1. 明确地运用编辑手段来反映思想意图。

杜佑《通典》序言曰：

> 夫理道之先在乎行教化，教化之本在乎足衣食。《易》称：“聚人曰财。”《洪范》八政一曰食、二曰货。《管子》曰：“仓廪实知礼节，衣食足知荣辱。”夫子曰：“既富而教。”斯之谓矣。夫行教化在乎设职官，设职官在乎审官才，审官才在乎精选举，制礼以端其俗，立乐以和其心，此先哲王致治之大方也。故职官设，然后兴礼、乐焉。教化隳然后用刑罚焉，列州郡俾分领焉，置边防遏戎狄焉。是以食货为之首，选举次之，职官又次之，礼又次之，乐又次之，刑又次之，州郡又次之，边防末之。或览之者庶知篇第之旨。

可见，《通典》八门的设置与排序是杜佑有意为之，与他本人认识社会制度的逻辑体系是同构的。如将“食货”一门冠之于首位的做法，在古代有关典制的编辑活动中是颇为少见的。这是“教化之本在乎足衣食”在体例上的形象反映，即杜佑将他对于社会制度内在联系的思考、认识，以及由此而得出的结论，自觉地融入“篇第”之中，从而在构建《通典》体例的同时也充分表达了自己的理论观点和态度。

《通典》在“分门起例”上的创新，反映出唐代编辑活动在分类思想、以编排手段表达编辑宗旨等领域的长足进步，尤其是在注重各类各门之间逻辑关系、将意图与体例有机统一等方面，更是具有里程碑的意义。

2. 注重发表评论，即直接表达作者意图。

《通典》与普通类书“述而不作”的编纂模式不同，杜佑在整理汇编历代

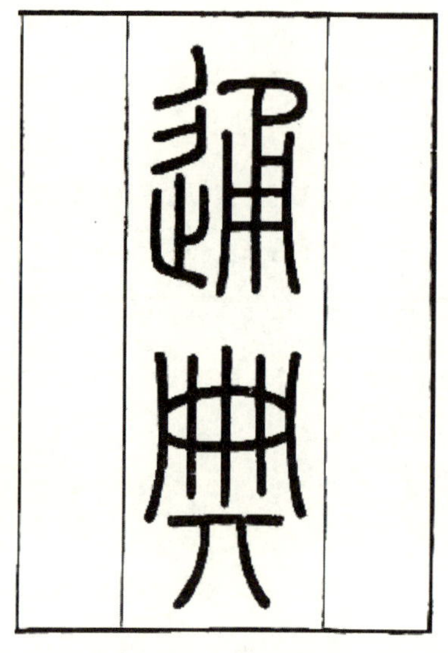

《通典》清武英殿本

典章材料的同时，亦十分重视直接阐明自己的观点。其原因或许在于，以编辑手段来发表意见毕竟具有隐晦性，很难满足杜佑“经世致用”的强烈要求，因而必须辅之以直接的表态。

《通典》称：“凡义有经典文字其理深奥者，则于其后说之以发明，皆云‘说曰’；凡义有先儒各执其理，并有通据而未明者，则议之，皆云‘议曰’；凡先儒各执其义，所引据理有优劣者，则评之，皆云‘评曰’。”[100]这些“说曰”、“议曰”、“评曰”中，很多都是出自杜佑本人。其作用主要有三：一是解释掌故，疏通文意，以助于阅读理解；二是根据资料，对研究典制的已有成果、观点加以辩证、分析，如《通典》卷五十四有“评曰”一段，便是以历代典章考述为据，指出《三礼义宗》中古今巡狩同礼的说法乃“不达古今丰约之别，复不详周官之文，辄肆臆度之说”；三是表明立场，引导价值评判，如卷八十七之“议曰”从“祥禫之义”的争论入手，指出这实为“不本礼情而求其理故也”，进而主张在礼制的问题上，不要宗于成说，应以“求其情而合乎礼”的态度来对待。这与杜佑的典制观是相符的。

当然，《通典》中直接发表意见的方式还有很多，如有“论曰”的形式。该书卷七：“论曰：‘昔贤云：仓廪实知礼节，衣食足知荣辱……固知国足则政康，家足则教从，反是而理者，未之有也。”直接在正文中提出“教化之本在乎足衣食”的道理，观点鲜明。此外，还有序言、注释中的某些按语等，都是杜佑表达意见的形式。

3．事言并举。

杜佑虽主张“不录空言”，但在辑录历代制度及其沿革的同时，《通典》中仍选编了大量“群士议论”的材料。一般而言，这些议论的内容往往集中地附于相关门类之后，如“选举”门的“杂议论”三卷，“乐”门第七卷的“郊庙宫悬备舞议”、“郊庙不奏乐庙诸室别舞议”等均属此类。此外，阎现章先生还归纳了其他的两种情况，即：“在同卷正文中，编辑制度沿革与编录‘群士议论’，两者杂而有之”；“在同一卷中，以正文编叙制度沿革，而又以较大的篇幅和注文，编录‘群士议论’”[101]。因而，《通典》一书中既有制度之“理”，又有评断之“言”，从而在整体上形成了一种以“事”为主、事言并举的状态。

对于《通典》事言并举的编辑体例，章学诚指出：“杜氏《通典》为卷二百，而《礼典》乃八门之一，已占百卷，盖其书本官礼之遗，宜其于礼事加详也。然叙典章制度，不异诸史之文，而礼文疑似，或事变参差，博士经生，折中详议，或取裁而径行，或中格而未用，入于正文，则繁复难胜，削而去之，则事理未备。杜氏并为采辑其文，附著礼门之后，凡二十余卷，可谓穷天地之际，而通古今之变者矣。史迁之书，盖于《秦纪》之后，存录秦史原文。惜其义例未广，后人亦不复踵行，斯并记言记事之穷，别有变通之法，后之君子所宜参取者也。”[102]这个评价是相当高的，但主要是就其对于历史真实性的保存与还原而言的。

从图书编纂的视角看，事言并举的另一个重要意义是：在描述、记录客观的典章制度的同时，给予了其价值判断，即借先贤众人之评议，使各种制度的是非优劣得以展示，使《通典》一书在资料性意义的基础上，平添了更多的建议性作用。因而，这种编纂方式还是服务于杜佑“备要以致用”这个最终宗旨的。

4. 采用“自注”的形式。

同《唐六典》一样，《通典》也主动地采用了自注自文的办法。杜佑这样做的目的很简单，即在不影响正文连续性的情况下，随时将自己认为需要的内容补充进去。但由于在体例上以“分门起例”替代了“师法六官”，彻底解决了历史沿革的叙述问题，《通典》的“自注”不再是解决结构框架与目的内容之间矛盾的唯一关键，因而它的结构功能已经基本丧失，其意义更多地体现为一种灵活性。

相比于《唐六典》，在《通典》中自注的作用更趋多样化，且其与编纂者主体性的联系亦越来越鲜明、直接。也就是说，自注不再是仅仅服务于正文文字，它越来越多地成为编纂者表达文外之意的重要手段：

一则，杜佑常常通过自注来发表评论，如其在卷一百六十九中极力赞扬徐弘敏断案正直守法，此后又于注中感慨："张（释之）、于（定国）之辈岂足比其难乎？"当中的个人情感之强烈，早已不能为叙述典章的文字所包容。

其二，自注也成为杜佑辨析历史材料、阐述个人观点的重要途径。如卷二十一中其自注"高帝二年拜曹参为假左丞相，即汉初丞相当有左右，今言一丞相，或汉书之误"，便是此类。

再者，《通典》的编辑思路和体例设定很多都是在自注中交代出来的。上文中杜佑关于"说曰"、"议曰"和"评曰"的说明，就出现在《郊天上》一卷的自注中。

此外，《通典》自注还有一个值得注意的特点，即其善于在因果逻辑上对正文加以补充和拓展。例如，《通典》卷十五载，开元十三年（725）玄宗"以吏部选试不公乃置十铨试人，明年复故"。在此二句之间，杜佑插入一段三百七十余字的自注，详细记录了吴兢、陈娇进言力谏取消"铨试人"的情况。其效果便是，在相关史料得以补充的同时，"明年复故"这一变化的前因后果也逐渐清晰了起来。

综而观之，《通典》在结构体例上的设计是颇为精当的，很好地实现了其会通古今典章的编纂目的。马端临便评曰："杜书纲领宏大，考订该洽，固无以议为也。"[103]《四库全书总目提要》更是称赞《通典》一书"博取五经群史，及汉魏六朝人文集、奏疏之有裨得失者，每事以类相从。凡历代沿革，悉为记载，详而不烦，简而有要。元元本本，皆为有用之实学，非徒资记问者可比。考唐以前之掌故者，兹编其渊海矣"[104]。

杜佑的编辑思想是较为先进的，甚至具有某种超前性，正是在其指导之下，《通典》的编辑体例、形式等都体现出了诸多新变之处。可以说，从唐代图书编辑发展史的层面看，《通典》算得上是最具开创意义，也是最富影响力的编纂成果之一。其通古今、述源流的思想与实践，继《史记》后将通史的发展推向了一个新的高度；其从制度方面考察社会发展的视角，开典制体史书之先河；其完善而又颇富新意的结构安排，标志着政书作为一种独特编著形式的成熟。

《通典》纂成后，立即引起了不小的社会反响，如《旧唐书·杜佑传》载："其书大传于时，礼乐刑政之源，千载入指诸掌，大为士君子所称。"南宋后《通典》的影响日盛，后世所谓"三通"、"九通"乃或"十通"，究其思想渊源与体例发展，最后都要归于《通典》。

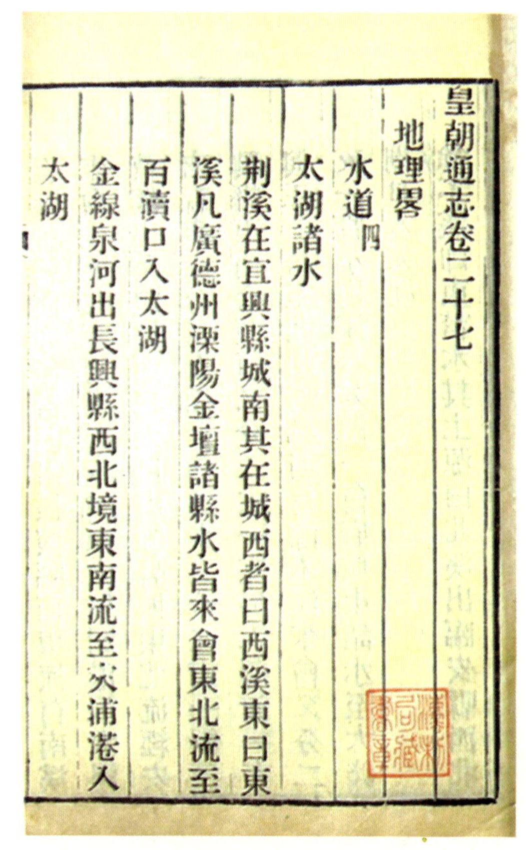
皇朝通志卷二十七
地理畧
水道四
太湖諸水
荆溪在宜興縣城南其在城西者曰西溪東曰東
溪凡廣德州溧陽金壇諸縣水皆來會東北流至
百瀆口入太湖
金線泉河出長興縣西北境東南流至夾浦港入
太湖

清代《皇朝通志》清光绪刻本

第三节　最早的"会要"

"会要"是政书的另一分支，亦是一种史书体裁，其特点在于专门详述一代之典章制度及其变革发展。编纂会要的高潮是宋代以后的事情了，但是"会要"这种编著形式却诞生于中唐时代。

有唐一代共编纂了两部会要：

第一部便是苏冕兄弟所纂之《会要》。

杜佑献《通典》后两年，即贞元十九年(803)，苏冕、苏弁兄弟又编纂成《会要》四十卷。该书"叙高祖至德宗九朝沿革损益之制"[105]，考察了唐代立国以来一百八十多年里的制度变化，成为历史上第一部会要体典籍，标志着又一种新的图书体制的创立。

据《旧唐书·儒林传》载："冕，缵国朝政事，撰《会要》四十卷，行于时。弁聚书至二万卷，皆手自刊校。"苏冕为当时著名学者，以精习典章故事而称于世，李肇曾言："大历已后，专学者有蔡广成《周易》，强象《论语》，啖助、赵匡、陆质《春秋》……地理则贾仆射，兵赋则杜太保，故事则苏冕、蒋乂，历算则董和……”一般以为，《会要》由苏冕主编，其弟苏弁在积累、考校资料方面做了大量的工作。[106]

另一部是崔铉监修之《续会要》四十卷。

大中七年(853)[107]，宣宗皇帝诏令续修《会要》，“记德宗以后至大中六年事迹，补苏冕前录之缺”[108]，并指派宰相崔铉监修，召集杨绍复、裴德融、崔瑑、薛逢、郑言、周肤敏、薛廷望、于珪、于球等人参与编纂，书成是为《续会要》四十卷，亦称《弘文馆续会要》。《续会要》是我国古代第一部官修会要，其编纂成书反映出唐代政府对于会要这种典籍形式的认可。

此外，《郡斋读书志》等也称：“大中七年，诏崔铉等撰次德宗以来事，至宣宗大中六年，以续冕书。”[109]则朝廷明确地将《续会要》一书定位为《会要》的补续之作。而当时距苏冕纂书不过五十年左右，典章变化是有限的；再考虑到两书卷数同为四十卷，那么我们可以推测，《续会要》极有可能沿用了苏冕设计的结构框架，即基本上不改变《会要》的编纂体例，仅增添内容而已。

这两部会要全面而细密地载录了宣宗以前唐代的典章故事，编成后亦颇有影响。五代时期，朝臣讨论礼仪制度，便时常参考、征引《会要》和《续会要》；北宋建隆二年(961)，王溥“集苏冕《会要》及崔铉《续会要》，补其阙漏”[110]，纂成《唐会要》一百卷。直到南宋末，两书依然有行世的迹象，不过，元、明之时，这两部唐代编纂的会要最终彻底亡佚了[111]。

所幸王溥《唐会要》仍保存至今，而众多学者的研究证明，《唐会要》基本上保存了《会要》与《续会要》两书的原始面貌。如谢保成先生指出：“王溥《唐会要》对于苏氏《会要》、崔铉《续会要》很少改动，只是续补唐宣宗以后的要事。”[112]戚志芬先生也提到，《唐会要》“实即保存苏、杨二家之书”[113]。关于《唐会要》百卷的体制问题，瞿林东教授认为：“其卷帙的增多，主要是续补同类细目中的后来之事所致”，“《会要》在体制上不曾有较大的变动”[114]。

因而，我们完全可以经由王溥的《唐会要》来反观唐代会要的原始状态。总体而言，唐代的两部会要在编纂上呈现出如下一些特点：

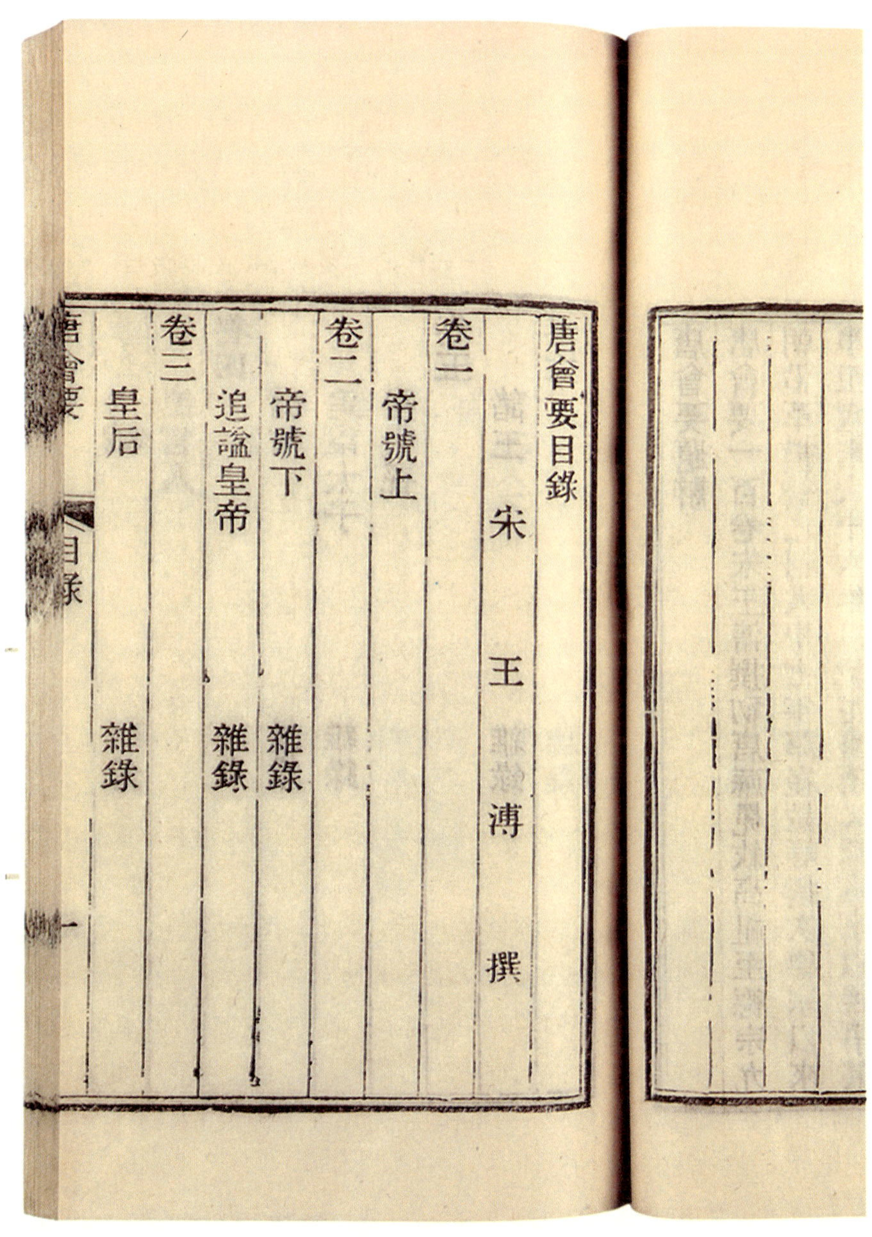

唐會要目錄

宋　王溥　撰

卷一

帝號上

卷二

帝號下　雜録

追謚皇帝　雜録

卷三

皇后　雜録

唐會要　目録　一

（宋）王溥《唐会要》清光绪刻本

（一）不分大类。

《会要》和《续会要》所载录内容是异常驳杂的，但它们并没有像《通典》那样设计几个大的门类来加以统摄，而是直接以子目为单位，展开资料的纂集工作。唐代的会要设置了大量的子目，这些子目的概括力是比较有限的，如"帝号"、"皇后"、"庙议"、"陵议"之类。相关的典章故事便汇集于这些子目之下；子目的相加集合构成全书。

其实，从众多子目的排列上看，唐代的会要还是试图将联系较为紧密的子目编排在一起的。我们认为，其中的数百子目可以概括为这样几个方面：帝室相关、礼乐刑教、天象灾异、封建崇教、官制选举、食货税饷、边鄙四夷。亦有研究者区分得更为具体，归纳为帝系、礼、宫殿、舆服、乐、学校、刑、历象、封建、佛道、官制、食货、四裔等类别。[115]不过详加考察，其中子目的编排还是较为混乱的，如众多与职官制度相关的子目编排完毕后，是大量关于食货内容的叙述，然而二者之间却凭空插入"嫁娶"一目，显得颇为突兀。但无论如何，有一点是明确的，即唐代会要的编纂中已经多少反映出了一种模糊的划分大类的思想，然而在实践中却没有最终采纳或认真贯彻。

（二）史志编纂思路与"六官"框架的杂糅状态。

唐代会要不设大类的状态，与其编纂思想密切相关。一方面，从上述关于总体架构的分析中我们可以看出，唐代会要对于典制的认识与传统史志是极为相似的。尤其是大量祥瑞、灾异内容的记录，反映出其基本上认同、接受了史志的编纂思路。

而另一方面，苏冕、崔铉等人显然已经认识到了传统史志在结构体例上的局限性，即史志极为有限的门类与简略精要的叙事特征，是根本无法包容唐代庞大的典章制度体系的。为了展现丰富而又纷纭复杂的"国朝故事"及其发展变化，苏冕等选择了全面辑录、有限概括的编纂方式，试图尽可能多地将各种各样的典章制度收入一部作品。也就是说，他们的编纂思想基本上也是以辑录资料为本位的。

唐代会要中有一类子目称为"杂录"，或曰"杂记"，对此《四库全书总目提要》指出"其细琐典故，不能概以定目者，则别为杂录"。即它们的意义在于将上一个或上几个子目无法概括，而又与相关主题有一定关联的内容集中起来，使之有一个容身之地。且其目数量颇多，如“帝号”后有杂录，“酷吏”后有杂记，“封建”后有“封建杂录”[116]，凡此种种。众多“杂录”、“杂记”的存在，便是辑录本位的编辑思想的体现。不过应该指出的是，这种编排方法虽然适应了唐代典志繁多复杂的客观情况，但是也使会要的结构显得零乱而缺乏体系。

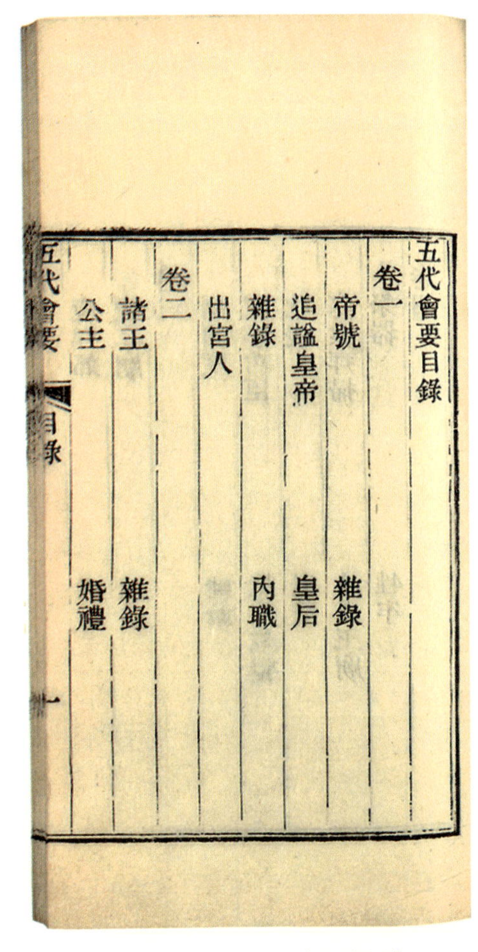

五代會要目錄
卷一
帝號 雜錄
追謚皇帝 皇后
雜錄 內職
出宮人
卷二
諸王 雜錄
公主 婚禮

五代會要 目錄 一

（宋）王溥《五代会要》清光绪刻本

与此同时，苏冕等人似乎又对《唐六典》的职官模式颇为青睐。考王溥《唐会要》，其中从第五十一卷到七十九卷讲述的都是官制的内容，近三十卷的内容几乎占到了全书的三分之一。根据前文的推断，这种情况反映出《会要》与《续会要》对于职官体系的重视。

而且，若仅仅考察其中关于官制的这部分内容，视之为一个独立的板块，那么我们会发现，唐代会要实际上也采纳了《唐六典》“以官统事”的编纂模式。第一，唐代会要在叙述官制时，也是以行政机构或官职为纲目来统摄相关内容的。其所设子目多如“侍中”、“尚书省诸司”、“御史台”、“十二卫”之类。第二，采用了两级分目的结构。如“尚书省诸司”目下又设有“尚书省分行次第”、“尚书令”、“左右丞”、“吏部尚书”、“户部侍郎”、“职方郎中”、“刑部员外郎”等诸多子目，“御史台”目下有“东都留台”、“御史大夫”、“御史中丞”等次级子目。这种两级标目的模式，在除官制以外的其他内容部分是极为罕见的[117]，然而却与《唐六典》的多级纲目体系极为相似。第三，与《唐六典》的职官体系相比，唐代会要涉及的内容更为详细，尤其是增加了地方官制的内容。若考虑到《唐六典》仅以一卷的篇幅来记录地方职官体系的问题，我们可以认为，“以官统事”的编纂模式在唐代会要中得到了进一步的完善。

总而言之，苏冕等的编纂思想是颇为复杂的。他们似乎已经意识到，在汇编国朝典章制度沿革这个要求面前，现有的各种图书体例都是有缺陷的；然而苏冕等又没能设计出一种全新的结构来解决这个矛盾，只好各取其所长，从而使唐代的会要在编纂结构上表现为一种史志思路与“六官”框架，乃至国史模式相互混杂、糅合的状态。

（三）编年记典，且十分重视言论与事迹的载录。

唐代会要中，各子目之下就是具体典章制度沿革的记载。此时采用的是编年的方法，即依照时间顺序来汇编相关资料。如“西京军器库”下载：“开元十一年五月五日置；二十五年五月十八日废，依旧为甲坊；乾元元年六月，敕军器监改为军器使……”[118]一般其记述上限不会超过隋代。

较为例外的是关于诸道以及兵卫的记载，这部分内容基本上是以地方或军种的划分来统摄相关典制的。如“河北道”下以幽州、莫州等二十八州一县为线索，“府兵”一目分为“羽林军”和“神策军”两部分。不过，这些地方或军种的划分在实质上可以看成是一种变相的子目设置，是对《唐六典》体制的借鉴。因为各州县、兵种后的内容，仍然是按照时间为序，考述它们的设置、沿革等事。所以，唐代会要编纂典章制度的基本手段就是编年。

然而需要注意的是，唐代会要编年载录的所谓“典章制度”，很多都是一些言论、敕令和历史事件。如陆心源《唐文拾遗》中，仅第一卷就有三十多篇诏敕辑自《唐会要》，它们基本上都应是苏冕《会要》中的内容。可以说，唐代会要中典章制度的沿革变化情况，很多都是以言论、敕奏的形式反映出来的。

对于这种情况，我们可以从如下两个方面来理解：

其一，唐代会要作为典制专书的特质，更多地反映在其编纂结构中，而不是内容上。我们把唐代会要视为政书的一种，是着眼于其子目的设定而言的。也就是说，苏冕等人归纳标注的纲目，大多与礼、乐、刑、政等典制主题相关，表明其将从典制的视角来进行编纂。

但若具体到实际内容，这种典制专书的性质就要逊色一些。诚然，唐代会要中有许多内容，尤其是礼乐祭祀方面，非常集中地描述了当时的典章仪程，但是其中也不乏这样的内容：

> 拘蒌蜜国　拘蒌蜜，在林邑之西，陆路三月行，山居饶象，并养之以供用。显庆元年闰正月，来朝贡。在盘盘致物国东南，海路一月行；南距婆利国十日行；东去不述国五日行；西北去文单国六日行，风俗物产，与赤土国堕和罗国略同。永徽六年八月，遣使献五色鹦鹉。[119]

上述文字若置于正史四夷传中，亦会是文通字顺、风格协调。因而总体看来，唐代会要对于“典制”持的是一种广义的认识，是不能与杜佑《通典》纯粹的考典相提并论的。以“国朝故事”来概括其内容，或许更为精恰。

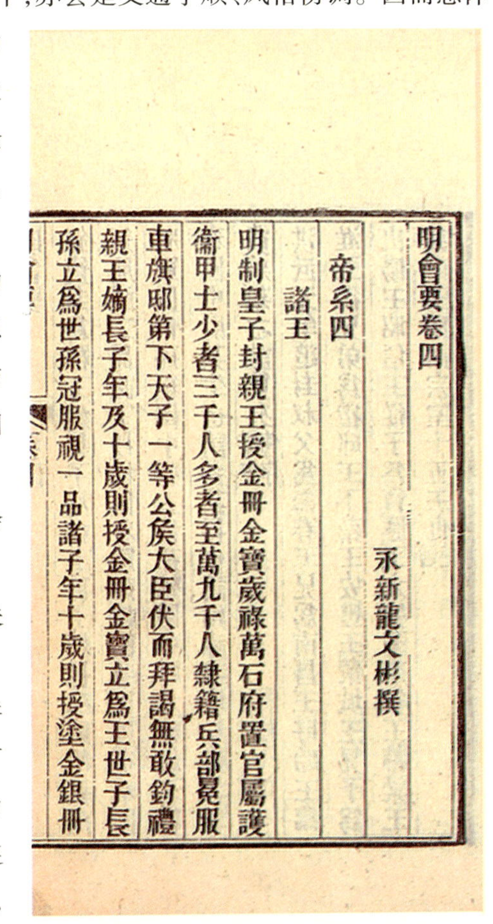
明會要卷四

永新龍文彬撰

帝系四

諸王

明制皇子封親王授金冊金寶歲祿萬石府置官屬護衞甲士少者三千人多者至萬九千人隸籍兵部冕服車旗邸第下天子一等公侯大臣伏而拜謁無敢鈞禮親王嫡長子年及十歲則授金冊金寶立爲王世子長孫立爲世孫冠服視一品諸子年十歲則授塗金銀冊

(清)龙文彬《明会要》清光绪刻本

其二，唐代会要与《通典》的区别并不能说明苏冕等的编辑思想要落后于时代，因为《会要》与《续会要》编纂时的定位是“国史”，而不是“政书”。

首先，从结构上看，唐代会要有在编年基础上立传的倾向。如《唐会要》卷九十八一条关于“回纥”的记载：

> 开成四年，其相勿萼公引山北沙陀攻围之，可汗自杀，国人立勿萼公为署飒可汗，未受册命。连年饥疫，羊马死者被地，又大雪为灾。武宗即位，

遣时泽王溶告丧，始知易代。其年为黠戛斯所害，其国分散。有乌希特勒者，曷萨之弟，和特勒之叔也，亦率众南奔至错子山，乃自立为可汗，居塞上……

其中所述之事远已超出开成四年(839)的局限，而颇有为当时“回纥”部落的政权更迭作一小传之意味。这种以编年系纪传的模式，不能不使我们联想到“实录”与《唐历》的编纂方法。

唐宣宗 像

宣宗五年(851)《续唐历》问世，两年之后宣宗又诏修《续会要》。两次续修均为宰相主持，且广聚名臣，从朝廷的一贯态度和编纂队伍的规格来看，时人当是更多以一种国史的态度来看待“会要”。

其次，唐代会要重于记言，大都全篇收录，且时常出现对答、辩论的内容。此外，会要中还有不少与典制关系不大的叙事，如“大历四年，京师大雨水，斗米直八百，佗物称是，命闭市北门，置一土台，台高五尺，上置五方坛，坛上立一黄旛以祈晴”[120]此类。

毋庸讳言，从典制专书的视角审视唐代会要，其诸多问题就是出现在灾异、祥瑞、四夷等方面，无论是体例结构还是内容，均为如此。但若以传统的史学文化衡量，则一切问题都会迎刃而解。其实，苏冕早已自言：“会要亦国史之支也。”[121]因而，我们认为，苏冕编纂《会要》的初衷在于全面考述唐代立国以来在诸多重要领域中的研究与作为，当然他所设定的“重要领域”更多地在于典章制度方面，这仍与前文所述中唐以后社会思潮与学术风气的嬗变密切相关。

(四)重视评论。

唐代的两部会要在编选国朝史事的同时，亦较为注重发表自己的言论、观点。今本《唐会要》中有以“苏冕曰”、“苏氏曰”、“苏冕驳曰”、“苏氏驳曰”、“苏氏议曰”、“苏氏驳议曰”等引出的按语二十多条，同时也有题以“崔氏曰”的评论两条。

这些编者的直接发言主要发挥了两个作用：一是解释说明，二是提出自我的见解。一般附于相关的事迹或言论之后。不过在“封建”一目中，有一条“崔氏曰”的议论冠于诸多史事之首，大致讲述了唐代分封制度的原则与成因。这在会要中是一个较为特殊的例子，或与此目中仅有客观封爵的记载而无前因后果的解释有关。

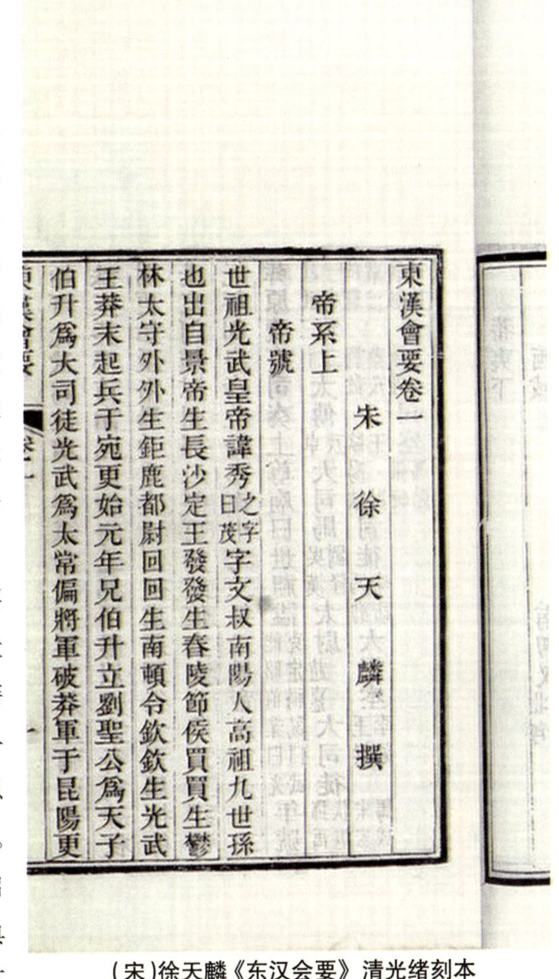

東漢會要卷一

宋 徐天麟 撰

帝系上

帝號

世祖光武皇帝諱秀之字曰茂字文叔南陽人高祖九世孫也出自景帝生長沙定王發發生舂陵節侯買買生鬱林太守外外生鉅鹿都尉回回生南頓令欽欽生光武王莽末起兵于宛更始元年兄伯升立劉聖公爲天子伯升爲大司徒光武爲太常偏將軍破莽軍于昆陽更

（宋）徐天麟《东汉会要》清光绪刻本

总而言之，唐代的会要还处于一种较为原始的状态，尚未完全脱离传统史籍编纂形态的范畴。其独树一帜，形成自己特有的编辑思想，则要等到宋代以后了。不过，《会要》与《续会要》启发人们详查精审一代之典制沿革的开创意义还是不容忽视的。此外，值得注意的是，唐代会要的体例结构似乎比《通典》更为受到官方意识形态的欢迎，如崔铉续修后，五代时窦俨也曾奏请：“依唐《会要》所设门类，上自五帝，迄于圣朝，凡所施为，悉令编次。凡关礼乐，无有阙漏，《开元礼》、《通典》之书，包综于内，名之曰《大周礼》，俾礼院掌之。”[122]

第四节　古代新闻事业的萌芽

传播活动具有相当久远的历史，至少在远古时代便已出现。但是新闻传播作为一项有意识、有体系的事业，则大约形成于唐代。著名学者方汉奇先生指出："唐代是中国开始有新闻事业的朝代。中国早期的报纸，始见于唐代。"[123]

最晚在中唐时期，古代的新闻事业便已萌生，并获得了初步的发展：

(一)朝廷公告制度的形成。

报史研究中，孙樵《读开元杂报》是一份重要的历史文献，其文曰：

> 樵曩于襄汉间，得数十幅书，系日条事，不立首末。其略曰：某日皇帝亲耕籍田，行九推礼；某日百寮行大射礼于安福楼南；某日安北诸蕃君长请扈从封禅；某日皇帝自东封还，赏赐有差；某日宣政门宰相与百寮廷争，十刻罢；如此凡数十百条。樵当时未知何等书，徒以为朝廷近所行事。有自长安来者，出其书示之，则曰："吾居长安中，新天子嗣国，及敌兵自溃，则见行南郊礼，安有籍田事乎？况九推非天子礼耶？又尝入太学，见丛甓负土而起若堂皇者，就视得石刻，乃射堂旧址，则射礼废已久矣。国家安能行大射礼耶？自关已东，水不败田，则旱败苗，百姓入常赋不足，至有卖子为豪家役者。吾尝背华走洛，遇西戍还兵千人，县给一食，力屈不支。国家安能东封？从官禁兵安所仰给耶？敌兵惊扰边氓，势不可控，宰相驰出责战，尚未报功。况西关复惊于西戎，安有扈从事耶？武皇帝以御史窃议宰相事，望岭南走者四人，至今卿士齰舌相戒，况宰相陈奏于仗乎？安有廷奏诤事耶？"语未及终，有知书者自外来，曰："此皆开元政事，盖当时条布于外者。"樵后得《开元录》验之，条条可复云。然尚以为前朝所行不当尽为坠典，及来长安，日见条报朝廷事者，徒曰：今日除某官，明日授某官，今日幸于某，明日畋于某。诚不类数十幅书。樵恨生不为太平男子，及睹开元中事，如奋臂出其间，因取其书帛而漫志其末，凡补缺文者十三，正讹文者十一。是岁大中五年也。[124]

关于所谓“开元杂报”的性质问题，学界的争论很多，目前还没有充分的证据证明其是中国古代最早的报纸。但是，从孙樵的这份记录中至少可以明确地看出，朝廷主动向外界发布消息的活动已经带有制度化的意味，政府公告体系初步形成。

按《读开元杂报》，当时的公告大致具有如下特征：

第一，公告的内容为朝廷“行事”，其中多是“籍田”、“封禅”、“除官”、行幸之类的消息，往往以帝王的活动为中心，间或涉及重要朝臣。因此其与起居注极为相类，可能是国史文献的一种变异。

如五代时，后唐计划修纂唐宣宗、懿宗、僖宗、昭宗四朝实录，然北方屡历兵燹，各种史料丧失殆尽，史馆便奏“请下两浙、荆湖，购募野史及除目报状”[125]。而“孙樵称作的‘开元杂报’，应即‘报状’”[126]。

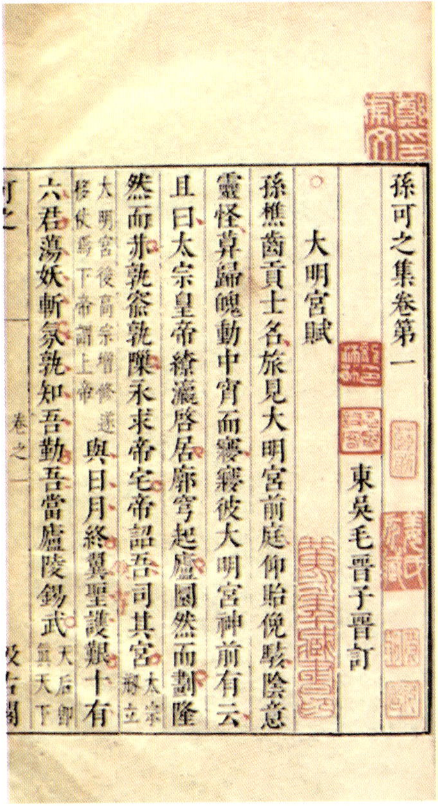

(唐)孙樵《孙可之集》明毛氏汲古阁刻本

第二，基本上没有编排的思想，编辑手段极为简单，只是“系日条事”，按照时间顺序逐条抄列罢了。

第三，对比“自长安来者”的描述和孙樵入京后的见闻，我们可以推测，当时朝廷公告消息时似乎已经有了一定的选择思想，即报喜不报忧，且更加倾向于礼仪、官政，显示宫廷威仪的意图较为明显。

第四，这种公告活动并非偶然之举。据孙樵所述，玄宗朝便有将内廷政事“条布于外”的情况，且已经为“知书者”所悉；而宣宗时更能“日见”朝廷事，显然其已带有某种制度化的色彩。若前述“报状”出于国史的假设成立，则其作为一种制度便具有了更为牢固的保障。

第五，朝廷公告的消息具有一定的社会传播能力，"否则像孙樵那样的尚未发迹的草野知识分子是难以看到的"[127]。当然这种传播能力是相对于当时的社会条件而言的。

（二）新闻事业发展的各种客观条件逐渐完善。

首先，随着历史的发展，人们对于传播活动的认识逐渐深刻，传播手段日渐丰富。唐人继承了前代积累的经验，能够更为灵活而主动地运用烽火、快马传书、露布等各种方式实现传播信息的目的。

如《通典》载："皇帝亲征及巡狩，告所过山川，平荡寇贼，宣露布"；"大唐每平荡寇贼，宣露布，其曰：守宫量设群官次，露布至，兵部侍郎奉以奏闻，仍集文武群官客使于东朝堂，中书令宣布，具如开元礼"[128]。又如前文所述之"录于大版上，就村坊要路榜示"[129]等，都显示了唐人开展新闻传播活动的自觉性。

其次，唐代交通道路以及驿站体系的发达，为新闻事业的发展提供了物质保障。由于施政与军事的需要，以及初盛唐时期国力的强盛，唐代开辟了宽阔的道路，设置了众多驿站、驿馆，构筑了完善的交通体系，正如诗云"九州道路无豺虎，远行不劳吉日出"、"一驿过一驿，驿骑如星流，平明发咸阳，暮及陇山头"。[130]这就为迅捷的信息传递提供了坚实的物质保障。如《元和郡县志》云："今自新宥州北至天德，置新馆十一所，从天德取夏州，乘传奏事，四日余便至京。"[131]其速度之快，可见一斑。

第三，进奏院的出现以及"邸吏"职责的发展，直接奠定了唐代新闻事业的基础。唐代进奏院的前身是"邸"，即地方政府派驻京城的联络机构，也是地方官吏进京觐见的暂时居所。如柳宗元云："其在周典则皆邑以具汤沭，其在汉制则皆邸以奉朝请，唐兴因之，则皆院以备进奏。"[132]代宗大历十二年，"诸道邸务在上都，吏曰'留后'，改为'进奏院'"[133]。不过唐人亦时常以"邸"称之。

安史乱后，地方藩镇势力崛起，他们纷纷于长安设置进奏院，有研究者考证，其最多时竟达到了五十三所。[134]这些进奏院以及其中负责邸务的官员，除了要办理传统的汇报传达工作外，亦承担了"为地方了解、汇集和通报各项政治消息"的职责。他们活动频繁，有来自藩镇的物质支持，同时又与宫廷有较多的接触，且已经开始不定期地以书面形式向藩镇传递非公文性消息。这一切都直接促进了，甚或说标志着新闻传播事业萌芽的产生。

（三）进奏院状是唐代新闻传播事业发展的重要标志。

进奏院状 掠影

进奏院发回各地的载有朝政消息的文本，就是进奏院状。在各种史料中，其亦被称做“上都留后状”、“留邸状报”、“邸吏状”等。诚如方汉奇先生指出的那样，进奏院状的性质类于“新闻信”，是一种“原始状态”的报纸。[135]然而像进奏院状这样，既区别于传统公文，具有较强的新闻性，又频繁、集中出现的信息载体，在唐前的历史上是颇为罕见的。进奏院状的大量出现，反映的正是古代新闻传播事业的形成与发展。

在唐人的笔下，进奏院状便被多次提及，其中尤以崔致远的《桂苑笔耕集》最为集中，此外《会昌一品集》、《樊川集》、《东观奏记》等亦有记载；而且在流失海外的敦煌文献中，更发现了两份唐进奏状的原件[136]；再加之其他文献中的资料，为我们研究进奏院状提供了依据。

对于唐代的“进奏院状”，我们可以从这样几个方面来认识：

第一，进奏院状记录的时政消息来自两个方面。一是抄写朝廷公告，即进奏院的官员发挥中介作用，将中央政府发布的各项消息汇总后，传交回藩镇节度使。二

（唐）杜牧《樊川文集》明崇祯刻本

是自行搜集信息。尤袤《全唐诗话》载，韩翃不得意而家居，“一日，夜将半，客叩门急，贺曰：‘员外除驾部郎中知制诰。’翃愕然曰：‘误矣。’客曰：‘邸报，制诰阙人，中书两进名，不从，又请之，曰：‘与韩翃。’’”[137]可以想象，朝廷任命官员诚当布告，然而“中书两进名，不从，又请之”这样的细节性内幕又怎么会示之于众？故而，韩翃所得之邸中消息多半为邸吏“刺探”而来。

第二，进奏院状具有一定的时效性。如上文称，韩翃得报，愕然称误。这说明其本人尚未收到诏旨通告，而客由邸报先行得知。很显然，邸报的传递速度要高于一般公文。

第三，进奏院状作为新闻载体的作用较为单一，其作用主要是监测环境。以《桂苑笔耕集》中所提及的进奏院状为例，它们都是由进奏院传给淮南节度使高骈的，但只有两篇与高骈本人有直接关系，其余大部分内容都是朝廷外交、嫁娶和其他藩镇的军事，以及一些不着边的诏敕。可见，进奏院状本身的编写目的非常简单，只是为了如实地反映朝廷动态，以对京师的政治环境实施监测。

第四，从两份现存的进奏院报来看，其均以“进奏院状上”题头，结尾标以“谨状”，中间则描述自己入京的作为与见闻。显然，进奏院状呈现为一种类似于状文或书信的形式特征，还没有形成一种独特的编纂体例。

（四）在唐代，进奏院状作为信息渠道的地位已经被广为认同。

首先是朝廷肯定、接受了进奏院状的存在，并对其真实性与实用性给予了承认。《桂苑笔耕集》中以节度使名义所上的表、状中，均堂而皇之地写明“得进奏院状报”。如《谢就加侍中兼实封状》写道：“右：臣得进奏院状报，伏奉某月日恩制，加授臣侍中，余并如故，仍加食封百户者。”[138]直接言明加官进爵的消息是得于“进奏院状报”，而且竟然写入谢状呈给皇帝。其时，若没有朝廷的认可，崔致远又怎么敢如此作为？

这种情况大量见于唐时献于朝廷的状、表之中，如令狐楚《贺白鹿表》：“臣某言：臣得进奏院状报，中书门下奏贺，于醴泉县建陵柏城获白鹿一。”李商隐《为濮阳公论皇太子表》：“臣某言：今月某日得本道进奏院状报，今月六日，宰臣郑某等率三省官属入论皇太子事者。”[139]凡此等等。

中唐以后，地方势力膨胀，“朝廷姑息方镇，假借邸吏”[140]。在这种情况下，由“邸吏”主导的传播体系也必然会随之得到中央政权的重视。上述地方官员的表现说明，当时朝廷已经默认了进奏院状作为传达朝廷政令和通告的第二渠道的地位。刘禹锡《代杜司徒谢男授官表》云：“臣某言：伏奉今月一日制，授臣长男师损秘书省著作郎，次男式方太常寺主簿；又得进奏官裴遘状报，伏承圣恩，特降中使送官告到臣宅分付师损者。”[141]又崔致远代高骈作《奏论抽发兵士状》：“当道先准诏旨，抽卢、寿、滁、和等州兵马共二万人，仍委监军使押领赴军前者。臣当时已各帖诸州，令排比点检。次又得进奏院状，迎奉诏旨，更于诸州催促兵士者。”[142]其中将诏旨与进奏院状并提，反映出朝廷似乎已开始主动地利用进奏院状，有试图将其纳入传统政令传播体系的倾向。

与此同时，进奏院状也为地方官员所倚重，成为他们获取信息的重要渠道之一。前述诸节度使依据进奏院状提供的信息及时上表自不待言，在某种程度上，进奏院状甚至已经成为藩镇长官判断形势、采取行动的重要依据。《旧唐书·李师古传》载：“及德宗遗诏下，告哀使未至，义成军节度使李元素以与师古邻道，录遗诏报师古，以示无外。师古遂集将士，引元素使者谓曰：‘师古近得邸吏状，具承圣躬万福。李元素岂欲反，乃忽伪录遗诏以寄。师古三代受国恩，位兼将相，见贼不可以不讨。’”在众将士及使者面前，李师古能够公开援引“邸吏状”作为兴兵宣战之由，这从一个侧面反映出了时人对于进奏院状的认可与信任程度。

而且，进奏院状的信息并非仅仅服务于藩镇主官，各节度使的属下也常能分享和利用。如崔致远《致海陵镇高霸书》云：“得进奏院状报，知转援右散骑常侍。”《致淮口李质书》：“得进奏院状报，知质转授右卫大将军。”在一定意义上，崔致远这样的下僚也从进奏院状中获得了利益。

总而言之，来自政权与社会的认可，以及更为主动的利用，是唐代新闻传播活动真正成其为事业的基础，亦是其保持生命力而不断发展的不竭动力。

注　释

[1]引文见《史通》卷一《二体》。

[2]《隋书·经籍志》。

[3]关于“四部分类法”的缘起，学界尚有争论。王欣夫(《文献学讲义》，上海古籍出版社，1982年)、王重民(《中国目录学史论丛》，中华书局，1984年)、唐明元(《四部分类法之起源辨析》，《图书馆杂志》，2005年第9期)等大多数研究者认为其由荀勖《中经新簿》而创；而谢德雄(《魏晋南北朝目录学的新起点》，《学术月刊》，1983年第10期)，汪辟疆(《目录学研究》，华东师范大学出版社，2000年)，来新夏(《古典目录学概论》，中华书局，2003年)等学者则论证郑默《中经》为四分法之起源；此外，还有姚名达先生所坚持的源于李充《晋元帝四部书目》之说。

由于各书远佚，无从查考。关于四部分类法的记载只有《隋书·经籍志》：“魏秘书郎郑默，始制《中经》，秘书监荀勖，又因《中经》，更着《新簿》，分为四部，总括群书。”以及阮孝绪《七录序》(《广弘明集》卷三)：“晋领秘书监荀勖，因魏《中经》，更着《新簿》，虽分为十有余卷，而总以四部别之。”说法一致，然语焉不详。

[4]虽阮孝绪自称“今所撰《七录》，斟酌王、刘”(《七录序》)，然相较于刘歆《七略》(“辑略”、“六艺略”、“诸子略”、“诗赋略”、“兵书略”、“数术略”、“方伎略”)与王俭《七志》(“经典”、“诸子”、“文翰”、“军书”、“阴阳”、“术艺”、“图谱”)的分类方法，《七录》表现出了更多的不同。其有内外二篇，内篇分群书为“经典”、“记传”、“子兵”、“文集”、“术伎”五目，外篇另立“佛法”、“仙道”二目。从实质上讲，其内篇的分类思想与《文德殿正御四部及术数书目录》基本一致，尤其是独立“记传”(史)的做法，使其更为接近四部分类，因而可以看做是从七分法向四分法发展的过渡状态。

[5]曾贻芬、崔文印：《中国历史文献学》，学苑出版社，2001年，第23页。

[6]屈直敏以朱彝尊《曝书亭集》与陈振孙《直斋书录解题》为据，指出：“也有学者认为类书肇始于南北朝时期，《修文殿御览》为古今类书之首。”(《从图书目录看中国古代类书的演进》，《德州学院学报》，2004年第5期)按，《直斋书录解题》卷十四中，陈振孙曰：“《修文殿御览》，北齐尚书左仆射范阳祖、李征等撰。按《唐志》，类书在前者有《皇览》、《类苑》、《华林遍略》等六家，今皆不存，则此书当为古今类书之首。”则表明其仍然认可《皇览》等为类书，然早佚不可考，故而《修文殿御览》最古。

[7]赵玉玲：《类书与中国封建统治》，《图书与情报》，2005年第4期。

[8]肖东发主编：《中国编辑出版史》，辽海出版社，2002年，第159页。

[9]《通志·氏族略》。

[10]见《郡斋读书志》卷八。

[11]《四库全书总目提要》卷一百三十五。

[12]《四库全书总目提要》卷六十八。

[13] 详见潘桂明《中国佛教百科全书·历史卷》(上海古籍出版社,2000 年)第七章“宋代佛教”。

[14]《辽史·百官志》。

[15] 封演《封氏闻见记》卷二:“魏时有李登者,撰《声类》十卷,凡一万一千五百廿字。以五声命字,不立诸部。”其将《声类》与《说文》、《字林》等并论,更倾向于视其为一种以“五声命字”为特点的字书,反映出原始韵书与中国传统字书之间的密切联系。

[16]《隋书·文学传》。

[17] 封演《封氏闻见记》卷二。

[18] 陆法言《切韵序》。

[19]《北史·儒林传》。

[20]《隋书·儒林传》。

[21] 范文澜:《中国通史简编》第三编第二册,人民出版社,1965 年,第 641 页。

[22]《经学历史》七“经学统一时代”。此外值得指出的是,关于唐代儒学统一的标准问题,一般认为是以“南学”为主体,如皮锡瑞(《经学历史》)、唐长孺(《魏晋南北朝隋唐史三论》,武汉大学出版社,1996 年)等学者均持此论;然亦有研究者,如陈磊等指出,孔颖达《五经正义》实为“学通南北”(见《试析隋及唐初的儒学统一》,《孔子研究》,2001 年第 6 期)。或许这种分歧恰恰反映出唐代政府在文化统一标准上的主体性意识。

[23] 谢保成:《中国史学史》(一),商务印书馆,2006 年,第 517 页。

[24]《唐摭言》卷一。

[25] 详见陈喆:《唐宋登科记流传述略》,《图书与情报》,2003 年第 2 期。

[26]《玉海》卷一百一十五。

[27]《封氏闻见记》卷三。

[28]《唐摭言》卷一。

[29]《玉海》卷一百一十五。

[30] 傅璇琮:《唐代科举与文学》,陕西人民出版社,1986 年,第 6 页。

[31]《封氏闻见记》卷三。

[32] 见《全唐文》卷七百九十一之郑颢《进科名记表》。

[33] 引文见《唐语林》卷四。

[34]郑颢《进科名记表》、《东观奏记》卷上、《唐语林》卷四等均有此说。

[35]《唐会要》卷七十六。

[36]王士禛《池北偶谈》卷一。

[37]李奕《登科记序》,《全唐文》卷五百三十六。

[38]见梁启超《中国历史研究法》(东方出版社,1996年)第二章"过去之中国史学界"。

[39]唐前正史史志的基本内容如下表所示:

史籍	书、志
《史记》	礼书,乐书,律书,历书,封禅书,河渠书,平淮书
《汉书》	律历,礼乐,刑法,食货,郊祀,天文,五行,地理,沟洫,艺文
《续汉书》	律历,礼仪,祭祀,天文,五行,郡国,百官,舆服
《宋书》	律历,礼,乐,天文,符瑞,五行,州郡,百官
《南齐书》	礼,乐,天文,州郡,百官,舆服,祥瑞,五行
《魏书》	天象,地形,律历,礼,乐,食货,刑罚,灵征,官氏,释老
《晋书》	天文,地理,律历,礼,乐,职官,舆服,食货,五行,刑法
《五代史志》	礼仪,音乐,律历,天文,五行,食货,刑法,百官,地理,经籍

[40]谢保成:《中国史学史》(一),商务印书馆,2006年,第486页。

[41]章太炎《史学略说》。

[42]《文献通考》卷一百二十九。

[43]《皇清文类》卷十。

[44]赵俊:《中国古代制度管理典籍的源流大势》,《中国社会科学院研究生院学报》,2007年第5期。

[45]《直斋书录解题》卷六载,《具员故事》"或称《职总联珠》","《崇文总目》又作《具员事迹》"。

[46]俱见《玉海》卷五十一。

[47]《文史通义》卷六。

[48]《新唐书·艺文志》、《玉海》卷五十一均有此记载。

[49]《玉海》卷五十一。

[50]《直斋书录解题》卷六、《曝书亭集》卷四十五等均有此记载。

[51]《新唐书·韦述传》。

[52]《新唐书·韦述传》。又关于“令式入六司,象《周礼》六官之制”的提出,钟兴龙《〈唐六典〉撰修始末考》(《古籍整理研究学刊》,2006年第5期)以为:《唐六典》编纂思路的转变始于开元十五年前后,亦即张说主持时期,然其时尚有争论;萧嵩知院事后,才确定下来,但仅为推测。

按,《直斋书录解题》卷六云:“又委毋煚、余钦、韦述,始以令式入六司,象《周礼》六官之制,其沿革并入注”;《新唐书·艺文志》、《玉海》卷五十一载:“乃命毋煚、余钦、咸廙业、孙季良、韦述参撰,始以令式象《周礼》六官为制”;《大唐新语》卷九载:“(张)说又令学士毋煚等检前史职官,以今式分入六司,以今朝六典象《周官》之制”。即其于张说知集贤院事后期遂已确定。

然《新唐书·韦述传》:“及萧嵩引述撰定,述始摹周六官领其属,事归于职,规制遂定”;《曝书亭集》卷四十五:“张说知院,以委徐坚,坚思之经岁,规制莫定。萧嵩知院,又引韦述,始以令式入六司,仿《周礼》六官之制,沿革并入注中,勅所云法以周官,作为唐典是已。”则仿《周礼》六官之始,乃是萧嵩代张说知集贤院后。此处存疑。

[53]《直斋书录解题》卷六。

[54]《大唐新语》卷九。

[55]《唐会要》卷三十六:“二十七年二月,中书令张九龄等撰六典三十卷成,上之,百官称贺。”然“张九龄二十三年已罢中书令,而林甫代为之”(《雍录》),故《唐会要》之说可疑。或诚如宋程大昌所言:“其书盖张九龄之所上而李林甫之所注。”本书从《新唐书·艺文志》、《直斋书录解题》、《曝书亭集》等之说法。

[56]《四库全书总目提要》卷八十一。

[57]《文史通义》卷三。

[58]《旧唐书·李吉甫传》。

[59]《雍录》卷一。

[60]关于《唐六典》是否行用的问题,至今仍未有统一的看法。如《直斋书录解题》引韦述《集贤注记》,称《唐六典》“迄今在直院,亦不行用”,纪昀等也认为“唐人所说,当无讹误”(《四库全书总目提要》卷七十九)。然程大昌《雍录》引《唐会要》中“牛僧孺奏升谏议为

三品，用《六典》也；贞元二年定著朝班次序，每班以尚书省官为首，用《六典》也；又其年窦参论祠祭当以监察莅之，亦援《六典》也”的说法，认为《唐六典》实已行用。此外，程氏又根据白居易诗以及《新五代史·桑维翰传》指出：“《六典》之书，五代犹遵用之，不知韦述何以言不用也。元佑诸公议更元丰故事，则痛诋《六典》，以为未尝颁用，殆有激而云耳。”（详见《考古编》卷九）关于这个问题陈寅恪先生亦很慎重，并没有下定论。

但唐时援引《六典》的记载却颇多，如《旧唐书·裴垍传》：“垍奏：‘集贤御书院，请准《六典》，登朝官五品已上为学士，六品已下为直学士。’”《冯宿传附弟定传》：“定奏曰：‘据《六典》，太师居詹事府，不合于都省礼上。’”虽不能确定《唐六典》是否行用，然纪昀等“讨论典章，亦相引据”的说法是值得肯定的。

［61］《直斋书录解题》卷六。

［62］《玉海》卷五十一同。

［63］《文献通考》卷二百一同。

［64］见范文澜《经学讲演录》第三讲。

［65］漆侠：《宋学的发展和演变》，河北人民出版社，2002 年，第 7 页。

［66］《全唐文》卷三百五十五之《举选议》。

［67］陆淳《春秋集传纂例》卷一。

［68］《二程文集》卷五。

［69］许凌云：《中国儒学史·隋唐卷》，广东高等教育出版社，1998 年，第 177 页。

［70］本段引文均见《春秋集传纂例》卷一。

［71］均见《春秋集传纂例》卷一。

［72］根据《旧唐书·杜佑传》、《新唐书·杜佑列传》整理。

［73］《旧唐书·杜佑传》。

［74］关于《通典》的编纂过程，有这样几个问题需要注意：

第一，《通典》完成并进献朝廷的时间当为贞元十七年。《唐会要》卷三十六载：“（贞元）十九年二月，淮南节度使杜佑撰《通典》二百卷上之。”而《旧唐书·杜佑传》则云：“贞元十七年，自淮南节度使人诣阙献之。”此中分歧，可以通过《理道要诀》一书的编纂时间来加以判断。

按，《玉海》卷五十一：“杜佑《理道要诀》十卷，佑表曰：窃思理道，不录空言，由是累记修纂《通典》，包罗数千年事，探讨礼法刑政，遂成二百卷，先已奉进。从去年春末,更于二百卷中纂成十卷,目曰《理道要诀》,凡三十三篇,详古今之要,酌时宜可行,贞元十九年二月十八日上。"《御定月令辑要》卷六亦有贞元十九年二月"十八日上《理道要诀》"的记载。则《理道要诀》当于贞元十九年上;然依《玉海》之说,其编纂约始于贞元十八年,且为《通典》"奉进"后之事。既如此,《通典》怎么可能为贞元十九年献上?故而《唐会要》之说有误。

第二,《通典》的主体或成于贞元十年。考《玉海》卷五十一引《中兴书目》云:"《通典》,贞元十年撰,以事分类。"又,《群书考索》卷十九:"《通典》二百卷,唐贞元十年杜佑撰,以事分类,载古今制度沿革废置本末。"则贞元十年或为《通典》修纂初成之时,这也与杜佑自述的"自顷纂修,年逾三纪"(《进〈通典〉表》)完全符合。此后至于贞元十七年的时间,当为不断补充、审订《通典》的阶段。

第三,《通典》所载内容有很多为贞元十七年后事,当是杜佑献于朝廷后,亦多有补笔。具体可参见谢保成《中国史学史》(二)第589页注(商务印书馆,2006年)。

[75]关于《通典》的分门,有八门与九门两种说法:《郡斋读书志》、《四库全书总目提要》等均视其为八门;而《唐会要》、《玉海》等则认为分九门,即食货、选举、职官、礼、乐、兵、刑、州县、边防。所谓"大刑用甲兵","其次五刑",兵刑合则为八、分则为九。此处按杜佑《通典序》之说,但《通典》中"兵"已经具有了相当的独立地位,否则也不会有后世兵、刑分列的看法。

[76]李翰《通典序》。

[77]《钦定四库全书简明目录》卷八。

[78]《十七史商榷》卷九十。

[79]《御制重刻通典序》(《四库全书》)。

[80]谢保成:《〈通典〉的性质与得失》,《中国史研究》,1992年第1期。

[81]引文见李翰《通典序》。

[82]《文史通义》卷四。

[83]李翰《通典序》。

[84]《旧唐书·杜佑传》。

[85]《唐文粹》卷五十四。

[86]《旧唐书·杜佑传》。

[87]《玉海》卷五十一。

[88]梁启超:《中国历史研究法》,东方出版社,1996年,第25页。

[89]《四库全书总目提要》卷八十一。

[90]见于《通典》卷七、卷四十八、卷一百八十五。

[91]《通典》卷一百八十五。

[92]《通典》卷四十。

[93]《通典》卷一百七十二。

[94]《通典》卷三十一。

[95]杜佑《通典序》。

[96]《通典》卷十二。

[97]李翰《通典序》。

[98]《直斋书录解题》卷十。

[99]《朱子语类》卷一百三十六。

[100]《通典》卷四十二。

[101]阎现章:《中国古代编辑家评传》(上),河南大学出版社,1996年,第156页。

[102]《文史通义》卷一。

[103]《文献通考自序》。

[104]《四库全书总目提要》卷八十一。

[105]《郡斋读书志》卷十四。

[106]关于《会要》作者的争论及辩证,可参见瞿林东《苏冕与〈会要〉——为会要体史书创立1200周年而作》,《安徽大学学报》(哲学社会科学版),2003年第5期。

[107]有研究者认为,大中七年是献书时间,而非下诏撰次时间。

《旧唐书·宣宗本纪》载:"(大中七年)十月,尚书左仆射、门下侍郎、平章事、太清宫使、弘文馆大学士崔铉进《续会要》四十卷。"《唐会要》卷三十六:"七年十月,尚书左仆射门下侍郎平章事崔铉,上《续会要》四十卷,修撰官杨绍复、崔瑑、薛逢、郑言等赐物有差。"

然《郡斋读书志》卷十四:"大中七年,诏崔铉等撰次德宗以来事,至宣宗大中六年(有本作七年),以续冕书。"《四库全书总目提要》卷八十一:"宣宗大中七年,又诏杨绍复等次德宗以来事,为《续会要》四十卷,以崔铉监修。"又《旧唐书·崔元略传附子铉》:"(大中)七年,以馆中学士崔瑑、薛逢等撰《续会要》四十卷,献之。"

其实,两种说法本无孰对孰错之差。宣宗诏令纂《续会要》之时与其成书进献之时或为同一年。以理推之,《续会要》既然录有"大中六年"之事,则其编纂至早始于大中七年;同时,数月间完成《续会要》的编纂绝非难事,因为(1)崔铉组织的编修阵容亦颇为强大,有杨绍复、裴德融、崔瑑、薛逢、郑言、周肤敏、薛廷望、于珪、于球等人预其事;(2)当时距苏冕《会要》不过五十年左右,史事有限;(3)从卷数上看,《续会要》极有可能因用了《会要》的结构框架,仅作内容上的续写补充。

因而,《续会要》之编纂与成书当时隔不久。按《旧唐书·崔元略传附子铉》:"七年,以馆中学士崔瑑、薛逢等撰《续会要》四十卷,献之。"显然,撰、献同年。

[108]《玉海》卷五十一。

[109]《郡斋读书志》卷十四。

[110]《宋史·王溥传》。

[111]《唐会要·前言》,上海古籍出版社,2006 年新 1 版。

[112]谢保成:《中国史学史》(二),商务印书馆,2006 年,第 624 页。

[113]戚志芬:《中国的类书、政书与丛书》,商务印书馆,2007 年,第 131 页。所谓"杨",即杨绍复,因为有一些记载是将《续会要》的作者署名为杨绍复的。如《四库全书总目提要》卷八十一:"唐苏冕尝次高祖至德宗九朝之事,为《会要》四十卷,宣宗大中七年,又诏杨绍复等次德宗以来事为《续会要》四十卷。"

[114]瞿林东:《苏冕与〈会要〉——为会要体史书创立 1200 周年而作》,《安徽大学学报》(哲学社会科学版),2003 年第 5 期。

[115]王树民:《中国史学史纲要》,中华书局,1997 年,第 118 ~ 119 页。瞿林东教授更是总结了十九大类,详见《苏冕与〈会要〉——为会要体史书创立 1200 周年而作》,《安徽大学学报》(哲学社会科学版),2003 年第 5 期。

[116]分别见《唐会要》卷一、卷四十一、卷四十六至四十七。

[117]仅有"舆服"一目下有次级子目。

[118]《唐会要》卷六十六。

[119]《唐会要》卷一百。

[120]《唐会要》卷四十四。

[121]《唐会要》卷四十二。

[122]《全唐文》卷八百六十三。

[123]方汉奇主编:《中国新闻事业通史》(第一卷),中国人民大学出版社,2000 年,第 61 页。

此外需要指出的是,关于中国古代报纸产生的时代,目前尚有争论,大约有这样几种看法:一种是唐前说。很多学者持这种论点,然而亦呈现为莫衷一是的状态。大部分研究者认为报纸产生于汉代,同时也有人持周代说或东晋说(具体详见《中国新闻事业通史》第一卷,第28~33页)。第二种是唐代说,以方汉奇先生为代表。第三种是唐后说,主要是认为报纸产生于宋代,如朱传誉先生的《宋代新闻史》(台湾商务印书馆,1988年)。目前学界较为认可唐代说。

[124]《孙可之文集》卷十。《唐文粹》卷四十九、《全唐文》卷七百九十五等亦录有此文,文字略有出入。又,文中着重号为笔者所加。

[125]《旧五代史·唐书·明宗纪》。

[126]黄卓明:《中国古代报纸探源》,人民日报出版社,1983年,第27页。

[127]方汉奇主编:《中国新闻事业通史》(第一卷),中国人民大学出版社,2000年,第50页。

[128]《通典》卷四十一、卷七十六。

[129]《唐会要》卷八十二。

[130]杜甫《忆昔》、岑参《初过陇山途中呈宇文判官》。

[131]《元和郡县志》卷五。

[132]《柳河东集》卷二十六。

[133]《玉海》卷一百七十二。

[134]转引自李彬:《唐代文明与新闻传播》,新华出版社,1999年,第27页。

[135]方汉奇主编:《中国新闻事业通史》(第一卷),中国人民大学出版社,2000年,第62页。

[136]伦敦不列颠图书馆S.1156和法国国立图书馆P.3547。详见方汉奇主编:《中国新闻事业通史》(第一卷),中国人民大学出版社,2000年,第53~59页。

[137]《全唐诗话》卷二。另,此中"邸报"一词并非新闻史意义上作为古代最早报纸的"邸报",其大约为邸中传报的意义。具体辨析见李彬:《唐代文明与新闻传播》,新华出版社,1999年,第74~83页。

[138]《桂苑笔耕集》卷三。

[139]《全唐文》卷五百三十九、卷七百七十一。

[140]《新五代史·卢文纪传》。

[141]《全唐文》卷一百六十一。

[142]《桂苑笔耕集》卷五。

第七章

唐代出版事业的繁荣与创新

从出版技术的角度来看，唐代是中国编辑出版史上承上启下的重要过渡时期。在公元7至10世纪这一历史跨度下，传统的出版和典籍制作工艺达到了巅峰，中国古代的抄书和刻石活动都进入了各自的黄金时期。与此同时，“凡物盛极必变”，编辑出版技术中的异质因素也在逐渐积累。有唐一代，图书形制的变革趋向初露端倪；而意义更为重大的是，雕版印刷技术开始出现，并且应用到了出版实践当中，文化史上一个新的时代已然开启……

第一节 唐代的图书抄写活动

肖东发先生指出：“隋唐时期，特别是6～7世纪，是中国写本书发展的鼎盛时期。”[1]白化文先生也认为：“唐代为我国纸写书的极盛时期，写本书无论从数量和质量来看，还是就抄书队伍和抄书程序而论，比早期均有很大发展。”[2]可以说，有唐一代，抄写一直在图书的复制活动中占据主导地位，是生产书籍的最主要方式。但相比于竹简缣帛，纸质书籍的留存能力相对较弱，所以除敦煌遗书外，唐代的写本书较少保存至今。

宫廷是唐代图书抄写活动中最重要的主体。从第二章所论述的内容可知，唐代秘书省、馆阁、司经局等机构，都配置有大量的御书手、楷书手，而且在纸张、笔墨以及其他物质供应方面，都拥有充实的后勤资源。如《敦煌遗书》斯 5826 号《经坊供菜关系牒》载："应经坊合请菜，蕃汉判官等先子年已前蕃僧五人，长对写经二十五人。僧五人，一年合准方印得菜一十七驮，行人部落供。写经二十五人，一年准方印等菜八十五驮，丝棉部落供。"[3]区区一个地区性的官办经坊便有如此的规模，更何况京都宫廷呢？

这支强大的队伍，在宫廷意志的指导下，抄录了卷帙浩繁的四部书籍与佛道经典。仅开元时期，就抄写有"四部库书两京各一本，共一十二万五千九百六十卷"[4]。而且，这些图书抄写活动往往辅以严格的校对与监督程序。像高宗咸亨二年（671）抄写的《妙法莲华经》，除了誊录外，还设有三级校对、四次详阅以及监督等工序，且配合有精善的装潢。因而，由此生产出来的书籍大都抄写精美，质量上乘。如敦煌遗书中发现的高宗时期进入国家书目的《金刚般若波罗蜜经》等，均"笔法圆融遒丽，外柔而内刚，方正稳健，气韵高逸，为唐代写经之上品"[5]。

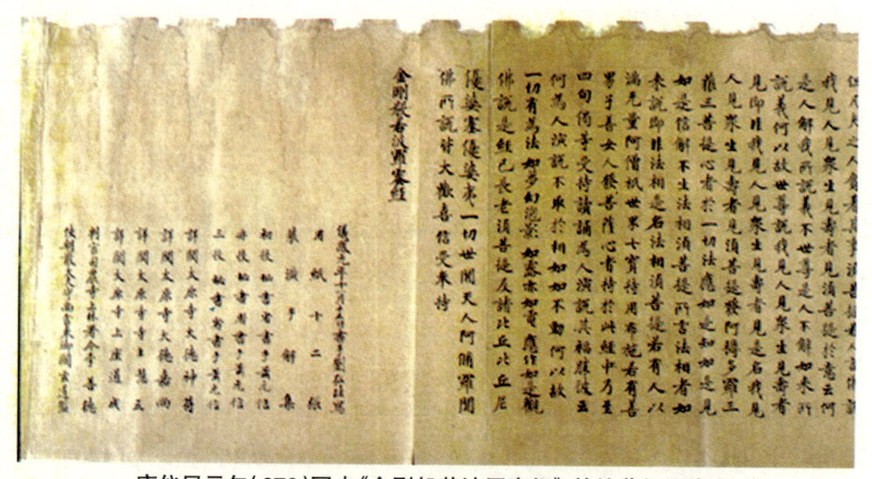

唐仪凤元年（676）写本《金刚般若波罗蜜经》敦煌藏经洞出土

而与此同时，唐代士人构成了社会抄书活动的另一重要主体。他们从事图书抄录工作，大体上出于这样两种目的：

其一，个人兴趣所致。

求知、养性等个性化的要求，是唐人自发抄写图书的重要诱因。史料中这方面的记载极多：如《旧唐书》载，李袭誉"凡获俸禄必散之宗亲，其余资多写书而已，及从扬州罢职，经史遂盈数车"[6]；柳仲郢"尝手钞六经，司马迁、班固、范晔史皆一钞，魏晋及南北朝史再，又类所钞它书凡三十篇，号《柳氏自备》，旁录仙佛书甚众”[7]；明陶宗仪《说郛》亦记“张参为国子司业，年老常手写九经，以谓读书不如写书”[8]，如此等等，不可枚数。

又有唐卢子骏《彭城公写经画西方像记》曰：

> 滁州长史卢子骏，太和六年十一月十七日，自南谯抵锺离，谒太守彭城刘公。公以鲰生文苑之旧，常无疵瑕，欢好同昔年，宴游无虚日，因及开元佛寺，指大乘经藏曰：“我召佣书人书写也。”

其所述刘公，虽非手自抄写经藏，但也通过策划、雇佣的方式实现了自己的意志。可以看出，这种佛经誊录活动中，求名与信仰的倾向较为强烈。

其二，出于牟利的意图。

“佣书”现象出现极早，“它肇始于汉代，兴盛于六朝”[9]，以抄写佛经为生的“经生”更是遍布各地。唐代亦不例外，尤其是下层贫寒知识分子，常常以代人抄书的方式来谋生。如《新唐书》载，王绍宗“客居僧坊，写书取庸自给，凡三十年。庸足给一月，即止不取赢人，虽厚偿辄拒不受”[10]；权德舆在文章中曾说：“今者有以赀用所逼，苟进一官，则佣书贩舂亦足自给，必不敢以区区之身上累名器”[11]；窦群亦有诗：“一旦悲欢见孟光，十年辛苦伴沧浪。不知笔砚缘封事，犹问佣书日几行。”[12]

当然，唐代士人从事佣书活动，也并非完全出于生活所迫。许浑《宣城赠萧兵曹》便言：“贪酒不辞病，佣书非为贫。”有时，士人的佣书活动与个人情致是糅杂在一起的。

对于唐代的图书抄写活动，我们可以从以下几个方面来认识：

第一，唐代的图书抄写已经初步形成了官、家、商三个体系。

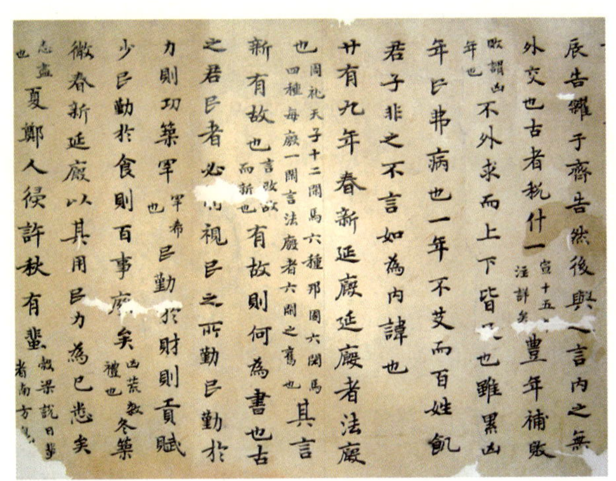
辰告糴于齊告然後與一言内之無
外交也古者税什一豐年補敗
不外求而上下皆足也雖累凶
年民弗病也一年不艾而百姓飢
君子非之不言如為内諱也
廿有九年春新延廄延廄者法廄
也（周禮天子十二閑馬六種邦國六閑馬四種每廄一閑言法廄者六閑之舊也）其言
新有故也（言改故而新也）有故則何為書也古
之君民者必時視民之所勤民勤於
力則功築罕（罕希也）民勤於財則貢賦
少民勤於食則百事廢矣冬築
微春新延廄以其用民力為已悉矣
夏鄭人侵許秋有蜚

唐代中后期抄本《春秋穀梁传》

中国古代以雕版印

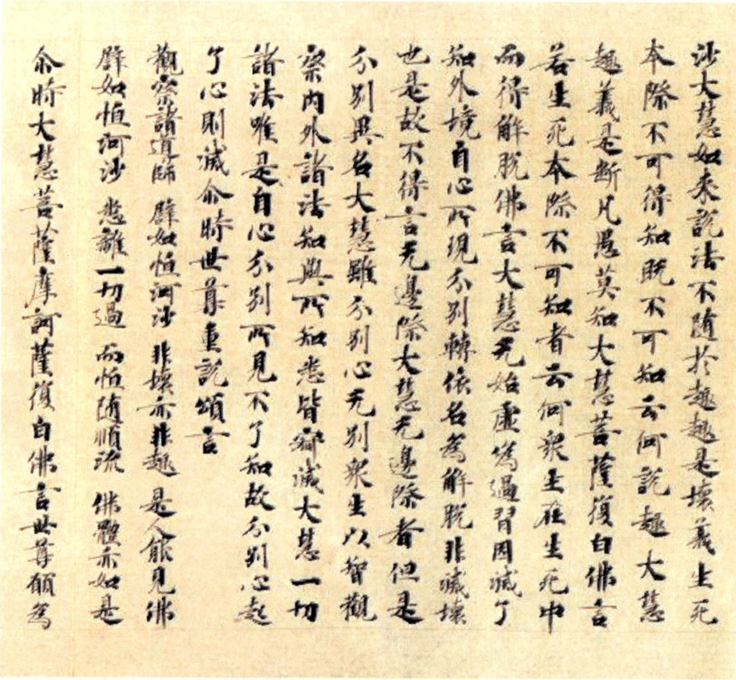
涉大慧如來說法不墮於趣趣是壞義生死
本際不可得知既不可知云何說趣大慧
趣義是斷凡愚莫知大慧菩薩復白佛言
若生死本際不可知者云何衆生在生死中
而得解脫佛言大慧無始虛僞過習因滅了
知外境自心所現分別轉依名爲解脫非滅壞
也是故不得言無邊際大慧無邊際者但是
分別異名大慧離分別心無別衆生以智觀
察內外諸法知與所知悉皆寂滅大慧一切
諸法唯是自心分別所見不了知故分別心起
了心則滅爾時世尊重說頌言
觀察諸導師 譬如恒河沙 非壞亦非趣 是人能見佛
譬如恒河沙 悉離一切過 而恒隨順流 佛體亦如是
爾時大慧菩薩摩訶薩復白佛言世尊願爲

唐人楷书《大乘入楞伽经》

刷为主的出版系统中，官刻、私刻与坊刻三大板块各领风骚。其实这种三分的格局，在唐代的图书抄写活动中便已初步成形。官方组织的抄书自不待言，这里仅就服务于私家和商业的抄写活动加以论述。

唐代，富有的家庭常常会雇用抄书人来家中抄写书籍，以自用为最终目的。这是一种较为普遍的现象。如牛希说："当承平之时，卿大夫家召佣书者，给之纸笔之资，日就。"[13] 又如唐代王琚曾畏罪潜逃，"诣于江都，佣书于富商家，主人后悟其非佣者，以女嫁之"[14]。对于一个人的认识，非加以时日不可。从富商醒悟这一细节来看，王琚在其家从事抄书工作也必然是历经多时。可见，有时这种私人家庭组织的抄写工作也是规模不小的。

与此同时，以营利为目的的抄书活动也十分繁荣。若玄宗《禁坊市铸佛写经诏》对于"坊巷之内，开铺写经"[15]大加指责，可见民间通过抄写复制佛教经籍来牟利的现象已经十分普遍，以至引起了朝廷的注意。此外，中唐时元稹也曾夸耀自己与白居易的诗作被“缮写模勒，炫卖于市井”[16]。

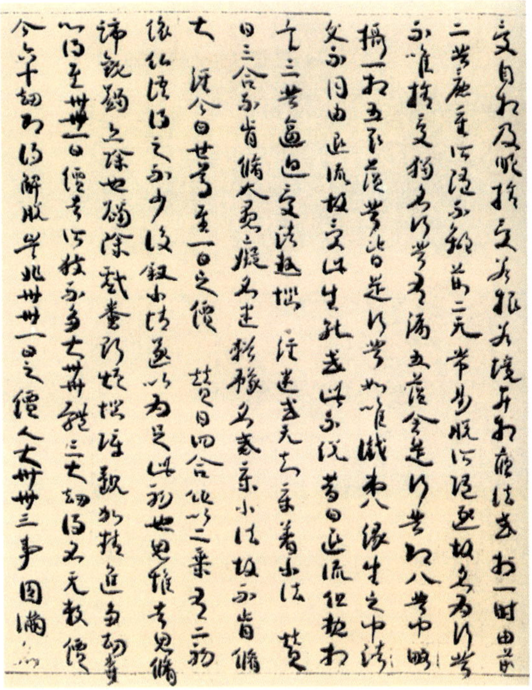

第二，抄书在唐代已经成为一种固定的社会职业。

《文苑英华》曾收录唐代的“佣书判二道”，其类似于现在的法律诉讼文书。判词中有言：“士生于代，各安其业，或削觚成学，或握椠求工。道既多门，艺非一揆……佣书自给，道有类于班超。”[17]

按《东观汉记·班超传》所载，班超家贫，“恒为官佣写书以供养”。判词将这种抄写图书的行为视为“道”之一种，置于“各安其业”的前提之下。从思维逻辑来看，其已经认同了佣书作为立身职业的性质。

唐人草书《法华玄赞经》

第三，抄写活动不可避免地造成了一部典籍各个版本间的较大差异。

抄写是一种个人主观成分较大的复制技术，由此生产出来的书籍的各个副本之间必然存在程度不同的差异。因而，较难实现严格意义上的复制。对此，唐人已经有了清晰的认识，如颜师古《汉书·叙例》称：“汉书旧文多有古字，解说之后屡经迁易，后人

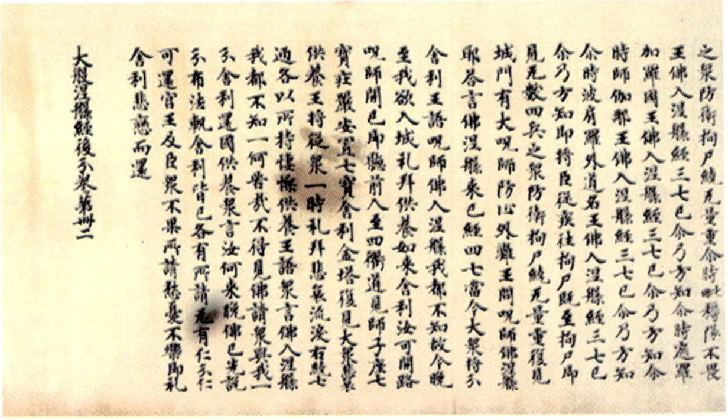

唐写本《大般涅槃经》（约 7–8 世纪）敦煌藏经洞出土

习读，以意刊改，传写既多，弥更俗浅。”

对此，唐人希冀通过制度来加以矫正，这在宫廷的抄写活动中表现最为明显。敦煌遗文中来自宫廷的《妙法莲华经》、《金光明经》等经卷，在题记中均明确地记载了抄写的责任分工，如其中《妙法莲华经》的一卷有题记曰：

> 咸亨三年二月廿一日经生王思谦写 用纸二十张 装潢手解善集 初校经生王思谦 再校经行寺僧归真 三校经行寺僧思道 详阅太原寺大德神符 详阅太原寺大德嘉尚 详阅太原寺主慧立 详阅太原寺上座道成 判官少府监掌冶署令向义感 使大中大夫守工部侍郎永兴县开国公虞昶监

而且，更为重要的是，各经卷中所记录的程序是几乎完全一致的。也就是说，官方组织的图书抄写是在严格的制度控制下进行的，故而其复制意义上的质量要远远高于其他类似活动。

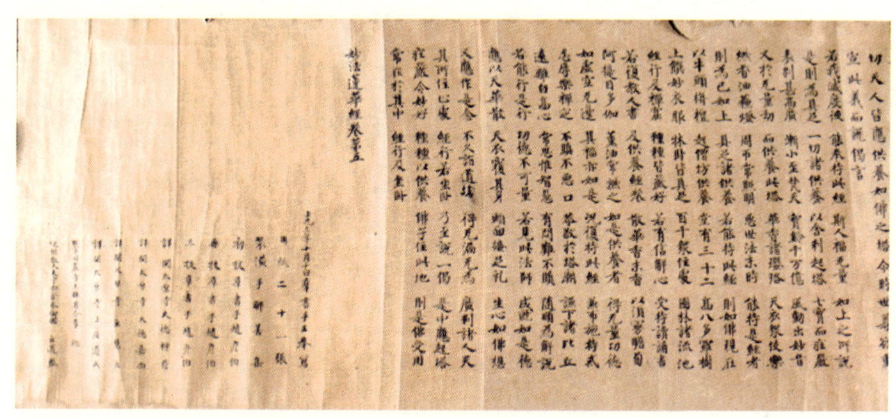

唐上元三年(676)写本《妙法莲华经》敦煌藏经洞出土

第四，抄写活动必须与出版活动加以区分。

在古代，抄书承载着多种意义，虽然其在客观上实现了书籍的复制，但是这种活动发生的原因，以及相关主体的意志，都是非常复杂的。如阳城“家贫不能得书，乃求为集贤写书吏，窃官书读之，昼夜不出房，经六年乃无所不通”[18]，这种行为可能促进了图书的出版生产，但是就其个人而言，是绝对没有出版意识的。至于因教育、学习而产生的抄书活动，则更是与自觉的图书出版相去甚远了。

第二节 唐代图书形制的发展

所谓图书形制，是指物质意义上的图书在外观与装帧形式上的特点。唐代是古代书籍由卷轴形式向册页形式发展的重要过渡时期。

一、卷轴形书籍发展的高峰

众所周知，简牍、缣帛是上古时代文字书写的主要载体。即使是造纸术发明后的很长一段时间里，两者也仍然继续行用于世。如魏晋时期，官方文件多用简册，重要书籍常常是以缣帛书写。大约在东晋以后，纸张逐渐取代简帛，成为制作书籍的主要材料。但是，简册时代的图书形制却被沿用了下来。

南北朝时期，书籍大多采用卷轴的装帧形式。[19]这种形式孕育于简册时代，并在帛书的发展过程中逐渐形成。帛书的特征在于"依书长短，随事截之"[20]，就是在整幅的缣帛上抄写，书毕即裁断。由此而形成的较长的一段缣帛，往往要在结尾处贯一长轴，并依之卷起保存，从而形成了一"卷"书。[21]

纸本书盛行后，在形制上直接模仿帛书。但是纸张的面积是有限的——政权往往会为纸张生产设定某些标准，如宋苏易简《文房四谱》记："晋令诸作纸，大纸一尺三分，长一尺八分，听参作广一尺四寸；小纸广九寸五分，长一尺四寸。"[22]因此，写一部书可能需要许多纸张。为了制作成卷轴的形式，就必须将纸张按顺序排列展开，连接成一张长卷。[23]一般在卷首还要粘裱上一张白纸或绫罗等丝织品，以便保存；在卷末加装书轴，以便展卷。武平一《法书记》所云"青绫褾、玳瑁轴"描述的就是卷轴形的书籍。

此外，古代的图书常常要进行防蠹处理。所谓"用白纸多有虫蠹"[24]，为了避免蛀虫破坏，以及能够进一步增加纸张的强度，写书用的纸张大多要用黄檗浸染。这个过程叫做"潢"，其生产出来的纸张就是"潢纸"。如今传世的隋唐卷轴，都呈黄色且没有蛀虫破坏，其原因就在于此。不过，雕版印刷术发

卷轴

明以后，绝大多数的书籍纸张便不再进行“入潢”处理了。[25]

卷轴在存放时，要平放于书架之上，书轴向外的一端要系上标签，写上书名、卷次，以便查阅。有些标签制作考究，以象牙为原料，故又称“牙签”。有时，会将每五卷或十卷书作为一个单位，装入由布帛制成的袋子里，只露出书轴的一段。这种袋子称为帙，一袋书便是一帙。

有唐一代，卷轴是书籍最主要、最流行的形制，其装帧技术也达到了一个新的高度。尤其是唐代政府，拥有大量装帧精致的藏书，如《旧唐书·经籍志》载，开元时期“贤院御书经库皆钿白牙轴，黄缥带，红牙签；史书库钿青牙轴，缥带，绿牙签；子库皆雕紫檀轴，紫带，碧牙签；集库皆绿牙轴，朱带，白牙签，以分别之。”

然而，卷轴这种图书形制本身有着难以克服的缺陷，其最大的问题便是“展而阅之，延引颇长”[26]。随着知识的积累、文化的进步，书籍的规模日趋庞大，因而卷轴也就越来越长，可能会超出人的臂展。这样就造成了阅读时的

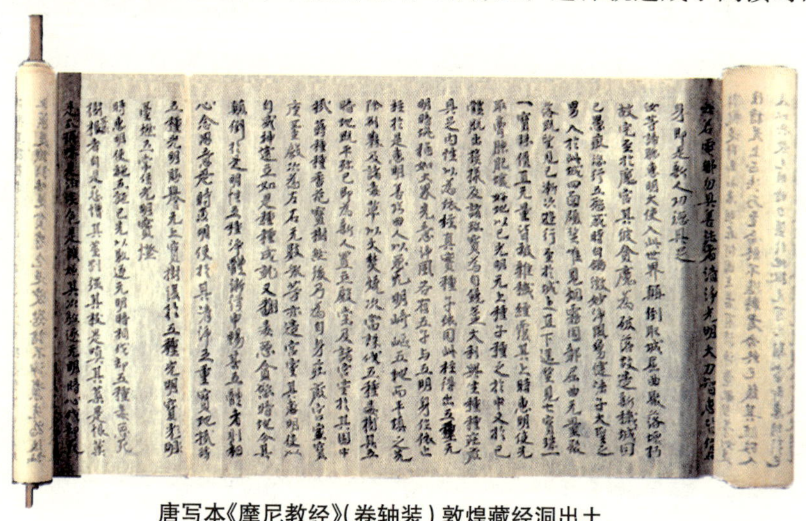

唐写本《摩尼教经》（卷轴装）敦煌藏经洞出土

不便——读者必须边展卷，边把看过的部分卷起。而且，如果要在长卷轴形式的书籍中重新查找前文的某一特定内容，其难度是相当大的。因为没有分页，人们根本无法快速而准确地确定其所在的位置。随着卷轴形图书的大量制作，上述的不足也更多地显露出来。为了解决这些问题，改革图书形制势在必行。

二、图书形制的创新

唐代，书籍形制的发展实现了一个历史性的突破，其表现就是“叶子”的出现。宋欧阳修说：“唐人藏书皆作卷轴，其后有叶子，其制似今策子，凡文字有备检用者，卷轴难数卷舒，故以叶子写之。”[27]程大昌亦云：“古书不以简策，缣帛皆为卷轴，至唐始为叶子。”[28]也就是说，唐代开始将书籍的内容划分在“叶”的单位里，这样就能快速地确定具体内容所在的位置，从而提高阅读效率。

“叶子”是对于书页最原始的称呼，其出现或许与古印度传入的梵夹装经文有关。古代南亚地区将佛经写在贝多树叶之上，然后把众多的树叶依次叠放起来，然后上下各置一块木板夹住。如《大业杂记》曾记载：“承福门即东城南门，南洛水有翊津桥，通翻经道场。新翻经本从外国来，用贝多树叶，形似枇杷叶而厚大，横作行书，约经多少，缀其一边，牒然，今呼为梵夹。”[29]梵文佛经的这种形式启发了当时的图书制作，使人们认识到书籍并非只有粘连成长卷这样一种装帧方式，纸张也完全可以像贝多树叶一样被装订成册。于是乎，册页的意识开始萌发。

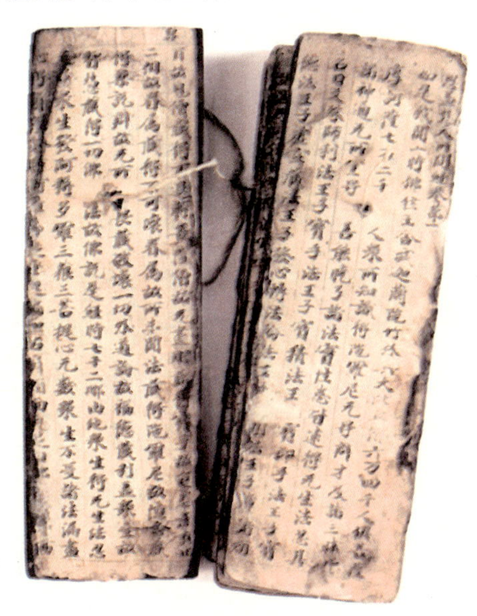

唐末五代写本《思益梵天所问经》（梵夹装）
敦煌藏经洞出土

基于“叶子”的出现，唐代产生了新的图书形制：经折装和旋风装。

（一）经折装。

所谓经折装，就是将原本写有文字的长卷纸张，以固定行数所形成的面积为单位，一正一反地折叠起来，形成一个面积不大，却具有一定厚度的册本。而且，最前和最后两张折页上，往往要装裱上较厚的纸料或布帛，以防止磨损。它是直接模仿梵夹这种形式而产生的。

经折装这种形制，虽然在整体上还是一张长纸，但由于采用了反复折叠的加工方法，使读者可以就着书籍的自然形态，方便地边翻边折，故而克服了卷轴“延引颇长”的缺点。同时，折叠时留下的痕迹自然地起到了分页的作用：两条折痕间的部分，类似梵夹中的贝多树叶，某种程度上使书籍内容有了“页”的区分，从而提高了读者查阅的效率。这种图书形制产生后，历代都有应用。现在的一些字帖和佛经在制作中，有时也会采用经折的形式。

经折装的不足有二：第一，当图文内容十分庞大时，不可避免地要导致折叠次数过多、叠本过厚，这种情况下，经折装的书籍一旦散乱，那么其复原工作是相当麻烦的。第二，若书籍翻阅频繁，则其折痕部分容易磨损、开裂。元人吾衍在《闲居录》中说：“古书皆卷轴，以卷舒之难，因而为折，久而折断，复为簿帙。”经折装的出现解决了卷轴形式的展卷之难，但本身也产生了纸张容易断折的问题。不过，这种问题的存在，也有力地推动了册页式书籍的产生进程。

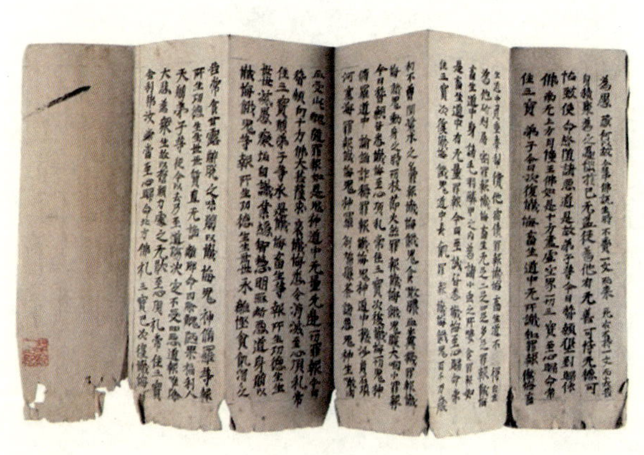

五代经折装写本佛经

总而言之，经折装还没有形成完全意义上的书页，而只是处于一种有册无页的状态。只有彻底抛弃长卷的形式，用裁断的方法来代替折叠时,册页的概念才算是真正产生。

(二)旋风装。

旋风装是唐代图书形制发展创新的另一重要表现,它同样是在传统卷轴的基础上,借鉴梵夹的装订特点而形成的。关于唐代旋风装的具体形制,目前学界尚有争论。综合看来,可以称为“旋风装”的图书形制有这样三种:

1. 册子型旋风装。即在经折装的基础上,取一张大纸对折,一半粘在第一页,一半粘在末页。这样一来,经折装的书籍被包裹起来,只留下翻阅的一面,因而有效地避免了散乱的问题。值得注意的是,经过如此加工之后的书籍,已经非常类似于后来的册页形式了。

与此同时,经折装首尾两页也被连缀起来,“从第一页翻到最后一页,还可再连接翻到第一页,回旋反复,不会间断”[30]。

2. 卷子型旋风装之一。这种形制总的看来,仍然是卷轴样式,还需要长纸一幅。不过在具体装帧上,单张的纸在抄写完文字以后,不再粘成长卷;而是将每张纸的右侧一条依次粘贴在长卷上,后一张纸被覆盖于前一张纸下。这样就形成了在长卷的底衬上,纸张一页压着一页,依次向左排开的形式,且除第一页外,每页均露出左侧一条。古人描述其为:“鳞次相积,皆留纸缝。”[31]因此,这种装帧形式又被称为“龙鳞装”。

相传唐代女道士吴彩鸾曾抄写《唐韵》,用的就是旋风装。宋黄庭坚曾说:“古仙人吴彩鸾书孙愐《唐韵》,凡三十七叶,此唐人所谓叶子者也。”[32]张元济《涵芬楼烬余书录》转述钱曾的话,说:“吴彩鸾所书《唐韵》,余在泰兴季因是家见之,正作旋风叶卷子,其装潢皆非今人所晓。逐叶翻看,展转至末,仍合为一卷。”

而北京故宫恰曾收藏有这种形制的唐代抄本,据马衡在《凡将斋金石丛稿》中的记载:“一九四七年秋,故宫博物院收得唐王仁昫《刊谬补缺切韵》一卷,为海内佚书。其装潢虽为卷子,而内涵嵌叶二十四叶。盖以两纸裱成一叶,故两面有字,其装为卷子也,则以第一纸裱于卷内。自第二页起,仅以叶之一端拈著卷上,以次错叠,如鱼麟然,卷之则成卷轴,不见散叶之迹……盖即龙鳞装也。”[33]

这种图书形制虽然仍保持卷轴式的传统外观，但是已经有了非常明显的进步：第一，由于运用了特殊的装帧形式，加之能够采取双面书写的方法，龙鳞装书籍与相同长度的卷轴相比，其所包容的纸张数量极大地增加了。也就是说，龙鳞装书籍能够以更小的卷展，记录更多的内容。第二，龙鳞装的书籍具有了真正意义上的书页，极大地便利了读者查询具体内容。

3. 卷子型旋风装之二。即取长度不等的纸张，按照其由长至短的顺序，从外向内排列；并将每张纸的左侧对齐，在对齐处以木棍或竹条夹住，进而形成一种既似卷轴，又像册页的图书形制。也即是说，这种书籍展开后，最下面一页最长，最上层一页最短，二者之间的书页，由长至短地从下向上装订。

这种形制的书籍见于敦煌遗书之中，如大英图书馆、法国国立图书馆都有收藏。杜伟生先生描述道："我见到的此类敦煌遗书有两卷，都是唐末五代时的书卷，一本名叫《周易筮宅凶吉法》，另一本是梵文与汉文对照的字典，书名我记不太清了。其装帧方法是将长度渐次的书稿左端对齐，用劈开的木棍将书稿对齐处上、下夹好，用线缝定。翻阅时书叶以木棍为轴，翻飞若旋风。"[34]这种装帧方式与龙鳞装十分相似，"其书叶都是鳞次相积，且底纸较长"；不同的是，龙鳞装将书叶渐次裱于底纸，而这种装帧方法则用木棍或竹条装订成册，虽外观都为卷轴，但与龙鳞装相比较，其更像册子。

实质上，这种形制的书籍是将多部卷轴装的书籍合并在一起，共用一轴。从实际效果看，它可以将原来的一张长卷截断为多张短纸，采用层叠的方式装订，因而极大地缩小了卷展长度；无形中也形成了长短不齐的书页。这样的书籍仍然需要卷起来存放，这时从其纵剖面来看，极似自然界的旋风。

虽然在能否以"旋风装"来称呼上述三种图书形制的问题上，不同研究者还有不同的看法。但质言之，唐代包括经折装在内的这些新型图书形制，都反映出卷轴型书籍向册页型书籍过渡的状态。尽管保留了长幅纸张的外观形式，但是这些新型的装帧形式都不同程度地突出了"书页"（叶）这一概念，直接开启了古代图书册页时代的先河。

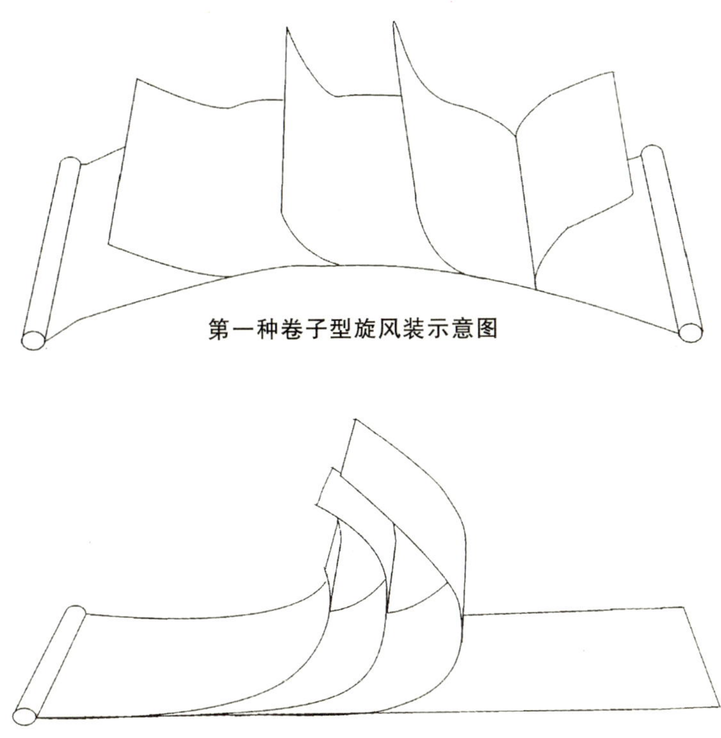

第一种卷子型旋风装示意图

第二种卷子型旋风装示意图

第三节　雕版印刷术的产生

印刷术是一种以反体文字或图像制成版面，再通过着墨、就纸、加压等方法来获取图文的复制技术，而且这种技术必须与文字、书籍的复制相关。[35]这种技术的发明极大地促进了文化的发展，深刻地影响了世界文明的进程。雕版印刷是印刷术发展的早期形态，指将文字、图画等整体地反刻于成块的木板或其他板材上，然后涂墨上纸加以复制的方法。

关于雕版印刷术的起源时代，从古至今一直众说纷纭。其主要说法可以概括为三种：

第一，唐前说。

部分研究者将雕版印刷术的起源溯及东汉。如元王幼学以为，《后汉书·张俭传》中记有“灵帝诏刊章捕俭等”一事，其中“刊章”二字便指“印行之文”。[36]清人郑机亦持此说。[37]今人时永乐、荣国庆等虽对王、郑等人的具体观点表示怀疑，但他们指出《论衡·须颂篇》载有：“今方技之书在竹帛，无主名所从生出，见者忽然，不御服也。如题曰某甲某子之方，若言已验尝试，人争刻写，以为珍秘。”因而也仍然支持东汉发明说的看法。

还有少数研究者指出，雕版印刷或产生于魏晋南北朝。如向达先生《唐代刊书考》一文曾描述：“清末日本人岛田翰著《古文旧书考》，论述中国雕版印刷渊源犹袭陆说[38]，更昌言南北朝即有墨版。而 1894 年法国人拉克伯里（terrien de Lacouperie）著《中国古代文明西源论》（*West Origin of the Early Chinese Civilization*），竟谓东晋成帝咸和时期蜀中成都即有雕版印刷之举。”[39]

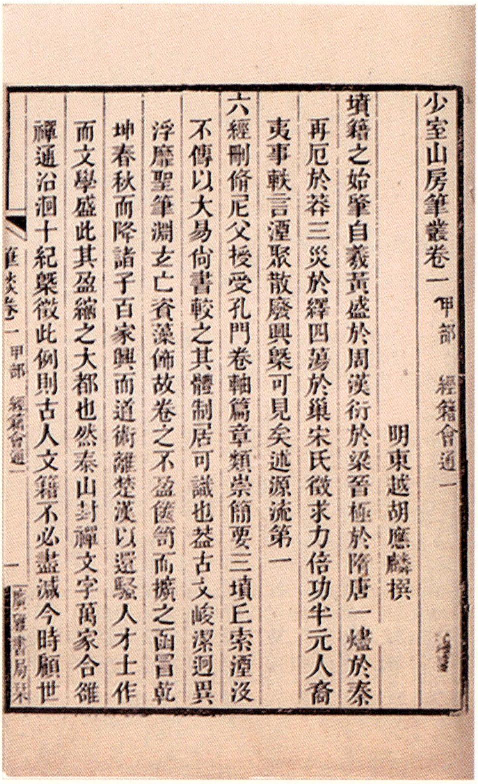

（明）胡应麟《少室山房笔丛》清光绪刻本

综观唐前说一派，认为雕版印刷起源于隋的学者人数最多，此论影响亦最大。该主张最早见于明陆深《河汾燕闲录》：“隋文帝开皇十三年十二月八日，勅废像遗经，悉令雕板，此印书之始，据斯说，则印书实自隋朝。”[40]明胡应麟《少室山房笔丛》：“雕本肇自隋时，行于唐世，扩于五代，精于宋人。此余参酌诸家，确然可信者也。”[41]后人信此说者颇多，如《壹是纪始》称“刻书始于隋”[42]，清王士祯也讲“盖刊书始隋”[43]。

近现代亦有不少论者主张

雕版印刷当为隋代产物。如孙毓敏指出："世言书籍之有雕板，始自冯道。其实不然。监本始冯道耳。以今考之，实肇自隋时，行于唐世，扩于五代，精于宋人。"[44]陈妙英综合考虑了印刷术的定义、发明的基本条件，以及历史文献记载等因素后，认为"中国雕版印刷术发明于隋朝"[45]。出版史研究专家肖东发先生也认为，雕印技术起源的时间是公元 6 世纪与 7 世纪之交，且更加倾向于隋代说。[46]

第二，唐代说。

应该说，自宋代开始，尤其清代以后，大多数研究者都认为雕版印刷术起源于唐代。如宋叶梦得指出："世言雕板印书始冯道，此不然，但监本五经板，道为之尔。柳玭训序，言其在蜀时，尝阅书肆云，字书、小学率雕板印纸，则唐固有之矣，但恐不如今之工。"[47]宋朱翌《猗觉寮杂记》（卷下）认为："雕印文字，唐以前无之。唐末益州始有墨板，后唐方镂九经。"明朱明镐《史纠》言："刊板之事固不始于周，亦不始于汉，而实始于唐之季代。"[48]清代学者朱彝尊、赵翼、叶德辉等也都是唐代说的支持者。

在近现代的学者中，向达先生考察辩证了诸家观点后，认为唐代乃"刊书之渊源"[49]；现代印刷史专家张秀民先生则持雕版印刷肇始于唐代贞观年间的说法[50]；曹之先生考察了大量的文献资料，在对印刷术产生所必须依赖的各种客观条件进行仔细分析后，得出了"唐代发明雕版印刷"的结论[51]。可以说，雕版印刷术起源于唐代的论点得到了相对较广的认同。各家论述，在此便不一一列举了。

第三，唐后说。

雕版印刷起源的唐后说，主要是指认为雕版印刷最早诞生于五代时期的这种观点。五代时期，后唐宰相冯道等主持雕版印刷儒家九经，成都地区的毋昭裔也"出私财百万，营学馆，且请刻板印九经，蜀主从之"[52]。他们传扬儒家经典的功绩在后世受到了极大的推崇，影响颇广，很多人往往将其视为雕版印刷的起源。在中国古代，这种论断非常流行。如宋代罗璧《识遗》以为："唐末书犹未有模印，多是传写故古人书……后唐明宗长兴二年，宰相冯道、李愚始令国子监田敏校六经，板行之，世方知镌甚便。"[53]元代盛如梓也说："书籍板行，始于后唐。"[54]明于慎行《谷山笔尘》云："后唐长兴三年初，命国

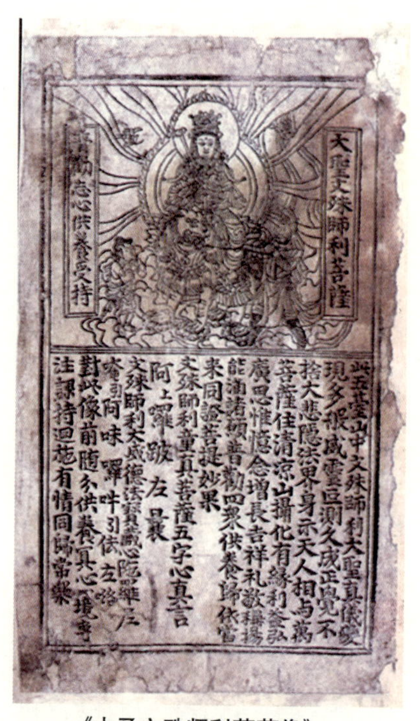

《大圣文殊师利菩萨像》
约唐末五代刻印 敦煌藏经洞出土

子监校定九经，雕板印卖，至后周广顺乃成。而蜀人毋昭裔亦请刻印九经，故虽在乱世，而九经传布甚广，及后周和凝始为文章，有集百余卷，尝自镂板以行于世，雕印书籍始见于此。”[55]清李佐贤《吾庐笔谈》称：“五代蜀相毋公，蒲津人，命工雕版，印成九经诸史，两蜀文字由此大兴，此印板之始。”[56]

近代以来，随着考古发掘中越来越多的唐代雕版印刷品的出土，五代发明雕版印刷术的言论逐渐销声匿迹了。[57]

总体看来，关于雕版印刷术起源的唐前说，多是推测字词得来的结论，缺少足够的实物证据；而唐后说却显得保守，考察文献资料与考古发现，这一论断不符合历史事实。根据现如今的各种研究成果，我们认为，有充分证据证明的最早的雕版印刷技术肇始于唐代。

一、雕版印刷术发明的基础

历史的脚步进入李唐王朝，随着纸墨制造质量的提高、雕刻工艺的不断进步，再加之社会日益增长的图书需求，印刷技术呼之欲出。

（一）唐代的造纸、制墨技术已经发展到了一个新的阶段，纸张的社会普及程度亦极大提高，从而在物质条件上为雕版印刷术的发明提供了充分的保障。

纸张对于印刷术具有举足轻重的意义，李瑞良先生便认为“纸张是唯一适用于印刷的物质材料”[58]。中国的造纸历史十分悠久，考古活动中，新疆罗布淖尔纸、西安灞桥纸、居延纸、扶风纸以及放马滩纸等文物相继被发现[59]，这表明我国西汉时期便已经出现了纸张。至于唐世，经过了七百多年的探索、改进，造纸活动有了长足的发展。

首先，纸张的生产能力获得了较大的提高。一方面，唐代的造纸原料进一步扩大，楮皮、桑皮、大麻、藤皮、木芙蓉皮、青檀皮、瑞香皮、竹子，甚至海苔等都被用来造纸，纸张的生产数量大大提高。当时负责宫廷物资供给的太府，每月仅在集贤院就要拨付“蜀郡麻纸五千番”，那么诸多国家机构的用纸总量之大就更是可想而知了，这也间接反映了唐代造纸生产力的提高。

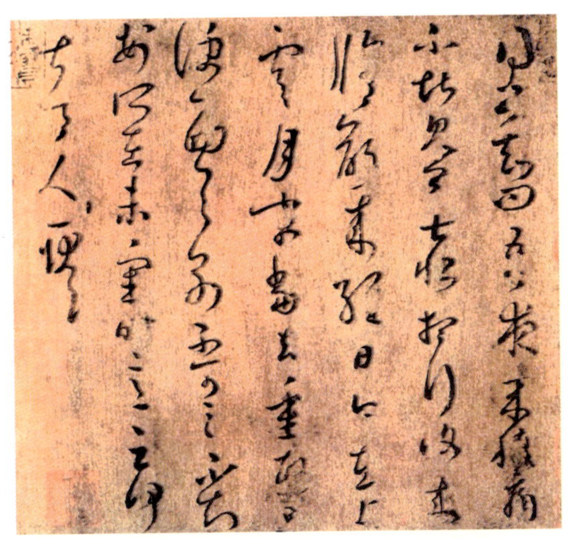

唐摹本《晋王羲之上虞帖》其纸为硬黄纸

另一方面，拥有造纸能力的地区增多。根据《通典》、《元和郡县志》等资料的记载，当时的长安、凤翔、成都、宣州、池州、歙县、江州、信州、临川、常州、扬州、杭州、广州、衢州、越州、婺州、衡州、洛州、敦煌、武威等地，乃至西域各邦国，都能够生产纸张。且各地的纸张各有特色，如四川的麻纸、宣州的宣纸、浙江的藤纸、江州的云蓝纸都名闻天下。

其次，唐代能够生产出质量十分精美的纸张。当时的生产技术已十分先进，如徐夤《纸帐》诗戏曰：“几笑文园四壁空，避寒深入剡藤中。误悬谢守澄江练，自宿嫦娥白兔宫。几迭玉山开洞壑，半岩春雾结房栊。针罗截锦饶君侈，争及家茸暖避风。”可知，其所见的纸张真是十分洁白。又如，有一种金花纸，“把真金碾成薄片，撒在涂有胶料和颜色的纸面上，晾干而成”，这种纸张极富雍容之感，“色彩对比鲜明，豪华而又精细，秀美而又严谨”[60]。唐代纸张的质量从中也可见一斑。

同时，纸张在唐代已经普及到社会的各个角落，成为文字书写的最主要载体。纸张在诞生后的很长时间内，是与简册、绢帛等并行的。但是由于其自身特有的轻便、廉价等优越性，很快就成为社会青睐的对象。特别是东晋时，桓玄自立，下令曰：“古无纸，故用简，非主于恭，今诸用简者，宜以黄纸代之。”[61] 这就以政权的力量为纸张的行用铺平了道路，更重要的是，其在某种程度上成为纸张的“正名”宣言，有助于打破人们的保守心理，推动了纸张取代简帛的历史进程。

至于唐世，纸张作为正式文字载体的地位，已经为社会意识形态所接纳。《唐音癸签》卷十八载：“唐中书制诏有四，封拜敕书用简，以竹为之；画旨而施行者，曰发日敕，用黄麻纸；承旨而行者曰敕牒，用黄藤纸；赦书皆用绢黄纸，始贞观间，或曰取其不蠹也。纸以麻为上，藤次之，用此为重轻之辨，又将相除徙，内出制，不繇中书，独用白麻纸，因谓之白麻。”上述记载反映了这样两个现象：其一，纸张的严肃性，或曰正统性，已经为统治阶层所认可，由内廷直接发出的制书，使用的都是纸张。其二，虽然“简”这种古老的文字载体并没有完全退出舞台，但是比较“封拜敕书”与其他制诏的使用频率，不难发现，在官方的文件流通体系中，纸张已经获得了绝对的优势。

纸张成为社会文化领域最主要的抄录载体，并且得到实在的认同，是印刷术产生的一个重要诱因。它提供了一个思维方向，试想，如果一个社会，高度地推崇简册、羊皮书，而排斥、鄙视其他的文字载体，那么至少我们论述的这种印刷术是很难产生的。

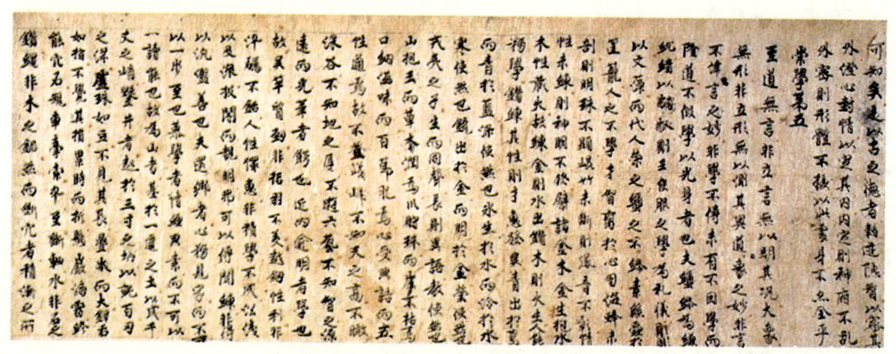

唐代纸抄本《刘子》敦煌藏经洞出土

此外，唐代的制墨技术也十分发达。在中国古代，墨的历史比纸张要久远许多，考古发现，殷商时代的甲骨之上就有了用墨的痕迹。先秦以降，历代都有杰出的制墨工匠和精美的产品。如《砚山斋杂记》卷四称：“总墨之大，凡晋人则有韦诞所云一点如珠者是也，六朝则有张永……”到了 7 世纪，墨的生产已经积累了相当丰富的经验。

晁季一《墨经》云“凡古人用墨，多自制造”，则制墨技术的社会普及程度是较高的。唐代易州、潞州、上党等地所产的墨，都十分有名。当时墨的品种非常丰富，有石墨、烟墨，还有“必以鹿角煎胶为膏而和之”[62]的精品。而且相关的工艺也已经实现了较大的进步。元代陆友的《墨史》记载：“宋元符间，襄阳米芾游京师，于相国寺罗汉院僧寿许见阳冰供御墨一巨挺，其制如碑，高逾尺而厚二寸，面蹙犀文坚泽如玉。有篆款曰‘文华阁’，中穴一窍，下画泰卦于麒麟之上，幕篆六字曰‘翠霞’，曰‘臣李阳冰’，左行书大历二年二月造。”[63]这一巨大的御墨反映出的正是中唐时代颇为发达的制墨技术。

纸墨生产的进步与完善，共同赋予了印刷术的发明以物质上的可能性。

（二）雕刻技术的发展、成熟，为雕版印刷术的发明提供了技术上的支持。

在具备了纸墨等物质资料条件以后，雕刻技术，尤其是反文阳刻技术，就成为了雕版印刷术诞生所必须解决的另一个关键问题。所幸，这一技术在唐代也已经成熟了。

唐代雕刻技术的发展，体现在这样两个方面：

第一，刻石技术极度发达。

刻石勒碑的历史相当悠久，秦始皇东游，便留有众多石刻。东汉熹平石经、曹魏正始石经等，皆工程庞大，名噪一时。而相比于前代，唐世石刻的成就更高。正如曹之先生评价的那样：“唐代石刻数量之多，内容之丰富，为它代所不及。”[64]

唐代的刻石作品，大都宏伟雄壮，巍峨高大。当时的石碑一般都有两米多高。立于华山的《华山铭》甚至高达四丈，而嵩山也有“天宝三载《纪圣德感应碑》”，高三丈、宽八尺、厚四尺，“高大异常”[65]。而文宗开成时期于国子监刊刻九经，其文字内容多达一百六十卷，同时附有《孝经》、《论语》、《尔雅》以及《五经字样》共十九卷，其所篆刻的文字总计六十五万二百五十二字。[66]这种规模的石刻没有相应的技术支撑，显然是很难实现的。而且，如本书第三章所言，伴随开成石经产生的《五经字样》、《新加九经字样》等，极大地促进了刊刻文字的规范化，对于雕版印刷技术的完善具有积极的意义。

而且，唐代的石刻活动相当频繁。这一点从当时的墓碑雕刻中便可见一斑。例如，据唐李肇《国史补》载："长安中争为碑志，若市贾然，大官薨卒，造其门如市，至有喧竞构致，不由丧家。"[67]作为一种应用性很强的文体，墓志的创作必然与墓碑的雕刻成正相关关系。长安碑志撰写如此繁荣，那么相应的刊刻活动也就可想而知了。在现今考古发掘中，出土的唐代墓志就达四千余种。

当然，刻石与雕版不同。这首先反映在载体的材质上。一旦这种区别被模糊，雕版印刷便已经略有雏形了。杜甫《李潮八分小篆歌》言："秦有李斯汉蔡邕，中间作者寂不闻。峄山之碑野火焚，枣木传刻肥失真。"则唐代刻木现象已经存在；而且又是转录碑文，可见刻字数量是不少的。但是，刻石技术对于雕版印刷术的发明而言，存在一个重要的缺陷，即无法解决文字的反刻问题。

第二，印章的雕刻工艺达到了一个相当高的程度。

印章的雕刻技术，对于雕版印刷而言具有极其重要的意义，因为其本身的特质成功地解决了反刻的问题。印章的出现，也可以追溯至先秦时期。上千年的实践应用，为相关的雕刻技术积累了丰富的经验。唐代以前，尤其是南北朝时期，印章的制作中出现了一些值得注意的现象：

首先，出现了大型化的印章。如据《后汉书·舆服志》载，东汉时王侯官吏常戴一种佩印，其印"长寸二分，方六分"，"刻书文曰'正月刚卯既决，灵殳四方，赤青白黄，四色是当，帝令祝融，以教夔龙，庶疫刚瘅，莫我敢当，疾日严卯，帝令夔化，慎尔周伏，化兹灵殳，既正既直，既觚既方，庶疫刚瘅，莫我敢当'，凡六十六字"。在如此有限的空间中雕刻有这样多的文字，其雕刻技术真是令人赞叹。

晋代葛洪还曾描述过一种更大的印章，其《抱朴子》载："或问为道者多在山林，山林多虎狼之害也，何以辟之？抱朴子曰：'古之人入山者，皆佩黄神越章之印。其广四寸，其字一百二十，以封泥着所住之四方各百步，则虎狼不敢近其内也。行见新迹，以印顺印之，虎即去；以印逆印之，虎即还带。此印以行山林，亦不畏虎狼也。不但只辟虎狼，若有山川社庙血食恶神能作福祸者，

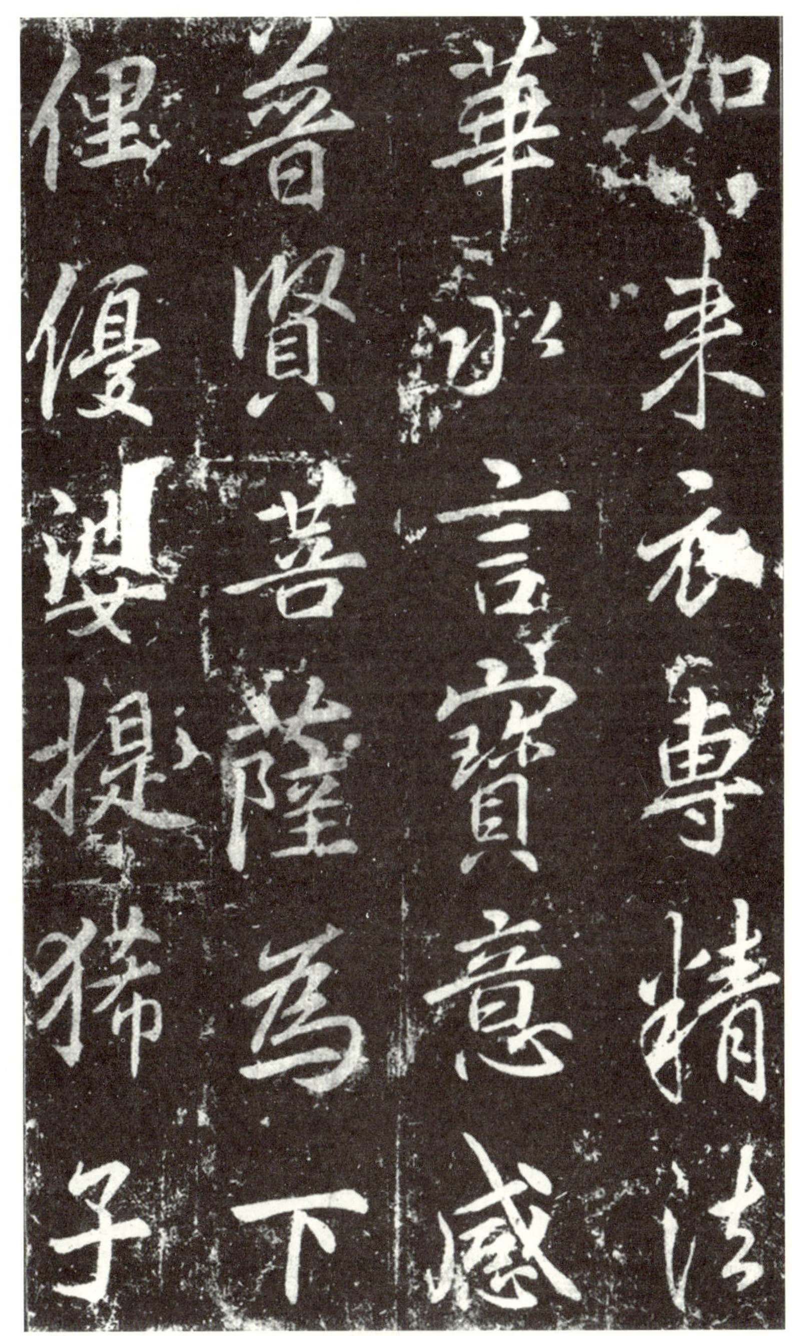

（唐）李邕《法华寺碑》拓片

以印封泥断其道路，则不复能神矣。”[68]这种印章或与道教的符咒信仰有关。有研究者认为，其“肯定是木质的”[69]。因此，如若葛洪所言不假，那么该印已经类似于一张微缩化的印版了。

其次，阳文印章大量出现。古代的早期印章大多是阴文雕刻。而南北朝以后阳文印章开始出现。敦煌石室中便保存有这样的实物，罗振玉曾亲见，并描述其“上刻阳文佛像，长方形，上安木柄，如宋以来之官印，乃用以印象者，其余朱尚存”[70]。至于隋唐时期，以阳文雕刻的印章数量大增。而阳文与反刻这两种方式的结合，彻底解决了雕版印刷术在雕刻方面的关键技术，意义重大。

唐代“齐王国司印”

再次，印章开始有目的地服务于复制。印章本属于一种强调独特性的凭证，其使用目的在于证明身份、归属等关系的确定性。但是在隋唐甚至更早的时期，人们已经开始有意识地利用它们内容确定、使用方便等特征，以服务于图像的复制活动。上述罗振玉所见印章便是一例，此外新疆地区也曾多次发现“用以印象”的佛像章。英国博物馆保藏有一幅十七英尺长的中国古代手卷，其上有佛像四百六十八个，形态完全一致，不可能是绘画的产物。肖东发先生认为，从风格上判断，这是唐代的遗物。[71]

从本质上讲，为实现复制目的而生产的印章，已经具有了模具的意义。其不仅是雕印技术的先声，更反映了雕印复制意识的产生，从而为古人探索印刷术打下了坚实的思想基础。

（三）拓印技术的成熟，为雕版印刷术的发明奠定了另一个技术基础。

捶拓是雕版印刷的另一个关键技术，是与复制活动直接相联系的环节。古代常常使用拓印技术来复制刻于金石之上的文字。其具体方法大体可以分为三个步骤：首先是覆纸，即将薄纸（常用生宣纸）濡湿，并平铺在涂有白芨水的石碑或其他载体上；其次是捶拍，用棕刷、木槌等轻轻捶击纸张，使之与文字的刻痕紧密地粘贴在一起；最后一道工序为朴墨，就是在纸张略微晾干后，用蘸了墨的朴子[72]拍打纸面。由于石刻等大多是阴文，文字凹陷，所以与其粘连的纸张便不会着墨。将纸张揭下来后，就会形成黑底白字的拓印品。

拓印技术的雏形，大概可以追溯到南北朝时代。如南朝梁天监元年（502）修建萧顺陵寝，墓前有神道碑两座，均题“太祖文皇帝之神道”八字，且一碑为正字顺读，一碑为反字倒读。其后又有萧景墓的神道石柱，其上竟然有阴文反刻的“梁故侍中中抚将军开府仪同三司吴平忠侯萧公之神道”字样。[73]这些特别现象的存在，似乎都是为了服务于文字拓印的便利。

从文献记载来看，南北朝时代的拓印活动还十分罕见。可能当时这项技术尚处于探索、实验的阶段。可以说，直到唐代，拓印才最终成熟起来，并被大量地应用于复制碑文。古籍中提及的各种拓本，最早的便是唐代所制。时至今日，仍有部分唐拓本存世，如题名褚遂良的《善才寺碑》、柳公权书写的《神策军纪圣碑》等，敦煌遗书中也有欧阳询书写的《化度寺故僧邕禅师舍利塔铭》、高宗时代拓印的《温泉铭》、穆宗时拓印的《金刚经》等实物。

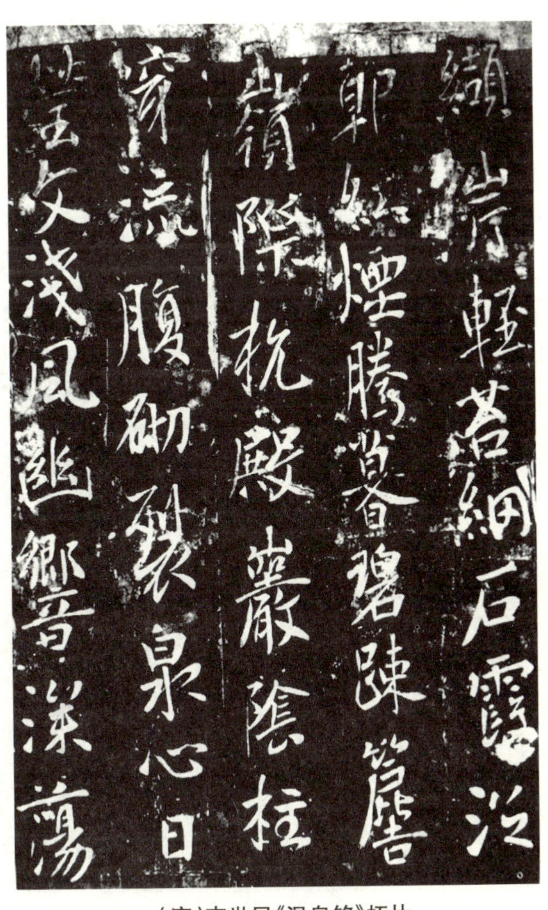

（唐）李世民《温泉铭》拓片

当时，韦应物也有《石鼓歌》，其言：“周宣大猎兮岐之阳，刻石表功兮炜煌煌。石如鼓形数止十，风雨缺讹苔藓涩。今人濡纸脱其文，既击既埽白黑分。”[74]简洁生动地描述了唐人利用捶拓技术复制先秦碑文的过程。

总体看来，唐代诗人开展拓印活动的目的主要是获取名家书法笔迹，因而是不具备出版意义的。但是，普通民众却已经开始注意到拓印的大众传播功能。据曹之先生讲，西安有唐代尊胜陀罗尼经幢，其末有题字：“元和八年八月五日，女弟子那罗延建尊胜碑，打本散失，同源受持。”[75]“打本”便是对捶拓的通俗描述。可见，时人已经利用拓印技术，来获得数量巨大的副本，并将之“散施”于众人。

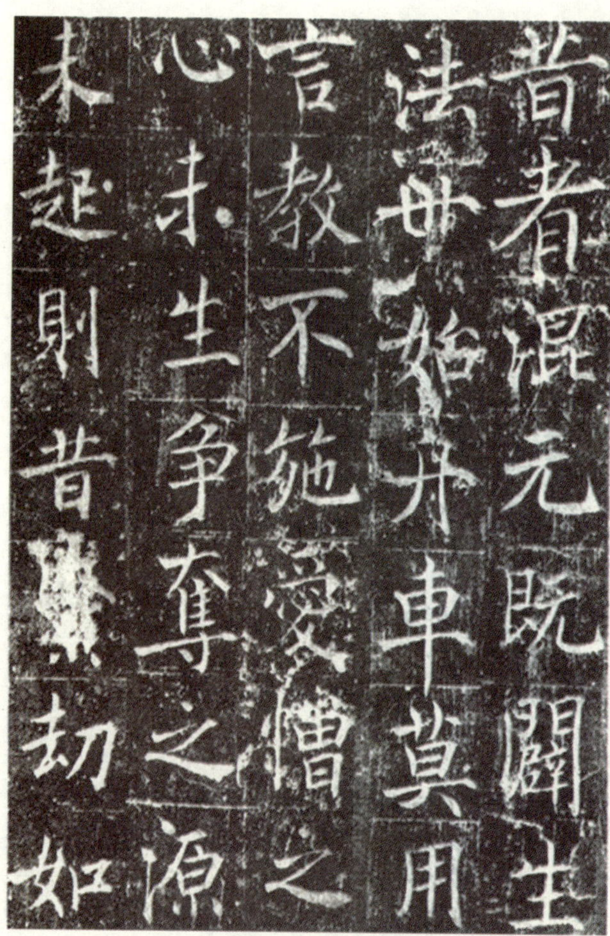

《善才寺碑》拓片

在印刷史的研究中，一般认为印章制造与拓印是雕版印刷术两个最直接的基础。因而，直到唐代才得以完善的拓印工艺，解决了发明雕版印刷术的最后一个技术问题。

（四）有唐一代，文化繁荣发达，传统的抄写活动已经难以满足社会对于图书的庞大需求，解决如何快速、大批量地复制书籍这一难题，已经成为了一项历史任务。图书复制能力与社会需求的这种矛盾，成为雕版印刷术发明的直接推动力量。

印刷术的发明是一个社会综合发展的结果。一方面,它需要客观物质、技术条件的具备;而另一方面,也只有当社会文化发展到一定程度以后,关于印刷术问题的讨论才能够提上日程。也就是说,社会期待是印刷术发明的又一必备条件。

无论是广度还是深度,唐代的文化成就都达到了一个空前的高度,而人们获取图书愿望的强烈程度,也是前所未有的。

首先,佛教的流行,带动了佛经复制活动的兴盛。传统的抄写工作已经很难满足民众拥有佛经,尤其是获取功德的要求。

佛教自东传后,不断地改造自身,以适应中土的思想意识。至于隋唐时代,其已经成为社会上影响最大的宗教信仰之一,皈依者、信奉者人数众多。对此,唐代的君主大多持支持的态度,太宗、武则天、玄宗、代宗等都十分崇尚佛法,组织建造了众多寺院,翻译了大量的经文。这种状态必然会造成唐代佛教经藏需求量的激增,如《隋书·经籍志》称,隋开皇时期"京师及并州、相州、洛州等诸大都邑之处,并官写一切经,置于寺内,而又别写藏于秘阁;天下之人,从风而靡,竞相景慕,民间佛经,多于六经数十百倍",而唐代亦是有过之而无不及。

而更为重要的是,佛教信仰本身要求其经典大量复制。在佛教信仰中,写经是一种获取功德的重要途径,从事这种活动的人,"于一念中所有行愿,皆得成就,所获福聚,无量无边"[76]。这就势必促进佛经抄录兴盛发展。

但是抄写佛经需要一定的条件:第一,文化基础,即至少有认字、写字的能力。第二,代价不菲。自己抄写费时费力,求诸"经铺"、"经生"也要支付昂贵的报酬。在唐时的社会生产力条件下,对于下层人民来说,这是一个非常棘手的问题。然而,这个群体却又是佛教的主要信众之一。第三,佛教信仰对写经活动提出了严格的要求,如"心不至殷,既不护净,又多舛错,共同止宿,或处在门檐,风雨虫寓,都无惊惧,致使经无灵验之功,诵无救苦之益,实由造作不殷,亦由我人逾慢也"[77]。

因而,普通人民在抄写佛经上的力不从心,与佛教信仰的普及之间形成

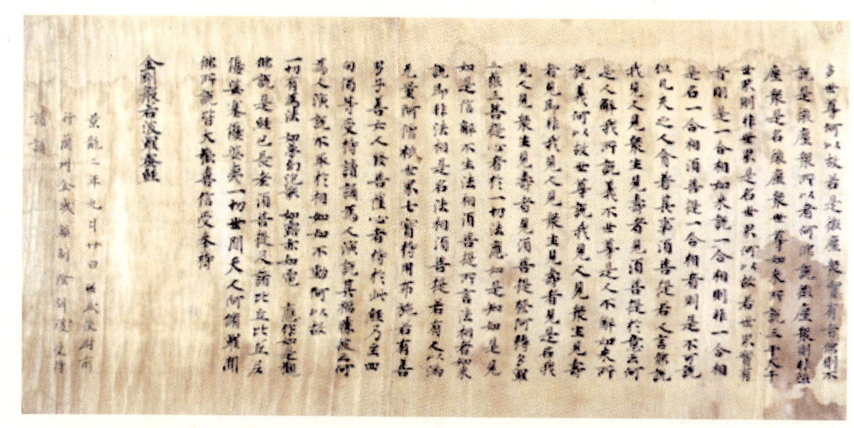

唐景龙二年（708）写本《金刚般若波罗蜜经》 敦煌藏经洞出土

了一个尴尬的矛盾。而最好的，也是最具可能性的解决办法，便是一种成本低廉、效率更高的复制技术的发明。此外，值得一提的是，道教等其他宗教信仰也应当是刺激图书需求增长的重要因素。[78]

其次，唐代教育事业的发展和文化的普及，也推动了社会图书需求的增长。

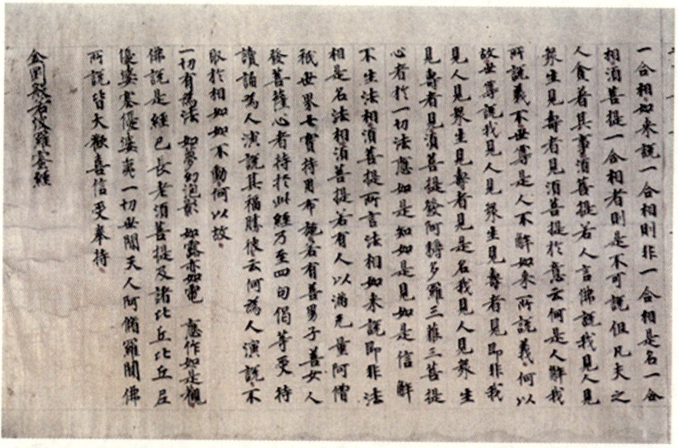

唐写本《金刚般若波罗蜜经》（约 7–8 世纪） 敦煌藏经洞出土

唐代立国之初，便重视教育，据《唐会要》记载："武德元年十一月四日，诏皇族子孙及功臣子弟于秘书外省，别立小学。贞观五年以后，太宗数幸国学，太学遂增筑学舍一千二百间。国学、太学、四门亦增生员，其书算等，各置博士凡三千二百六十员。其屯营飞骑，亦给博士，授以经业。无何，高丽、百济、新罗、高昌、吐蕃诸国部长亦遣子弟，请入国学。于是国学之内，八千余人。国学之盛，近古未有。"[79]与此同时，地方教育也颇为兴盛，如玄宗时便敕令"天下州县，每乡之内，各里置一学；仍择师资，令其教授"[80]。私人讲学授业者，也不在少数。既然教育事业如此兴盛，那么对于作为教材的书籍的需求，自然也就少不了了。

同时，科举制的发展，为下层人民跻身于统治者行列提供了途径，激发了人们的学习热情。更多的人开始接受教育，学习文化知识。但是在当时的社会，普通人民获取书籍是相当不易的。如《何氏语林》载："(唐)倪若水藏书甚多，列架不足，迭窗安置，不见天日。子弟直日看书。凡亲友祈借者，先投束修羊。"[81]即为了获得借书的权利，必须以"束脩"来交换。因此，书籍的有限性与文化的普及之间，也产生了难以调和的矛盾。

第三，唐代社会浓厚的尚文氛围，是人们渴望获取书籍的另一诱因。

唐人有好尚文辞的倾向，这其中除了审美的要求之外，还包含有一种极具功利性的心理。唐代科举，尤其是进士科考试非常重视诗赋，如清徐松《登科记考》称："(进士试)杂文之专用诗赋，当在天宝之季。"[82]中唐贞元以后，诗赋文章在科考中的地位更显突出。全国各地的生员大多需要观察学习优秀的诗赋作品，以培养应试的能力，由此而产生了对于文章的需求。如白居易"一举擢上第"后，"《性习相近远》、《求玄珠》、《斩白蛇》等赋，洎百道判，新进士竞相传于京师矣"[83]。如此争相传写名家诗文的现象在唐时十分常见。

诗赋文章也是提升知名度的晋身工具。当时袖诗拜谒的活动相当频繁，文人常常通过诗文来结交权贵名人。如陈希孺十三岁时，便"袖诗一通谒清源牧"[84]。凭借诗文而获得职官的现象亦不罕见，前文所述李群玉"大中八年诣阙进诗，授宏文馆校书郎"[85]，便是一例。正是由于诗赋的这种实际功用，唐代很多人都热衷于文辞创作，这也在一定程度上促进了图书需求量的增长。

总而言之，这种强烈的社会期待，成为推动印刷术发明的重要精神动力。

二、雕版印刷术发明的证据

(一)关于唐代发明雕版印刷术的文献材料。

中国古代浩瀚的文献资料中，保存有关于唐代雕版印刷的各种记载。在印刷史的研究中，以下文字经常被用来证明雕版印刷术产生于唐代：

1．唐人冯贽《云仙杂记》[86]卷五有“印普贤象”一条，称：“玄奘以回锋纸印普贤象，施于四众，每岁五驼无余。”据冯贽所记，该文引自《僧园逸录》。

关于《云仙杂记》的可信性问题，历来存在争议。如《四库全书总目提要》便评价《云仙杂记》一书：“其书杂载古人逸事，如所称戴逵双柑斗酒，往听黄鹂之类，诗家往往习用之，然实伪书也。无论所引书目，皆历代史志所未载，即其自序称天复元年所作，而序中乃云天祐元年退归故里。书成于四年之秋，又数岁始得终篇，年号先后，皆复颠倒。其为后人依托，未及详考明矣。”[87]但是，向达先生指出，“八千卷楼旧藏宋开禧刻本《云仙散录》，冯贽序作天成元年非天复。旧本本不误，《四库提要》据此认为依托，未见其然”，“《云仙散录》所记不无可信也”[88]。

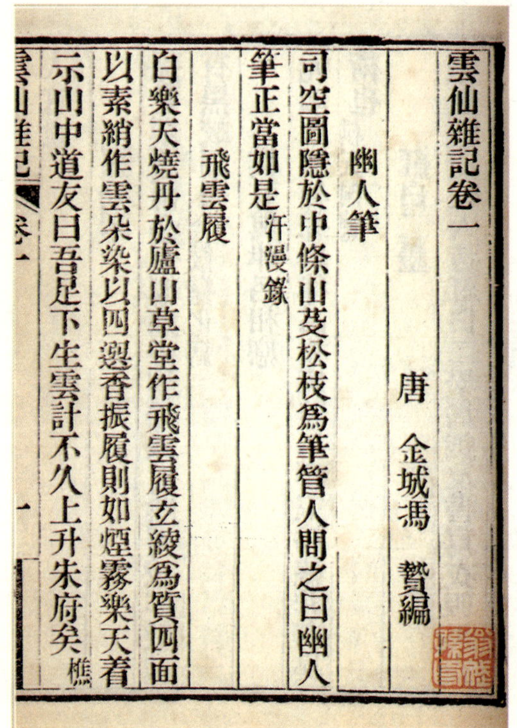
雲仙雜記卷一
唐 金城馮 贄編
幽人筆
司空圖隱於中條山芟松枝爲筆管人間之曰幽人
筆正當如是 汗漫録
飛雲履
白樂天燒丹於廬山草堂作飛雲履玄綾爲質四面
以素綃作雲朵染以四選香振履則如煙霧樂天着
示山中道友曰吾足下生雲計不久上升朱府矣 樵

（唐）冯贽《云仙杂记》清刻本

考察玄奘生平，其于太宗贞观十九年（645）取经返唐，高宗麟德元年（664）圆寂。因而，若《云仙杂记》所言不虚，这则材料反映的应该是初唐时期，佛教徒为宣扬教义而利用雕版印刷技术的情况。

2．长庆四年（824）冬，元稹为白居易《白氏长庆集》作序，其文曰：“予始与乐天同校秘书，前后多以诗章相赠答，会予谴掾江陵，乐天犹在翰林，寄予百韵律诗及杂体，前后数十章。是后各佐江通，复相酬寄。巴、蜀、江、楚间，洎长安中少年，递相仿效，竞作新词，自谓为‘元和诗’。而乐天《秦中吟》、《贺雨》、《讽谕》、《闲适》等篇，时人罕能知者。然而二十年间，禁省观寺、邮候墙壁之上无不书，王公妾妇、牛童马走之口无不道，至于缮写模勒，炫卖于市井，或持之以交酒茗者，处处皆是。”最后一句之下有自注:“扬、越间多作书模勒乐天及予杂诗,卖于市肆之中也。”[89]

很多学者都认为所谓“模勒”,指的便是雕版印刷。如清代赵翼认为:“模勒即刊刻也。”[90]王国维《两浙古刊本考序》也说:“雕版之兴,远在唐代。其初见于记载者,吴蜀也。而吾浙为尤先。元微之作《白氏长庆集序》自注曰‘扬、越间多作书模勒乐天及予杂诗,卖于市肆之中也’。夫刻石亦可云摹勒,而作书鬻卖,自非雕板不可,则唐中叶,吾浙亦已有刊板矣。”[91]这说明,中唐时代的江南地区已经出现雕版印刷活动。

元稹 像

但是需要说明的是,在元氏的文句中“模勒”一词涵义暧昧,其指涉的究竟是“雕印”还是“临摹”,已无法求得确证。[92]

3. 文宗大和九年(835),冯宿奏请“禁断印历日版”,其《禁版印时宪书奏》:“剑南两川及淮南道,皆以版印历日鬻于市。每岁司天台未奏颁下新历,其印历已满天下,有乖敬授之道。”[93]同时,《旧唐书·文宗本纪》亦载,大和九年“敕诸道府不得私置历日板”。应该说,这是正史中有关雕版印刷活动的最早记载,且记述清晰,较为可信。可见,中唐文宗统治时期,雕版印刷在四川和淮南等地广泛流行,以至于引起了朝廷的关注。

4. 唐范摅《云溪友议》卷下记载:“纥干尚书臮,苦求龙虎之丹十五余稔。及镇江右,乃大延方术之士,乃作《刘宏传》。雕印数千本,以寄中朝及四海精心烧炼之者。”

按《新唐书·艺文志》,纥干臮于宣宗大中时任江西观察史,则《云溪友议》的记载是中唐时期应用雕版印刷技术的另一例证,也是因道教信仰而引发印刷活动的最早记录。而且从其记述中可知,雕印《刘宏传》的行为,与该书的传播明确而紧密地联系了起来,因而更具出版意义。

5. 唐司空图《为东都敬爱寺讲律僧惠确化募雕刻律疏》一文有言:“自

洛城罔遇，时交乃焚，印本渐虞散失，欲更雕锼；惠确无愧专精，颇尝讲授。”[94]而且，其题下有注曰“印本共八百纸”。

司空图，僖宗时为中书舍人，知制诰。但据向达先生考证，其所载“时交乃焚，印本渐虞散失”之事，当发生于会昌灭佛时期。则武宗朝便有大量印刷的佛经存在，“雕锼”技术已经应用于实践。而此文写作的时代，大约在咸通、乾符之际。从其文意推测，雕版印刷在当时可能已成为复制佛经的重要方式。

6. 从《永乐大典》中辑录出的《爱日斋丛抄》记载：“按《柳氏家训序》：中和三年癸卯夏，銮舆在蜀之三年也。余为中书舍人，旬休阅书于重城之东南，其书多阴阳杂说、占梦相宅、九宫五纬之流，又有字书、小学，率雕板印纸，浸染不可尽晓。”[95]

“柳氏”即柳玭；所谓“銮舆在蜀”，指黄巢起义后，中和元年(881)僖宗皇帝避乱于成都。因而这是关于唐末雕版印刷存在的记载。其反映出当时成都地区的印刷活动相当兴盛。而且，此则材料还透露出这样一些重要的信息：第一，雕版印刷的书籍主要服务于普通民众。柳玭所见之书，均非阳春白雪之类，它们迎合的是下层百姓的阅读趣味。第二，雕版印刷活动具有很强的商业性。第三，柳玭记述的书籍种类繁多，数量不少，可见当时成都地区书籍的印刷生产已经具有一定的规模。第四，这些占卜、小学类的书籍，印刷质量较为粗糙。

7. 唐徐夤《自咏十韵》：“拙赋偏闻镌印卖，恶诗亲见画图呈。”[96]“镌印”指的就是雕版印刷。

徐夤，又作徐寅，唐末乾宁进士，为当时的诗赋名家。据说，其曾作《人生几何赋》，“四方传写，长安纸价为高者三日”[97]。在科举考试中，他的文章深受主考官赏识，登第后被擢为秘书省正字。因而众多应试者将其作品当作揣摩学习的对象，以至于有商人将其赋文雕版印刷，用以贩卖牟利。“拙赋偏闻镌印卖”反映了唐末、五代之际，文学创作成为雕版印刷的历史事实。而且，从徐夤的思想感情看，他对于以印刷的方式传播自己作品是持认可态度的。

8. 法藏的《华严五教章》有时也被用来证明唐代雕版印刷术的存在。其书卷二称："是故依此普闻一切佛法，并于第二七日一时前后说，前后一时说。如世间印法，读文则句义前后，印之则同时显现。同时前后，理不相违，当如此中道理亦尔。"此外，法藏《华严经探玄记》卷二也有相似的言论："于此二七之时，即摄八会，同时而说。若尔何故会有前后。答如印文，读时前后，印纸同时。"

法藏的文字虽然并没有提及雕版印刷品的存在，但是其却讲到了"印法"，即印文、印纸的行为。关于这种印法，日本学者神田喜一郎认为："我们读印刷的书籍时，是由前往后循序而读的，而书籍在印刷之时，却没有前后的区别，而是同时被印刷出来的。明了这种用版片一版一版印刷出来制成书籍的雕版印刷方法，是有必要的。法藏则以这一众所周知的事实作为比喻来进行阐说。"[98]从这种推断来看，时人已知晓了雕版印刷的方法过程。

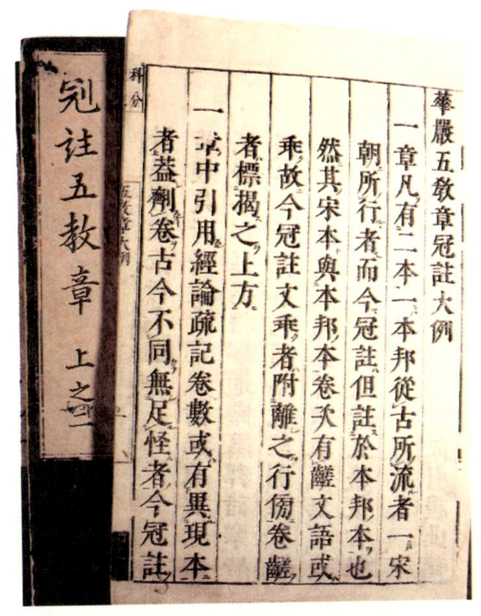
冠註五教章 上之二

華嚴五敎章冠註大例

一章凡有二本一本邦從古所流者一宋朝所行者而今冠註但註於本邦本也然其宋本與本邦本卷次有離文語或乖故今冠註文乖者附離之行傍卷離者標揭之上方

一疏中引用經論疏記卷數或有異現本者蓋劑卷古今不同無足怪者今冠註

《冠注华严五教章》明刻本

以上都是唐人关于雕版印刷的记载，不论他们对于所述事实是否亲见，至少他们都已经知道了雕版印刷这一概念。社会意识必然地决定于社会物质存在，因而唐代必然地存在雕版印刷技术。宋代以后，关于唐代雕版印刷的记载就更为丰富了。如宋人王谠《唐语林》记载："僖宗入蜀，太史历本不及江东，而市有印货者，每差互朔晦。货者各征节候，因争执。里人拘而送公，执政曰：'尔非争月之大小尽乎？同行经纪，一日半日，殊是小事。'遂叱去，而不知阴阳之历，吉凶是择，所误于众多矣。"这一材料也较多地在印刷史研究中被引用。不过后世的记载大多是依据唐人文献的复述，其具体说法便不再赘举了。

（二）关于唐代发明雕版印刷术的实物证据。

近代以来，随着考古发掘工作的不断深入，尤其是敦煌遗书的发现，使不少唐代的雕版印刷品实物重见天日。这些历史文物，有力地证明了唐代雕版印刷术的存在，并将我们对于雕版印刷发明过程的认识提高到了一个新的层次。如今发现的唐代雕版印刷品主要有：

1. 1899 年，在敦煌藏经洞内发现《金刚经》一卷。该经卷由七张卷子粘连而成，长约 488 厘米，宽约 30 厘米。卷首有图一幅，内容为释迦牟尼在祇树给孤独园为长老须菩提说法，其中刻有二十九位人物，两只狮子，以及莲花法器等；卷末有题记“咸通九年四月十五日王玠为二亲敬造普施”，说明此次雕版印刷的目的在于普施佛经，以便为亲人祈福。该经卷保存完整，雕刻精美，刀法纯熟，墨色均匀，图文清晰，显示了成熟完善的雕刻与印制技术。

咸通九年（868）《金刚经》是迄今发现的最早的有明确刻印日期的古代印刷品实物。此经卷于 1907 年被英国人斯坦因盗走，现藏于伦敦不列颠图书馆。

唐咸通九年（868）刻印《金刚般若波罗蜜经》

2. 1906年，在中国新疆吐鲁番地区出土了刻印《妙法莲华经》的残卷，包括《如来佛寿品第十六》一部分和《分别功德品第十七》全卷。黄麻纸印，行十九字，其中有武则天所创立的制字，印刷质量较好。20世纪50年代，日本版本学家长泽规矩将其定为武周时代的印刷品。那么，印刷术于初唐时便已应用于佛经复制了。

这些残卷原由当时的新疆布政使王树楠保存，后为日本人所得，现为中村不折所收藏。

3. 在敦煌遗书的整理过程中，发现了大量的刻印历日。这与前文冯宿所言的“版印历日”是可以相互印证的。其中较为重要的有：

大和八年历日。此印本发现于俄藏敦煌文献，也是前后上下均已缺断的残篇。邓文宽先生考证其为文宗大和八年(834)所刻。

翟氏历日(G.8099)[99]。该实物有墨笔题记，文字为“四月廿六日都头守州学博士兼御史中丞翟为报答麴大德永世为父子莫忘恩”。翟理斯定其为僖宗乾符四年的印品。[100]

“剑南西川成都府樊赏家历”(G.8100)。这是一个残片，不过却完整地保存了题记部分。题记第一行为“剑南西川成都府樊赏家历”，第二行为“中和二年具注历日凡三百八十四日”。即，这是僖宗中和时期的刻印品。

大刁家历日(G.8101)。此亦是残存的一个小条，其上有“上都东市大刁家大印”字样，或许为雕印作坊的牌记。翟理斯定其为9世纪遗物。另据白化文先生的推测，“大印”有可能是当时对于雕版印刷的通俗称呼。[101]

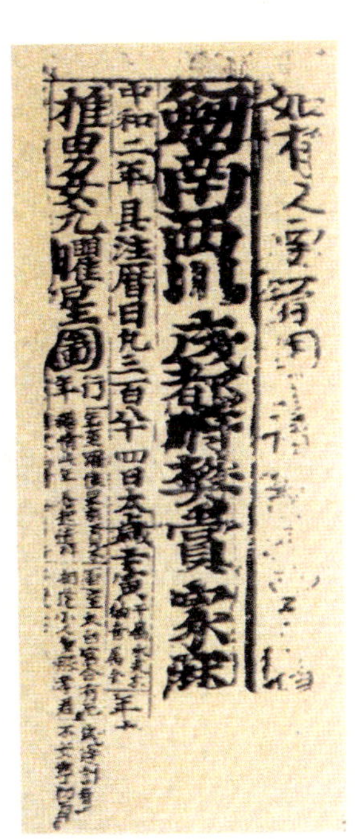

唐中和二年具注历日
(剑南西川成都府樊赏家历)

4. 1944年，在成都东门外望江楼附近的唐代墓葬中，发现了《陀罗尼经咒》的印本。佛教密宗崇尚符咒，其所传习的咒语即所谓“陀罗尼”。信徒们认为，随身佩带陀罗尼，有祈福禳灾的效果。望江楼唐墓的经咒印本，出土时便佩带于女尸身上，刻有梵文咒语和佛像。其边缘还有“成都县”、“龙池坊”、“近卞”等汉字，或许是为了表明此乃成都卞家刻坊印制。

一般认为，此《陀罗尼经咒》当是肃宗至德二年（757）以后的印刷品。目前此印本保藏在中国历史博物馆。

值得指出的是，敦煌遗书中也有雕印的陀罗尼经咒存在。据白化文先生统计，可知的实物印本有五种，包括《大随求陀罗尼》、《一切如来尊胜佛顶陀罗尼加句灵验本》、《圣观自在菩萨千转灭罪陀罗尼》、《无量寿佛密句》、《圣观自在菩萨莲花部心真言》。[102]其中，《大随求陀罗尼》为宋代印本，《一切如来尊胜佛顶陀罗尼加句灵验本》可能是唐代中期所雕印，其余经咒的印制时间不详。

5. 1966 年，韩国东南部庆州佛国寺发现雕版印刷的《无垢净光大陀罗尼经》一卷。此经卷保存在该寺的释迦塔内，由十二张楮纸印制而成，总长 670 厘米，每张纸高 6.5 厘米，宽 52.5 厘米至 54.7 厘米，内框高 5.4 厘米；大多是一行八个字，有界线，其文字上有明显的木纹。经文雕刻工整，笔画遒劲，且墨色均匀，文字清晰。而且，该经也使用了武则天时的制字。

《无垢净光大陀罗尼经》由弥陀山于武周长安四年（704）译为汉文，而佛国寺为新罗景德王十年（751）时建造，这次发现的印本自然是这一时间段的产物。国际上大多数研究者都指出，此经卷原印刷于中国，而后传到朝鲜半岛；而在具体的印刷时间上，还存在着较大争议，一般认为是 8 世纪最初十几年内的印刷品。[103]

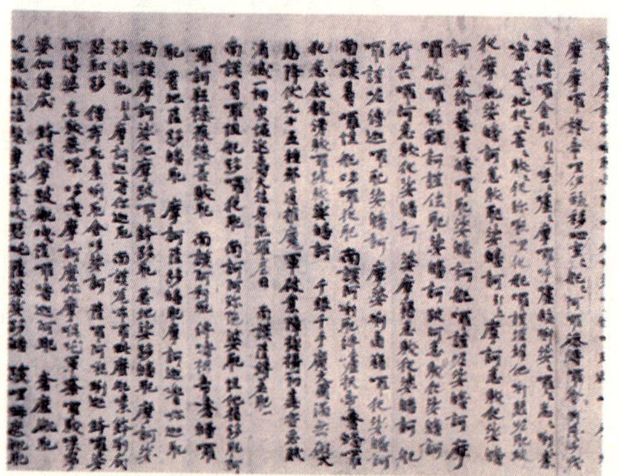

写本《千手千眼广大圆满无碍大悲心速超上地陀罗尼》（约 9–10 世纪）敦煌藏经洞出土

6. 1967 年，于陕西西安造纸厂工地的唐代墓葬中发现雕印《陀罗尼经咒》一幅。其印本高 27.8 厘米，宽 32.5 厘米，中心有金刚力士与供养人图，四周有梵文经咒，再向外则印有手印及诸般供品。经鉴定，此印本当是肃宗至德以前的物品。[104]

此经咒印本现藏于中国社会科学院考古研究所西安工作站。

7. 1974年，于陕西西安柴油机械厂工地的唐代墓葬中出土梵文陀罗尼经咒一张。此印本大约为边长26厘米的正方形，中间为空白方框，四周各印有十三行咒文，再向外印有莲花、法器、星辰等图案。

考古学家韩保全先生认为其大约于7世纪初印制，早于韩国庆州佛国寺发现的《无垢净光大陀罗尼经》印本，是迄今为止所发现的最为古老的印刷品。[105]

8. 1975年，于陕西西安冶金厂再次出土陀罗尼经咒汉文印本。这张经咒的内容为《随求即得大自在陀罗尼神咒经》，其印纸呈正方形，边长大约为35厘米，中心为手绘人像，四周各是十八行的印刷经咒，咒文间有界线，此外还印有手结印契图案。

韩保全先生等认为，这一经咒的印刷时间，或在中宗神龙元年(705)至肃宗乾元元年(758)之间。[106]

9. 据肖东发先生描述，在编纂《全国善本书总目》的过程中，有调查发现，陕西省一座唐墓曾出土过陀罗尼经咒一张。其为雕版印刷的产品，中间亦是手绘佛像，四周印有回文咒语。据鉴定，该经咒为唐时遗物。[107]

除上述文物之外，一些考古发现虽不是印刷品实物，但也同样有力地证明了雕版印刷这项技术已经存在于唐代。

如敦煌遗书中的许多唐代抄本文献上都曾提到过“印本”。这些写本上有诸如“京中李家印”、“西川过家真印本”、“西川印出本”此类的字样。这些文字或附于经名之下，或题于文尾，或在跋文当中，表示相关的文字是根据印刷本而抄写的。如有《金刚般若波罗蜜经》写本(P.2094)[108]，其跋文称：“布衣弟子翟奉达，依西川印出本内，钞得分数及真言，于此经内添之，兼遗漏别也。”表示曾以西川印刷的经卷为依据，做过校对工作。载有这些文字的写本，大多是唐末昭宗时期的文物。显然，当时的书籍印刷品在社会上广为流传，西川的印本经卷已经流传到了敦煌等地区。

又如日本法隆寺藏有公元8世纪中叶的陀罗尼经咒印刷品。它们是日本称德天皇于太平宝字八年(764)下令雕版印刷的，大约于宝龟元年(770)完成。其形制多为卷轴，但刻工较为粗糙。木宫泰彦等学者均认为，相关的技术就是由中国传来的。[109]

总之，唐代雕版印刷品实物的出土，使我们对于雕版印刷术的产生时代有了更为客观的认识。这些考古发现说明，雕版印刷技术在唐代的确存在，而且至少在初唐时便已经产生了。

三、如何认识雕版印刷术的产生

关于雕版印刷术的产生，有这样三点值得注意：

第一，关于雕版印刷术发明的具体年代、具体地点，目前还是无法确切考证。因为，现有的各种材料只是能够说明雕版印刷的存在问题，而无法涉及关于其起源的详细史实。我们只能得出这样的结论：雕版印刷术在公元8世纪初便已经得到应用，唐代的西安、成都，乃至江淮地区是印刷活动发展较早的地区。

一项技术的形成，总要经历一个由简单粗糙到精密熟练的过程。从庆州佛国寺的《无垢净光大陀罗尼经》来看，其雕刻工艺已经较为圆熟，应该不是雕版印刷草创时期的形态。所以说，雕版印刷的发明时间可能还要更早；但至于早到何时，就无法确知了。在此意义上，一些研究者认为雕版印刷产生于隋代，是具有一定合理性的。但是，由于缺乏足够有力的证据，我们只能将这种说法视为一种推测。

而且，从出土实物来看，通过雕刻印板进行拓印来实现复制的这种工艺，本身就呈现为一个发展的过程：由与手绘、手写活动结合，到独立完成印本的生产；版面由小到大；文字由少到多。那么究竟在达到何种程度后，才能视之为雕版印刷呢？这是一个仁者见仁、智者见智的问题，但又是判断雕版印刷术发明时间时所必须明确回答的问题。

第二，发明雕版印刷术的主体是普通的人民群众。

唐代文献中关于雕版印刷的记载是中唐以后才逐渐多起来的，尤其集中于晚唐时期。但是考古发现表明，早在初唐时期雕版印刷技术便已经应用于实践。这种记录的滞后性，反映的正是社会各阶层对于雕版印刷的接受过程，即这一技术开始只是流传于下层人民中间，后来经过多年的发展，其优越性逐渐显现，影响日益扩大，这才为统治阶层的成员所知晓。

而且，雕版印刷术的应用也表现为一个由俗到雅的发展过程。唐代的雕版印刷品主要是经文、咒语、历日以及迷信类的书籍，这些都是大众化的读物，主要服务于文化水平不高的布衣百姓。大约在唐末，才开始有了诗赋文章的印刷品，雕版印刷与知识分子趣味逐渐结合，但是其中的主要动力还是世俗化的商业意识。到了五代时期，中央政府才参与到雕版印刷活动中来，儒家经典等正统“雅”文化最终登上了印板。

考察现有资料，唐代的中央政府对于雕版印刷技术并不关注，也没有加以利用的意图。目前还没有任何确凿的证据表明考古发现的各种唐代印刷品与宫廷有直接的联系，对此肖东发先生曾指出：“统治阶级对民间大众发明的东西不感兴趣，看不起也不愿意利用这一新兴技术。”[110]其实唐代宫廷忽视雕版印刷技术并非完全是主观思想上的问题。从技术发展水平来看，唐代是古代图书抄写活动发展的顶峰，写本书的质量近乎完美。更为重要的是，有唐一代，尤其是初盛唐时期，国家实力雄厚，有庞大且技术高超的书手、书工队伍，有强大的后勤保障，有完善的抄写校对制度，有积累多年的丰富经验，因而传统的抄写活动尚能满足宫廷的文化需要。而同时的雕版印刷产品，在质量的精致程度上还难以与宫廷抄写书籍相提并论，何况又出身低微，其不受统治阶级重视也是必然的了。

明人邵经邦《弘简录》载“太宗后长孙氏，洛阳人……遂崩，年三十六，上为之恸。及官司上其所撰《女则》十篇……帝览而嘉叹，以后此书足垂后代，令梓行之。”不少研究者都认为“梓行”一词是反映当时存在雕版印刷的有力证据。[111]诚然，根据考古发现推断，太宗贞观时期有可能存在雕版印术。但是，根据上文的分析，从当时的社会心态来看，太宗下令雕版印刷《女则》一事值得怀疑。雕版印刷远不如抄写来得尊贵、正式，而长孙氏贵为皇后，身份隆重，她的著作以一种非正统的新兴民间技术来复制，其可能性极小。而且《女则》十篇应该不是长篇巨著，抄写的复制方式完全可以应付得来，何必费力雕版呢？因此，胡适先生所说极是，即“《弘简录》这段话，是明朝人看惯了刻版书，无意中说出梓行的错话”[112]。

第三，宗教信仰在雕版印刷术的发明过程中发挥了极其重要的

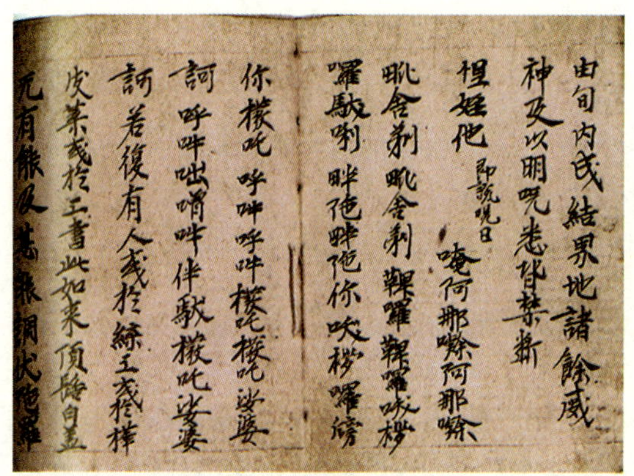
写本《大佛顶如来顶髻白盖陀罗尼神咒》（10–11 世纪）敦煌藏经洞出土

促进作用。

从考古发掘看，中唐以前的雕版印刷品几乎无一例外地与佛教发生直接联系，而文献所记录的印刷活动也多与佛教相关。这种现象是值得深思的。它说明，相比于科举、诗文等，在雕版印刷产生初期以及后来的一段时间里，推动其不断发展的最主要因素是佛教信仰。我们无法证明是否是佛教徒或者佛教社团发明了这项技术，但因佛教传播而产生的文字、文献复制要求，却无疑是雕版印刷产生过程中最关键的催化剂。

不过确切来讲，是佛教信仰与世俗观念的结合共同促成了雕版印刷术的产生。所谓世俗观念，一是指借助超自然力量，以求趋福避祸的原始思维模式，一是指谋求营利的商业意识。身系陀罗尼经咒的唐墓主人、为双亲祈福的王玠，都还算不得是严格意义上的佛教徒，但他们都承认了佛教的“大能”，并认为可以凭借这种力量来达成愿望。这种思想具有一定的普遍性，也就意味着佛教的经文咒语有着巨大的社会需求，进而也有可能吸引一部分人来利用这个市场，从事相关的服务工作以谋求经济利益。如成都望江楼陀罗尼经咒中的“龙池坊卞家”字样，就隐约地反映了一种商业行为的存在。当然，这种营利意识是为传统的士大夫所排斥的，因而也就只能是一种下层平民的思想状态。

正是在唐代佛教地位不断上升、影响持续扩大、传播日渐广泛的社会条件下，其信仰、教义等与普通百姓趋利避害的本能相结合，形成了一种特殊的意识形态，造成社会对于佛教文字产品的期待日益强烈，而且商人为了牟利又参与其间，产生了另一方面的对于成本低廉的复制技术的要求。这些因素结合起来，共同推动了雕版印刷术的产生。

四、雕版印刷术发明的影响

首先,雕版印刷术的发明极大地提高了图书生产领域的劳动效率。

日僧圆仁在文宗开成三年(838)时,西渡入唐,于扬州登陆,他记录了在当地购书的情况:"十一月二日,买《维摩关中疏》四卷,价四百五十文。"[113]然而,在此前不久的大和时期,成都地区的女道士吴彩鸾"以小楷书《唐韵》一部,市五千钱"[114]。按,《唐韵》共五卷,其部帙与《维摩关中疏》大致相似,然而二者的价格却相差近十倍之多。一些研究认为,这说明圆仁所购之《维摩关中疏》不是手抄而成,可能是印本。若此说属实,那么其反映的或许就是佛经被雕版印刷后,生产效率大大提高,从而促进了售价下降的情况。

其次,雕版印刷术的发明促进了图书的传播,扩大了书籍的社会拥有量。

印刷术发明以前,书籍是一种稀缺性的资源。所谓"唐以前凡书籍皆写本,未有摹印之法,人以藏书为贵,人不多有而精于雠对,故往往皆有善本"[115]。由于抄写的方式费时耗力,获得一本书籍是相当不易的,因而一般图书的复本都不会太多。这种情况非常不利于图书的保存流传。正如马端临所说的那样:"《汉志》所载之书,以《隋志》考之,十已亡其六七,以《宋志》考之,隋唐亦复如是。"[116]

印刷术的出现大大改变了这一状况,如《史纠》卷五记载:"真宗景德元年夏,上幸国子监阅库书,问邢昺'经板几何'。昺曰:'十余万。臣少从师业,儒经有疏者,百无一二,盖力不能传写;今板本大备,士庶家皆有之。由此言之,经籍刻板,权舆于唐而盛行于宋,即显德学者无笔札之劳。'"从"百无一二"与"士庶家皆有之"的对比中可见,书籍的复制、传播能力获得了巨大的提升,社会文化的发展也在这个过程中实现了飞越。

最后,印刷术的发明具有世界性的意义。

以雕版形式为起源的印刷术,在发明与发展完善的同时,也与其他中华文化一道向世界各地传播。它在唐代便已流传到日本,两宋时又相继传播到了朝鲜、越南等地,12 世纪以后其影响更是远及北非和欧洲,从而在世界范围内发挥了促进文化和教育发展的巨大作用，成为推动世界历史脚步前进的一支重要力量。英国学者培根指出，印刷术与火药、指南针一起，“已经在世界范围内把事物的全部面貌和情况都改变了”，“任何帝国、任何教派、任何星辰对人类事务的力量和影响都仿佛无过于这些机械性的发现了”[117]。

注　释

[1] 肖东发主编:《中国编辑出版史》,辽海出版社,2002年,第213页。

[2] 白化文:《敦煌遗书与我国古代的图书翻译及抄写》,载宋原放主编:《中国出版史料(古代部分)》(一),湖北教育出版社,2002年,第41页。

[3] 转引自曹之:《唐代官方佛经抄本考略》,《四川图书馆学报》,2004年第4期。

[4]《旧唐书·经籍志》。

[5] 白化文:《敦煌遗书与我国古代的图书翻译及抄写》,载宋原放主编:《中国出版史料(古代部分)》(一),湖北教育出版社,2002年,第41页。

[6]《旧唐书·李袭志传附弟袭誉》。

[7]《新唐书·柳仲郢传》。

[8]《说郛》卷四十八上。

[9] 陈德弟:《佣书业的兴衰和雕版印刷术的发明》,《出版科学》,2004年第5期。

[10]《新唐书·王绍宗传》。

[11]《与黜陟使柳谏议书》,《文苑英华》卷六百六十九。

[12]《初入谏司喜家室至》,《窦氏联珠集》卷三。

[13]《荐士论》,《文苑英华》卷七百六十。

[14]《旧唐书·王琚传》。

[15]《全唐文》卷二十六

[16]《白氏长庆集序》,《元氏长庆集》卷五十一。

[17]《文苑英华》卷五百一十。

[18]《旧唐书·隐逸传》。

[19] 这里的所谓“书籍”专指纸本书。本节此后的“书籍”一词,若无特别说明,均是此意。

[20]《初学记》卷二十一。

[21] 据肖东发先生描述，长沙子弹库出土的缯书是折叠形式，即折叠八次后放入匣中保存。因而肖先生指出，帛书的卷轴形式是经历了三个步骤而形成的：最开始，是折叠存放；其次，有了简单的竹木书轴，卷起成为一卷；最后，书轴精致起来，并且与缣帛粘连。

[22]《文房四谱》卷四。

[23] 当然也可以先粘成长纸，然后书写。

[24]《册府元龟》卷六十。

[25] 其原因在于：第一，印刷术发明后，书籍所用的纸张变得轻薄了；第二，印刷术促进了书籍复制能力的提升，书籍的宝贵程度下降，不需花费大气力去处理；第三，入潢技术侧重于质量，而印刷更加倾向于数量，两者在本质上是有分歧的，如果结合使用，会相互掣肘。

[26]（英）斯坦因：《敦煌书记》，转引自宋原放、李白坚著：《中国出版史》，中国书籍出版社，1991 年，第 52 页。

[27]《归田录》卷下，亦见《文忠集》卷一百二十七。

[28]《演繁露》卷十五。

[29]《说郛》卷一百二十。

[30] 肖东发、杨虎：《插图本中国图书史》，广西师范大学出版社，2005 年，第 108 页。

[31]《玉堂嘉话》卷二。

[32]《跋张持义所藏吴彩鸾〈唐韵〉》，《山谷集·别集》卷十一。

[33] 转引自程千帆、徐有富：《校雠广义（版本编）》，齐鲁书社，1991 年，第 74 ~ 75 页。

[34] 这是电话采访杜伟生先生时所记录的。参见宋雪梅：《"龙鳞装"与"旋风装"考》，《美术观察》，2007 年第 7 期。

[35] 本书不持"大印刷史"的观念，即印刷术必须区别于印染术等。布料的印花大约先秦便已出现，而我们所说的印刷特指服务于书籍、图文复制的技术。正如曹之先生所指出的那样："印刷术就是印字术、印书术，关于这个问题，中外学术界早已达成默契。"

[36]《通鉴纲目集览》卷十二。

[37]《师竹斋读书随笔汇编》卷十二。

[38]"陆说"指明人陆深《河汾燕闲录》，其以为雕版印刷术起源于隋代。

[39] 引自宋原放主编：《中国出版史料（古代部分）》（一），湖北教育出版社，2002 年，第 149 ~ 150 页。

[40]《河汾燕闲录》上，《俨山外集》卷三。

[41]《少室山房笔丛》正集卷四。

[42]（清）魏崧《壹是纪始》卷九。

[43]《池北偶谈》卷十七。

[44]孙毓敏:《中国雕板源流考》,载宋原放主编:《中国出版史料(古代部分)》(一),湖北教育出版社,2002年,第104页。

[45]陈妙英:《中国雕版印刷术肇始于隋》(上、下),《印刷杂志》,2000年第10、11期。

[46]肖东发:《中国图书出版印刷史论》,北京大学出版社,2001年,第43~45页。

[47]《书林清话》卷一。

[48]《史纠》卷五。

[49]向达:《唐代刊书考》,载宋原放主编:《中国出版史料(古代部分)》(一),湖北教育出版社,2002年,第149页。

[50]张秀民:《张秀民印刷史论文集》,印刷工业出版社,1988年,第32~51页。

[51]这是曹之《中国印刷术的起源》(武汉大学出版社,1994年)的主要观点,可参见该书第八章"结论"部分。

[52]《资治通鉴》卷二百九十一。

[53]《拾遗》卷一。

[54]《庶斋老学丛谈》卷中上。

[55]《谷山笔丛》卷七。

[56]《吾庐笔谈》卷二。

[57]关于雕版印刷产生年代讨论的综述,也可参见曹之《中国印刷术的起源》(武汉大学出版社,1994年,第一章),其将各家观点概括为:东汉说、晋代说和六朝说、隋代说、唐初说、唐中说、唐末说、五代说,亦各有举例。

[58]李瑞良:《中国古代图书流通史》,上海人民出版社,2000年,第172页。

[59]罗布淖尔纸,1933年于新疆罗布淖尔的古遗迹中发现,同出土的还有西汉黄龙元年(前49)的木简,此纸后毁于战火。灞桥纸,1957年发现于西安灞桥,被认定为西汉武帝前的文物。居延纸,又名金关纸,为1973年甘肃居延考古队于金关遗址发现,为西汉宣帝时的文物。扶风纸,也称中颜纸,1978年发现于陕西扶风县太白乡中颜村,大约也是西汉宣帝时的产品。放马滩纸,1986年出土于甘肃天水放马滩汉墓,其生产时间大约在公元前2世纪中后期。此外,其他考古发现的古纸资料可以参见肖东发:《中国图书出版印刷史论》,北京大学出版社,2001年,第37~39页。

[60] 曹之:《中国印刷术的起源》,武汉大学出版社,1994 年,第 193 页。

[61]《墨池编》卷六。

[62]《墨史》卷上。

[63]《墨史》卷上。

[64] 曹之:《中国印刷术的起源》,武汉大学出版社,1994 年,第 228 页。

[65] 引文见周叙《游嵩阳记》,《明文衡》卷三十六。

[66]《来斋金石刻考略》卷中。

[67]《国史补》卷中。

[68]《抱朴子》内篇卷四。

[69] 王小蓉:《道教与我国早期雕版印刷术关系浅探》,《宗教学研究》,2005 年第 2 期。

[70]《敦煌石室秘录》,转引自肖东发:《中国图书出版印刷史论》,北京大学出版社,2001 年,第 51 页。

[71] 肖东发主编:《中国编辑出版史》,辽海出版社,2002 年,第 205 页。

[72] 朴子是一种用绸布包裹脱脂棉而制成的拓包。

[73] 参见肖东发:《中国图书出版印刷史论》,北京大学出版社,2001 年,第 49 页。

[74]《韦苏州集》卷九。

[75] 曹之:《中国印刷术的起源》,武汉大学出版社,1994 年,第 263 页。

[76]《华严经·普贤行愿品》。

[77]《法苑珠林》卷二十六。

[78] 肖东发主编的《中国编辑出版史》(辽海出版社,2002 年,第 203 页),王小蓉《道教与我国早期雕版印刷术关系浅探》(《道教研究》,2005 年第 2 期)等,均认为道教信仰与雕版印刷术的发明之间存在某种联系。

[79]《唐会要》卷三十五。

[80]《唐会要》卷三十五。

[81]《何氏语林》卷八。

[82]《登科记考》卷二。

[83]《白氏长庆集序》,《元氏长庆集》卷五十一。

[84] (唐)黄滔《陈先生集序》,《文苑英华》卷七百零七。

［85］《四库全书总目提要》卷一百五十一。

［86］按,《直斋书录解题》卷十一收录有《云仙散录》一卷,对此《四库全书总目提要》辩证曰:"张邦基《墨庄漫录》云:'近时传一书曰《龙城录》乃王性之伪为之,又作《云仙散录》,尤为怪诞。又有李歜注杜甫诗,注东坡诗,皆性之一手,殊可骇笑。'(按,《四库全书总目提要》所引文字与《墨庄漫录》原文稍有差异)然则为王铚所作无疑矣,惟陈振孙称《云仙散录》一卷,此乃作《云仙杂记》十卷,颇为不同。然孔传《续六帖》所引《散录》,验之皆在此书中,其为一书无疑。卷数则陈氏误记,书名则后人追改也。"本书所引文字出于清刻《云仙杂记》十卷。

［87］《四库全书总目提要》卷一百四十。

［88］向达:《唐代刊书考》,载宋原放主编:《中国出版史料(古代部分)》(一),湖北教育出版社,2002 年,第 154 页。

［89］《白氏长庆集序》,《元氏长庆集》卷五十一。

［90］《陔余丛考》卷三十三。

［91］引文见王国维:《王国维文集》第四卷,中国文史出版社,1997 年,第 230 页。

［92］对于"模勒"一词的含义,最近的研究倾向于临摹说。如辛德勇认为:"所谓'模勒',应当如同向达、伯希和过去所理解的那样,实际是指勾勒,亦即影摹书写,与雕版印刷,本来毫无关系。"(见辛德勇:《唐人模勒元白诗非雕版印刷说——兼论中国早期书籍雕版印刷技术在世俗社会的传播扩散过程》,《历史研究》,2007 年第 6 期)

［93］《全唐文》卷六百二十四,也可见《册府元龟》卷一百六十。

［94］《一鸣集》卷九,据《四部丛刊》本,以八千卷楼藏本校,转引自向达:《唐代刊书考》,载宋原放主编:《中国出版史料(古代部分)》(一),湖北教育出版社,2002 年,第 156 页。其文句也有"自洛城罔遇时交,乃焚印本,渐虞散失"的断法。向达先生指出:"夫印本既焚,已归散失,尚何渐虞之有乎!"此处从之。

［95］《爱日斋丛抄》卷一。

［96］《全唐诗》卷七百一十一。按,徐夤的一生跨越唐和五代。《自咏十韵》全诗为:只合沧洲钓与耕,忽依萤烛愧功成。未游宦路叨卑宦,才到名场得大名。梁苑二年陪众客,温陵十载佐双旌。钱财尽是侯王惠,骨肉偕承里巷荣。拙赋偏闻镌印卖,恶诗亲见画图呈。多栽桃李期春色,阔凿池塘许月明。寒益衾裯饶美寝,出乘车马免徒行。粗支菽粟防饥歉,薄有杯盘备送迎。僧俗共邻栖隐乐,妻孥同爱水云清。如今便死还甘分,莫更嫌他白发生。所

谓“梁苑二年”指徐夤客居于大梁，“温陵十载”当是他入泉州刺史王延彬幕府之事。此诗大概写于后梁开平四年（910）后不久。但正如辛德勇所言：“但不管怎样，李唐王朝都是刚刚覆灭未久……诗中提到的镌印鬻卖其赋的事情，更有可能是发生在唐代，所以不妨将其视作唐代雕版印刷的例证。”（《唐人模勒元白诗非雕版印刷说——兼论中国早期书籍雕版印刷技术在世俗社会的传播扩散过程》，《历史研究》，2007 年第 6 期）

[97]《全闽诗话》卷一。

[98]（日）神田喜一郎：《中国雕版印刷术的起源》，转引自肖东发：《中国图书出版印刷史论》，北京大学出版社，2001 年，第 57 页。

[99] G. 表示 1957 年伦敦出版的翟理斯《敦煌汉文写本解题目录》（L. Giles, Descriptive Catalogue of the Chinese Manuscripts from Tunhuan in the British Museum）中的编号，后同。

[100] 白化文：《敦煌汉文遗书中雕版印刷资料综述》，载宋原放主编：《中国出版史料（古代部分）》（一），湖北教育出版社，2002 年，第 53 页。

[101] 白化文：《敦煌汉文遗书中雕版印刷资料综述》，载宋原放主编：《中国出版史料（古代部分）》（一），湖北教育出版社，2002 年，第 53 页。

[102] 白化文：《敦煌汉文遗书中雕版印刷资料综述》，载宋原放主编：《中国出版史料（古代部分）》（一），湖北教育出版社，2002 年，第 53 页。

[103] 韩国有些研究人员提出，此《无垢净光大陀罗尼经》印本乃是新罗时期朝鲜半岛印制的，并提出了四条论据：第一，此经卷为楮纸印制，而楮纸为朝鲜特产；第二，其经文与高丽版大藏经的内容差异很大；第三，其文字多为唐代写经体；第四，经中有武周制字。

而正如钱存训先生所言，这些论据均难以证明佛国寺《无垢净光大陀罗尼经》是当地所印（《中国古代书籍纸墨及印刷术》，北京图书馆出版社，2002 年，第 151 页）。首先，楮树原产于中国南部，6 世纪移植日本。而朝鲜半岛与日本处于同一纬度，其地是否有原生楮树，还有待商榷。而且，楮皮本就是唐代重要的造纸原料。因此，楮纸印刷一条不能说明此经为新罗所印。其次，后三条证据只能说明该经印刷于朝鲜半岛的新罗时期，而不是更晚的高丽时期，却无法证明其印刷地点。再者，关于制字的问题，启功先生精辟地指出：“那时的韩国古朝代和唐朝是有外交关系的邻邦，并没有‘臣属’的关系，也就没有必须服从武则天的命令使用她所创造的一些新字的义务。武后的新字在当时西域一些分明‘臣属’而奉唐朝'正朔'的小国中尚未见强制推行,怎能忽然出现在韩国古代的刻经中呢?这毫无疑问是中土印本流传到当时的韩国古庙中被装入佛塔藏中的一件法物,正如近年山西应县辽代木塔中出现辽代的佛经佛像之外甚至还有其他古书正是同一种情况。应县木塔中所出非佛典的竟有《水浒传》,其非辽国之书更为明显,那么,韩国古塔中出现唐刻佛典就更不足奇了。"(《喜见中朝友好文化交流的新鉴证》,《中国文物报》,1997 年 3 月 16 日)。最后,鉴于当时新罗的社会文化状况,发明雕版印刷术所需的各种前提尚不具备。

此外,如钱存训先生所言,同一时代的新罗文献中没有任何关于雕版印刷的蛛丝马迹,而且除此经卷外,朝鲜也没有发现同时代任何雕版印刷的历史遗物——朝鲜半岛 11 世纪才出现最早的当地印刷品。因而存在孤证不立的问题。所以说,更为合理的解释是,韩国庆州佛国寺发现的《无垢净光大陀罗尼经》是于中国印刷而成,后来传播到了朝鲜半岛。

[104] 见肖东发:《中国图书出版印刷史论》,北京大学出版社,2001 年,第 61 页。

[105] 韩保全:《世界最早的印刷品——西安市唐墓出土的印本陀罗尼经咒》,《中国考古学研究论集——纪念夏鼐先生考古 50 周年》,三秦出版社,1987 年,第 403 ~ 410 页。

[106] 韩保全:《世界最早的印刷品——西安市唐墓出土的印本陀罗尼经咒》,《中国考古学研究论集——纪念夏鼐先生考古 50 周年》,三秦出版社,1987 年,第 403 ~ 410 页。

[107] 肖东发主编:《中国编辑出版史》,辽海出版社,2002 年,第 208 页。

[108] P.表示《伯希和劫经录》中的编号。

[109] (日)宫泰彦著、胡锡年译:《日中文化交流史》,商务印书馆,1980 年,第 198 页。

[110] 肖东发主编:《中国编辑出版史》,辽海出版社,2002 年,第 216 页。

[111] 如张秀民:《雕版印刷开始于唐初贞观说》,《张秀民印刷史论文集》,印刷工业出版社,1988 年,第 32 ~ 36 页。

[112] 转引自张秀民:《雕版印刷开始于唐初贞观说》,《张秀民印刷史论文集》,印刷工业出版社,1988 年,第 32 ~ 36 页。

[113]《入唐求法巡礼行记》卷一。

[114]《书史会要》卷五。

[115]《文献通考》卷一百七十四。

[116]《文献通考·自序》。

第八章

唐代图书传播

有效的传播过程，是书籍实现由个人精神产品向社会文化产品飞跃的关键性因素，也是其“社会性”的“本质属性”所必然要求的。[1]正如罗紫初先生等所指出的那样，“出版物的生产与流通，是构成出版活动的两大基本内容”，没有流通这个环节，图书的价值势必无法实现。[2]因而，考察唐代的编辑出版活动，也就不能忽视其时的图书传播。[3]

第一节 域内传播

唐代国内的图书传播活动，可以分为两个层次：图书贸易和非商业性流传。

一、唐代的图书贸易

中国古代的图书贸易活动起源很早。最晚在西汉时期，书籍就已经作为一种商品而被摆在了市场上出售。西汉元始四年(4)，太学附近出现了“槐市”，其地“列槐树数百行，诸生朔望会此市，各持其郡所出物及经书，相与买卖”[4]。此后，图书贸易逐渐发展，并对社会文化的发展起到了不可低估的作用。如《后汉书·王充传》记载，王充“家贫无书，常游洛阳市肆，阅所卖书，一见辄能诵忆，遂博通众流百家之言，后归乡里，屏居教授”；南北朝时期，《尚书》伪孔传之《舜典》一篇，便是“齐建武中，吴姚兴方于大桁市得其书”[5]，凡此等等。

至于公元7世纪，随着经济的发展和文化的进步，图书贸易也呈现出一派繁荣的局面。这从唐代文人留下的诗篇中便可见一斑。如杜甫《陪郑广文游何将军山林十首之四》：“词赋工无益，山林迹未赊。尽捻书籍卖，来问尔东家”[6]；王建《赠崔礼驸马》：“凤凰楼阁连宫树，天子崔郎自爱贫。金埒减添栽药地，玉鞭平与卖书人”[7]；卢纶《送袁偁》：“买书行几市，带雪别何人”[8]；许浑《再寄殷尧藩秀才》：“直道知难用，经年向水滨。宅从栽竹贵，家为买书贫”[9]，等等。总体来看，关于图书买卖的文献记载[10]，初唐时期较为少见，而盛唐以后逐渐增多，或许这也正反映了唐代图书贸易的发展趋势。

（一）交易主体。

唐代图书贸易的主要参与者是：

1. 宫廷。在唐代书籍交易活动中，宫廷可谓最大的买方。如本书前文所述[11]，唐代政府所组织的历次图书搜集活动，都包含着大量的购买行为。如玄宗时为充实“内库”藏书，广泛购募天下典籍，并由此而建成了唐代重要的编辑出版与藏书机构——“集贤殿书院”；对此，张说曾赋诗赞美：“圣政惟稽古，宾门引上才。坊因购书立，殿为集贤开。”[12]安史之乱后，国家图籍散佚严重，代宗时“元载为宰相”，也是“奏以千钱购书一卷”[13]。至于唐代末年，这种宫廷的购书活动更有向制度化发展的倾向。若昭宗时，罗衮上《请置官买书疏》，建议“出内库财，于都下置官买书，不限经史之集，列圣实录，古今传记，公私著述，凡可取者，一皆市之”[14]。

唐高宗 像

唐代宫廷积极参与图书交易活动，或与其“稽古”以治国的思想有关。如上所言，这从张说的“圣政惟稽古”，到罗衮的“为国之要在乎顺考古道而已，古事之效，布在群籍，兹历代所以盛，藏书之府不可一日而阙也”[15]，显然是一脉相承的。又如唐皇室李博乂、李奉慈兄弟“骄侈不循法度”，高宗以为“先王坟典不闻，学何以为善哉”，因此“各赐市书绢二百疋，以愧切之”。[16]当然，这也可以看出，唐代宫廷也有充足的财力来保障购书活动的顺利进行。

2. 士人。买书是唐代知识分子生活的重要组成部分，在某种意义上，它与饮酒、赋诗一样，成为了反映士人身份特征的一种符号。如牟融《题朱庆余闲居四首之三》曰：“按剑心犹壮，琴书乐有余。黄金都散尽，收得邺侯书。”[17]又有项斯《宁州春思》：“失意离城早，边城任见花。初为断酒客，旧识卖书家。”[18]

同时，由于拥有图书资源，士人往往也会成为书籍的售卖者。如李中在《书王秀才壁》中兴叹：“贫来卖书剑，病起忆江湖。”[19]反映了迫于生活压力，不得不变卖典籍为生的窘境。又若《山堂肆考》引《唐丰年录》称：“开成中物价至贱，村路卖鱼肉者，俗人买以胡绡半尺，士大夫买以乐天诗。”[20]这也可以看做一种实物交易条件下的出售活动。

3. 市井坊民。唐代坊间的图书贸易活动非常兴盛，且大多出于纯粹的牟利动机，其最突出的表现莫过于“书铺”、“经铺”的繁荣。张籍有诗曰：“得钱祗了还书铺，借宅常思事药栏。今去岐州生计薄，移居偏近陇头寒。”[21]重农轻商是中国封建时代的主流意识形态，显然这里所说的“书铺”绝非士大夫所开。而唐代的“经铺”，以抄写、售卖佛经为业，既有士人光临，更有广泛的普通民众作为顾客对象，因而必然是生意红火。其发展甚至引

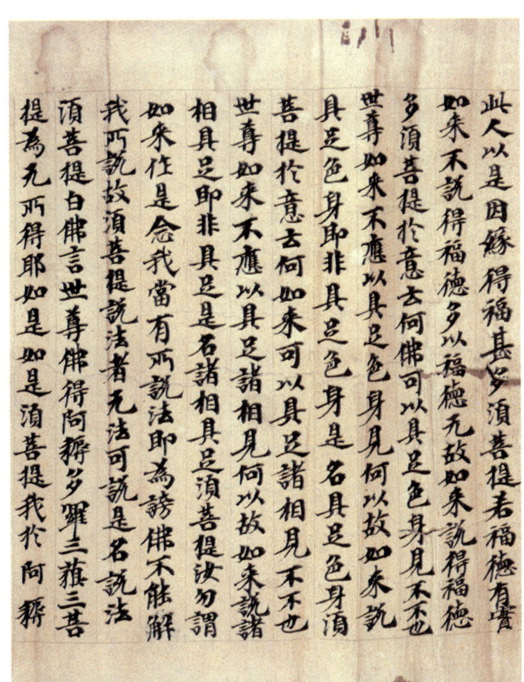
此人以是因緣得福甚多須菩提若福德有實
如來不說得福德多以福德无故如來說得福德
多須菩提於意云何佛可以具足色身見不不也
世尊如來不應以具足色身見何以故如來說
具足色身即非具足色身是名具足色身須
菩提於意云何如來可以具足諸相見不不也
世尊如來不應以具足諸相見何以故如來說諸
相具足即非具足是名諸相具足須菩提汝勿謂
如來作是念我當有所說法即為謗佛不能解
我所說故須菩提說法者无法可說是名說法
須菩提白佛言世尊佛得阿耨多羅三藐三菩
提為无所得耶如是如是須菩提我於阿耨

唐人写《金刚般若波罗蜜经》（残卷）

起了朝廷的关注，为此玄宗特地颁布了《禁坊市铸佛写经诏》。而这也从一个侧面反映出当时由市民主导的图书贸易活动所产生的巨大影响。

而且，唐代的坊间图书贸易可能已经与获得初步发展的雕版印刷技术结合了起来。如第七章所述，僖宗中和三年时，柳玭于蜀中市场上所见的售卖书籍便多有刻印者。[22]李瑞良先生更是进一步推断：在唐代，“书坊书肆把图书的刻印和销售结合起来”，“把刻书业放在市场之中，放在社会需求之中，社会上需要什么书，书坊就刻印什么书”。[23]

（二）贸易方式。

从交易方式的视角来审视，唐代的图书贸易可以分为货币交易和物物交易两种：

1. 货币交易。也就是以金银钱币为中介物，来实现获得或让渡图书的目的。上文所引“黄金都散尽，收得邺侯书”，“得钱祗了还书铺”等诗句，描述的都是这种贸易方式。

2. 物物交易。即通过实物互换的方式来完成交易，前述高宗所赐之“市书绢二百疋”便是一例。又如中唐时白居易诗名广播，以至于“缮写模勒，炫卖于市井，或持之以交酒茗者，处处皆是”[24]；对此，明人胡震亨亦曰：“唐诗人生素享名之盛，无如白香山，初疑元相《白集序》所载未尽实；后阅《丰年录》‘开成中物价至贱，村路卖鱼肉者，俗人买以胡绡半尺，士大夫买以乐天诗’，则所云‘交酒茗’信有之。”[25]其反映的都是以书易物的场景。

而从交易的完成场所和实现过程来看，唐代的图书贸易又可以分为佣书贸易和市场贸易两种：

1. 佣书贸易。正如本书第七章“唐代的图书抄写活动”一节所论述的那样，唐代佣书活动的发展是相当繁荣的。所谓“佣书”，指的是“以社会上一个贫穷的有文化的群体为主力军，受雇为官府、私人、书商、寺观等抄书，以此获取报酬的一种行业”[26]。具体来讲，就是佣书人根据买主的要求，通过抄写的方式复制出新的图书副本，并以此换取报酬。在此过程中，买方通常还要提供制作图书所用的物质材料，若牛希《荐士论》记曰：“卿大夫家召佣书者，给之纸笔之资。”[27]因而从本质上讲，佣书活动是一种出卖劳动力的行为，它实际上是图书生产与图书贸易两个环节的融合，类似于今天的订货贸易。

佣书人的雇主，可以是图书的最终购买者，也可以是其他市场贸易的主体，如“经铺”、“书肆”的主人等。因而这种活动既可以作为一种特殊的贸易形式来看待，同时又是“为书籍销售服务的”[28]。

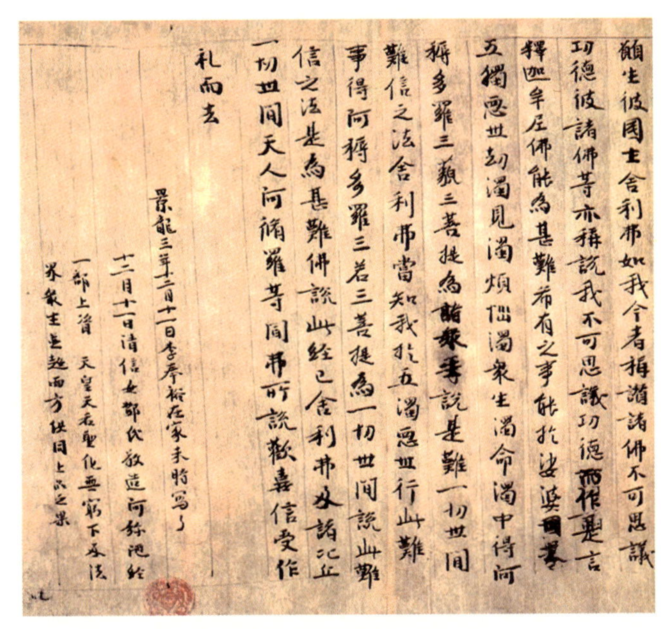

唐代经生抄《阿弥陀经》(局部)

2．市场贸易。在唐以前的文献中，“买书于市”、“阅书于肆”的记载便屡见不鲜。同样，“书肆”在唐代也依然是图书市场贸易的主要表现形式。不过值得指出的是，根据高成信先生的研究，古代的“书肆”当包含两层含意：一是指卖书的店铺，即书摊；二也可以指“同业商店区”，即众多书铺的汇聚之地。

有唐一代，书肆遍布全国各地。如《太平御览》记载：“(唐)交河王麴崇裕兄昭，少好学，尝有鬻异事书于市者，其母将为买之，搜索家财，不足其价。”[29]按《旧唐书·地理志》：“西州中都督府 本高昌国，贞观十三年，平高昌，置西州都督府，仍立五县。显庆三年，改为都督府。天宝元年，改为交河郡。乾元元年，复为西州。旧领县五，户六千四百六十六。天宝领县五，户九千一十六，口四万九千四百七十六。在京师西北五千五百一十六里，至东都六千二百一十五里。”如此偏居之处，尚有鬻书于市者，更何况中原经济发达之地?

从现有文献资料看，唐代书肆与图书市场贸易集中的区域，大体上有这样几个：

第一，两京地区。唐代都城长安，是国家的政治、经济和文化中心，也是科举取士的中心。这里商贾荟萃,文人云集,极度繁华,若清人赵翼评曰:“唐人诗所咏长安都会之繁盛,宫阙之壮丽,以及韦曲莺花,曲江亭馆,广运潭之奇宝异锦,华清宫之香车宝马,至天宝而极矣。”[30]而洛阳作为东都,经过初唐的不断建设,亦发展成为新的“政治军事重心”与“经济重心”[31];而且在“精神文化消费”方面,更有后来居上的态势。[32]

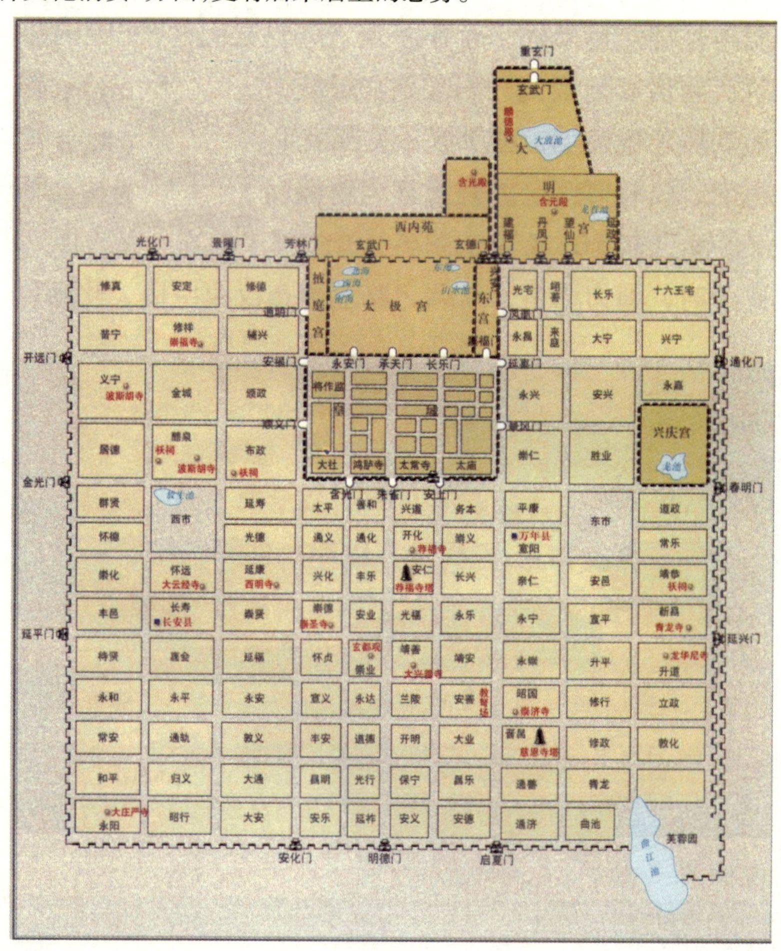

唐长安城

城市的繁荣必然刺激社会文化需求的扩大,从而也就间接地促进了图书贸易的发展。在唐人的文学作品中,便留下了许多关于两京书肆的记载。如唐传奇《李娃传》讲,李娃与荥阳生居于长安,尝驱车出游,“至旗亭南偏门鬻坟典之肆，令生拣而市之，计费百金，尽载以归，因令生斥弃百虑以志学”[33]。又如吕温作于贞元十四年(798)的《上官昭容书楼歌》曰：“君不见洛阳南市卖书肆，有人买得《研神记》，纸上香多蠹不成，昭容题处犹分明，令人惆怅难为情。”[34]这些反映的都是唐代长安、洛阳地区“图书市场”的存在与兴盛。

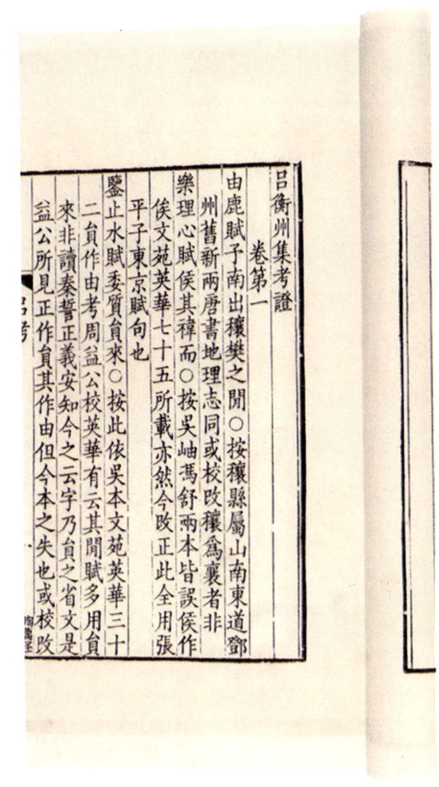
呂衡州集考證
卷第一
由鹿賦予南出穰樊之閒○按穰縣屬山南東道鄧州舊新兩唐書地理志同或校改穰爲襄者非
樂理心賦侯其禕而○按吳岫馮舒兩本皆誤侯作俟文苑英華七十五所載亦然今改正此全用張平子東京賦句也
鑒止水賦委質負來○按此依吳本文苑英華三十二負作由考周益公校英華有云其閒賦多用負來非讀秦誓正義安知今之云字乃負之省文是益公所見正作負其作由但今本之失也或校改

(唐)吕温《吕衡州集》清道光刻本

第二，江南地区。经过三国、南北朝时期的相继开发，至于隋唐之世，江南已是富庶之地。尤其是唐代中后期，由于漕运等的刺激，江南经济迅速崛起，白居易曾上表曰：“当今国用多出江南。”[35]这里商业发达，如扬州一地，“舟樯栉比，车毂鳞集，东南数百万艘漕船，浮江而上”[36]；杭州也是“骈樯二十里，开肆三万室”[37]。

这样的社会环境自然有利于图书贸易的兴起。如元稹自称与白居易的酬唱诗歌流行于当时，以至于“扬、越间多作书模勒乐天及予杂诗，卖于市肆之中”[38]。又如，日僧圆仁入唐求法，曾于扬州登陆，并购买了《维摩关中疏》及历日等[39]；鉴真东渡传法的过程中，也曾在扬州购买过《金字华严经》、《金字大品经》等书卷[40]。

第三，蜀中地区。唐时，西蜀地区的山南东道和剑南道共辖五十二州，它们以益州为中心发展起来，“形成了我国古代著名的西南农业生产发达地区”[41]。故而，宋人洪迈言，唐代“谚称‘扬一益二’，谓天下之盛，扬为一而蜀次之也”[42]。

而且，蜀中也一直是唐五代时期重要的图书生产中心之一。如第七章所述，在与雕版印刷有关的唐代历史资料中，这一地区被多次谈及：像冯宿所奏之“版印历日鬻于市”的现象，就以剑南两川最为突出；柳玭更是亲见了蜀中贩卖阴阳杂占、九宫五纬之书的市场；而敦煌文献中，也大量地提到了来自西川的“印本”，此处不再一一赘述。[43]

总体来看，唐代的书肆贸易具有这样两个突出的特征：

其一，它们大多继承了前代书肆“开放式”的经营方法，允许读者在购买之前翻看、阅读书籍。像前文提及的汉代王充一样，唐人亦不乏在书肆中自学成才的例子。如《新唐书·文艺传》载，吕向少孤苦，“每卖药，即市阅书，遂通古今”。在这个意义上，书肆的经营活动对于社会文化的发展，是有一定促进作用的。

其二，唐代图书的市场贸易与城市的发展联系紧密，即越是城市集中的地区，这种贸易越发达。其反映了文化消费与社会经济发展的正相关关系。当然，这种现象或许又与唐代的市场管理制度有关。唐代政府遵循“建城设市”的原则，要求市场必须设置于州治或县治以上的政府所在地[44]，因而也就不可避免地在有形的图书市场与“城”之间，建立了一种“休戚与共”的关系。

依此思路，唐代中后期，传统的“国家商业体制”崩溃，形成了商业网络普遍化的趋势[45]；那么图书市场贸易的发展，也就极有可能获得新的突破。但是从现有资料来看，还缺少这方面的确切记载，故而我们现在只能将其作为一种推论。

（三）商品种类。

唐代图书贸易涉及的书籍种类很广，概括起来主要有：

1．经史图籍。如《旧唐书·儒学传》载，徐文远“日阅书于肆，博览《五经》，尤精《春秋左氏传》”，可见儒家经传已成为图书市场上的交易对象之一。其事发生于隋时，唐代亦当有所继承。又如上文所述高宗皇帝赐绢于李博乂、李奉慈之事，《旧唐书·宗室传》记曰：“赐绢二百匹，可各买经史习读，务为善事。”

2．文学作品。诗赋文章在唐代行销颇广，很有市场。这一方面与科举制度的发展密切相关，如《太平广记》载：“唐郎中李播典蕲州日，有李生称举子来谒，会播有疾病，子弟见之，览所投诗卷，咸播之诗也。既退呈于播，惊曰：

‘此昔应举时所行卷也，唯易其名矣。’明日遣其子邀李生，从容诘之曰：‘奉大人谘问，此卷莫非秀才有制乎。’李生闻语色已变，曰：‘是吾平生苦心所著，非谬也。’子又曰：‘此是大人文战时卷也，兼笺翰未更，却请秀才不妄言。’遽曰：‘某向来诚为诳耳。二十年前实于京辇书肆中以百钱赎得，殊不知是贤尊郎中佳制，下情不胜恐悚。’”也就是说，唐代应举的文章作品被“京辇书肆”出售以牟利。

另一方面，文学书籍的热销亦与世俗的文学审美风尚不无关系。有研究者指出，元稹、白居易的“元和体”诗作“具有世俗化、私人化、情感化和游戏化、技巧化、创新性等特征”，而这些特征也正是元和体诗“得以广泛传播以及被人效法的一大要因”[46]。在这个意义上，元白酬唱诗作之所以被“缮写模勒，炫卖于市井”，很大程度上是因为其迎合了世俗的文化品味。至于《研神记》这类的传奇作品，在当时就更是通俗文化的集中反映了。

3．佛教经论。梁启超提出：“我国自秦以后，确能成为时代思潮者，则汉之经学，隋唐之佛学，宋及明之理学，清之考据学，四者而已。”[47]的确，佛教思想在唐代的社会意识形态领域占据了重要的位置，百姓对于佛经的需求量极大，这一则促进了雕版印刷的发展，同时也刺激了相关图书贸易的兴盛。

如《唐大和上东征传》载，天宝二年（743），鉴真应日僧荣睿、普照之请，欲东渡传法。他出“正炉八十贯钱”以“备办海粮苓脂”，又购得“宝像一铺，金泥像一躯，六扇佛菩萨障子一具，《金字华严经》一部，《金字大品经》一部，《金字大集经》一部，《金字大涅盘经》一部，杂经论章疏都一百部……”[48]从文字记述上看，鉴真购买的物品众多，而时间仅有短短四个月，故而这些经

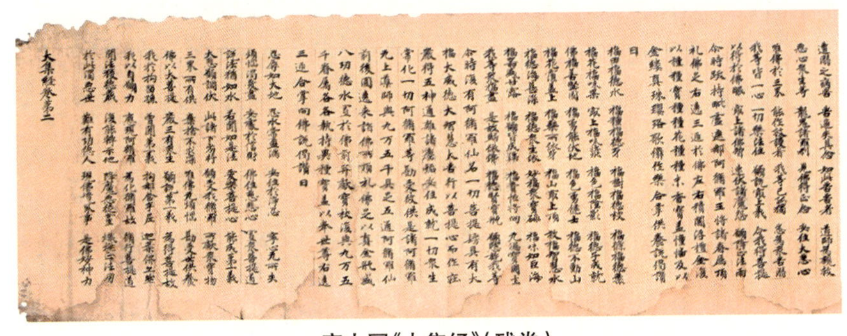

唐人写《大集经》（残卷）

卷当是一次性地购买于市场，不大可能是当即抄写成的。由此可见，至少在当时的扬州地区，佛教经典已成为一种极为普遍的流通商品。

唐写本《大般涅槃经》（约 7–8 世纪）敦煌藏经洞出土

4. 小学类书籍。如《宣和书谱》载，女道士吴彩鸾“以小楷书《唐韵》一部，市五千钱……钱囊羞涩，复；一日书之且所市不过前日之数，由是彩鸾《唐韵》世多得之”[49]。

又有咸通中，日僧宗睿于长安西明寺抄得诸种典籍，其中有“西川印子《唐韵》一部五卷，同印子《玉篇》一部三十卷”[50]。韵书、字书等典籍并非“法门”，故而其被付梓印刷，绝对不会是由于私人性的祈福禳灾；从实际情况考虑，这类图书的大量复制，更多应是出于贩卖牟利的动机。而西川印本见于京城长安的寺庙，也极有可能是商品流通的结果。

5. 卜筮之书。在中国古代，占卜用的图籍在普通民众中一直是颇有市场，秦时焚书就对其网开一面。唐代社会对于这些卜筮之书的需求仍然十分旺盛，若前述柳玭入蜀中书肆，便见“其书多阴阳杂说、占梦相宅、九宫五纬之流”[51]。当然，由于唐代政府的出版管制，这种书籍大概多是“婚丧卜择”之类。

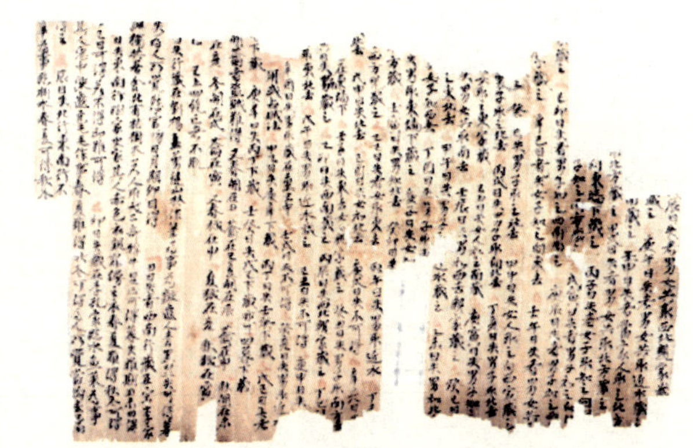

敦煌阴阳占卜书残卷 唐归义军时期写本

6. 历日。不言而喻，历日在农业社会中具有极其重要的意义，同时它也是百姓进行“卜择”的重要依据之一。这里将其单独列为一类。

历日是唐代图书贸易市场最重要的商品之一，销路极广。其很早便与雕版印刷技术相结合，“每岁司天台未奏颁下新历”，四川与淮南的“印历”却早就“已满天下”。[52]可见在某种程度上，在历日的传播过程中，商业的因素已经开始超越政治的力量。

7. 书法作品。唐人热衷于书法，如唐太宗尚为秦王之时，见王羲之《兰亭序》拓本后，便迫不及待地“贵价市大王书兰亭”[53]；又若《旧唐书·王涯传》载，王涯“家书数万卷，侔于秘府”，对于“前代法书名画”，“以厚货致之；不受货者，即以官爵致之”。

从本质上讲，书法作品更多的是一种艺术品，而非书籍。但是考虑到唐代图书以抄本为绝对主导的社会历史条件，书法作品买卖的客观结果，与图书贸易活动的实现是具有等价关系的。

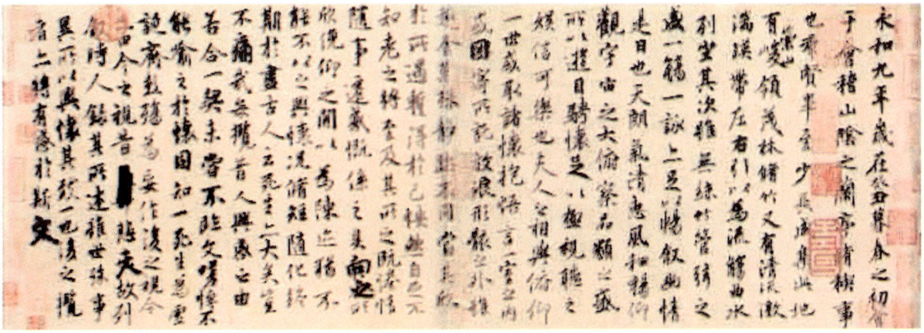

(晋)王羲之《兰亭集序》

当然，唐代图书贸易的对象绝非以上数种。如前面提及的宗睿和尚，在西明寺除了抄写《唐韵》和《玉篇》外，还见到了《明镜连珠》、《秘录药方》、《削繁加要书仪》等书[54]；寺院中的这些典籍，极有可能也是购买所得。总的来说，描绘唐代图书市场的全貌，仍需进一步发掘历史材料。

(四)图书价格。

在唐代，“家为买书贫”的情况绝非文学创作中的夸张。其时，书卷的价格着实不菲。如周贺《寄姚合郎中》言：“转海移山郡，连年别省曹。分题得客少，着价买书高。”[55]而杜荀鹤也有“卖却屋边三亩地，添成牕下一床书”的诗句。按，《唐故朝议郎行内侍省宫闱局丞员外同正员上柱国府君墓志》载：“大中六年二月十二日建。买孙家庄下东北上地一段,柒亩半余一十四步。东韩家,西吕将军,南自至,北至道。内置营一所,管地一亩半余十五步,计钱一百一十三贯三百五十文。"[56]依此估算,三亩土地大约价值五十贯左右,况且这里所说的又是墓地;所以,杜氏屋边之地的价格或许还要更高。而这些钱财却仅能与"一床书"建立起等价关系,唐代书价之昂贵于此便可见一斑。

因此,唐人买书的花费是相当大的。前述李娃与荥阳生购书于"旗亭南偏门鬻坟典之肆","计费百金",当是接近于实际情况。又如李商隐有《程骧》一文,讲有"郓盗人"之子程骧,"通五经、历代史、诸子杂家",且"为人宽厚滋茂,动静有绳墨,人不敢犯";至于乌重允为郓帅之时,"喜闻骧,与之钱数十万,令市书籍"。[57]

而关于图书的具体价格,许多研究者都作了论述。如曹之先生以为:"就书价而言,千钱一卷比较多见。"[58]肖东发先生更进一步指出,实际上是"抄本书的价格"大致为一卷一千文。[59]这一论断是可信的。如前面所提及的元载"奏以千钱购书一卷",吴彩鸾写五卷《唐韵》而"市五千钱"等,都是明确的证据。

不过,值得注意的是,"唐律强调市场的物价由市司来评估,每一种商品按上、中、下三等定价"[60],也就是政府直接干预物价的确定。因而,"千钱一卷"极有可能是一种具有普遍性质的标准价;而且,鉴于吴彩鸾"书《唐韵》极有功,近类神仙","断纸余墨,人传宝之"的情况[61],这种价格标准当是主要针对上等图书商品而言的。

质量较差的书籍,在价格上也要略为逊色。如罗衮《请置官买书疏》明确提及:"部帙俱全则价有差等,至于零落杂小,每卷不过百钱,率不费千缗,可获万卷。"[62]此外,随着商业贸易的发展突破了坊市的严格局限,政府的管理规定名存实亡后,图书的价格也就必然地要走向开放了。

综而言之,唐代的图书价格根据质量的不同而高下有差,但总体上属于一种高价商品。这种情况与手工抄写的复制方式密切相关,是图书的社会生产效率不高的反映。而随着雕版印刷的发展与普及,书价也就不可避免地要一降再降了。

二、非商业性传播

除了贸易途径以外，以下几种因素也同样能够促进图书的传播：

(一)政治因素。

所谓"圣人之治天下也，先文德而后武力"[63]，在古代儒家的政治思想中，文化的作用备受推崇。有唐一代，统治者亦非常重视构建有利于自身的社会文化氛围，以实现巩固政权的目的。他们所施行的许多政策，都在客观上促进了图书的传播。

在唐代图书的扩散过程中，宫廷扮演了极为重要的角色。其主要表现在这样几个方面：

1. 唐代宫廷往往会运用政权的力量，来直接推动特定书籍的社会传播。尤其是在中央政权极度强大的初、盛唐时期，这种现象更为多见。如《唐会要》载，天宝三年(744)十二月，玄宗皇帝"敕自今已后，宜令天下家藏《孝经》一本，精勤教习；学校之中，倍加传授，州县官长，明申劝课焉"[64]；天宝十四年(755)，又"颁御注《道德经》并疏义，分示十道，各令巡内传写，以付宫观"[65]。

唐玄宗 像

2. 统治者通过为社会文化设定"标准"的方法，间接地促进了图书的流传。其最突出的表现，便是初唐时《五经》定本的刊定和《五经正义》的编纂。它们被唐代政府作为国家科举取士的依据，规定"每年明经令依此考试"[66]，从而成为一种具有权威意义的文化标准，以至于有志于仕进者莫不习之。而相关书籍也因此获得了广泛的传播与接受。

3. 唐代宫廷频繁的"赐书"活动，也是一种重要的图书传播现象。唐代帝王常将经史等图籍赏赐宗室、臣僚，以示恩典。其中以赏赐太子诸王的情况居多，如贞观十七年（643）太宗谓太子曰："尔国之储贰，府藏是同，金玉绮罗，不足为赐；但先王典籍，可鉴诫耳"，"因赐《尚书》、《毛诗》、《孝经》各一部"。[67]玄宗开元十九年（731），"裴光庭上《瑶山往则》、《维城前轨》各一卷，上令赐太子、诸王各一本"[68]。

当然，赐书外臣的情形也不乏其例，如太宗皇帝尝赏赐荀悦《汉纪》予凉州都督李大亮[69]，柳宗元家有"赐书三千卷"[70]，凡此等等。另据《玉海》引《集贤注记》所载，唐集贤院"自置院之后，每年十一月，内即令书院写新历日一百二十本，颁赐亲王、公主及宰相、公卿等，皆令朱墨分布，具注历星，递相传写，谓集贤院本"[71]。这些赏赐活动，都在不同程度上促进了宫廷秘藏书籍的社会传播。

4．宫廷的"颁示"对于图书的传播也发挥了一定的作用。所谓"颁示"，指的是以宫廷的名义颁布于众，但是并不强制要求传写相关书籍，也不规定在全社会范围内行用。一般说来，这种活动大多是对君王撰著的一种宣扬。如玄宗曾"制《开元文字音义》三十卷，颁示公卿"，又"内出御撰《韵英》五卷，付集贤院行用"等[72]，均属此类。

概括而言，唐代由宫廷主导的图书传播活动有三个值得注意的特征：

第一，政治目的性。这种由政权推动的图书传播活动，在本质上属于一种维护政治统治的方法。其目的在于施行"教化"以统一社会思想，从而营造有利于政权发展的文化和意识形态。如"令天下家藏《孝经》一本"这样的敕令，显然是为宣扬纲常伦理服务的。

即使是"赐书"，也往往带有训诫的意图。如太宗在赏赐《汉纪》的同时，不忘叮嘱李大亮："悦议论深博，极为政之体，公其绎味之。"[73]而玄宗之所以将《瑶山往则》、《维城前轨》赐予子嗣，恐怕更多地也是因为看重了这两部书"叙九族本枝百世，王者之盛也，而义不可以无训"[74]的写作主旨。

第二，有效性。也就是说，借助于政治力量而推广的图书具有更强的传播能力。无论是就流传的范围而言，还是在受众的接受方面，它们所能达到的程度是其他传播方式所难以企及的。像天下诸家传习《孝经》、十道传写《道德经》注疏这样的效果，是图书贸易无论如何也不可能实现的。至若《五经正义》被"天下奉为圭臬"[75]这样的现象，更是非政治力量不可及的。

第三，有限性。由于具有强烈的政治目的性，宫廷在推广图书的过程中是有所选择的。他们更倾向于那些有利于巩固统治地位的思想言论，如儒家经典、劝导训诫类的书籍，或者是根据帝王的兴趣来进行取舍。可以看到，不管是敕令推行，还是赏赐、颁示，其中都绝少涉及反映民间意识和通俗文化的作品。这样便不可避免地造成了政治性传播活动中图书种类的有限性。

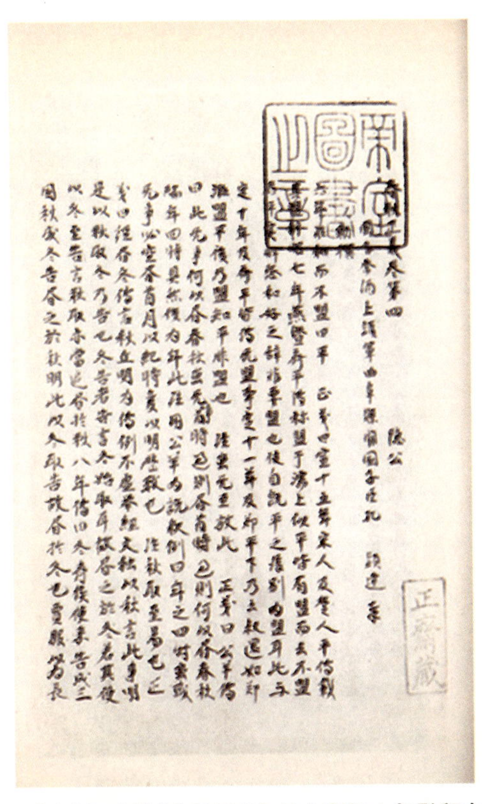

(唐)孔颖达等《春秋正义》日本昭和六年影印本

在促进图书推广的同时，唐代宫廷又是全国图书最重要的集结点。社会上零散的、自发的个体创作成果，最终往往要汇聚到宫廷中来。书籍的这一集中过程，也可以看做一类重要的传播现象。

同此前历代一样，唐时图书向宫廷的集中主要是通过两种途径实现的：

一是由朝廷组织的自上而下的图书搜募，对此本书第二章已有论述，这里不再赘言。

二是自下而上的献书活动。唐代士人，不论是入仕为官，还是布衣在野，往往倾向于将自己的创作或所拥有的典籍进呈于帝王。对于这种情况，我们仅从《唐会要》卷三十六有关“修撰”的诸多记载中便可以获得一个直观而集中的认识。

> 贞观五年九月二十七日，秘书监魏徵撰《群书政要》，上之。
>
> 十三年十一月三日，扬州长史李袭誉撰《忠孝图》二十卷，奏之。
>
> ……

永徽三年三月三日，符玺郎颜扬庭上其父师古所撰《匡谬正俗》八卷，令付秘阁。

……

六年正月二十七日，右内率府录事参军、崇贤馆直学士李善上《注文选》六十卷，藏于秘府。

……

（龙朔）三年十月二日，皇太子宏遣司元太常伯窦德玄，进所撰《瑶山玉彩》五百卷上之，诏藏书府。

……

（开元）十九年二月，礼部员外郎徐安贞等撰《文府》二十卷，上之。十二月十一日，侍中裴光庭上《瑶山往则》、《维城前轨》各一卷。

……

乾元二年十一月，四明山人沈若进《广孝经》十卷。

大历十二年十一月二十五日，刑部尚书颜真卿撰《韵海镜原》三百六十卷，表献之。诏付集贤院。

建中元年十月，濠州刺史张镒撰《五经微旨》十四卷，《孟子音义》三卷，上之。

贞元十一年八月，国子司业裴澄撰《乘舆月令》十二卷，上之。

……

十九年二月，淮南节度使杜佑撰《通典》二百卷，上之。

……

（元和十三年）十二月，秘书少监、史馆修撰马宇撰《凤池录》五十卷成，上之。

长庆元年十一月，商州刺史王公亮进新撰《兵书》一十八卷。

二年四月，翰林侍讲学士韦处厚、路随撰《六经法言》三十卷成，上之。

宝历元年三月，翰林侍讲学士崔郾与高重进《纂要》十卷。

二年五月，秘书省著作郎韦公肃注《太宗文皇帝帝范》一十二篇，上之。

太和元年六月，国子直讲徐郾上《周易新义》三卷。

……[76]

这些“进”、“上”的活动极大地扩充了唐代宫廷的藏书，客观上也促进了图书的流动。而唐人之所以会如此地热衷于向宫廷献书，其原因是较为复杂的，概括起来大致有这样几点：

第一，这是对于中央政府大力搜募图书的一种响应。

牛弘的《请开献书表》指出：“经邦立政在于典籍矣。”[77]紧承隋祚的唐代统治者显然是接受了这一观点，他们在征求、购募各种典籍方面，大都表现得不遗余力。所谓“上倡而下必应”，封建社会里，朝廷的搜募活动以及因此而产生的社会影响是极具号召力的。

第二，其与献书规劝的传统思想一脉相承。

早在春秋战国时代，便有所谓“史献书”的制度，如《国语》载：“故天子听政，使公卿至于列士献诗，瞽献曲，史献书，师箴，瞍赋，蒙诵，百公谏，庶人传语，近臣尽规，亲戚补察，瞽史教诲，耆艾修之。”[78]这种献书言事的思想契合于儒家的社会责任感，在时代的演进中深深地积淀于历朝士人的意识深处，已具有了某种“文化传统”的意义。[79]

唐代的统治者对此亦持赞赏支持的态度。如垂拱初年，武则天便“令镕铜为匦，四面置门，各依方色，共为一室”[80]，鼓励天下人投书献言。当然投于“匦”中之“书”，指的是表疏文章，与图书尚有区别。但是其至少反映了一种社会认识，即能够通过书面文字来达到劝谏和干谒的目的，表奏可以，书籍亦然。唐代许多士人都是带着讽谏的意图而进呈图书的。如前述魏徵所上之《群书政要》，其主旨在于“览前王得失”；再比如大中五年(851)姚康复进《通史》三百卷，其书也是“诏令可利于时者，必载于时政”[81]。

第三，向帝王献书是唐代士人实现自身利益的一种重要途径。

唐人向宫廷献书有其功利性的一面。有研究者指出：“在干谒之风盛行的唐王朝，朝廷既不以大开方便之门、破格收齿才髦为过；士人则亦不以诣阙干进、露才扬己为耻。”[82]当时借由献书之途而仕进的例子并不鲜见，如李群玉“大中八年以草泽臣来京诣阙”，进诗三百篇，“上悦之，勑授弘文馆校书郎”。[83]即便是无心仕途，谋得个一官半职也并非没有好处，这样至少能够免除徭役之负，可以终身高卧了。[84]

而且需要指出的是，在文人进诗、策士献论的社会风尚之下，献书使很

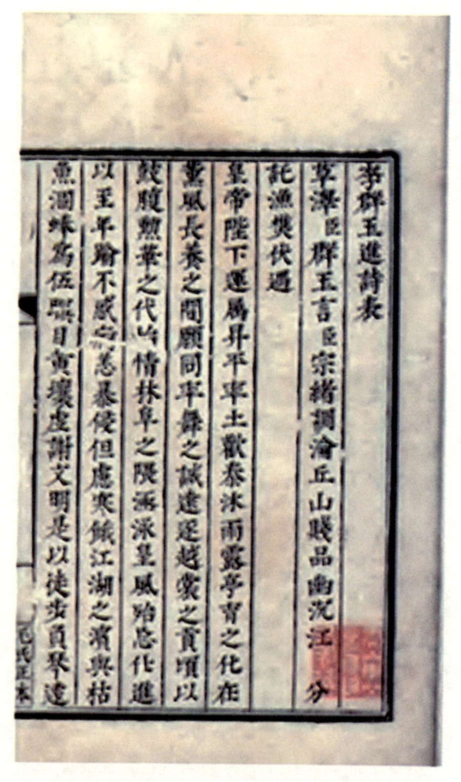
李群玉進詩表
草澤臣群玉言臣宗緒稠淪丘山賤品幽沉江分
託漁樵伏遇
皇帝陛下運屬昇平寧土歡泰沐雨露亭育之化在
盛風長養之間願同卑彝之誠達遐越裳之貢頃以
鼓腹熙華之代屮情林阜之隈涵泳皇風殆忘化進
以至年踰不惑悉暴俊但處寒餓江湖之濱與枯
魚涸蛙爲伍頭目黃壞虛謝文明是以徒步負琴遠
毛氏正本

（唐）李群玉《李群玉诗集》明抄本

多治学之人也可以通过直接向帝王展示才华而快速地获得认可。上文所引的“四明山人沈若进《广孝经》十卷”便是一例。沈氏献书后，“制授秘书郎集贤院待诏”[85]。

第四，宫廷在保藏和传播图书方面所显示出的绝对优势，是吸引唐代士人将个人撰著交予其中的重要原因。如前所述，传世意识是唐人从事创作和编辑活动的重要动力之一。在当时复制技术极为原始、书籍传播能力较为低下的社会条件下，保藏得好就意味着存在有流传的可能性。而在如何更好地保存这些书籍以备后人研读这个问题上，交予宫廷典藏无疑是最佳的选择——那里有优秀的书手、装潢匠，有专门的典藏机构和管理人员，而且又与强大的政权相联系，是最稳定和最值得信赖的地方。

总而言之，献书使部分图书——尤其是当时的创作，突破了家传的局限，而为更多的人所分享。但同时，由于宫廷的图书推广活动具有着无法克服的有限性，进献来的书籍更多地是被搁置于皇室的书架之上，丧失了传播的可能性。而一旦遭受战火兵燹的摧残，它们就只能接受化为尘埃的命运，唯有在一些目录或只言片语中留下蛛丝马迹，来诉说自己曾经的存在。

（二）教育因素。

教育的过程常伴随着书籍的讲授和抄录，因而也就免不了与图书传播发生关系。唐代的教育事业可以分为官学和私学两个体系，它们都在不同程度上促进了图书的社会传播。

1. 官学体系。

《旧唐书·儒学传序》言："及高祖建义太原，初定京邑，虽得之马上，而颇好儒臣。以义宁三年五月，初令国子学置生七十二员，取三品已上子孙；太学置生一百四十员，取五品已上子孙；四门学生一百三十员，取七品已上子孙。上郡学置生六十员，中郡五十员，下郡四十员。上县学并四十员，中县三十员，下县二十员。武德元年，诏皇族子孙及功臣子弟，于秘书外省别立小学。"武德七年（624），高祖又诏令"庶其非远州县及乡里，并令置学"[86]。因而唐代立国伊始，便迅速地构建起了从中央到地方的一整套官学体系。

在朝中，官学教育以六学二馆最为主要。所谓"六学"，指的是统摄于国子监之下的国子学、太学、四门学、律学、书学、算学；前三者以讲经为主，后三者则培养实用技能。据《唐六典》记载，国子监的经学教育主要是讲授《周易》、《尚书》、《周礼》、《仪礼》、《礼记》、《毛诗》、《春秋左氏传》、《公羊传》、《穀梁传》、《孝经》、《论语》、《老子》以及《国语》、《说文》、《字林》、《三苍》、《尔雅》等书。

律学主要讲授律、令，也兼习格、式、法例；书学以《石经》、《说文》、《字林》等为教材；而算学的学生则研修《九章》、《海岛》、《孙子》、《五曹》、《张丘建》、《夏侯阳》、《周髀》、《五经算》、《缀术》、《辑古》诸书。[87]毋庸置疑，在传授讲解的同时，相关书籍（至少是其内容）便随之而获得了传播。

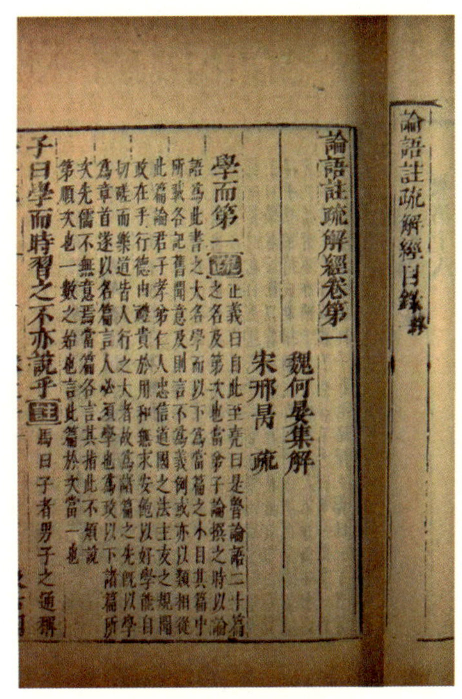

《论语》明汲古阁刻本

"二馆"指弘文馆和崇文馆。弘文馆在经典的教授和考核方面大约"如国子制"[88]，也修习《汉书》、《后汉书》、《三国志》等史籍。另据《唐会要》载："贞观元年敕，见在京官文武职事五品已上子，有性爱学书及有书性者，听于馆内学书，其书法内出。其年有二十四人入馆,敕虞世南、欧阳询教示楷法。”[89]则书法也曾一度是弘文馆的教学内容之一。崇文馆为东宫官署,其教育职能与弘文馆类似。

宫廷的其他机构常常也兼有讲授典籍、教授学生的职能。如崇玄馆讲习《老子》、《庄子》、《文子》、《列子》等道家著作[90];隶属太常寺的太医署,其中有医博士一人负责“教授诸生”,讲解传授《本草》、《甲乙脉经》等书;又如前述设于秘书外省的小学,大致上也会教授《论语》、《孝经》,以及《急就章》、《小学篇》、《千字文》一类的发蒙读物[91]。此外,太乐署、教坊、太史局等都在不同程度上负有培训生员的责任,不过它们一般以传授实际技能为主,较少涉及书籍的讲解传播。

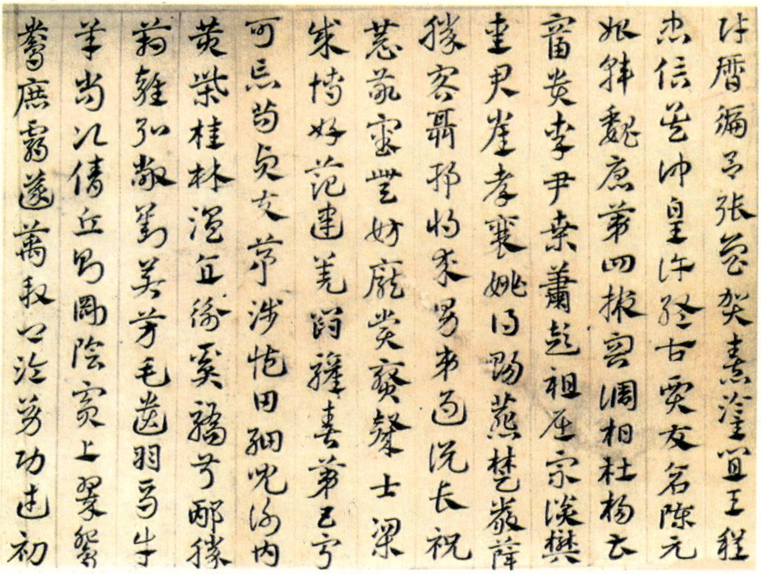

元大德三年(1299)临《急就章》(局部) 北京故宫博物院藏

至于地方各级学校,它们作为官学体系的有机组成部分,所选用的教材大致与宫廷相同。不过考察归崇敬的《辟雍议》,“国子之不率教者,则申礼部,移为太学生;太学之不变者,移为四门,四门之不变者,复本役,终身不齿;虽率教九年而学不成者,亦归之;州学其礼部考试之法请无帖经”[92],则地方官学讲授的典籍可能会略少于中央的六学二馆。不过这些学校的存在,极大地扩充了相关典籍的阅读者,如《通典》称高宗时

“州县学生六万七百一十员”，而国子监极盛之日亦不过八千生员。[93]因而，其在促进图书传播方面更具积极意义。

总体看来，官学体系的图书传播活动有其自身的特点：

其一，虽然同样是难以摆脱教材相对固定的局限，但相比于政治性传播活动，官学教育涉及的图书种类已大大增加。尤其是在推动古代科技性著作的流传方面，其更是功不可没。

其二，官学体系中的图书传播往往要面对来自政权的干预。其具体表现为，政权所设定的文化标准不可避免地要影响到官学教材的选用。《五经正义》的行用自不待言；又如上元二年（675），高宗敕令“明经咸试《老子》”；长寿二年（693），武则天“又自制《臣范》两卷，令贡举人习业”[94]，因而有关的典籍就必然要升格为官学教育中的用书。与之同时，相应的图书传播活动也会受到深刻的影响，如《臣范》于神龙元年（705）便被废止，但该书至少于南宋时尚有流传。

2．私学体系。

一般认为，唐代官学的发展在武则天称制后受到重创，所谓“二十年间学校顿时隳废矣”[95]；至于安史之乱以后，官学教育更是一蹶不振，如《旧唐书·礼仪志》所说：“自至德后，兵革未息，国学生不能廪食，生徒尽散，堂墉颓坏……”刘禹锡也曾描述曰：“今之胶庠，不闻弦歌，而室庐圮废，生徒衰少，非学官不欲振学也，病无赀财以给其用。”[96]然而与此相反，私人讲学授徒和家教相传的活动却一直在如火如荼地发展着。

相比于官学，私学教育显得更为自由和更具个性化的特征[97]，讲授的内容也更加丰富多彩。其中所涉及的典籍种类繁多，不胜枚举，这里粗略归纳如下：

第一，儒家经典。

唐代私学仍然以讲授儒家经义为主，这既是古代教育的传统，同时又是适应科举取士的必然要求。一些鸿儒硕学都曾聚众讲学，若王恭“教授乡间，弟子数百人”；马嘉运“退隐白鹿山，诸方来授业至千”；韩愈“颇能诱厉后进，馆之者十六七，虽晨炊不给，怡然不介意，大抵以兴起名教，弘奖仁义为事”[98]。同时，许多知名学者也都有过受业于私学的经历，比如《新唐书·儒学传》载："朱子奢，苏州吴人，从乡人顾彪授《左氏春秋》"；"马怀素，字惟白，润州丹徒人，客江都，师事李善，贫无资，昼樵，夜辄然以读书，遂博通经史"。

而吐鲁番出土的唐代文献中，更是发现了不少当时用做私学教材的儒家经典，主要有《孝经》、郑玄注《论语》、孔安国传《尚书》、郑玄注《礼记》以及何晏《论语集解》等；而且，这种用书情况"与中原内地基本一致"[99]。

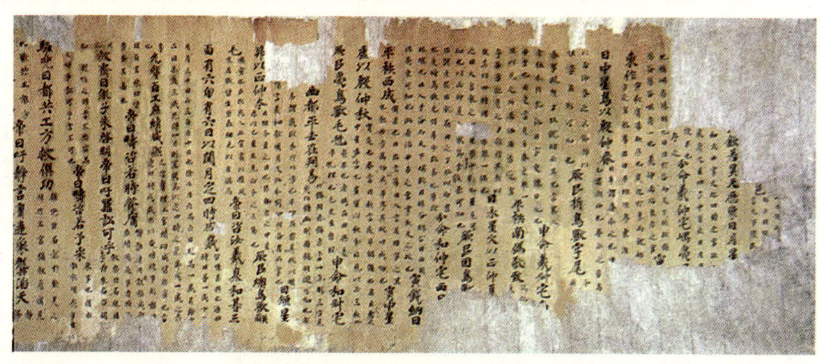

唐写本《尚书孔传》敦煌藏经洞出土

与官学中唯《五经正义》马首是瞻的状况相比较，私学教育的学术思想显得更为开放。如在大历时期，啖助、赵匡这些"异儒"的学说与著作便是通过私人授业的方式传播，"作为私家之学在江南流传"[100]。这种开放性的态度无疑有利于图书的传播。

第二，史籍与诸子。

据《唐故岭南节度使右常侍杨公女子书墓志》，唐杨发之女杨芸"自童年则不随稚辈戏游，端默静虑，有成人量，不甚丝竹，寡玩好；诸兄所习史氏经籍、子集文选，必从授之，览不再绎，尽得理义"[101]。则史书、子书也当是其时私学教育所经常涉及的文献。

又如李骘《题惠山寺诗序》曰："太和五年四月，予自江东将西归涔阳，路出锡邑，因肄业于惠山寺，居三岁，其所讽念《左氏春秋》、《诗》、《易》，及司马迁、班固史，屈原《离骚》，庄周、韩非书记及著歌诗数百篇。"[102]此亦可证之。

第三，文学作品。

有研究者指出，唐代士人在私学的环境中"培育出较高的文学修养"[103]，此说信然。诗词文赋是唐代私学教育的重要内容，如诗僧灵澈“从越客严维学为诗，遂籍籍有闻”[104]；刘禹锡曾师从于皎然、灵澈[105]；《旧唐书·裴休传》也载，裴休“童龀时，兄弟同学于济源别墅；休经年不出墅门，昼讲经籍，夜课诗赋”。

值得一提的是，在唐代前期的私学讲授活动中，《文选》是传播较广、影响较大的一部书籍。正如《新唐书·儒学传》所称，曹宪作《文选音义》，“甚为当时所重；初，江、淮间为《文选》学者，本之于宪，又有许淹、李善、公孙罗复相继以《文选》教授，由是其学大兴于代”。

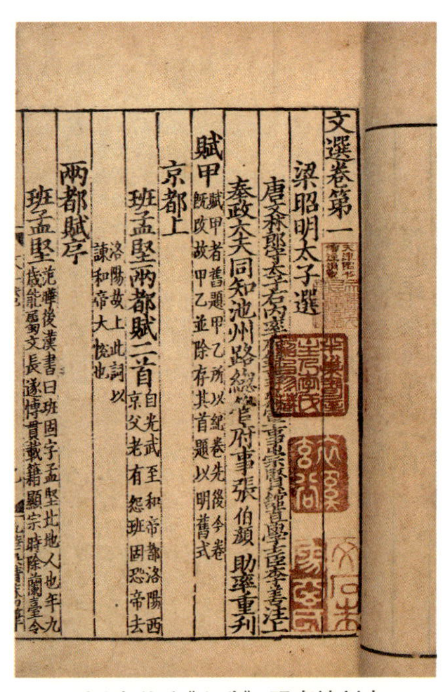
文選卷第一
梁昭明太子選
唐文林郎守太子右內率[illegible]事崇賢館直學士臣李善注上
奉政大夫同知池州路總管府事張伯顏 助率重刊
賦甲 賦甲者舊題甲乙所以紀卷先後今卷既改故甲乙並除存其首題以明舊式
京都上
班孟堅兩都賦二首 自光武至和帝都洛陽西京父老有怨班固恐帝去洛陽故上此詞以諫和帝大悅也
兩都賦序
班孟堅 范曄後漢書曰班固字孟堅北地人也年九歲能屬文長遂博貫載籍顯宗時除蘭臺令

(唐)李善注《文选》明嘉靖刻本

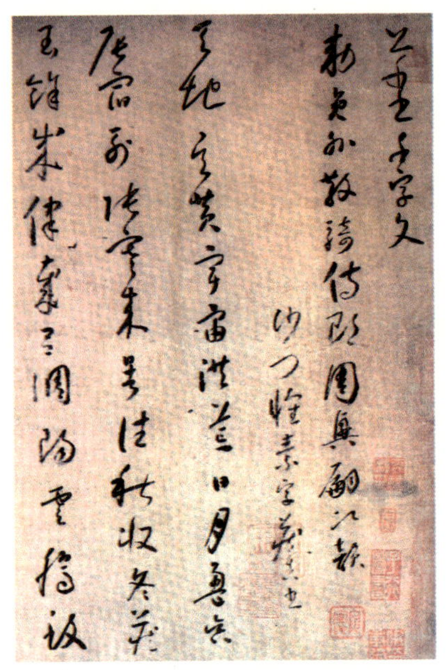

(唐)怀素草书《千字文》

第四，童蒙读物。

吐鲁番出土的唐代私学教材中便有《千字文》、《开蒙要训》一类的启蒙类图书[106]；此外《仓颉篇》、《千字文》、《急就章》、《劝学》、《启蒙记》等传统的童蒙课本，以及流行于当时的《太公家训》、《蒙求》和各种书仪，都是唐代私学在儿童教育方面所经常选用的书籍。[107]

第五，女教闺训。

这类书籍主要见于家庭教育。唐代士人重视家教，即使是女孩往往也能够受到一定程度的教育。唐代女性在闺中除了要被“教以经艺”、“课为诗赋”[108]之

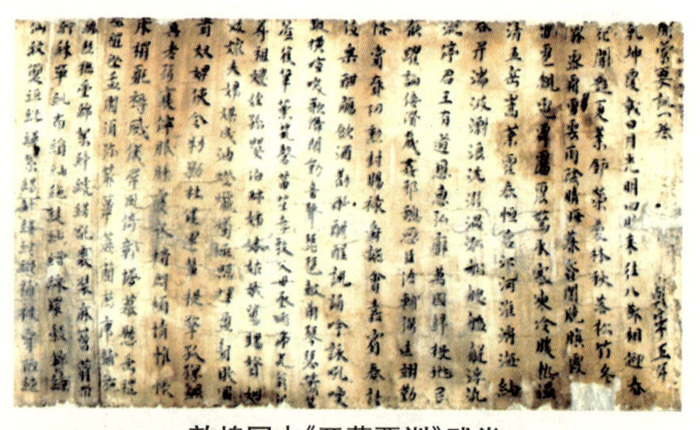

敦煌写本《开蒙要训》残卷

外，接触更多的便是闺范妇仪方面的典籍。如《大唐故监察御史赵郡李府君夫人博陵崔氏墓志》便赞扬墓主“七岁读《女史》，十一就妇功”[109]。至若“唐代所流行的女教书”，如《女诫》、《列女传》、《女仪》、《女则》、《女孝经》、《女论语》等，“皆可供学”[110]。

第六，其他。

私学教育没有形式、教材等硬性约束，经常是根据教学双方的个性或专长来确定讲授的内容，这样其中涉及的典籍也就必然要趋于复杂化。如《全唐诗》卷八百六十三有戚逍遥小传，言其父尝以《女诫》授逍遥，“逍遥曰：‘此常人之事耳。’遂取老子仙经诵之”。则神仙道书也可能在私学体系里被采用。再比如《宣和书谱》卷三载:“遂良初师世南，晚造羲之正书。”此过程中，右军之作自然必不可少；若继续深入学习，则又要接触到更多的碑帖文章，而其具体内容都是难以确知的。可以说，唐代经由私学渠道而获得传播的图书涵盖了诸多的内容领域，具有多元化的特征。

综而言之，唐代官学与私学将更多的人与书纳入到了教育的体系中来，扩大了图书传播的范围和种类，对于当时典籍的社会性分享与流传意义重大。当然，在当时的复制技术条件下，教育过程中的图书传播活动或许主要以思想和内容的传播为主，但是也不能排除图书实物传播的可能性。如吐鲁番出土文献中，大谷 3910 号文书的佛经残片背面抄有《千字文·李暹注》[111]，抄写者多半是当时的学童。也就是说，学习的需要促进了相关书籍的复制，这对于提升图书的传播能力是至关重要的。

（三）社交因素。

唐代因社会交往的需要而产生的图书传播活动大致有这样几类：

第一，投书拜谒。除了向宫廷献书，唐代士人也常将自己的诗文创作呈进给显宦名流，以期获得保荐或延誉，如李翱“执文章一通”谒于梁肃、白居易以诗歌谒顾况等，都是个中代表。在这一过程当中，唐人往往会将诗篇文章集结起来，以书卷的形式献上，上述“文章一通”、“诗一通”便是此类。因而，这种拜谒活动在某种程度上就成了推动图书传播的一个重要契机。

第二，赠书交友。即通过赠予书籍的方式，来结识新朋、增进旧谊。如崔融《报三原李少府书》曰：“仆去夏遄征，徂秋戾，止于舍，弟圆处辱吾子赠书，彻函敷纸……”又如颜真卿《尚书刑部侍郎赠尚书右仆射孙逖文公集序》称，孙逖文采卓著，为其时名流所赏识，“李邕自陈州入计，缮写其集，赍以诣公”[112]。这些反映的都是当时的图书赠送活动。

第三，酬唱应和。文人的酬唱活动中，有时可能一次性地邮寄大量的诗篇。如《唐摭言》卷十二载：“王贞白寄郑谷郎中曰：‘五百首新诗缄封寄去，时祇凭夫子见，不要俗人知。’”就如此的规模而言，其所谓的“新诗”可以看做一种特殊的图书了。

（四）宗教因素。

如前文所述，佛教在唐代有着极为广泛的社会影响，虔诚的信仰促使其信众热衷于大量地复制经卷。如《续高僧传》卷二十八载，释慧铨尚《法华经》，“生至终诵盈万遍，雇人抄写总有千部”。这种源于宗教情结的动力，也在雕版印刷术的发展过程中发挥了重要的作用。

这些抄写或印制而成的各种经卷，又往往被佛教信徒广为传布以宣传自己的信仰。如第七章所述及的“打本散失，同

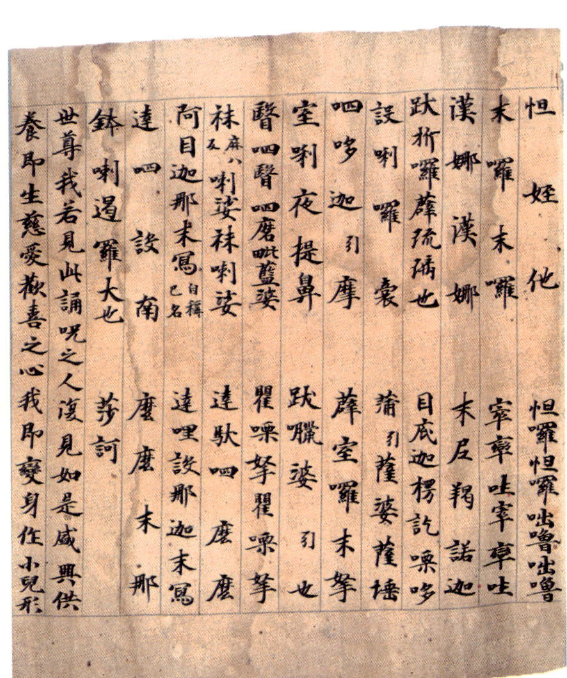
怛姪他 怛囉怛囉 咄嚕咄嚕
末囉末囉 窣[illegible]吐窣[illegible]吐
漢娜漢娜 末尼羯諾迦
跋折囉薜琉璃也 目底迦楞訖㗚哆
設喇囉囊 蒱引薩婆薩播
呬哆迦引摩 薜室囉末拏
室喇夜提鼻 跋[illegible]婆引也
醫呬醫呬磨𠽌藍婆 瞿㗚拏瞿㗚拏
秣麻八反喇婆秣喇婆 達馱呬磨磨
阿目迦那末寫自稱己名 達哩設那迦末寫
達呬設南 磨磨末那
鉢喇遏羅大也 莎訶
世尊我若見此誦呪之人復見如是咸興供
養即生慈愛歡喜之心我即變身作小兒形

唐人写《金光明最胜王经》（残卷）

源受持"，其反映的就是将佛寺碑文拓印下来后，散发给其他社会民众的活动；咸通九年《金刚经》经卷印本，也是王玠以为双亲祈福为目的而雕刻印刷并加以传布的。

与此同时，社会大众认同佛教，并对佛教经典产生了极大的需求。开铺写经、在市场上贩卖佛经等现象，都是适应这种社会需要而产生的。从这个意义上说，宗教是促进唐代图书传播的一个非常关键的因素。

此外，我们还应该注意到，宗教因素不仅推动了佛教经论的扩散，其在传播其他典籍方面同样具有极其重要的作用。唐代寺院是重要的社会文化场所，其拥有掌握文化的僧侣，也能够提供必要的物质保障，往往能够促进"寺学"的形成。如敦煌文献中便发现了唐代寺院讲学所留下的许多抄本，大略如《渔父歌》、《沧浪歌》、《开蒙要训》、《秦妇吟》之类。对此，日人那波利贞在《唐钞本杂钞考》中指出："此所见学郎、学士郎冠以寺名者，必即寺塾之学生，而观其姓名，皆系俗家子弟，所书写者，皆为外典，非佛典。可知此等寺塾所教所学者为普通教育，非佛家教育。……此种情形当非敦煌一地之特殊现象，而可视为大唐天下各州之共同现象。"[113]

第二节　域外交流

有唐一代是中外交流史上的黄金时期。丝绸之路以及海上航线的发展，使中土与周边列国的联系进一步加强，而凭依着强盛的国力和繁荣的文化，唐人更是以前所未有的自信与异常宽阔的胸怀去传播自己的思想，吸纳外来的文明。

一、典籍的外传

唐代高度发达的文化产生了强大的向心力，来此朝觐、问学、经商以及求法的域外人士络绎不绝。而中土的典籍亦随着中外交流的深入而流布于周边各国。

比如日本曾十九次遣史入唐[114]，学习中原文化；其僧侣亦是频繁地西渡求法、留学。唐代传入日本的图书可谓不胜枚举。据记录日本官方藏书的《日本国见在书目》(《本朝见在书目》)[115]，其皇室与官方在唐末时所藏的汉籍就已达一万六千余卷，具体包括：

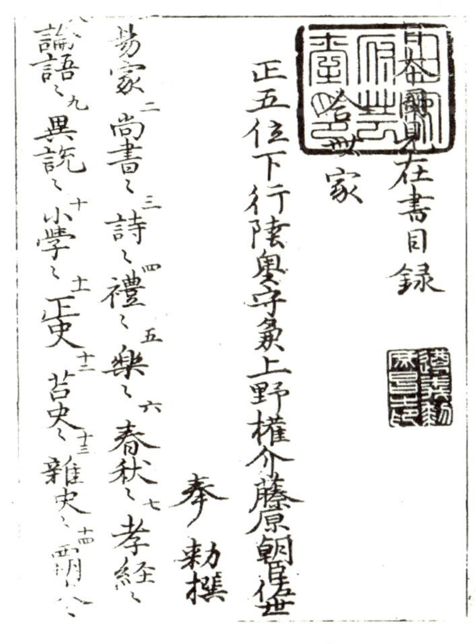
日本國見在書目録
正五位下行陸奥守兼上野權介藤原朝臣佐世 奉 勅撰
一易家 二尚書〻 三詩〻 四禮〻 五樂〻 六春秋〻 七孝經〻 八論語〻 九異說〻 十小學〻 十一正史〻 十二古史〻 十三雜史〻 十四覇史〻

《影旧钞本日本国见在书目》
(古逸丛书之十九)

易家　一百七十七卷，

尚书家　一百一十三卷，

诗家　一百六十六卷，

礼家　一千一百零九卷，

乐家　二百零七卷，

春秋家　三百七十四卷，

孝经家　四十五卷，　　论语家　二百六十九卷，

异说家　八十五卷，　　小学家　五百九十八卷；

正史家　一千三百七十二卷，　　古史家　二百四十卷，

杂史家　六百一十卷，　　霸史家　一百二十二卷，

起居注家　三十九卷，　　旧事家　二十卷，

职官家　七十卷，　　仪注家　一百五十四卷，

刑法家　五百八十卷，　　杂传家　四百三十七卷，

土地家　三百一十八卷，　　谱系家　十六卷，

簿录家　二十二卷；

儒家　一百三十四卷，

道家　四百五十八卷，　　法家　三十八卷，

名家　四卷，　　墨家　三卷，

纵横家　三卷，　　杂家　两千六百一十七卷，

农家　十三卷，　　小说家　四十九卷，

兵家　二百四十二卷，　　　　天文家　四百六十一卷，

历数家　一百六十七卷，　　　五行家　九百一十九卷，

医方家　一千三百零九卷；

楚辞家　十六卷，　　　　　别集家　一千五百六十八卷，

总集家　一千五百六十八卷。[116]

至若日本僧人著录的诸般书目，如《御请来目录》、《日本国承和五年入唐求法目录》、《入唐新求圣教目录》、《新书写请来法门等目录》之类，以及他们的各种献书表，其中所涉及的佛经和其他典籍就更是数不胜数了。

在朝鲜半岛，《旧唐书·东夷传》记载，高丽“俗爱书籍，至于衡门厮养之家，各于街衢造大屋，谓之扃堂，子弟未婚之前，昼夜于此读书习射，其书有《五经》及《史记》、《汉书》、范晔《后汉书》、《三国志》、孙盛《晋春秋》、《玉篇》、《字统》、《字林》，又有《文选》，尤爱重之”；而百济“其书籍有《五经》、子、史，又表、疏，并依中华之法”。

而新罗统一三韩之后，更加重视汉文化。例如其元圣王四年(788)春，“始定读书三品以出身”，规定“读《春秋左氏传》若《礼记》若《文选》，而能通其义，兼明《论语》、《孝经》者为上；读《曲礼》、《论语》、《孝经》者为中；读《曲礼》、《孝经》者为下。若博通五经、三史、诸子百家书者，超擢用之。前只以弓箭选人，至是改之”[117]。而庆州佛国寺《无垢净光大陀罗尼经》印本的发现，更是为中土经籍在朝鲜半岛流传提供了直接的实物证据。总而言之，这些历史情况既是汉籍在当地广为流传、产生深刻社会影响的集中反映，同时又为汉籍的顺利传播与接受提供了良好的文化氛围。

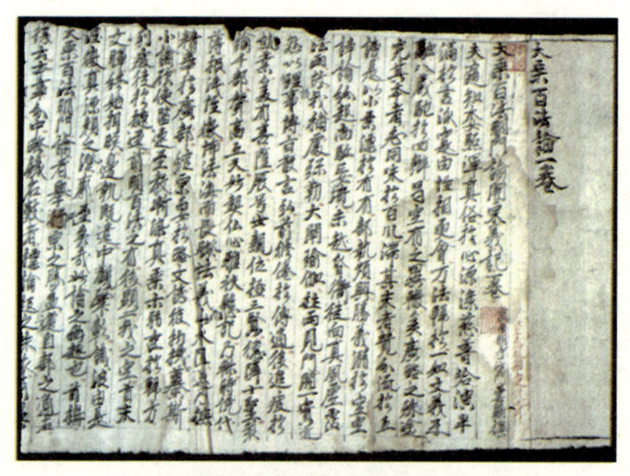
《大乘百法明门论开宗义记》
9世纪中期写本 敦煌藏经洞出土

在大唐西部，吐蕃亦通过请书、联姻以及派遣留学生等方式从中原输入文化典籍。如玄宗开元十九年(731)，“吐蕃使奏云（金城）

公主请《毛诗》、《礼记》、《左传》、《文选》各一部，制令秘书省写与之”[118]。而且从考古发现来看，法国人伯希和于20世纪初从敦煌劫掠走大量典籍，其中便有藏文《古文尚书》和《战国策》等典籍的残卷。

西域列国与中原的交往更为密切。新疆地区出土的汉文书卷十分丰富，如斯坦因劫获的吐鲁番文献中便有不少唐代的抄本。[119]而李瑞良先生通过分析敦煌遗书也指出：“隋唐五代时期，汉文图书已从中原广泛流传到西南、西北的边陲地区，图书品种数量繁多，内容范围广泛。”[120]

质言之，诚如麦克卢汉所分析的那样，媒介“为所有社会塑造起独特的文化氛围”[121]。考察古代社会中典籍与文化之间的关系，这一论断的说服力尤为明显——在媒介技术不发达的时代，正是书籍承担起了保存、传扬社会文化的重任。在这个意义上，唐代文化的传播必然会伴随着图书的扩散，中华文化所及之处都可能有大唐典籍的传播。因而，在渤海、南诏、突厥、回纥等不同程度上接受或学习了中原文化的地区，也就自然应该有唐朝书籍的流传。

二、传播途径

有唐一代的图书通过各种方式向域外传播，其中主要有这样几种途径：

1. 政治外交。

周边国家在同大唐开展政治交往活动的过程中，经常会提出“请书”的要求。对此，唐代统治者大多会给予满足。上述吐蕃请《毛诗》、《礼记》、《左传》、《文选》便是一例。

再比如，据《旧唐书·东夷传》载，垂拱二年，新罗王金政明遣使来朝，“因上表请唐礼一部并杂文章”，“则天令所司写《吉凶要礼》，并于《文馆词林》采其词涉规诫者，勒成五十卷以赐之”。《唐会要》卷三十六曰：“（开元）二十六年六月二十七日，渤海遣使求写唐礼及《三国志》、《晋书》、《三十六国春秋》，许之。”

又，《古今佛道论衡》卷丙记有“文帝诏令奘法师翻《老子》为梵文事”，其言：“贞观二十一年，西域使李义表还奏：称东天竺童子王所未有佛法外道宗盛，臣已告云，支那大国未有佛教已前，旧有得圣人说经在俗流布，但此文不来，若得闻者必当信奉。彼王言：卿还本国，译为梵言，我欲见之。……即下敕，令玄奘法师与诸道士对共译出。于时道士蔡晃、成英二人，李宗之望，自余锋颖三十余人，并集五通观，日别参议，详核《道德》，奘乃句句披析，穷其义类得其旨理，方为译之……"[122]而《旧唐书·西戎传》亦记，贞观中王玄策至天竺，"其王发使贡以奇珍异物及地图，因请老子像及《道德经》"。可见，唐代中印两国之间，至少是在上层社会，可能存在着道家经典的交流。

而且，除了遂蕃邦之请而赐赠图书外，唐代政府往往也会主动地向域外传播典籍。例如，据《旧唐书·东夷传》记载，高祖武德七年(624)，刑部尚书沈叔安奉命前往高丽，代表大唐册封其王高建武，"仍将天尊像及道士往彼，为之讲《老子》，其王及道俗等观听者数千人"；至于贞观二十二年(648)，新罗王真德"遣其弟国相、伊赞干金春秋及其子文王来朝；诏授春秋为特进，文王为左武卫将军；春秋请诣国学观释奠及讲论，太宗因赐以所制《温汤》及《晋祠碑》并新撰《晋书》"。

唐代政府认同并积极促进本国典籍的外传，除了思想开明、政治自信等原因外，可能还有以下两种考虑：

其一，提高声威。通过向外输出典籍来展现国家实力，不失为一种树立威望的好办法。深邃的思想、悠久的历史、优美的文辞无不显示着中原文化的发达和人才的层出不穷，而浩繁的卷帙，以及为了生产它们必须付出的人力、物力，亦体现着国家的政治与经济实力。随着书卷的传播，大唐的声威也必然随之远扬。

如唐代宫廷之所以乐此不疲地传扬《道德经》，很大程度上就是因为其有助于提高李唐皇室的声望和影响力。众所周知，唐代帝王尊崇老子为始祖，如太宗便称："朕之本系起自柱下，鼎祚克昌既凭上德之庆，天下大定亦赖无为之功。"[123]其中寄予着神化皇权的意图，同时也将唐皇室与圣人老子联系了起来。因此，促进老子《道德经》在四域的传播、接受以及影响的扩大，在某种意义上也就意味着宣扬了李氏政权的高贵与尊严。

其二，立文以化成。在经略四夷的问题上，唐代政府主张"柔远之道，必先文德"[124]，即通过文化的感召力来使外藩臣服。其向域外输出典籍，往往带有文化同化的愿望，希冀将夷狄纳入到自己的礼法体系中来。如上述玄宗赐书予金城公主一事：其时大唐与吐蕃交恶，朝中有意见反对将典籍授于雠寇；但是在中书门下的讨论过程中，侍中裴光庭便认为“吐蕃不识礼经，孤背国恩，今求哀启颡，许其降附，渐以诗书，陶一声教，斯可致也”[125]，从而最终促成了这次图书的外传活动。

大昭寺唐蕃会盟碑

2. 商品流通。

国际贸易是古代中外交流活动的重要表现形式之一。唐代通过商品贸易渠道而流传到域外的典籍亦为数不少。日本的汉籍很多就是由其“遣唐使”购买回国的，如《旧唐书·东夷传》载，日真人粟田于开元初来中国朝觐并“请儒士授经”，归国之时将所得赐赉“尽市文籍”。而他的副使因仰慕中华文化而留居大唐，其人就是中外交流史上的著名人物晁衡。

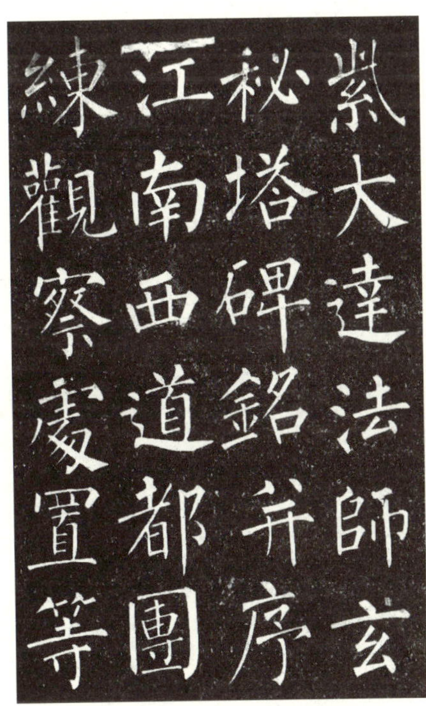

（唐）柳公权《玄秘塔碑》（局部）

从文献记载看，唐代的文学艺术作品似乎对域外人士颇有吸引力，而相关的书籍也较多地成为了各国使臣、商人的购买对象。如《新唐书》记载，柳公权书法自成一家，名闻天下，“外夷入贡者，皆别署货贝，曰此购柳书”。[126] 又如唐代张鷟有文才，“文如青钱，万简万中，未闻退时”，

“是时天下知名，无贤不肖，皆记诵其文”，因而“新罗、日本东夷诸蕃，尤重其文，每遣使入朝，必重出金贝以购其文”[127]。

（唐）褚遂良书《倪宽赞》

中唐时，白居易的文集也通过贸易而远及朝鲜、日本。元稹《白氏长庆集序》记述道，白居易的诗文脍炙人口，广为流传，其时盛传“鸡林贾人求市颇切，自云本国宰相每以百金换一篇”。[128]《新唐书·白居易传》也称：“居易于文章精切，然最工诗……鸡林行贾售其国，相率篇易一金。”按，白居易在《白氏文集自记》中说，其集有抄本五，而“其日本、新罗诸国及两京人家传写者不在此记”，则元氏所言鸡林贾人求购白居易作品回国贩卖之事当为实情。

不过需要指出的是，唐代图书的商业性外传，主要指的是外邦商人到大唐采购典籍并运送回国，而唐人携书至域外贩卖的情况还是极为罕见的。

3. 人员交流。

古代典籍向域外流传的最大特征，便是随人员的跨国流动而流动。唐时，来华人士返乡的时候经常要携带一些中土的书卷。这些典籍一般不是通过国家外交的渠道而获得的，其中许多都是他们手自抄写的，另一些则限于文献记载而不知其所来。对于这部分典籍，我们将其视为因人员交流而传播到域外的图书。

有唐一代，有两个群体最为热衷于获取中土典籍，并将其携带至域外：

一是各国的留学生，二是入唐求法的僧人。

唐代发达的文化吸引了周边诸邦的有识之士来此求学，据《唐会要》载，贞观五年(631)时的国学便已汇集了高丽、百济、新罗、高昌、吐蕃诸国的贵族子弟[129]，此后更多的域外人士陆续来华留学。这些人不但学习、接受了唐代的文化，还将中国的各种典籍带回了本邦。如日人吉备真备，其于开元五年(717)随遣唐使入唐，后留居中土求学近十七年，深入研究了唐代天文历法、音乐书法和礼仪制度等诸多方面的知识。其回国后，向当时的圣武天皇献上"《唐礼》一百卌卷，《太衍历经》一卷，《太衍历立成》十二卷，测影铁尺一枚，铜律管一部，铁如方响写律管声十二条，《乐书要录》十卷，弦缠漆角弓一张，马上饮水漆角弓一张，露面漆四节角弓一张，射甲箭廿只，平射箭十只"[130]。

而来自大唐东方的求法僧人，更是将大量的中土佛教经卷传播至朝鲜半岛和日本列岛。唐代，许多新罗僧人来到中土，他们中的一些，如圆测、慧超等，还在唐政府组织的译经活动中发挥了作用。与此同时，这些僧人也将一些典籍带回了本国。如《续高僧传》称，新罗僧慈藏于贞观十七年(643)"得藏经一部，并诸妙像幡花盖具堪为福利者，赍还本国"[131]。又如贞元中，法照有《送无著禅师归新罗》一诗，其文曰："万里归乡路，随缘不算程。寻山百衲弊，过海一杯轻。夜宿依云色，晨斋就水声。何年持贝叶，却到汉家城。"[132]从"持贝叶"一语来看，当时的僧人无著极有可能是携带着经卷的。

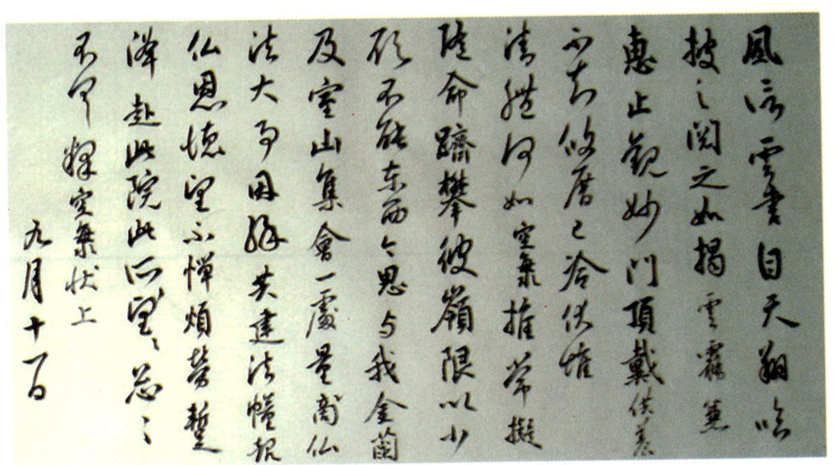

(日)空海《风信帖》

日本的僧侣更是频繁地往来于中土与东瀛之间，他们往往在大唐勤奋地学习、抄录各种典籍，并将其带回本国。在日本，由求法僧人带回的唐代典籍可谓相当繁多。如日僧空海的《御请来目录》著录了其入唐求法时获取的经籍“总二百一十六部，四百六十一卷”；而《智证大师请来目录》记载的由僧人圆珍带回的经卷，更是多达“四百四十一本，一千卷”。[133]

在当时的日本，这样孜孜不倦、努力取经的僧人不在少数。《大正藏》中收录了大量的入唐取经目录。其中包括：最澄《传教大师将来台州录》、《传教大师将来越州录》，空海《根本大和尚真迹策子等目录》，常晓《常晓和尚请来目录》，圆行《灵岩寺和尚请来法门道具等目录》，圆仁《日本国承和五年入唐求法目录》、《慈觉大师在唐送进录》、《入唐新求圣教目录》，惠运《惠运禅师将来教法目录》，圆珍《开元寺求得经疏记等目录》、《福州温州台州求得经律论疏记外书等目录》、《青龙寺求法目录》、《日本比丘圆珍入唐求法目录》以及宗睿《新书写请来法门等目录》等。[134]这些目录记载的典籍，种类繁多且数量巨大，集中地反映了唐代图书经由日本求法僧人这一媒介向域外传播的过程。

需要指出的是，这些来自日本的僧人不仅将大量的佛教经论律疏携带回国，他们对于中土的外法杂书等亦颇感兴趣。如上述《日本国承和五年入唐求法目录》记有“《唐新修定公卿士庶内族吉凶书仪》一卷，《开元诗格一卷》，《祇对义》一卷，《判一百条》一卷，《祝元膺诗集》一卷，《杭越寄和诗集并序》一卷，《诗集》五卷，《法华二十八品七言诗集》一卷”；《新书写请来法门等目录》也收录“《七曜禳灾决》一卷，《七曜二十八宿历》一卷，《七曜历日》一卷，《六王名例立成歌》一部二卷，《明镜连珠》一部十卷，《秘录药方》一部六卷，《削繁加要书仪》一卷，西川印子《唐韵》一部五卷，同印子《玉篇》一部三十卷”。[135]又如，据空海弘仁二年(811)《献书表》和《献杂文表》可知，他也带回了《刘希夷集》、王昌龄《诗格》、《贞元英杰六诗》、《飞白书》、《急就章》、《王昌龄集》、《杂诗集》、《朱昼诗》、《朱千乘诗》、《王智章诗》等大量汉文典籍。[136]

此外，中国到域外传法的僧人也要随身携带各种经籍，从而也能够促进唐代图书的传播。这一点在鉴真和尚东渡的过程中体现得最为典型。如据《唐大和上东征传》记载，鉴真在筹划赴日传戒的过程中曾购置过不少经卷；

玄宗天宝十二年(753)其东渡成功时,便携有"《金字大方广佛华严经》八十卷,《大佛名经》十六卷,《金字大品经》一部,《金字大集经》一部,《南本涅槃经》一部四十卷,《四分律》一部六十卷,《法励师四分疏》五本各十卷、《光统律师四分疏》百二十纸,《镜中记》二本,《智周师菩萨戒疏》五卷,《灵溪释子菩萨戒疏》二卷,《天台止观法门》、《玄义文句》各十卷,《四教仪》十二卷,《次第禅门》十一卷,《行法华忏法》一卷……"可谓是唐代民间主动向域外传播典籍的集中代表。

鉴真 塑像

总而言之,外交、贸易和人员往来这三条途径在不同的层面上促进了典籍的外传,在唐代图书的域外传播过程中发挥了极为重要的作用。但是,它们绝非代表了唐代图书对外交流的所有渠道,其他社会活动,如战争等,同样也能够促成古代书籍的跨国流动,只不过有关这些方面的历史资料尚为数不多,需要进一步探索罢了。

三、图书的引进

唐代流传的域外图籍,大多来自南亚印度半岛,也有部分是从西域诸国引进的。其中数量最大的便是佛教经论。以玄奘、不空为代表的唐代僧侣不畏艰险,长途跋涉到天竺求取典籍;与此同时,波颇、弥陀山、善无畏等印度或西域的传法僧人亦将大量经卷带到中原。这些活动在古代中国获取、接受域外图书的过程中具有极其重要的意义。关于佛经的传入与翻译,本书第四章已有论述,这里不再赘言。

除此之外,唐代从域外引进的典籍还包括这样几类:

第一,天文历法。域外天文历法在唐代影响很大,如唐开元时施行《大衍历》,其在编制的过程中借鉴了《九执历》的部分内容,而《九执历》便是"出于西域”[137]。佛教僧侣在这种图籍的引进过程中发挥了重要的作用。如不空译有《文殊师利菩萨及诸仙所说吉凶时日善恶宿曜经》,西天竺婆罗门僧人俱吒译有《七曜禳灾诀》等。[138]

而且，迁居至中原的域外人士对于唐代天文历算事业的发展也做出了重大贡献。如唐代的天文学世家瞿昙氏,有瞿昙罗、瞿昙悉达、瞿昙譔等几代人先后供职于太史局;其中瞿昙悉达翻译了《九执历》,并编纂有《开元占经》。而按郑樵《通志》,“瞿昙”一姓正是“西域天竺国人”。[139]

老子 像

第二,地图。周边列国朝觐大唐天子时,常常会献有地图,如《新唐书·西域传》载:“迦没路国献异物,并上地图，请老子象”;《新唐书·南蛮传》亦有南诏凑罗栋等二十七人“入献地图、方物”一事。而且,沙州将领张义潮归顺唐朝时也是“奉沙、伊、肃、甘等十一州地图以献”。[140]在这个意义上,外邦进献地图的行为实际上是一种向唐政权表示臣服的方式。

第三,医方。有研究者认为,唐代亦有印度和拜占庭的医药类书籍传入中国。[141]按,《隋书·经籍志》载有《龙树菩萨药方》四卷、《西域诸仙所说药方》二十三卷、《西域波罗仙人方》三卷、《西域名医所集要方》四卷、《婆罗门诸仙药方》二十卷、《婆罗门药方》五卷、《耆婆所述仙人命论方》二卷、《干陀利治鬼方》十卷、《新录干陀利治鬼方》四卷等,则中外医学交流已颇有历史。因而,唐代有域外医药学著作传入的可能性极大。

总之,从文献记载来看,唐代引进的域外图书主要以佛教经典为主,其他种类的典籍则相对较少;而往来于“中原—西域—印度半岛”这条路线上的僧侣，在促进域外图书传入中原的过程中发挥了不可替代的作用。

第三节 唐代图书传播评述

政治、经济、文化教育、宗教信仰、社会交往等因素，是促进图书流传、扩散的普遍性原因，历朝历代都是如此；但不同时期历史社会条件又有其特异性的一面，因而历代图书传播活动也会相应地呈现出一些独有的特征。考察唐代的图书传播活动，有这样几个问题值得我们注意：

第一，宏观上，唐代图书的大众性传播[142]呈现为一种“结点辐射”式的格局。

所谓大众性图书传播，反映的是一种传播能力，即传播活动具有持续、稳定的特征，不是偶然为之，且涉及的受众数量较多。有唐一代，这种图书传播活动主要发生在图书市场、政府教育机构、政府藏书机构以及部分佛教寺院和私人藏书地。[143]

而上述这些机构或场所又具有以下两个共同的特点：

(1)有限性。即有能力开展大众性图书传播活动的组织或个人的数量相当之少。总体看来，只有秘书省、集贤殿书院、国子监等具有宫廷背景的国家机构，集中于两京、江浙和成都地区的部分大规模书肆，以及图书资源丰富的极少数寺院和个体藏书者，才能持续地从事图书传播事业，且达到一定的广度。

(2)固定性。也就是说，在它们参与的图书传播活动中，传播者与接受者的角色是固定的。市场、官学、寺院和公私藏书场所，固定地发挥着传播源的作用，而图书的获取者或借阅者则永远地处于被动接受的地位，不可能成长为新的大众性图书传播者。

因而，在全社会范围内便形成了少数几个汇聚了大量图书资源的“点”，持续而固定地向各个阶层的受众传播各种典籍的局面。我们将这种情形命名为“结点辐射”的格局。

第二，图书的人际性传播较为普遍，呈现为网状。

图书的人际性传播活动，具有偶然、灵活的特点。其中，传播者只面对一个或有限几个接受者，有很强的针对性，而且传播者与接受者的身份并不是一成不变的。如前文所述，唐代士人之间呈送、赠予书籍的现象为数不少；若是从分享思想、文辞的层面来考察图书作为精神产品的一面，其人际性传播更是相当普遍。这种普遍性将单独的一对一形式的人际图书传播活动结合起来，形成了一张覆盖整个社会的网。当然，其在知识阶层这个群体中表现得更加明显。

第三，唐人在图书传播活动中有保守性的一面，其保守思想主要是这样两种：

(1)政治保守性。这在典籍的外传过程中最为常见，具体表现为担心番邦外夷因学习和接受中国文化而壮大实力，从而对唐政权的政治、军事利益造成威胁。如于休烈曾公然反对赐书给吐蕃，他认为：“戎狄，国之寇。经籍，国之典也。戎之生心，不可以无备。昔东平王求《史记》、诸子，汉不与之，以《史记》多兵谋，诸子杂诡术也。东平，汉之懿戚，尚不示征战之书，今西戎国之寇仇，安可贻以经典？且吐蕃之性慓悍果决，善学不回。若达于《书》，则知战。深于《诗》，则知武夫有师干之试。深于《礼》，则知月令有废兴之兵。深于《春秋》，则知用师诡诈之计；深于文，则知往来书檄之制：此何异假寇兵资盗粮也。”[144]即认为中国的礼仪制度有着异乎寻常的优越性，是治国兴邦的利器，不可授之于外人以资其智。

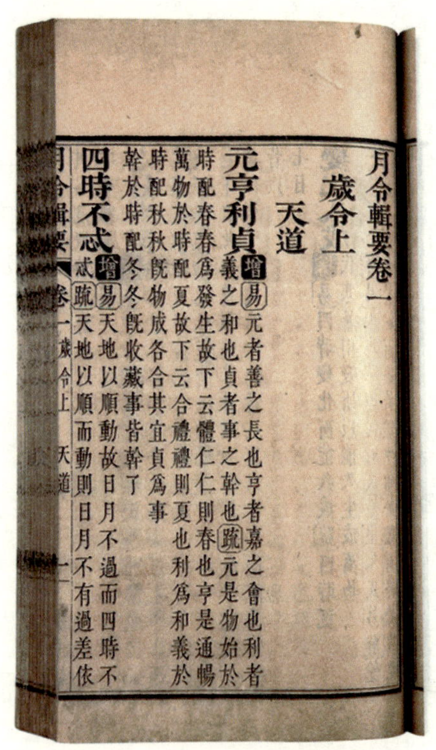

月令輯要卷一

歲令上

天道

元亨利貞【增】【易】元者善之長也亨者嘉之會也利者義之和也貞者事之幹也【疏】元是物始於時配春春爲發生故下云體仁仁則春也亨是通暢萬物於時配夏故下云合禮禮則夏也利爲和義於時配秋秋既物成各合其宜貞爲事幹於時配冬冬既收藏事皆幹了

四時不忒【增】【易】天地以順動故日月不過而四時不忒【疏】天地以順而動則日月不有過差依

月令輯要 卷一 歲令上 天道 一

(清)李光地等《月令辑要》清康熙刻本

（2）极度重视图书的保藏。由于社会生产力和复制技术的限制，获取书卷对于唐代的普通人而言可谓是一件不易之事，因而人们都非常珍惜自己的藏书。很多人都反对出卖图书，如杜兼“家聚书至万卷，署其末，以坠鬻为不孝戒子孙云”[145]。再比如，《太平广记》中载有“唐五经”的故事，称咸通中有书生唐五经学识精博、旨趣甚高，其常谓人曰：“不肖子弟有三变：第一变为蝗虫，谓鬻庄而食也；第二变为蠹鱼，谓鬻书而食也；第三变为大虫，谓卖奴婢而食也。”反映的也是相同的观念。

更有甚者，连外人借书都不允许。如唐杜暹“家书末自题云：清俸买来手自校，子孙读之知圣道，鬻及借人为不孝”，以致宋人都批评其“鬻为不孝可也，借为不孝过矣”。[146]

这种思想对于唐代图书的传播是具有一定阻碍作用的。不过对此我们也应该辩证地加以看待：在缺乏副本的情况下，在空间维度上的传播的确能够在短时间内使多数人能够分享图书，但这种做法也增加了图书消亡的可能性；相反，谨慎的保存虽然限制了一定时期内的阅读者人数，但是却保证了更多的后来人有看到图书的机会，从而在时间维度上增加了分享图书内容的人数。

第四，唐代的图书传播活动具有极大的历史文化意义。我们可以从两个方面来理解：

其一，唐代的图书传播对于古代文献的保存发挥了极其重要的作用。其突出地表现在，很多种后世失传的典籍在日本被重新发现。比如元兢的《古今诗人秀句》、王昌龄《诗格》等一些唐人的作品在我国已经失传，但日僧空海编纂的《文镜秘府论》中却有相关的内容；又如，《文馆辞林》、《乐书要录》等书在宋以后逐渐亡佚，然而它们传入日本的抄本却被部分地保存了下来。

其二，唐代典籍的域外传播促进了周边各国文化的发展。先进的唐文化给周边各民族带去了启发，极大地推动了当地政治、文化、艺术的进步。例如古代朝鲜和日本政治体制的形成与发展深受唐代律令制度的影响[147]；在土地制度和税制方面，日本曾模仿了唐王朝的“均田制”和“租庸调制”[148]；日本古典小说《源氏物语》的创作更是得益于唐代文学的成就。如果说“汉文化圈的主要影响和形成，应把唐作为主要的坐标”[149]，那么唐代典籍的传播必定是这一坐标得以建立的最重要基础之一。

注　释

［1］李瑞良先生认为："图书是为满足社会需要而产生的，社会性是它的本质属性。"（《中国古代图书流通史·前言》，上海人民出版社，2000 年）

［2］罗紫初、汪林中、宋少华：《出版发行学基础》，山西经济出版社，2000 年，第 11 页。

［3］需要说明的是，在当今的出版史研究中，有的学者将这一领域视为"发行史"（如高信成《中国图书发行史》，复旦大学出版社，2005 年），有的则称做"流通史"（如李瑞良《中国古代图书流通史》）。但是我们认为，使用"图书传播"的说法应更为恰当。这是因为：

第一，"发行"这一概念不能完全地概括中国古代的图书流动现象。诚如罗紫初先生等所说，发行是"一个与商品流通相联系的概念"（《出版发行学基础》，第 9 页）。虽然图书贸易在中国古代不断发展，但是由非交易性、非商业性的因素所引发的图书流动与扩散也并不罕见。若以"发行"来概括这些非交易性行为，未免略有不妥。

即使按照姚福申先生修订的定义，发行指"通过销售、预订、交换、赠阅等方式，将载有图文的批量图书（手抄件或出版物）交付给广大读者的社会性流通过程"（姚福申，《中国图书发行史·绪论》，第 3 页），我们也难以回避"批量"这一与批发相联系的意义要素。而在唐代以手抄为主要复制手段的社会条件下，这样的现象显然是不多的。

第二，"流通"的说法不足以涵盖内容层面意义上的图书的传播。在当代语境之下，"图书流通"一词多用于图书馆学的研究之中，且往往指涉物质层面上的图书，即描述的是作为实物的书册的移动。但古代图书的流传不一定总是会以实物流通的方式完成。如敦煌遗书中发现有唐代的藏文《战国策》残卷，显然这不可能是中原生产出来的，但其却又实在地说明了《战国策》一书的传播。我们认为这样的过程用"流通"来解释略显牵强。又因为如绪论部分所言，本书的研究持"大出版"的理念，那些书籍位置不变，而通过"就阅"等方式引起内容、思想扩散的现象，同样也是我们关注的对象。

因而，本章选择"传播"一词来概括图书从个人化的精神产品转变为公共文化（当然，囿于社会条件的局限，所谓"公共"更多地是共享的意思）的这一过程。其既指有形图书实体的流通，同时也包含图书内容分享的意义。

［4］《古今事文类聚·后集》卷二十三。

［5］《隋书·经籍志》。

［6］《杜诗详注》卷二。

［7］《王司马集》卷五。

［8］《全唐诗》卷二百八十。

[9]《丁卯诗集》卷下。

[10] 参见曹之先生对于《全唐诗》中有关图书交易的诗句的摘录(《中国印刷术的起源》,武汉大学出版社,1994 年,第 91 ~ 92 页),并同时综合其他的相关记载。

[11] 见第二章第二节中“唐代政府的图书搜集活动”部分。

[12]《全唐诗》卷八十八。

[13]《新唐书·艺文志》。

[14]《全唐文》卷八百二十八。

[15]《全唐文》卷八百二十八。

[16]《新唐书·宗室传·陇西王博乂传》。

[17]《全唐诗》卷四百六十七。

[18]《全唐诗》卷五百五十四。

[19]《五代诗话》卷三。

[20]《山堂肆考》卷一百八十七。

[21]《送杨少尹赴凤翔》,《张司业集》卷五。

[22] 见《柳氏家训序》,具体论述参考第七章第三节中“雕版印刷术发明的证据”一部分。

[23] 李瑞良:《中国古代图书流通史》,上海人民出版社,2000 年,第 205 页。

[24]《白氏长庆集·序》。

[25]《唐音癸签》卷二十五。另,唐人冯贽《云仙杂记》也曾引《丰年录》:“开成中物价至微,村落买鱼肉者,俗人买以胡绢半尺,士大夫买以乐天诗一首,兼与之。”(卷四)

[26] 陈德弟:《魏晋南北朝兴旺的佣书业及其作用》,《历史教学》,2004 年第 11 期。

[27]《文苑英华》卷七百六十。

[28] 阎西林:《古代“佣书”活动与出版编辑的产生》,《郑州大学学报》(哲学社会科学版),2006 年第 3 期。

[29]《太平御览》卷七百一十八。

[30]《廿二史札记》卷二十。

[31] 全汉升:《唐宋帝国与运河》,商务印书馆(上海),1946 年,第 20 页。

[32] 敖天颖:《略论唐前期营建东都洛阳的经济价值》,《四川大学学报》(哲学社会科学版),2004 年增刊。

[33]《太平广记》卷四百八十四。《李娃传》又作《汧国夫人传》。按,原文言《李娃传》乃

"故监察御史白行简为传述",这一说法是可信的。虽然史传中并无白行简任监察御史的记载,但其确在剑南东川节度使幕下任掌书记,周绍良先生认为:"白行简之任掌书记自可带监察御史而无疑问。"(《唐传奇笺证·〈汧国夫人传〉笺证》,人民文学出版社,2000 年,第 236 页)又据李剑国先生考证:"白行简元和十四年可能代兄出使长安,从而与李公佐相会,话李娃之事。这种可能完全存在。"(《〈李娃传〉疑文考辨及其他——兼议〈太平广记〉的引文体例》,《文学遗产》,2007 年第 3 期)

因而,《李娃传》虽曰传奇,但其中是有相当大的真实性成分的。尤其是"旗亭南偏门鬻坟典之肆"这种关于社会环境的描述,更应当是当时客观存在情况的真实反映与记录。

[34]《吕衡州集》卷二。

[35]《苏州刺史谢上表》,《白氏长庆集》卷六十八。

[36]转引自赵常兴、周敏:《唐代城市群发展过程中的经济因素》,《西安电子科技大学学报》(社会科学版),2007 年第 3 期。

[37](唐)李华《杭州刺史厅壁记》,《文苑英华》卷八百。

[38]《白氏长庆集序》。

[39]《入唐求法巡礼行记》卷一。

[40]《唐大和上东征传》,《大正藏》No.2089-7。

[41]赵常兴、周敏:《唐代城市群发展过程中的经济因素》,《西安电子科技大学学报》(社会科学版),2007 年第 3 期。

[42]《容斋随笔》卷九。

[43]详见本书第七章第三节中"雕版印刷术发明的证据"一部分。

[44]刘玉峰:《论唐代市场管理》,《中国经济史研究》,2002 年第 2 期。

[45]见张邻:《论唐代国家的商业统制及其变迁》,《学术月刊》,2005 年第 3 期。

[46]尚永亮、李丹:《"元和体"原初内涵考论》,《文学评论》,2006 年 2 期。

[47]梁启超:《清代学术概论》,上海古籍出版社,1998 年版,第 1 页。

[48]《唐大和上东征传》,《大正藏》No.2089-7。

[49]《宣和书谱》卷五。

[50]《新书写请来法门等目录》,《大正藏》No.2174A。

[51]《爱日斋丛抄》卷一。

[52]《禁版印时宪书奏》,《全唐文》卷六百二十四,也可见《册府元龟》卷一百六十。

[53](宋)赵彦卫《云麓漫抄》卷六。

[54]《新书写请来法门等目录》。

[55]《全唐诗》卷五百零三。

[56]转引自赵云旗:《唐代敦煌吐鲁番地区土地买卖研究》,《敦煌研究》,2000年第4期。

[57]《全唐文》卷七百八十。

[58]曹之:《中国印刷术的起源》,武汉大学出版社,1994年,第93页。

[59]肖东发主编:《中国编辑出版史》,辽海出版社,2002年,第223页。

[60]蒋铁初:《唐代市场管理制度探析》,《唐都学刊》,2005年第6期。当然,也有研究者认为,"每月旬别三等估"的规定"并不是要为市场百货制定一个必须遵守的价格,而是一种事后评估。除了非常时期唐朝会对物价进行一定调控外,一般情况下,物价都是放开的,任由市场自行调节"(岳纯之:《关于唐代市场的几个问题》,《中国社会经济史研究》,2006年第1期)。不过我们认为,在封建时代的历史条件下,不论是刚性的规定,还是柔性的评估,其来源于皇权的本质是一样的。而从当时的社会心理推测,鉴于皇权的"威严",即使是一种"事后评估",对于市场上的小民经营者也是具有很强约束力的。

当然,如果贸易突破了市坊的限制,政府管理鞭长莫及时,其约束力也就自然小得多了。如王建《题崔秀才里居》一诗:"自知名出休呈卷,爱去人家远处居。时复打门无别事,铺头来索买残书。"在走出了城市市场、去人远居的环境中,能够"时复"买书,显然是不可能再遵循千钱一卷的标准了。

[61]《宣和书谱》卷四。

[62]《文苑英华》卷六百九十四。

[63]见《说苑》卷十五。

[64]《唐会要》卷三十五。

[65]《唐会要》卷三十六。

[66]《旧唐书·高宗本纪》。

[67]《唐会要》卷四。

[68]《旧唐书·玄宗本纪》。

[69]《玉海》卷九十。

[70]《新唐书·柳宗元列传》。

[71]《玉海》卷五十五。

[72]《唐会要》卷三十六。

[73]《玉海》卷五十五。

[74]《侍中兼吏部尚书裴光庭神道碑》,《文苑英华》卷八百八十四。

[75]《经学历史》七“经学统一时代”。

[76] 见《唐会要》卷三十六。由于篇幅有限,这里只节选其中的一部分。

[77](明)张溥《汉魏六朝百三家集》卷一百一十七。

[78]《国语》卷一《周语上》。

[79] 如葛志毅教授指出,这种“史献书”的制度“既对夏商以来浓重的宗教思想有所冲击,也奠定了中国古代偏重人本色彩的文化传统根基”(《史献书与史鉴思想考源》,《史学集刊》,2001 年第 4 期)。

[80]《旧唐书·刑法志》。

[81] 本句引文均见《唐会要》卷三十六。另,《唐会要》原文载“太子詹事姚思廉撰《通史》三百卷,上之”,其所谓“姚思廉”当为“姚康复”之误。辩证可见上海古籍出版社 2006 年版《唐会要》卷三十六校勘记(第 780 页)。

[82] 王佺:《唐人投匦与献书行为中的干谒现象研究》,《云梦学刊》,2006 年第 1 期。

[83]《唐才子传》卷六。

[84] 关于唐代布衣知识分子服徭役的情况,可参见黄云鹤:《唐朝政府对下层士人的赋役政策与实存状态》,《社会科学战线》,2004 年第 5 期。

[85]《唐会要》卷三十六。

[86]《置学官备释奠礼诏》,《唐大诏令集》卷一百零五。

[87] 见《唐六典》卷二十一。

[88]《唐六典》卷八。

[89]《唐会要》卷六十四。

[90]《玉海》卷一百一十二:“《选举志》:开元二十九年始置崇玄学,习《老子》、《庄子》、《文子》、《列子》,亦曰道举,其生京都各百人,诸州无常员,官秩荫第同国子举……天宝元年两京置博士、助教各一员,学生百人,二载改崇玄学曰崇玄馆……”

[91] 关于唐代官学中“小学”教育的文献资料较少(这一点可参见邹志勇:《唐代蒙学述略》,《山西大学学报》[哲学社会科学版],2001 年第 6 期)。不过,按《四民月令》,“十一月,命幼童读《孝经》、《论语》篇章,入小学”,《齐民要术》等书也有相同说法,则《论语》、《孝经》当是一种教育传统和风尚。又隋唐时继承并创作了很多童蒙读物,其与儿童教育是息息相关的。从唐代宫廷小学的隶属来考虑,其所用教材当是多从秘书省藏书中直接选取。《小学篇》、《千字文》等童蒙读物可见于《旧唐书·经籍志》,而《旧唐书·经籍志》则是“采用

毋煚《古今书录》修成的”，著录的是“开元间政府的藏书”（高路明：《古籍目录与中国古代学术研究》，2000 年，第 97 页）。因而，它们作为唐代“小学”教材的可能性极大。

［92］《全唐文》卷三百七十九。亦见于《册府元龟》卷六百零四。

［93］分别见《通典》卷十五，《唐会要》卷三十六。

［94］《唐会要》卷七十五。

［95］《旧唐书·儒学传序》。不过也有研究者认为对此不能一概而论。如姚崇新便据吐鲁番出土唐代文献指出，在高宗武则天时期，西州的官学“不但没有萎缩，反而有所扩大”（《唐代西州的官学——唐代西州的教育［之一］》，《新疆师范大学学报》［哲学社会科学版］，2004 年第 1 期）。

［96］《奏记丞相府论学事》，《刘宾客文集》卷二十。

［97］康震：《唐代私学教育的文学性特征》，《陕西师范大学学报》（哲学社会科学版），2006 年第 6 期。

［98］分别见《新唐书·儒学传》和《旧唐书·韩愈传》。

［99］姚崇新：《唐代西州的私学与教材——唐代西州的教育之二》，《西域研究》，2005 年第 1 期。另，这里所举的教材中唯有郑玄注《论语》可能是中原私学较少使用的。

［100］查屏球：《唐学与唐诗》，商务印书馆，2000 年，第 27 页。

［101］《唐文拾遗》卷三十二，亦见清端方《陶斋臧石记》卷三十五。

［102］《全唐文》卷七百二十四。

［103］康震：《唐代私学教育的文学性特征》，《陕西师范大学学报》（哲学社会科学版），2006 年第 6 期。

［104］《澈上人文集纪》，《刘宾客文集》卷十九。

［105］卞孝萱：《刘禹锡年谱》，中华书局，1963 年，第 9 页。

［106］姚崇新：《唐代西州的私学与教材——唐代西州的教育之二》，《西域研究》，2005 年第 1 期。

［107］具体可参见李瑞良《中国图书流通史》（第 207 ~ 208 页）和邹志勇《唐代蒙学述略》（《山西大学学报》［哲学社会科学版］，2001 年第 6 期）等。

［108］《旧唐书·后妃传》。

［109］《唐文拾遗》卷三。

［110］赵红：《唐代士人女子教育》，《云南艺术学院学报》，2007 年第 3 期。

［111］小田义久编：《大谷文书集成》（贰），京都法藏馆，1984 年，第 171 页。转引自姚崇新：《唐代西州的私学与教材——唐代西州的教育之二》，《西域研究》，2005 年第 1 期。

[112]《颜鲁公集》卷十二。

[113]转引自盖金伟:《从"释奠礼"看唐代地方官学教育》,《新疆师范大学学报》(哲学社会科学版),2007 年第 4 期。

[114]其中十六次成行,三次失败。

[115]此目录大约编于日本阳成天皇贞观末年至元庆初年之间,较为全面地记载了当时图书寮、弘文院、校书殿等政府机构的藏书,以及属于天皇本人的各类典籍。其大致仿效《隋书·经籍志》的体例,也是分经、史、子、集四部。

[116]详见清光绪十年甲申遵义黎氏刊《古逸丛书》之十九,《影旧钞本日本国见在书目》。另,本书所引之卷数,大部分为原书标注于各家之下的数字;但是各家之下所录具体书籍的实际卷数之和,或与之不符。如"别集家",其书注为"千五百六十八卷",但事实上其下著录各书总计有一千六百一十九卷。此种差异可参见彭斐彰主编:《中外图书交流史》,湖南教育出版社,1998 年,第 46 ~ 50 页。

[117]《三国史记》卷第十《新罗本纪第十》之《元圣王条》。

[118]《旧唐书·吐蕃传》。按,中宗景龙三年(709),朝廷决定让金城公主"出降吐蕃",以实现和亲的目的,(《旧唐书·中宗本纪》)。又,《旧唐书·地理志》、《册府元龟》卷四百九十等则记为景龙四年,当是实际入藏的时间。

[119]可参见陈国灿《斯坦因所获吐鲁番文书研究》(武汉大学出版社,1995 年,第 459 ~ 462 页)等相关著作。

[120]李瑞良:《中国古代图书流通史》,上海人民出版社,2000 年,第 218 页。

[121](加)麦克卢汉:《理解媒介:人体的延伸》,转引自张国良主编:《20 世纪传播学经典文本》,复旦大学出版社,2003 年,第 386 页。

[122]《大正藏》No.2104。

[123]《道士女冠在僧尼之上诏》,《唐大诏令集》卷一百一十三。

[124]《赐怀化王那俱车鼻施铁券文》,《唐大诏令集》卷六十四。

[125]《新唐书·于志宁传附休烈传》。

[126]《新唐书·柳公绰附公权传》。

[127]《旧唐书·张荐传》。

[128]《元氏长庆集》卷五十一。

[129]《唐会要》卷三十五。

[130]《续日本纪》卷十二。

[131]《续高僧传》卷四十二。

[132]《全唐诗》卷八百一十。

[133] 可分别参见《大正藏》No.2161,No.2173。

[134] 分别见《大正藏》第五十五册 No. 2159 ~ No.2174。另,《录外经等目录》也是对日本求法僧“请来”典籍的一个总结。

[135] 分别见《大正藏》No.2165 和 No.2174a。按,此处引用时略去了原文的注文。

[136]《唐文续拾》卷十六。

[137]《新唐书·历志》。

[138] 这里所举的两个例子都是“占星学”方面的著作,但是由于“中国古代天文学与占星学是二位一体的”(张惠民:《唐代瞿昙家族的天文历算活动及其成就》,《陕西师范大学学报》[自然科学版],1994 年第 2 期),因而它们也可以看做古代天文历法的一种。

[139]《通志·氏族略》卷二十九。

[140]《新唐书·吐蕃传》。

[141] 彭斐章主编:《中外图书交流史》,湖南教育出版社,1999 年,第 42 ~ 43 页。

[142] 这里所谓的“大众性传播”指的是机构向人群的传播活动,侧重于考虑图书接受者的数量,以及是否能够相对固定地进行传播活动。这一提法主要是为了将私学、社交等人际性的图书传播活动区别出来。另,这一提法也不等于现今传播学研究中的“大众传播”。

[143] 公私藏书机构同样具有传播图书的功能。其中,政府的藏书场所给为数不少的国家官吏提供了观阅图书的服务;而且它们也能够为民众所利用,如唐人阳城好学,然而因家贫而不能得书,于是“求为吏隶集贤院,窃院书读之,昼夜不出户,六年,无所不通”(《新唐书·卓行传》)。而私家藏书主要是通过提供借阅、借书的机会,来促进图书的传播。如《旧唐书·方伎传》称:“一行少聪敏,博览经史……时道士尹崇博学先达,素多坟籍,一行诣崇,借扬雄《太玄经》,将归读之。”

[144]《新唐书·于志宁传附休烈传》。

[145]《新唐书·杜兼传》。

[146](宋)周辉《清波杂志》卷四。

[147] 李虎:《隋唐时期的东亚国际关系与政治制度》,《洛阳师范大学学报》(人文社会科学版),2007 年第 1 期。

[148] 史迪:《唐时期中国文化向日本的传入》,《史学月刊》,1990 年第 3 期。

[149] 彭斐章主编:《中外图书交流史》,湖南教育出版社,1999 年,第 43 页。

主要参考文献

1. 曹之:《中国印刷术的起源》,武汉大学出版社,1994年。

2. 曹之:《中国古籍编撰史》,武汉大学出版社,1999年。

3. 陈正宏、谈蓓芳:《中国禁书简史》,学林出版社,2004年。

4. 程千帆、徐有富:《校雠广义(版本编)》,齐鲁书社,1991年。

5. 丛林主编:《中国编辑学研究述评》,齐鲁书社,2004年。

6. 方汉奇主编:《中国新闻事业通史》(第一卷),中国人民大学出版社,2000年。

7. 傅璇琮编撰:《唐人选唐诗新编》,陕西人民教育出版社,1996年。

8. 高信成:《中国图书发行史》,复旦大学出版社,2005年。

9. 胡道静:《中国古代的类书》,中华书局,1982年。

10. 黄镇伟:《中国编辑出版史》,苏州大学出版社,2003。

11. 黄卓明:《中国古代报纸探源》,人民日报出版社,1983年。

12. 吉少甫主编:《中国出版简史》,学林出版社,1991年。

13. 靳青万:《中国古代编辑史论稿》,河南大学出版社,1992年。

14. 来新夏等:《中国古代图书事业史》,上海人民出版社,1990年。

15. 来新夏:《古典目录学概论》,中华书局,2003年。

16. 李彬:《唐代文明与新闻传播》,新华出版社,1999年。

17. 李瑞良:《中国古代图书流通史》,上海人民出版社,2000年。

18. 李瑞良:《中国出版编年史》,福建人民出版社,2004年。

19. 梁启超:《中国历史研究法》,东方出版社,1996 年。

20. 彭斐彰主编:《中外图书交流史》,湖南教育出版社,1999 年。

21. 戚少芬:《中国的类书、政书和丛书》,商务印书馆,2007 年。

22. 钱存训:《中国古代书籍纸墨及印刷术》,北京图书馆出版社,2002 年。

23. 申非:《编辑史概要》,中国农业出版社,1994 年。

24. 宋原放、李白坚:《中国出版史》,中国书籍出版社,1991 年。

25. 宋原放主编:《中国出版史料(古代部分)》(一),湖北教育出版社,2002 年。

26. 王重民:《中国目录学史论丛》,中华书局,1984 年。

27. 王欣夫:《文献学讲义》,上海古籍出皈社,1982 年。

28. 肖东发:《中国图书出版印刷史论》,北京大学出版社,2001 年。

29. 肖东发主编:《中国编辑出版史》,辽海出版社,2002 年。

30. 肖东发、杨虎:《插图本中国图书史》,广西师范大学出版社,2005 年。

31. 谢保成主编:《中国史学史》(全三册),商务印书馆,2006 年。

32. 熊笃、许廷桂:《中国古典文献学》,重庆出版社,2000 年。

33. 许凌云:《中国儒学史·隋唐卷》,广东高等教育出版社,1998 年。

34. 姚福申:《中国编辑史》(修订本),复旦大学出版社,2004 年。

35. 阎现章主编:《中国古代编辑家评传》(上、下),河南大学出版社,1996 年。

36. 曾贻芬、崔文印:《中国历史文献学》,学苑出版社,2001 年。

37. 张涤华:《类书流别》(修订本),商务印书馆,1985 年。

38. 张秀民:《张秀民印刷史论文集》,印刷工业出版社,1988 年。

39. 郑士德:《中国图书发行史》,高等教育出版社,2000 年。

40. 中国敦煌吐鲁番学会编:《敦煌吐鲁番学研究论文集》,汉语大词典出版社,1990 年。

41. 曹之:《唐代修书机构考略》,《四川图书馆学报》,1999 年第 5 期。

42. 曹之:《白居易与图书编撰》,《出版科学》,2003 年第 4 期。

43. 曹之:《唐代别集编撰的特点》,《图书馆论坛》,2004 年第 6 期。

44. 曹之:《唐代官方佛经抄本考略》,《四川图书馆学报》,2004 年第 4 期。

45. 曹之:《唐代禁书考略》,《图书情报知识》,2004 年第 5 期。

46. 白长虹:《〈毛诗正义〉撰者及编撰时间考论》,《南京社会科学》,2004 年第 6 期。

47. 陈德弟:《佣书业的兴衰和雕版印刷术的发明》,《出版科学》,2004 年第 5 期。

48. 岳纯之:《唐代史馆略说》,《史学研究》,2002 年第 5 期。

49. 侯雯:《唐代格后敕的编纂及特点》,《北京师范大学学报》(人文社会科学版),2002 年第 1 期。

50. 黄新波、杨金霞:《唐代东都集贤书院探析》,《河南图书馆学刊》,1999 年第 2 期。

51. 蒋铁初:《唐代市场管理制度探析》,《唐都学刊》,2005 年第 6 期。

52. 林穗芳:《有关出版史研究的几个问题》,《出版史料》,2003 年第 2 期。

53. 林穗芳:《编辑学和编辑史中的"编辑"概念应当保持一致——兼论开展编辑模式历史比较研究的必要性》,《编辑学刊》,1997 年第 6 期。

54. 李并成:《唐〈始平县图经〉残卷(S.6014)研究》,《敦煌研究》,2005 年第 5 期。

55. 李锦绣:《敦煌文书中的谱牒写本》,《文史知识》,2003 年第 5 期。

56. 刘杲:《对编辑史出版史研究的一点想法》,《中国出版》,1999 年第 6 期。

57. 刘文英:《浅议唐代藏书事业》,《四川文物》,2002 第 3 期。

58. 刘安志:《关于〈大唐开元礼〉的性质及行用问题》,《中国史研究》,2005 年第 3 期。

59. 刘玉峰:《论唐代市场管理》,《中国经济史研究》,2002 年第 2 期。

60. 宋雪梅:《"龙鳞装"与"旋风装"考》,《美术观察》,2007 年第 7 期。

61. 宋亚伟:《唐代官府写本考略》,《图书与情报》,2002 年第 2 期。

62. 王振铎:《“出版”史论》,《出版发行研究》,2006 年第 10 期。

63. 王佺:《唐人投匭与献书行为中的干谒现象研究》,《云梦学刊》,2006 年第 1 期。

64. 王小蓉:《道教与我国早期雕版印刷术关系浅探》,《宗教学研究》,2005 年第 2 期。

65. 肖东发、仝冠军:《论中国出版的起源》,《出版史料》,2003 年第 2 期。

66. 辛德勇:《唐人模勒元白诗非雕版印刷说——兼论中国早期书籍雕版印刷技术在世俗社会的传播扩散过程》,《历史研究》,2007 年第 6 期。

67. 许正文:《我国古代编辑的起源和演变》,《兰州大学学报》(社会科学版),2002 年第 3 期。

68. 阎西林:《古代“佣书”活动与出版编辑的产生》,《郑州大学学报》(哲学社会科学版),2006 年第 3 期。

69. 姚崇新:《唐代西州的官学——唐代西州的教育(之一)》,《新疆师范大学学报》(哲学社会科学版),2004 年第 1 期。

70. 姚崇新:《唐代西州的私学与教材——唐代西州的教育(之二)》,《西域研究》,2005 年第 1 期。

71. 赵红:《唐代士人女子教育》,《云南艺术学院学报》,2007 年第 3 期。

72. 瞿林东:《苏冕与〈会要〉——为会要体史书创立 1200 周年而作》,《安徽大学学报》(哲学社会科学版),2003 年第 5 期。

73. 张一平:《唐代接受教育主模式异化研究》,《温州师范学院学报》(哲学社会科学版),2006 年第 4 期。

74. 赵立新:《唐人选唐诗理想范式的确立》,《中国韵文学刊》,2001 年第 1 期。